KB189602

보살계본소(安菩薩戒本疏)

의적(義寂) 술(述)
釋 보운(普雲) 국역(國譯)

혜안

추천의 글

대한불교조계종 중앙종회 의장 범해

지금의 시대에 이르러 과학의 발달과 정보통신의 발전에 따른 사회의 접근성이 편리해진 현실에서는 많은 소통과 지식의 공유가 크게 성장하고 있습니다. 이 땅에서 일찍이 부처님의 법을 수용하여 수행하고 교학의 연구와 주석을 행하였던 여러 조사(祖師)의 주석서를 고려대장경의 목록에서 살펴볼 수 있었으나 활자화되어 세상에 보급된 것은 이 시대를 살아가는 승가에 큰 혜택이라고 말할 수 있습니다.

천년이 넘게 비장(秘藏)되어 오늘날에 전해진 주석서는 이전 시대의 문화와 수행의 풍토를 제시하는 좌표와도 같습니다. 인간은 끊임없는 지적 탐구와 변화의 갈망 속에서 율장을 바라보는 경향도 다양하게 표출되고 있습니다. 『범망경』의 주석서를 살펴보면 통일신라에서는 크게 유행하였으나 이후에 다른 주석서가 전해지는 것이 적은 영향으로 이 땅에 전해진 역사를 거시적으로 바라볼 수 없는 것은 아쉬운 부분입니다.

현대를 사는 우리들에게 소통과 화합은 큰 화두로 등장하였고 우리의 삶의 경계도 세계로 확대되었습니다. 의지에 따라서는 하루에 세계의 어느 나라에도 도착할 수 있는 시스템이 구축된 상태에서 소통은 더욱 강조될 수 있습니다. 계율은 억압과 규제가 아닌 수행을 돕는 지렛대이고 인간과 인간을 넘어서 인간이 육도의 중생과 소통하는 것을 전제로 제정된 것입니다.

『범망경』은 통일신라부터 대승계율로서 많은 연구가 이루어졌고, 현재에도 보살의 삶을 살고자 발원하며 많이 수지(受持)하는 계율입니다. 대한불교조계종에서도 이러한 현실에 부응하여 승가와 재가에 두루 수지를 권유하는 한국불교의 소중한 자산입니다.

그렇지만 이러한 주석서가 많이 전해지지 않아서 애석하였는데, 지금부터 1400년 전에 주석하였고, 명칭만이 전해졌던 계본을 오늘에 다시 우리말로 번역하여 세상에 내놓은 보운스님에게 축하를 전합니다.

불기(佛紀) 2563년(2019년) 7월

추천의 글

대한불교조계종 중앙선거관리위원회 위원장 세영

『범망경』은 우리들에게 전해진 오랜 계율의 하나이고, 지금도 일상에서 손쉽게 접할 수 있는 대승의 경전입니다. 전국의 사찰에서도 대부분이 보살계의 수지를 권장하고 있고 이러한 계율의 사상을 통하여 우리들의 삶과 마음을 다시 살펴보고 있습니다.

보살계는 우리들의 실생활과 밀접하게 관련된 내용들을 위주로 열거하고 있고, 재가의 보살들이 지켜야 하는 규범을 가까이에서 전달하는 역할이 많습니다. 일반적으로 승가의 계율은 재가에서 열람하고 논리적으로 언급하는 것을 금지하는 것과 대조적으로 승가와 재가가 함께 익히고 지켜야 하는 계율입니다.

현대사회에서 사찰은 대중들이 밀집된 도시를 중심으로 포교와 전법이 활발하게 일어나고 있습니다. 이러한 현실에서 승가와 재가가 함께 부처님의 가르침을 실천하고 화합하는 것에는 서로의 공감대가 중요합니다. 지금의 시대에는 절대적 빈곤과 차별이 사회문제로 부각되는 것이 아닌 상대적인 불평등이 크게 작용하고 있습니다.

인간세계는 인간들이 만든 우리들의 규범에 의하여 움직이고 있습니다. 그렇지만 부처님께서는 전 우주를 아우르는 이치인 법을 설하셨고,

이러한 법을 실천하는 기준으로 계율을 제시하였습니다. 보살계는 대승의 계율로 누구나 지킬 수 있는 사회적 규범이고, 우리의 성불을 위하여 꼭 필요한 수단입니다.

지난 과정에서 보운스님은 상좌부 율장인 근본설일체유부율 약 170여 권을 5년에 걸쳐서 번역하였습니다. 이번에 더 나아가서 대승계율까지 여러 현실의 어려운 과정에서도 번역을 마친 보운스님에게 축하를 보냅니다.

불기(佛紀) 2563년(2019년) 7월

역자의 말

보운

율장을 연구하면서 보내온 세월이 어느덧 10년이 넘게 지나갔고, 세상을 바라보는 눈높이도 다르게 느껴지는 시간이다. 상좌부의 율장과 아비달마의 교학을 연구하여 오면서 바라보았던 시각으로 보살계본을 번역하면서 많은 시행착오를 거쳤고, 따라서 계율의 확장성을 깊이 사유하는 시간을 가졌던 계기를 맞이하게 되어 큰 보람을 느낀 점은 매우 유쾌한 경험이었다.

대승계는 상좌부에서 바라보았던 율학의 가치와 차이가 나타나고 있는데, 나아가 한국에서 해석하였던 현실과도 많은 차이를 보여주고 있다. 어쩌면 문화가 형성되었던 역사적인 토대가 다르고, 사유하는 방식과 진리를 마주하던 측면, 사회와 문화적 관점의 많은 차이가 자연스럽게 수용되었는지도 모르겠다.

시대적으로 세존의 열반 후에 등장한 대승불교의 보살사상은 처음의 성문계가 제정되었던 시대에 비하여 많은 변화가 발생하였고, 5부의 광율이 거의 완성되었던 시점에서 다른 구조로 결집되는 형태를 보인다. 따라서 이러한 현실을 발판으로 새로운 관점에서 계율을 해석하고 실천하고자 노력하였던 율사들은 역사적 산물이라고 단순히 인정한 것인가? 아니면 시대에 적절한 계율을 성문 율장의 범주에서 벗어나 혁신적인 사유에 접목한 것인가에 많은 사유를 집중하였을 것이고, 다른 견해도 많이 도출되었으리라.

여러 번민과 생각 속에서 한 글자 한 글자를 앞뒤로 문장을 맞추어보고 문법의 틀 안에서 해석하고자 하였으나 난해한 문장 구성과 후기에서 언급하였듯이 필사의 과정에서 결락과 오류가 편입되었을 것으로 생각되어 많은 시간과 노력을 기울였다. 나아가 후학에서 더욱 정밀하고 간결한 해석서가 출현하기를 기대하여 본다.

번역을 마치면서 연구와 번역을 위한 학문적 성취에 항상 관심과 격려를 보내주시는 은사스님과 신대현 교수님, 출판에 도움을 주신 신도님들께도 깊이 감사드린다.

불기2563년 7월 화성의 서봉산 자락에서 삼가 적다.

차 례

추천의 글 | 대한불교조계종 중앙종회 의장 범해 5
추천의 글 | 대한불교조계종 중앙선거관리위원회 위원장 세영 7
역자의 말 9
일러두기 14

보살계본소 개요 · 15

1. 의적(義寂)의 생애와 저술 …… 15
2. 『보살계본소』의 구성 …… 17

중각보살계본소서 重刻菩薩戒本疏序 · 19

보살계본소 권상 菩薩戒本疏 卷上 · 23

보살계본소 권하 菩薩戒本疏 卷下 · 165

개설 概說 …… 165
제1 경사존장계 第一 敬事尊長戒 …… 172
제2 불음주계 第二 不飮酒戒 …… 178
제3 불식육계 第三 不食肉戒 …… 183

제4 불식신계 第四 不食辛戒 …… 185
제5 거죄교참계 第五 擧罪教懺戒 …… 187
제6 공사청법계 第六 供師請法戒 …… 191
제7 청법자수계 第七 聽法諮受戒 …… 194
제8 불배대승계 第八 不背大乘戒 …… 196
제9 첨급병인계 第九 瞻給病人戒 …… 200
제10 불축살구계 第十 不畜殺具戒 …… 204

개설 槪說 …… 205
제1 불통국사계 第一 不通國使戒 …… 206
제2 불악판매계 第二 不惡販賣戒 …… 208
제3 불훼량선계 第三 不毁良善戒 …… 210
제4 불첩방화계 第四 不輒放火戒 …… 214
제5 불벽교수계 第五 不僻教授戒 …… 217
제6 무도설법계 第六 無倒說法戒 …… 222
제7 불횡걸구계 第七 不橫乞求戒 …… 226
제8 불사작사계 第八 不詐作師戒 …… 228
제9 불투량두계 第九 不鬪兩頭戒 …… 230
제10 방구보은계 第十 放救報恩戒 …… 233

개설 槪說 …… 238
제1 인수위범계 第一 忍受違犯戒 …… 239
제2 하심수법계 第二 下心受法戒 …… 242
제3 호심교수계 第三 好心教授戒 …… 245
제4 불전이학계 第四 不專異學戒 …… 247
제5 선어중물계 第五 善御衆物戒 …… 251
제6 주객동이계 第六 主客同利戒 …… 253
제7 불수별청계 第七 不受別請戒 …… 258
제8 불별청승계 第八 不別請僧戒 …… 262
제9 불작사명계 第九 不作邪命戒 …… 268
제10 불작사업계 第十 不作邪業戒 …… 270

보살계본소 권하지말 菩薩戒本疏 卷下之末 · 275

제1 구속위고계 第一 救贖危苦戒 …… 275
제2 불축손해계 第二 不畜損害戒 …… 278
제3 불행사일계 第三 不行邪逸戒 …… 280
제4 불염여승계 第四 不念餘乘戒 …… 282
제5 발원희구계 第五 發願希求戒 …… 284
제6 작서자요계 第六 作誓自要戒 …… 286
제7 수시두타계(역가명두타피난계) 第七 隨時頭陀戒(亦可名頭陀避難戒) …… 293
제8 존비차제계 第八 尊卑次第戒 …… 303
제9 복혜섭인계 第九 福慧攝人戒 …… 310

개설 槪說 …… 313
제1 불택감수계 第一 不擇堪受戒 …… 314
제2 구덕작사계 第二 具德作師戒 …… 321
제3 설계간인계 第三 說戒簡人戒 …… 334
제4 불고훼범계 第四 不故毁犯戒 …… 338
제5 공양경전계 第五 供養經典戒 …… 341
제6 비심창도계 第六 悲心唱導戒 …… 344
제7 경심설법계 第七 敬心說法戒 …… 346
제8 불립악제계 第八 不立惡制戒 …… 347
제9 애호정법계 第九 愛護正法戒 …… 349

발跋 …… 359

주석(註釋) 인용문헌 363

출판에 도움을 주신 분들 365

일러두기

1. 이 책의 저본(底本)은 대정신수대장경(大正新修大藏經) 40권의 『보살계본소』이다.
2. 원문은 3권으로 구성되어 있으나 이 책에서는 각 권수를 표시하되 한 책으로 번역하였다.
3. 원문 속의 주석은 [ ]으로 표시하였다. 또 원문에는 없으나 독자의 이해를 위해 번역자의 주석이 필요한 경우 본문에서 ( ) 안에 표시했다.
4. 원문에 나오는 '비구', '비구니'는 각각 현재 보편적인 용어이고, '필추', '필추니'라는 용어도 등장하므로 이 책에서는 원어를 최대한 살리는 뜻에서 원문 그대로 사용하였다.
5. 원문에서는 '대사(大士)'로 서술되었으나, '세존(世尊)으로 의역하여 번역하였다.
6. 원문에서의 '속가(俗家)'는 '재가(在家)'로, '속인(俗人)'은 '재가인(在家人)'으로 번역하였고 '백의(白衣)도 '재가(在家)'로 번역하였다.
7. 원문에서 사용한 용어 중에 현재는 뜻이 통하지 않는 것이 상당수 있다. 원문의 뜻을 최대한 살려 번역하였으나 현저하게 의미가 달라진 용어의 경우 현재 사용하는 단어 및 용어로 바꾸어 번역하였다.

보살계본소 개요

1. 의적(義寂)의 생애와 저술

삼국이 통일되는 7세기에 활약한 의적(義寂)은 그 시대에 뛰어난 사문이었으나 그의 행적과 사상에 대해 전하는 내용이 매우 적다. 그의 사상을 파악할 수 있는 저술은 본래 20여 부 이상으로 전해지고 있으나, 현재는 잔권(殘卷)과 복원본(復元本)을 포함하여 겨우 4부가 전해지는 정도이다. 그렇지만 원효(元曉) 및 의상(義相)과의 교류는 매우 긴밀하게 보이며, 신라(新羅) 법상종(法相宗)의 형성에 커다란 영향을 미쳤던 것으로 생각된다.

중국에서의 의적의 활동은 자은(慈恩)과 서명(西明) 등과 함께 유식론 주석가(注釋家) 6인 중의 한 사람으로서의 역할이었으나 자세한 기록은 전하지 않고 있다. 『삼국유사(三國遺事)』에는 의상(義相)의 10대 제자(弟子) 중 한 사람으로 나타나고 있고, 고려시대 균여(均如)의 『석화엄교분기원통(釋華嚴敎分記圓通)』에서는 의상과의 문답을 통하여 화엄사상에 대한 오해를 풀었다는 이야기가 소개되고 있다.

다른 측면에서는 일본 사문들이 인용하고 있는 『무량수경술의기(無量

壽經述義記)』에서는 정토사상이 주목되었고, 『보살계본소』와 『법화경집험기(法華經集驗記)』에서 보살계사상과 법화신앙에 대하여도 살펴볼 수 있다. 따라서 다양한 사상을 섭렵한 사상가로 보여지며 다양한 저술을 남기고 있는데, 『신편제종교장총록(新編諸宗教藏總錄)』을 비롯한 『법상종장소(法相宗章疏)』, 『동역전등목록(東域傳燈目錄)』 등에서는 20여 부의 저술을 전하고 있어 신라시대의 4대 주석가 가운데 한 사람으로 불리고 있다.

저술로는 계율과 관련된 저술로는 『범망경문기(梵網經文記)』 2권, 『범망경보살계본소(梵網經菩薩戒本疏)』 3권, 『영락본업경소(瓔珞本業經疏)』 2권 등이 있고, 유식과 관련된 저술로는 『성유식론미상결(成唯識論未詳決)』 3권, 『백법론총술(百法論總述)』 3권, 『백법론주(百法論注)』 1권 등이 있으며, 정토와 관련된 저술로는 『무량수경술의기(無量壽經述義記)』 4권, 『관무량수경강요(觀無量壽經綱要)』 3권, 『관무량수경소(觀無量壽經疏)』 1권, 『무량수경소(無量壽經疏)』 3권, 『미륵상생경요간(彌勒上生經料簡)』 1권 등이 있고, 대승과 관련된 저술로는 『법화경논술기(法華經論述記)』 2권, 『법화경강목(法華經綱目)』 1권, 『법화경요간(法華經料簡)』 1권, 『법화영험기(法華靈驗記)』 3권, 『열반경강목(涅槃經綱目)』 2권, 『열반경소(涅槃經疏)』 16권, 『열반경의기(涅槃經義記)』 5권, 『열반경운하게(涅槃經云何偈)』 1권, 『대반야경강요(大般若經綱要)』 1권, 『대반야경유찬(大般若經幽贊)』 1권, 『반야이취분경유찬(般若理趣分經幽贊)』 1권, 『금강반야경찬(金剛般若經贊)』 1권 등이 있으며, 논장과 관련된 저술로는 『대승의림장(大乘義林章)』 12권, 『마명생론소(馬鳴生論疏)』 1권 등이 있다.

이상의 저술 목록에서 볼 수 있는 것처럼 의적은 다양한 종류의 저술을 남겼는데, 현재까지 전하는 문헌은 『법화경논술기』 상권과 『범망경보살계본소』 3권 및 1940년에 복원된 『무량수경술의기』가 있는 정도이다. 이 가운데에서 유식학(唯識學)에 관련된 주석서는 『성유식론미상결(成唯識論未詳決)』, 『백법론총술(百法論總述)』, 『백법론주(百法論注)』 등의 3부 정도이고 나머지는 반야, 열반, 법화, 정토, 계율 등 다양한 경전에 대한 주석서이다. 또한 법상종(法相宗)의 주요 경전인 『해심밀경(解深密經)』이나 『유가론(瑜伽論)』에 대한 주석서를 찾아볼 수 없고 일승사상(一乘思想)의 경전인 『열반경』과 『법화경』에 대한 다수의 저술이 특이하며, 『마명생론소』는 이름으로 추정하건대 『대승기신론(大乘起信論)』과 관련된 논서로 생각된다.

2. 『보살계본소』의 구성

『신편제종교장총록(新編諸宗敎藏總錄)』을 비롯한 여러 목록집에는 상하 2권으로 되어 있으나 일본에서 본말(本末)을 나누어 대장경 안에 수록하였던 까닭으로 3권으로 구성되었다. 구성은 서분인 서격(序格), 정종분은 본래의 종지를 밝힌 지귀(旨歸), 제목을 해설한 제명(題名), 본문을 해설한 석명(釋明) 등으로 구성되어 있으며, 유통분에 계법을 지니도록 부촉하는 내용과 회향게로서 끝을 맺고 있다.

서분에서는 불교적인 관점에서 윤리를 주석하는 것에 중점을 두고 있다. 보살계의 덕상(德相)은 보살에게 성불의 근거이고, 교화하는 방편이라고 주석하고 있으며, 보살계의 여러 계목을 주석하였다.

정종분의 제명에서는 보살계본이 여러 이름으로 불리었던 까닭을 상세하게 서술하고, 『대승보살계본』이라고도 하고 『범망경』이라고도 부르고 있고, 또한 10중계와 48경구계(輕垢戒)가 계본의 중심임을 밝히고 있다.

또한 의적이 강조하고 있는 교화를 위해 적극적으로 계율을 확대하여 주석하면서 소승계를 비판하고 있는 경향은 7세기 이후에 통일신라의 불교윤리에서 원광과 원효 경흥 등이 보여주고 있는 현실과 소통을 강조하고 있는 부분과 맥락이 맞닿아있는 것으로 생각된다.

중각보살계본소서
重刻菩薩戒本疏序

梵網經菩薩戒本者. 蓋三世出興之鴻規. 七衆入位之要門也. 以故註疏節分殆十有餘家. 今之存者唯法藏天台明曠太賢也已. 餘皆成廢典. 於戱可惜矣. 四家之述作蘭菊擅美. 即世戒子多附賢師也. 然彼疏中往往引法藏義寂兩疏證義解文. 不倦周覽之學士不往窺之者蓋鮮矣. 但恨藏疏雖存寂疏已亡也.

『범망경보살계본』은 모두가 삼세에 넓은 규범이 흥기가 출현한 것이므로 칠중(七衆)[1]의 계위에 긴요한 문이다. 이것을 까닭으로 주소(註疏)[2]하고 절을 나눈 것이 거의 10여 가문이 있으나, 지금 존재하는 것은 오직 법장(法藏)[3]과 천태(天台)[4]와 명광(明廣)[5] 및 태현(太賢)[6] 등이다.

---

1) 일곱 대중의 불제자. 비구·비구니·식차마나·사미·사미니·우바새·우바이를 가리킨다. 앞의 5중(衆)은 출가중(出家衆), 뒤의 2중은 재가중(在家衆)이다.

2) 소(疏)를 짓고 뜻을 풀어 밝힌다는 뜻이다.

3) 당나라의 사문으로 장안(長安) 출신이고 화엄종 제3조이다. 저술로는 『화엄경탐현기(華嚴經探玄記)』·『화엄오교장(華嚴五敎章)』·『화엄경지귀(華嚴經旨歸)』·『입능가심현의(入楞伽心玄義)』·기신론의기(起信論義記)』 등을 남겼다.

4) 수(隋)의 사문으로 호남성(湖南省) 악주(岳州) 출신이고 호(號)는 지자(智者)이다. 18세에 출가하였고, 혜사(慧思)에게 사사(師事)하여 법화삼매(法華三昧)를 체득하였으며, 569년부터 금릉(金陵)의 와관사(瓦官寺)에서 법화경과 대지도론 등을 강의하였고, 587년에 금릉의 광택사(光宅寺)에서 『법화문구(法華文句)』를 강의하

나머지는 모두 주석서가 없어졌구나. 아! 애석하도다. 네 가문의 저술은 난초와 국화의 뛰어난 아름다움이니, 곧 세상의 율사에게는 부촉이 많은 어진 스승이다.

그러나 그러한 소의 가운데에서는 자주 법장과 의적의 두 소(疏)를 인용하여 뜻을 증명하고 문장을 해석하였고, 널리 살펴보는 학사(學士)들도 권태롭지 않으므로 그것을 보지 않은 자는 모두가 드물 것이다. 다만 한탄스러운 것은 비장(備藏)된 소에서 비록 의적의 소가 존재하나, (다른 본은) 이미 없어진 것이다.

予嘗就洛東禪林經藏偶拜遺帙. 世淹蠹滅不少. 傳數寫脫亦夥焉. 訪全本於遐邇. 無敢報之者. 歎息星霜于此. 城北有宏源法師者. 久傳此疏祕爲家寶. 一時讀予之蠹本爲補遺文. 於玆肇得全本矣. 他日剞劂氏袖彼蠹本來曰. 子幸補之. 我其壽梓. 予喜廣厥傳遂加修補也. 密嚴辨律師尋播旁訓. 參訂諸本以與剞劂氏書成乞序. 予隨喜之餘忘揣鄙陋. 輒爾記其始末以贅疏首矣. 庶

였으며, 593년에 호북성(湖北省) 당양(當陽) 옥천사(玉泉寺)를 창건하고 여기에서 『법화현의(法華玄義)』와 『마하지관(摩訶止觀)』을 강의하였으며 천태종의 초조(初祖)가 되었다.

5) 당나라의 사문이고 대주(臺州) 황암(黃巖, 현재 浙江) 사람이다. 20살 때 섬읍(剡邑)에 머물면서 구족계(具足戒)를 받은 뒤 천태산(天台山) 국청사(國淸寺)에서 형계담연(荊溪湛然)에게서 사사하였으나 이후에 불공(不空)과 일행(一行) 등이 포교한 밀교(密敎)에 귀의하였다. 저술로는 『반야심경소(般若心經疏)』 1권과 『범망소(梵網疏)』 3권, 『금비론과문(金錍論科文)』, 『천태팔교대의(天台八敎大意)』, 『법화경관음품과문(法華經觀音品科文)』, 『법화경대의(法華經大意)』 등이 있다

6) 신라 경덕왕(742~765) 때의 사문으로 대현(大賢)이라고도 부른다. 도증(道證)의 제자로서 삼학에 조예가 깊어 저술이 50여 종 100여 권이라고 전하나 현존하는 것은 5종뿐이며, 특히 유식학(唯識學)에 뛰어나다. 저술로는 『본원약사경고적(本願藥師經古迹)』·『범망경고적기(梵網經古迹記)』·『보살계본종요병서(菩薩戒本宗要幷序)』·『성유식론학기(成唯識論學記)』·『대승기신론내의약탐기(大乘起信論內義略探記)』 등이 있다.

幾流通無壅遠傳龍華云爾.

나는 일찍이 낙동선림(洛東禪林)[7]에 나아가 경장의 유질(遺帙)[8]을 만나서 예배하였다. 세상에서 물에 젖고 좀벌레가 먹어서 없거나 적었고, 전하고 베꼈던 것은 자주 벗어남이 역시 많았다. 완전한 본소를 찾아도 멀고 가까움이 있었고, 감히 알려주는 자도 없어서 이곳에서 세월을 탄식하였다.

성안의 북쪽에 굉원(宏源) 법사가 있었는데, 오래전부터 전하는 이 본소는 비밀의 가보(家寶)이었다. 일시에 나에게 그것을 읽게 하였으므로, 벌레가 먹은 본소의 남은 문장을 보충하였고 이것을 교정하여 완전한 본소를 얻었다.

다른 날에 판목(版木)을 새기는 사람이 그 벌레 먹은 본을 소매에 넣고 와서 다행스럽게 그것을 보충하였다. 나는 그것을 판각하여 인쇄하였고 매우 기뻐하면서 그것을 전하여 마침내 더욱 교정하고 보충하였다.

은밀히 분별에 뛰어난 율사를 찾아 알리고 두루 해석하였으며 여러 판본을 참조하고 교정하여서 이것을 판목(版木)을 새기는 사람에게 주어 서체의 순서를 완성하였다. 나는 매우 기뻐하면서 나머지를 잊고 비루함을 헤아려서 문득 그것의 처음과 끝을 기록하였는데 소의 서문으로서 간결하지는 않다.

유통시켜 막힘이 없이 멀리 전해져서 용화교주의 말씀과 가까워졌으면 하고 바랄 뿐이다.

---

7) 선종(禪宗)의 사원(寺院)을 가리키는데, 선은 선문(禪門), 림은 총림(叢林)의 뜻이다. 선사들이 모여서 수행하는 것을 나무가 빽빽하게 들어찬 숲에 비유한 것이다.

8) 너덜거리거나, 페이지가 떨어진 서책을 가리킨다.

時.[9]

시

貞享初元. 龍次甲子季夏布薩之日. 菩薩戒弟子沙門洞空欽識. 雙丘知足庵.

정향 초원[10] 룡차 갑자 계하[11]의 포살일에 보살계 제자 사문 동공이 삼가 쌍구의 지족암에서 쓰다.

9) 필사한 때를 가리킨다.
10) 일본의 1684년을 가리킨다.
11) 음력 6월을 다르게 부르는 이름이다.

보살계본소 권상
菩薩戒本疏 卷上

신라사문(新羅沙門) 의적(義寂) 술(述)
석보운(釋普雲) 국역(國譯)

夫戒德之本道之所由生. 所以興覺種紹隆正法. 絶長流登彼岸. 拼濟含識者. 罔弗由茲矣. 故如來先在道樹. 初制菩薩波羅提木叉. 寔乃寂累脫縛之基. 修因證果之本. 旣名制止. 無衆惡而不截. 又稱孝順. 無諸善而不集. 提綱則十支無盡. 總目則六八靡漏. 照明覺道譬乎日月. 莊嚴法身喩之瓔珞. 興建之功德難輿顯. 但此戒經文義深隱. 宜造解釋. 由致難了. 故先科簡略標旨歸. 戒法無量要唯受隨. 受則業本初暢納法在身. 隨則持心後起顯緣防護.

일반적으로 계덕(戒德)의 근본은 도(道)가 생겨나는 까닭이다. 그러한 까닭으로 깨달음의 종류를 일으키고 정법을 왕성하게 하며, 긴 흐름을 끊어 피안에 오르게 한다. 함식(含識)[1]을 구제하려는 것은 이것을 은폐하려는 까닭이 아니다. 그러므로 여래가 이전에 도수(道樹)[2]에 계시면서

1) 감정이나 의식을 가진 존재인 곧 중생을 가리킨다.
2) 세존께서 성도(成道)하신 보리수를 가리킨다.

처음으로 보살의 바라제목차를 제정하셨다. 이것으로 나아가 적멸과 누(累)[3]의 계박의 기초를 벗어났는데, 인을 닦아서 과를 증득하는 근본이므로 이미 제지(制止)라고 이름하였으며, 여러 악을 꺾어버리지 못함이 없었다.

또한 효순(孝順)[4]이라고 말하는 것은 여러 선을 모으지 않는 것이 없고, 제강(提綱)[5]은 곧 십지(十支)[6]가 끝이 없으며, 총목(總目)[7]은 곧 48루(漏)[8]가 아니고, 각도(覺道)의 조명(照明)을 비유하여 일월이라 부르며, 법신을 장엄하여 영락에 비유한다. 공덕을 많이 쌓아도 드러내는 것은 어렵고 다만 이렇게 계경에 문장의 뜻이 깊게 숨겨졌으므로 마땅히 해석을 만들었는데, 어려움과 명료함에 이르렀던 까닭이니라.

그러므로 먼저 과목에 간략히 지귀(旨歸)[9]를 표시하였고, 계법(戒法)의 무량한 요소를 오직 수지(受持)하였으므로, 수지하면 곧 본업이니, 처음으로 드러내고 들이는 법이 몸에 있는데, 따르면 곧 지심(持心)이고, 뒤에 일어나면 방호(防護)의 연(緣)이 드러나는 것이다.

先辨受有二. 初明順緣得受. 後顯違緣失受. 辨得有四. 一簡資器. 二簡師德. 三受之方軌. 四問答遣疑. 初簡器者. 要具二緣堪. 爲受戒之器. 一有感戒之善. 二無障戒之惡. 感戒之善. 凡有二種. 一菩薩種姓. 二發菩提願. 菩薩地云.

---

3) 누(漏)의 뜻으로 사용하는 것으로 생각되며 누는 번뇌를 뜻한다.
4) 효행(孝行)이 있고 유순(柔順)함을 가리킨다.
5) 대의(大意)나 요점 등을 드러내는 것이고, 또는 스승과 학인의 문답이 마친 뒤에 그 문답에 대하여 스승이 비평하는 것이다.
6) 보살의 계위(階位)인 십지(十地)를 가리키는 말이다.
7) 서적(書籍)에서 전체의 목록(目錄)을 가리킨다.
8) 바라제목차의 48경구계를 가리킨다.
9) 궁극의 경지로 돌아간다는 뜻이다.

住無種姓. 補特伽羅無種姓. 故雖有發心及行加行. 定不堪任圓滿無上正等菩提.

먼저 수지하는 것을 분별하면 두 가지가 있다. 처음에 수순하는 인연과 수지를 얻음을 밝히는 것이고, 뒤에 위반하는 인연과 수지를 잃는 것을 나타내는 것이다. 얻는 것을 분별하면 네 가지가 있다. 첫째는 자질과 그릇을 간별하는 것이고, 둘째는 스승의 덕을 간별하는 것이며, 셋째는 수지하는 방궤(方軌)[10]를 아는 것이고, 넷째는 남아있는 의혹을 묻고 답하는 것이다.

처음의 그릇을 간별하는 것에 두 가지의 인연을 갖추는 것이 필요하며 수계의 그릇이 되어야 감당할 수 있다. 첫째는 계의 선에 감응해야 하고, 둘째는 계의 악에 장애가 없어야 한다. 계의 선에 감응하는 것은 일반적으로 두 종류가 있다. 첫째는 보살 종성(種性)이고 둘째는 보리의 원(願)을 일으키는 것이다. 보살지에서 말하였다.

"종성이 없음에 머무르는데, 보특가라[11]는 종성이 없다. 그러므로 비록 발심과 가행(加行)[12]의 행이 있어도 반드시 원만의 무상정등보리를 감당할 수 없다."[13]

若不發心不修加行. 雖有堪任. 而不速證無上菩提. 與此相違當知速證. 由此

10) '방궤(方軌)'의 본래의 의미는 두 대의 마차가 함께 나란히 가는 것을 말한다. 본 문장에서는 '전해진 계율의 본래의 형식을 따른다.'는 의미로 해석할 수 있다.

11) 산스크리트어 pudgala의 음사로서 중생(衆生)·삭취취(數取趣)라 번역된다.

12) 산스크리트어 prayoga의 음사로서 목적을 위한 수단으로 행하는 수행이나 행위 또는 다른 수행 단계에 이르기 위한 예비 수행을 가리킨다.

13) 『유가사지론(瑜伽師地論)』 제21권에서 비슷한 내용이 설명되고 있다.

具二方得感戒. 故受法中間彼二緣. 有說. 具三方得感戒. 一有勝種姓. 二有勝期願. 三有勝行心. 初二如前. 第三勝行略有十種. 一於無上菩提能生深心. 二能盡壽隨惡知識近善知識. 三能盡壽悔過離喜勸請. 迴向增長佛道. 四能盡壽隨其力能供養三寶. 五能盡壽讀誦書寫方等正典爲人解說. 六能於孤獨窮苦若犯王罪. 隨力救護乃至一念生悲心. 七能盡壽捨於懈怠發起精進懃求佛道. 八於五塵中生煩惱時. 能尋制伏. 九若於無上菩提生厭退心. 於小法中生貪着時. 尋除滅. 十能捨於一切所有不惜身命.

만약 발심이 아니면 가행을 닦을 수 없고, 비록 감당할 수 있더라도 빠르게 무상보리를 증득할 수 없다. 더불어 이러한 상(相)을 위반하고 마땅히 빠르게 증득함을 알았다면 이것은 두 가지를 갖춘 이유이고, 비로소 계의 감응을 얻은 것이다. 그러므로 법을 수지하는 가운데에는 그 두 가지의 인연이 있다. 누가 말하였다.

"세 가지를 갖추면 비로소 계의 감응을 얻을 수 있다. 첫째는 종성의 수승함이 있는 것이고, 둘째는 기원(期願)의 수승함이 있는 것이며, 셋째는 행심(行心)의 수승함이 있는 것이다."

첫째와 둘째는 앞에서와 같고, 셋째의 수승한 행심에는 대략 10종류가 있다. 첫째는 무상보리에서 능히 심심(深心)이 생겨나는 것이고, 둘째는 능히 목숨을 마치도록 악지식을 벗어나고 선지식을 가까이하는 것이며, 셋째는 능히 목숨을 마치도록 회과(悔過)[14]하고 매우 기뻐하면서 권청(勸請)하며 회향하여 불도를 증장하는 것이고, 넷째는 능히 목숨을 마치도록 그 힘을 따라서 능히 삼보께 공양하는 것이며, 다섯째는 능히 목숨을 마치도록 방등(方等)[15]의 정전(正典)을 독송하고 서사(書寫)[16]하며 사람

14) 불·보살님의 앞에 참회하고 죄를 벗어나고자 청하는 의식을 가리킨다.
15) 대승불교(大乘佛敎)의 방등경(方等經)을 가리킨다.
16) 경전을 베껴서 쓰는 것을 가리킨다.

들을 위하여 해설하는 것이고, 여섯째는 능히 고독하고 빈궁한 고통에서 만약 왕에게 죄를 범하더라도 힘을 따라서 구호하고 나아가 일념으로 자비심을 일으키는 것이며, 일곱째는 능히 목숨을 마치도록 해태(懈怠)[17]를 버리고 정진을 일으켜서 부지런히 불도를 구하는 것이고, 여덟째는 오진(五塵)[18]의 가운데에서 번뇌가 생겨나는 때에 능히 찾아서 억누르고 조복을 받는 것이며, 아홉째는 만약 무상보리에서 염퇴심(厭退心)이 생겨난다면 작은 법의 가운데에서 탐착이 생겨나는 때를 찾아서 없애는 것이고, 열째는 능히 일체의 소유한 것을 보시하면서 몸과 목숨을 아끼지 않는 것이다.

此三即是菩薩三持. 勝姓爲堪任持. 勝願爲行加行持. 勝行爲大菩提持. 前所引文即此證也. 故具此三方得感戒. 將欲受時. 義須具問難. 大本中無問第三. 而別法中具問三故. 勝種姓者. 謂具菩薩本性習成. 二種種姓廣說如論. 菩提心者. 謂於無上果起必證得心. 於一切有情起必救濟願. 於此二事發堅固意. 更無餘緣奪之令轉.

이 세 종류는 곧 보살의 세 가지를 수지하는 것이니, 수승한 종성으로 맡아서 수지함을 감당하는 것이고, 수승한 원으로 가행을 수지하여 행하는 것이며, 수승한 행으로 대보리를 수지하는 것인데, 앞에서의 문장을 인용하여 곧 이것을 증명하였다.

그러므로 이러한 세 가지를 갖추면 비로소 계의 감응을 얻는 것인데, 장차 수지하는 때에 뜻을 반드시 갖추고서 묻더라도 어려운 것이다.

---

17) 게으르고 나태한 것을 가리킨다.

18) 이것은 마음을 더럽히므로 진(塵)이라 하는데 진여 성품에 번뇌를 일으키는 다섯 가지이다. 색(色)·성(聲)·향(香)·미(味)·촉(觸)의 오경(五境)을 가리킨다.

크게 본래의 경문의 가운데에는 제3의 물음이 없으나, 별도의 법의 가운데에는 제3의 물음이 갖추어진 까닭이다.

수승한 종성은 보살의 본성(本性)을 익히어 이루고 갖춘 것을 말하는데, 두 종류의 종성은 논장과 같이 널리 설명되어 있다.

'보리심'은 무상과(無上果)에서 반드시 증득심을 일으키고, 일체의 유정에서 반드시 구제의 원을 일으키며, 이러한 두 가지의 일에서 견고한 마음을 일으켜서 다시 남음이 없는 연(緣)에서 그것의 전전함을 없애는 것을 말한다.

又察自身含性同佛. 而由內外因緣闕. 故無始生死至于今身. 未曾一時發勝志願. 隨緣流轉出離無日. 今若一念發勇猛心. 三祇雖長證必有期. 悲前喜後汗流淚連. 不顧身命作決定誓. 生死無邊. 我必斷. 群生無數. 我必濟. 願行無量. 我必修. 佛果無盡. 我必證. 如是名爲發心相也.

또한 자신을 관찰하여 간직한 성품을 부처와 같게 하였어도, 안과 밖의 인연이 이지러지는 까닭이니라. 그러므로 무시(無始)의 생사가 지금의 몸에 이르렀으니, 일찍이 일시에 수승한 뜻과 원을 일으키지 않았고, 연을 따라서 유전하면서 벗어나는 날이 없었다.

지금 만약 일념으로 용맹심을 일으킨다면 3아승지(阿僧祇)[19]가 비록 길더라도 증득에는 반드시 시한이 있을 것이니, 자비가 앞서고 기쁨이 뒤따르며 땀이 흐르고 눈물이 이어지더라도, 몸과 목숨을 돌아보지 않고 결정적인 서원을 지으면서 생사가 무변하여도 나를 반드시 끊어라.

군생(群生)을 셀 수 없으나 나는 반드시 구제할 것이고, 행원을 헤아릴

---

19) 범어 asaṃkhya의 음사로서 무수(無數) 또는 무앙수(無央數)라고 번역된다. 헤아릴 수 없이 많은 수를 말하며 구사론에는 10^{51}이라고 한다.

수 없으나 나는 반드시 닦을 것이며, 불과(佛果)가 끝이 없으나 나는 반드시 증득할 것이니, 이와 같다면 발심 상(相)을 일으켰다고 이름하느니라.

障戒惡者不出三障. 一煩惱障. 二業障. 三報障. 煩惱障者菩薩地云. 何等名爲種姓菩薩. 自法相違四隨煩惱. 謂放逸者由先串習諸煩惱. 故性成猛利長時煩惱. 是名第一. 又愚癡者不善巧者依附惡友. 是名第二. 又爲尊長夫主王賊及怨敵等所拘逼者. 不得自在其心迷亂. 是名第三. 又資生有匱乏者顧戀身命. 是名第四.

계를 가로막는 악한 것은 세 가지의 장애로, 드러나지 않는다. 첫째는 번뇌장이고, 둘째는 업장이며, 셋째는 보장(報障)이다. 번뇌장은『유가사지론』「보살지」에서 말하였다.

"무엇을 종성보살이라고 이름하는가? 스스로가 법상(法相)을 위반하면 네 가지의 번뇌가 따른다. 방일하다고 말하는 것은 먼저 익혔던 여러 번뇌의 이유이다. 그러므로 성품이 맹렬하고 날카롭게 이루어져 긴 시간에 번뇌하는데 이것을 제1이라고 이름한다.

또한 우치한 자와 선하지 않은 교만한 자는 악한 벗에 의지하고 부촉하는데, 이것을 제2라고 이름한다. 또한 존장인 부주(夫主)[20]가 왕의 도둑과 원적 등이 되어 구속되고 핍박받는 것은 자재함을 얻지 못하고 그 마음이 미혹되고 혼란하므로 이것을 제3이라고 이름한다. 또한 자생(資生)[21]에 부족함이 있는 것은 몸과 목숨의 연민을 돌아보는 것이니

20) 지아비(丈夫)를 가리키는 말이다.

21) 첫째는 생계를 유지하는데 필요한 생활필수품을 가리키고, 둘째는 생계를 유지하며 활동하는 것을 가리킨다.

이것을 제4라고 이름한다."[22]

論旣說此爲自法障理. 亦應障受戒善也. 然受法中不別問者不決定故. 非如七遮定不得戒. 業障者有二種. 一七逆. 二十重. 七逆者. 一出佛身血. 二殺父. 三殺母. 四殺和上. 五殺阿闍梨. 六破羯磨轉法輪僧. 七殺聖人. 此七別相至文當顯

논장에서 이미 이것을 설명하였는데 스스로의 법에서 이치를 장애하고, 역시 마땅히 선계(戒善)를 받는 것을 장애한다. 그러나 법을 받는 가운데에서 별도로 묻지 않는 것은 결정되지 않은 까닭이고, 칠차(七遮)와 같다면 반드시 계를 얻지 못하는 것은 아니다.

업장에는 두 종류가 있다. 첫째는 7역이고 둘째는 10중이다. 7역은 첫째는 세존의 몸에 피를 흘리게 하는 것이고, 둘째는 아버지를 죽인 것이며, 셋째는 어머니를 죽인 것이고, 넷째는 화상을 죽인 것이며, 다섯째는 아사리를 죽인 것이고, 여섯째는 갈마하여 법륜을 굴리는 승가를 파괴한 것이며, 일곱째는 성인을 죽이는 것이다. 이러한 7역의 별도의 상은 문장에 일러 마땅히 나타나고 있다.

文云. 若具七遮卽身不得戒. 餘一切人得受戒. 有云. 七逆不懺不得受. 若懺亦得受. 故集法悅經云. 遮他陀犯五逆罪爲王所掉. 是時驚怖卽作沙門. 在於他國修行十善坐禪學道. 晝夜泣淚經三十年. 以五逆罪障故心不得定. 於山

22) 『瑜伽師地論』(大正藏 30), p.480상. "何等名爲種姓菩薩白法相違四隨煩惱. 謂放逸者由先串習諸煩惱故. 性成猛利長時煩惱. 是名第一隨煩惱姓. 又愚癡者不善巧者依附惡友. 是名第二隨煩惱性. 又爲尊長夫主王賊及怨敵等所拘逼者. 不得自在其心迷亂. 是名第三隨煩惱性. 又資生具有匱乏者顧戀身命. 是名第四."

窟中常擧聲哭. 苦哉苦哉. 當以何心去此苦也. 彼於一時將欲乞食. 悲歎下窟出詣村. 時道中得一大鉢. 鉢中見有集法悅捨苦陀羅尼. 得此經已. 卽不乞食歡欣還窟. 燒香禮拜悲淚歎仰. 窟中修習讀誦是經. 經一年已始得滅罪. 以業障故不能得入心. 是時卽洗浴修行經七日. 如童子初學愼不小使. 行於七日如是愼無異. 心中愁惱不知云何意. 故思此陀羅尼字書. 經於數反心中忽定. 時自欣悅. 如人地得百千斤金人無知者. 內悅不止. 修行數年. 飛行無礙. 覩見十方三世諸佛. 故知逆罪亦得悔滅.

문장에서 말하였다.

"만약 7차를 갖추었다면 곧 몸이 계를 얻지 못하고 나머지의 일체의 사람들은 계를 받을 수 있다."

누가 말하였다.

"7역이 참회하지 않으면 계를 받을 수 없으나, 만약 참회하면 역시 계를 받을 수 있다."

그러므로 『집법열경』[23]에서 말하였다.

"차타타(遮他陀)가 오역죄를 범하였고, 왕의 처소에서 요동하였다. 이때 놀라고 두려워서 곧 사문이 되었고, 다른 나라에 있으면서 10선을 행하고 좌선을 닦으며 도를 배웠다. 밤낮으로 울면서 30년을 지냈으나 이 5역죄로서 장애를 까닭으로 마음에 정을 얻지 못하였다. 산속의 굴속에서 항상 소리내어 울면서 괴롭구나! 괴롭구나! 마땅히 어느 마음으로서 이 고통을 떠날 것인가?

그는 한때 장차 걸식하고자 비탄에 빠져서 굴에서 나와서 마을에 나아갔다. 이때 길의 가운데에서 큰 발우 하나를 얻었는데, 발우의

23) 『觀虛空藏菩薩經』(大正藏 13), p.679 下에서 인용한 경전이 『集法悅捨苦陀羅尼經』인 것을 밝히고 있으며, p.680 上에서 다라니의 공능을 설하고 있다.

가운데에 『집법열사고다라니경』이 있는 것을 보았다. 이 경을 얻고서 곧 걸식하지 않고서 기뻐하면서 동굴로 되돌아 왔으며, 향을 피워 예배하고 슬프게 울면서 찬탄하며 우러러보았고 동굴의 가운데에서 이 경을 독송하고 수습(修習)하였다.

1년이 지나고 처음으로 죄가 없어졌으나 업장의 까닭으로서 능히 입심(入心)[24]을 얻지 못하였다. 이때 곧 목욕하고 수행하여 7일이 지났는데, 동자가 처음 배울 때처럼 삼가하여 작은 방종을 없앴으므로, 7일을 수행하여 이와 같이 삼가함이 다르지 않았으나, 마음 가운데의 근심과 번뇌가 어떤 뜻인가를 알지 못하였다. 그러므로 이 다라니의 글과 문장은 생각하고 숫자를 지나쳤는데 반대로 마음 속에서 갑자기 정(定)으로 들어갔다.

이때 스스로가 기뻐하였는데, 사람이 땅에서 백천 근의 금을 얻은 것과 같았다. 사람에게 지혜가 없더라도 안의 기쁨이 멈추지 않는데, 수년을 수행하면 비행(飛行)에 장애가 없고 시방에서 삼세의 제불을 볼 것이다. 그러므로 역죄를 알 것이니, 역시 참회하고 멸하면 얻을 것이다."

雖有此說未爲誠證. 此經直說經力滅罪. 不說得受菩薩戒. 故應更詳本. 十重者. 有云. 十中前四旣是根本性罪事同七逆. 現身有此悔與不悔皆悉是障. 餘六重者. 若悔非障. 不悔則障. 然經文犯十重者懺悔得相便得受戒. 不爾不得者. 此是總語意在後六. 有云. 前四業重. 須悔見相便得受. 無相不得戒. 後六業輕. 雖不懺悔亦得受也.

---

24) 마음으로 받아들인다는 뜻이다.

비록 이러한 설이 있더라도 진실로 증명할 수는 없다. 이 경을 직접 설하면서 경의 힘으로 죄를 멸하더라도 보살계를 받는 것을 설하지 않았다. 그러므로 마땅히 다시 근본을 자세히 살펴야 한다. 십중(十重)은 누가 말하였다.

"10중 가운데에 앞의 네 가지는 이미 근본적인 성죄(性罪)[25]이고, 일에서는 7역과 같아서 현재의 몸으로 이러한 참회가 있거나, 참회가 없더라도 모두는 장애이다. 나머지의 6중은 만약 참회하면 장애가 아니나, 참회하지 않으면 곧 장애이다."

그러나 경문(經文)에서는 10중을 범한 자가 참회하는 모습을 얻는다면 곧 수계를 얻는다. '그렇지 않다. 얻지 못한다.'는 이것에는 총체적인 말의 뜻으로 뒤에 여섯 가지가 있다. 누가 말하였다.

"앞의 네 업은 무거워도 반드시 참회하는 모습을 보인다면 곧 수계를 얻을 수 있으나, 참회 모습이 없다면 계를 받을 수 없다. 뒤의 여섯 업은 가벼우므로 비록 참회하지 않아도 수계를 얻을 수 있다."

十重須悔者. 此是總語意在前四. 有云. 現犯十重不悔悉是障. 若悔皆得受. 文無簡別. 何假曲尋. 舊說如此. 更有別意. 至文當顯也. 報障者地獄餓鬼及畜生中不解語者. 以重苦故. 不相領故. 理無得受. 又人趣中北洲餘類禀性頑嚚不解因果. 志意劣弱無剛決心. 如是等類亦爲受障. 而問遮中不別擧者. 地獄等相顯無濫. 不須問頑嚚等者. 問願中簡.

'10중은 반드시 참회해야 한다.'는 이것은 총체적인 말의 뜻으로 앞의 네 가지에 있다. 누가 말하였다.

25) 행위 자체가 바로 무거운 죄로서 살생(殺生)·투도(偸盜)·음행(淫行) 등을 가리킨다.

"10중을 범함을 보였고 참회하지 않는 것은 모두가 장애이다. 만약 참회하면 수계를 얻을 수 있다."

경문에서 간별(簡別)[26]할 수 없으나 어찌 왜곡하여 찾겠는가? 옛날의 설하심이 이것과 같고, 다시 별도의 뜻이 있다. 문장에 이르면 마땅히 나타나리라.

'보장(報障)'은 지옥과 아귀 및 축생의 가운데에서 말을 이해하지 못하면 이것으로써 큰 고통인 까닭으로 서로를 통솔하지 못하므로 이치적으로 수계를 얻을 수 없다.

또한 인취의 가운데에서 북구로주[27]의 나머지의 부류는 성품이 완은(頑嚚)[28]하여 인과를 이해하지 못하고 뜻이 용렬하고 나약하며 강한 결심이 없으므로 이 같은 부류 등은 역시 계를 받음에 장애가 있다.

그러나 '차(遮)의 가운데에서 묻는 것에 별도로 예시하지 않는다.'는 지옥 등은 나타나는 모습이 소문나지 않았으니, 반드시 완은한 자 등에게 묻지 말라. 원(願)을 묻는 가운데에서 간별하는 것이다.

又依本業經. 六趣皆得受. 故彼經云. 六道衆生受得戒. 但解語得戒不失. 當知地獄有輕有重. 重者不得. 輕亦得受. 三界中欲色亡言. 無色界者顯則不說. 蜜亦無遮. 又准在家菩薩受近事戒. 更有遮難. 應須問答. 故受法云. 是時比丘應作是言. 汝父母妻子奴婢國主聽不. 若言聽者. 復應問言. 汝不曾負佛法僧物及他物耶. 若言不負. 復應問言. 汝今身中將無內外身心病耶. 若言無者.

---

26) 간단하게 구별하거나 분별하는 것이다.

27) 산스크리트어 uttara-kuru의 음사로서 uttara는 북쪽을 뜻하고 kuru는 종족 이름을 뜻하며 울단월(鬱單越)이라고도 부른다. 수미산의 사주(四洲) 가운데 가장 살기 좋은 곳을 가리킨다.

28) 완고하고 도리에 어두운 것을 말한다.

復應問言. 汝不於比丘比丘尼所作非法耶. 如是等事亦是戒障. 故須問除簡.

또한 『보살영락본업경』에 의지하면 6취는 모두 계를 받을 수 있다. 그러므로 그 경전에서 말씀하셨다.

"육도의 중생이 계를 받고서 얻는 것은 다만 말을 이해하면 계를 얻고 잃지 않는다."[29)]

마땅히 지옥에도 가벼움과 무거움이 있고 무겁다면 얻지 못하고 가볍다면 역시 계를 받을 수 있다. 3계 가운데에서는 욕계와 색계에서는 망령스러운 말이더라도, 무색계라는 것은 드러났어도, 곧 설하지 않고 은밀하여도 역시 막힘이 없다.

또한 재가보살에 준하여 근사계(近事戒)[30)]를 받았어도 다시 막힘과 어려움이 있으므로 마땅히 묻고 답하여야 한다. 그러므로 받는 법에서 말하였다.

"이때 비구는 마땅히 이렇게 말을 지어야 한다.

'그대의 부모·처자·노비·국왕 등이 허락하였는가?'

만약 허락하였다고 말한다면 다시 마땅히 물어야 한다.

'그대는 일찍이 불·법·승의 물건과 다른 사람의 물건을 빚지지 않았는가?'

만약 빚지지 않았다고 말한다면 다시 마땅히 물어야 한다.

'그대의 몸 안과 밖에, 몸과 마음에 병이 없는가?'

만약 없다고 말한다면 다시 마땅히 물어야 한다.

'그대는 비구와 비구니의 처소에서 비법(非法)을 짓지 않았는가?'

이와 같은 일 등은 역시 계에 장애가 있다. 그러므로 반드시 물어

---

29) 『菩薩瓔珞本業經』(大正藏 24), p.1021중. "心無盡故戒亦無盡六道衆生受得戒. 但解語得戒不失."

30) 우바새와 우바이가 받아가지는 5계를 말한다.

간별하여 없애야 한다."

師德者要具四德. 方堪爲師授菩薩戒. 一同法菩薩. 簡異二乘. 二已發大願. 簡未發心. 三有智有力. 謂於文義能解能持. 四於語表義能授能開. 謂言語辯了說法授人開心令解. 又什法師云. 具足五德應當爲師. 一堅持淨戒. 二年滿十臘. 三善解律藏. 四妙通禪思. 五慧藏窮玄.

스승의 덕은 네 덕을 갖추는 것이 중요하며, 비로소 보살계를 주는 스승이 되는 것을 감당할 수 있다. 첫째는 법보살과 같아서 이승과 다름을 간별하는 것이고, 둘째는 이미 대원을 일으켰으니 발심이 아닌 것을 간별하는 것이며, 셋째는 지혜가 있고 힘이 있어 문장의 뜻을 능히 이해하고 능히 수지하는 것이고, 넷째는 말의 표현과 뜻에서 능히 교수(敎授)하고 능히 열어주어서 언어의 변재와 설법으로 사람을 교수하여 마음을 열어주고 이해시키는 것을 말한다.

또한 구마라집 법사가 말씀하셨다.

"5덕을 구족하면 마땅히 스승이 될 수 있다. 첫째는 청정한 계를 굳게 수지하는 것이고 둘째는 20년의 법랍에 이른 것이며, 셋째는 율장을 잘 이해하는 것이고, 넷째는 선사(禪思)를 묘하게 통하는 것이며, 다섯째는 혜장(慧藏)[31]이 무궁하고 현묘한 것이다."[32]

又菩薩地云. 又諸菩薩不從一切離聽. 慧者求受菩薩所受淨戒. 無淨信者不

31) 지혜가 들어 있는 삼장이라는 뜻으로 '논장'을 다르게 이르는 말이다.

32) 일본의 다른 저술에서도 같은 내용을 찾을 수 있다. 『普通授菩薩戒廣釋』(大正藏 74), p.761하. "又羅什云. 具足五德應爲師. 一堅持淨戒. 二年滿十臘. 三善解律藏. 四妙通禪惠. 五慧窮玄."

應從受. 謂於如是所受淨戒. 初無信解不能趣入不善思惟. 有慳貪者. 慳貪弊者. 有大欲者. 無喜足者. 不應從受. 毁淨戒者. 於諸學處無恭敬者. 於戒律儀有慢緩者. 不應從受. 有忿恨者. 多不忍者. 於他違犯. 不堪耐者. 不應從受有嬾惰者. 有懈怠者多分耽着日夜睡樂倚樂臥樂. 好合徒侶樂喜談者. 不應從受. 心散亂者. 下至不能搆牛乳. 頃善心一緣住修習者. 不應從受. 有闇昧者. 愚癡類者. 極劣心者. 誹謗菩薩索怛攬藏及菩薩藏摩怛履迦者. 不應從受. 此文意者. 遠離不信及六弊障. 具足淨信及六度者. 方堪爲師.

또한 『유가사지론』 「보살지」에서 말하였다.

"또한 여러 보살은 일체의 듣는 것을 벗어나서 따르지 않는다. 지혜로운 자는 보살의 처소에서 받는 것을 구하면서 청정한 계를 받으며, 청정한 믿음이 없는 자는 마땅히 따라서 받지 않는데, 이와 같은 처소에서 청정한 계를 받아도 처음에 믿음과 이해가 없다면 능히 나아가지 못하고 선사유에 들어가지 못하는 것을 말한다."[33]

간탐이 있는 자, 간탐으로 가려진 자, 큰 욕심이 있는 자, 즐거이 만족함이 없는 자, 마땅히 따라서 받지 않는 자, 청정한 계를 훼손하는 자, 여러 학처(學處)[34]에 공경함이 없는 자, 계와 율의에서 게으름과 나태함이 있는 자, 마땅히 수계를 따르지 않으면서 분한이 있는 자, 많이 참지 못하는 자, 다른 사람이 위반하고 범함을 인내하지 못하는

33) 『瑜伽師地論』(大正藏 30), p.515상. "又諸菩薩不從一切. 唯聽慧者求受菩薩所受淨戒. 無淨信者不應從受. 謂於如是所受淨戒. 初無信解不能趣入不善思惟. 有慳貪者慳貪弊者. 有大欲者無喜足者. 不應從受. 毁淨戒者. 於諸學處無恭敬者. 於戒律儀有慢緩者. 不應從受. 有忿恨者. 多不忍者. 於他違犯不堪耐者. 不應從受. 有嬾惰者. 有懈怠者. 多分耽著日夜睡樂倚樂臥樂好合徒侶樂喜談者. 不應從受. 心散亂者下至不能搆牛乳頃善心一緣住修習者. 不應從受. 有闇昧者. 愚癡類者. 極劣心者. 誹謗菩薩素怛纜藏及菩薩藏摩怛履迦者. 不應從受."

34) 계율을 다르게 부르는 말이다.

자, 마땅히 수계를 따르지 않으면서 나태(懶怠)함이 있는 자, 해태(懈怠)함이 있어 많은 부분에서 탐착하고 낮과 밤에 잠을 즐기고 오락을 의지하며 눕는 것을 즐기는 자, 무리들과 모이는 것을 좋아하고 잡담을 즐기는 자, 마땅히 수계를 따르지 않으면서 마음이 산란한 자, 아래로는 능히 우유도 이해하지 못하면서 잠깐의 선심에서 하나의 인연으로 머물면서 수습하는 자, 마땅히 수계를 따르지 않으면서 암매(暗昧)[35]가 있는 자, 우치한 부류인 자, 극심하게 용렬한 마음의 자, 보살의 삭타람장(索怛攬藏)[36]과 보살장의 마달리가[37]를 비방한 자, 마땅히 수계를 따르지 않는 이러한 문의(文意)의 자는 멀리 불신과 여섯 가려진 장애를 벗어나라. 청정한 믿음과 육도를 구족한 자는 비로소 스스로가 감당할 수 있다.

然則受授菩薩戒者. 具器爲資不易. 備德爲師甚難. 若得能所相會. 受授兩俱如法. 紹隆覺種扶疏道樹. 可得有日期矣. 受戒方軌略有六門. 一顯德勸受. 二對緣優劣. 三七衆總別. 四大小先後. 五正明受法. 六校量顯勝. 顯德勸受者. 文云. 衆生受佛戒. 卽入諸佛位. 位同大覺已. 眞是諸佛子. 本業經云. 入三寶海以信爲本. 住在佛家以戒爲本. 始行菩薩若男若女初發心出家. 欲紹菩薩位者. 當先受正法戒. 戒者是一切行功德藏根本. 正向佛果道一切行本. 是戒能除一切大惡七見六着. 正法明鏡.

그러나 곧 보살계를 받고 주는 자는 근기(根器)를 갖추었어도 자질은

35) 사람됨이 어리석고 못나서 사리(事理)에 어두운 것을 가리킨다.

36) 산스크리트어 수트라(sūtra)의 음사인 소달람(素怛纜)이 오기된 것으로 생각된다. 다른 음사로는 수다라(修多羅)·소다라(蘇多羅)·소달라(蘇怛羅)·수투로(修妬路)가 있다. 의역하여 계경(契經)이라고도 하며, 경장을 가리킨다.

37) 범어 mātṛkā의 음역으로서 본모(本母)·논모(論母)·지모(智母)·행모(行母) 등으로 의역한다. 12분교(分敎) 중 우바제사(優波提舍)로서 논장(論藏) 등을 총칭하는 말이다.

바뀌지 않았으므로, 덕을 갖추고 스승이 되어도 매우 어려운 것이다. 만약 능소(能所)가 서로 회합(會合)하면 받고 주는 두 가지를 여법하게 갖추었으므로, 깨달음의 씨앗을 돕고 뿌려서 도의 나무를 이어가고 성장하게 한다면 얻을 기한이 있을 것이다.

수계의 방궤에는 대략 여섯 문이 있다. 첫째는 덕을 나타내고 권하여 받게 하는 것이고, 둘째는 인연의 우열을 마주하는 것이며, 셋째는 칠중[38]을 총체적으로 분별하는 것이고, 넷째는 대승과 소승의 앞과 뒤이며, 다섯째는 수계법을 바르게 밝히는 것이고, 여섯째는 수승함을 나타내고 교량(校量)[39]하는 것이다. 경문에서 말하였다.

"중생이 세존의 계를 받는다면 곧 제불의 계위에 들어가는데, 계위는 대각(大覺)과 같다."

진실로 이것이 여러 불자이다.

『보살영락본업경』에서 말하였다.

"삼보의 바다에 들어가면 믿음으로써 근본으로 삼고, 불가(佛家)에 있으면서 머무른다면 계로써 근본으로 삼는다. 처음으로 보살을 행하면서 남자이거나, 여자이거나, 처음으로 발심하여 출가하여 보살위를 잇고자 한다면 마땅히 먼저 정법의 계를 받아라. 계는 이것이 일체의 공덕장을 행하는 근본이고, 바르게 불과의 도를 향하는 일체행의 근본이다. 이 계는 능히 일체의 큰 악인 7견[40]과 6착을 제거하나니 정법은

---

38) 교단을 구성하는 출가자와 재가신자인 모든 불자로서 비구·비구니·사미·사미니·식차마나·우바새·우바이의 일곱 부류의 대중을 가리킨다.

39) '헤아려서 비교하며 살핀다.'는 뜻이다.

40) 일곱 가지 그릇된 견해이다. 첫째는 인과(因果)의 이치를 부정하는 사견(邪見)이고, 둘째는 나에게 변하지 않는 고유한 실체가 있다는 아견(我見)이며, 셋째는 세간(世間)과 자아(自我)는 사후(死後)에도 없어지지 않는다는 상견(常見)이고, 넷째는 세간과 자아는 사후에 없어진다는 단견(斷見)이며, 다섯째는 그릇된 계율 등을 바르다고 생각하는 계도견(戒盜見)이고, 여섯째는 그릇된 행위로

밝은 거울이다."[41]

又云. 佛子受十無盡戒已. 其受者過度四魔越三界苦. 從生至生不失此戒. 常隨行人乃至成佛. 若過去未來現在一切衆生不受是菩薩戒者. 不名有情識者. 畜生無異. 不名爲人. 常離三寶海. 非菩薩非男非女非鬼非人. 名爲畜生. 名爲邪見. 名爲外道. 不近人情. 故知菩薩戒. 有受法而無捨法. 有犯不失盡未來際.

또한 말하였다.

"불자가 10무진계를 받았다면 그것을 받은 자는 4마[42]를 지나치고 제도하며 삼계의 고통을 뛰어넘고 태어남을 따라서 태어남에 이르러도 이 계를 잃지 않으면서 항상 사람을 따라서 행하면 나아가 성불할 것이다. 만약 과거이거나 미래이거나 현재에서 일체의 중생이 이러한 보살계를 받지 않는다면, 유정의 식자[43]라고 이름하지 않으며, 축생과 다르지 않으므로 사람이라고 이름하지 않는다.

항상 삼보의 바다를 벗어났다면 보살이 아니고 남자도 아니며 여인도 아니고 귀인도 아니며 사람도 아니므로 축생이라고 이름하고, 사견이라고 이름하며, 외도라고 이름하며 인정에 가깝지 않다. 그러므로 보살계를

얻은 결과를 바르다고 생각하는 과도견(果盜見)이며, 일곱째는 세존의 가르침을 의심하는 의견(疑見)이다.

41) 『菩薩瓔珞本業經』(大正藏 24), p.1020중. "若一切衆生初入三寶海以信爲本. 住在佛家以戒爲本. 佛子. 始行菩薩若信男若信女中. 諸根不具黃門婬男婬女奴婢變化人受得戒. 皆有心向故. 初發心出家欲紹菩薩位者. 當先受正法戒. 戒者是一切行功德藏根本. 正向佛果道一切行本. 是戒能除一切大惡. 所謂七見六著. 正法明鏡."

42) 4가지의 마군(魔軍)의 뜻으로 중생의 선행 등 수행을 방해하는 네 가지의 작용인 온마(蘊魔)·번뇌마(煩惱魔)·사마(死魔)·천마(天魔)를 가리킨다.

43) 학식(學識)이나 상식(常識) 따위가 있는 사람을 가리킨다.

알고서 받은 것이 있고 법을 버리지 않았다면 범함이 있어도 잃지 않았다면 미래의 틈새도 끝날 것이다."[44]

又復法師能於一切國土中. 教化一人出家受菩薩戒者. 此法師其福勝造八萬四千塔. 況復二人三人乃至百千. 福果不可稱量. 其師者夫婦六親得互爲師授. 其受戒者入諸佛界菩薩數中. 超過三劫生死之苦. 是故應受. 有而犯者勝無不犯. 有犯名菩薩. 無犯名外道.

또한 다시 법사가 능히 일체 국토의 가운데에서 한 사람을 교화하여 출가시키고 보살계를 받게 한다면, 이 법사의 그 복은 수승하여 8만4천의 탑을 조성하는 것이다. 하물며 다시 두 사람, 세 사람 나아가 백천에 이른다면 복의 과보는 헤아릴 수 없다. 그 스승인 자는 부부와 육친[45]이 서로가 스승이 될 수 있고, 그 수계한 자는 제불의 경계와 보살 수량의 가운데에 들어가서 3겁의 생사의 고통을 초과한다. 이러한 까닭으로 마땅히 받을지니라. 받고서 범한 자가 받지 않고 범하지 않은 자보다 수승하므로, 받고서 범하였다면 보살이고 받지 않고 범하면 외도라고 이름한다.

對緣優劣者經云. 受戒有三種. 一者諸佛菩薩現在前受得眞實上品戒. 二者諸佛菩薩滅度後. 千里內有先受戒菩薩者. 請爲法師教授我戒. 我先禮足. 應

44) 경장인『보살영락본업경(菩薩瓔珞本業經)』에서 이와 비슷한 부분을 찾아볼 수 있다.『菩薩瓔珞本業經』(大正藏 24), p.1021중. "受十無盡戒已. 其受者過度四魔越三界苦. 從生至生不失此戒. 常隨行人乃至成佛. 佛子. 若過去未來現在一切衆生. 不受是菩薩戒者. 不名有情識者. 畜生無異. 不名爲人. 常離三寶海. 非菩薩非男非女非鬼非人. 名爲畜生名爲邪見. 名爲外道不近人情. 故知菩薩戒有受法而無捨法. 有犯不失盡未來際."

45) 부(父)·모(母)·형(兄)·제(弟)·처(妻)·자(子)의 여섯 부류를 가리킨다.

如是語. 請大尊者爲師授與我戒. 其弟子得正法戒. 是中品戒. 三者佛滅度後. 千里內無法師之時. 應在諸佛菩薩形像前胡跪合掌自誓受戒. 應如是言. 我某甲白十方佛及大地菩薩等. 我學一切菩薩戒者. 是下品戒. 第二第三亦如是說.

우열한 자를 마주하는 인연에 대해 경전에서는 이렇게 말한다. "수계에는 세 종류가 있다. 첫째는 제불과 보살께서 현재 앞에 있는데 받는다면 진실로 상품의 계이고, 둘째는 제불과 보살께서 멸도하신 뒤에 천리의 안에 먼저 수계한 보살인 자라면 법사로 청하여 나에게 계를 교수하게 하는데 나는 먼저 발에 예배하고 마땅히 이와 같이 말하여야 한다. '대존자께 청하오니 스승께서 나의 계를 교수하여 주십시오.' 그 제자는 정법계를 얻는데 이것이 중품의 계이다.

셋째는 세존께서 멸도하신 뒤에 천리 안에 법사가 없는 때에 마땅히 제불과 보살의 형상이 있는 앞에서 호궤(胡跪) 합장하고서 스스로가 수계를 맹세하면서 이와 같이 말한다. '나 누구는 시방의 세존과 큰 지위의 보살 등께 아룁니다. 저는 일체의 보살계라는 것을 배우겠습니다.' 이것이 하품의 계이다. 두 번째, 세 번째에도 이와 같이 말한다."[46]

佛子是三種受戒過去佛已說. 未來佛當說. 現在佛今說. 過去諸菩薩已學. 未來諸菩薩當學. 現在諸菩薩今學. 是諸佛正法戒. 若一切佛一切菩薩不入此法戒門. 得無上道果虛空平等地者. 無有是處.

---

46) 『菩薩瓔珞本業經』(大正藏 24), p.1020하. "受戒有三種受. 一者諸佛菩薩現在前受. 得眞實上品戒. 二者諸佛菩薩滅度後. 千里內有先受戒菩薩者. 請爲法師敎授我戒. 我先禮足應如是語. 請大尊者. 爲師授與我戒. 其弟子得正法戒. 是中品戒. 三佛滅度後千里內無法師之時. 應在諸佛菩薩形像前. 胡跪合掌自誓受戒. 應如是言. 我某甲白十方佛及大地菩薩等. 我學一切菩薩戒者. 是下品戒. 第二第三亦如是說."

불자에게 이러한 세 종류의 수계는 과거의 세존도 설하셨고, 미래의 세존도 마땅히 설하실 것이며, 현재의 세존도 지금 설하고 계시다. 과거의 보살들도 이미 배웠으며, 미래의 보살도 마땅히 배우실 것이고, 현재의 여러 보살도 지금 배우시는데 이것이 제불의 정법계이다. 만약 일체의 세존과 일체의 보살이 이러한 법계문에 들어가지 않는다면 무상의 도과를 얻더라도 허공의 평등지이고, 이러한 처소는 있지 않다.

七衆總別者. 三種戒中攝善攝生道俗相多同. 攝律儀戒七衆儀各異. 今就律儀辨其總別. 受律儀戒方軌有二. 一與餘二總受. 二與餘二別受. 總受方軌七衆無別. 並牒三戒而總受故. 故一羯磨通彼七衆至. 於隨相所持各異. 地持受法正就此也. 若別受者七衆法異. 若俗二衆受其五戒. 至於隨相. 又說六重二十八輕. 具如善生優婆塞經. 道中具足二衆受法. 依白羯磨從十衆等.

칠중의 총상(總相)과 별상은 세 종류인 계의 가운데에서 섭선계와 섭중생계는 사문과 재가자는 서로 많이 같고, 섭율의계는 7중의 위의가 각자 다르다. 지금 율의에 나아가서 그 총상과 별상을 분별하면 율의계를 받는 방궤에는 두 가지가 있다. 첫째는 나머지를 주는데 총상을 받는 것이고, 둘째는 나머지를 주는데 별상을 받는 것이다. 총상을 받는 방궤는 7중이 분별이 없고, 아울러 첩(牒)은 세 가지의 계(戒)인데, 총상을 받는 까닭이다.

그러므로 한 번의 갈마가 통하면 칠중에 이르는 것이고, 수지하는 상(相)을 따르는 것이 각자 다를지라도, 땅에 서서 받는 법이 이것에 바르게 나아가는 것이다.

'만약 별상을 받는다.'는 칠중의 법과 다른 것이다.

'만약 재가의 이중(二衆)이 그 5계를 받는다.'는 상을 따라서 이르는 것이다.

또한 '6상은 무겁고 28상은 가볍다.'고 말하는 것은 『선생우바새경』[47]의 가르침 가운데에서 "도의 가운데에 2중의 받는 법이 구족되어 있으므로 아뢴 갈마에 의지하여 10중 등을 따르라."고 갖추어진 것과 같다.

涅槃經云. 受世敎戒者白四羯磨. 然後乃得. 正就此也. 下之三衆各隨其法. 法同聲聞. 大小先後者於中有二. 一先小後大. 二先大後小. 若先受小後受大者. 前小乘戒爲捨爲在. 又不殺等與聲聞同. 爲更新得爲卽前戒. 一云. 若迴心時小轉成大. 故前小戒不捨而在. 而不可名爲小乘戒. 以迴心故共聲聞戒. 更不新增. 若不共戒受時新得. 一云. 迴心新受時. 雖不捨前. 而由期心異更增離殺等. 如受具足時. 更得離殺等. 先大後小者. 若退大入小卽失大戒. 若不退大隨學小者不失前大. 雖受聲聞戒. 不名爲小乘人也.

『열반경』에서 말씀하셨다.

"세존의 가르침인 계는 백사갈마로 받고 뒤에 비로소 얻어야 바르게 받는 것이니라. 아래의 3중은 각자 그 법을 따르는데 법은 성문과 같다."[48]

'대승계와 소승계의 앞과 뒤이다.'는 그 가운데 두 가지가 있다. 첫째는 먼저 소승계이고 뒤에 대승계인 것이고, 둘째는 먼저 대승계이고 뒤에 소승계인 것이다. 만약 먼저 소승계를 받고 뒤에 대승계를 받는 것은 이전에 소승계였으나 버리기 위하여 있는 것이다. 또한 불살계 등은

47) 『優婆塞戒經』(大正藏 24), pp.1049상-하에 비슷한 부분이 보이므로 인용하면서 오류를 일으킨 것으로 생각된다.

48) 『大般涅槃經』(大正藏 12), p.432하. "是菩薩摩訶薩復有二種戒. 一者受世敎戒. 二者得正法戒. 菩薩若受正法戒者終不爲惡. 受世敎戒者白四羯磨然後乃得."

성문계와 같은데 다시 새롭게 얻기 위하여 곧 이전과 같이 받겠는가?

한 사람이 말하였다.

"만약 마음을 돌이킨 때에 소승계가 대승계로 변한다면 고의로 이전의 소승계를 버리지 말고 서 있으라. 그러면 소승계라고 말하지 않는다. 마음을 돌이킨 까닭으로써 성문계와 함께 다시 새롭게 증장되지 않으므로, 불공계를 받아서 새롭게 얻는 때와 같다."

또한 한 사람이 말하였다.

"마음을 돌이켜서 새롭게 받는 때에 비록 이전의 계를 버리지 않았으나, 그러나 마음이 다른 것을 기약했던 까닭으로 다시 살생 등을 떠난 것을 증장하였다면, 구족계를 받는 때에 다시 살생 등을 떠나는 것과 같은 것이다."

만약 먼저 대승계를 받고 뒤에 소승계를 받는다면, 만약 대승계가 퇴전하고 소승계에 들어가므로 곧 대승계를 잃는 것이다. 만약 대승계가 퇴전하지 않았으나, 소승계를 따라서 배우는 자가 이전의 대승계를 잃지 않았고 비록 성문계를 받았더라도 소승의 사람이라고 말하지 않는다.

正受方法者依菩薩地. 方軌有八. 一請師. 文云. 若諸菩薩欲於如是菩薩所學. 三種戒藏勤修學者. 或是在家. 或是出家. 先於無上正等菩提發弘願已. 當審訪求同法菩薩已發大願. 有智有力於語表義能授能開. 於如是等功德具足勝菩薩所. 先禮雙足. 如是請言. 我今欲於善男子所. 或長老所. 或大德所. 乞受菩薩淨戒. 唯願須臾不辭勞倦. 哀愍聽授.

'바르게 받은 방법'은 보살지에 의지하는 것이고 방궤에는 여덟 가지가 있다. 첫째는 스승을 청함이다. 경문에서 말하였다.

“만약 여러 보살이 이와 같은 보살의 학처에서 세 종류의 계장(戒藏)을 부지런히 수학하고자 한다면, 혹은 재가에 있거나, 혹은 출가하였거나, 먼저 무상정등보리에 큰 서원을 일으켜야 한다. 마땅히 보살과 같은 법을 자세하게 탐방하고 구하고서 큰 원을 일으키면 말의 표현과 뜻에서 지혜가 있고 힘이 있으므로 능히 교수하고 열어서 보이게 된다. 이와 같은 공덕 등을 구족하고서 수승한 보살의 처소에서 먼저 두 발에 예배하고 이와 같이 청하여 말하여야 한다.

‘나는 지금 선남자의 처소에서, 혹은 장로의 처소에서, 혹은 대덕의 처소에서, 보살의 청정한 계를 받고자 애원합니다. 오직 바라건대, 잠깐의 노고와 피로를 사양하지 마십시오. 애민하게 청하나니 (계를) 주십시오.’”

二求力. 文云. 旣作如是無倒請已. 偏袒右肩. 恭敬供養十方三世諸佛世尊已. 入大地得大智慧. 得大神力諸菩薩衆. 現前專念彼諸功德. 三乞戒. 文云. 隨其所有功能因力. 生殷淨心戒小淨心. 有智有力勝菩薩所謙下恭敬. 膝輪據地. 或蹲跪坐. 對佛像前作如是請. 唯願大德. 或言長老. 或善男子. 哀愍授我菩薩淨戒.

둘째는 힘을 구하는 것이다. 경문에서 말하였다.

“이미 이와 같이 지었으나 청함에 이르지 못하였다면 오른쪽 어깨를 드러내고 공경스럽게 시방의 삼세 제불·세존께 공양하고서, 큰 지위에 들어가서 대지혜를 얻으며, 여러 보살들의 대신력을 얻고서, 현전하였다면 전념으로 그 여러 공덕을 생각하라.”

셋째는 계를 애원하는 것이다. 경문에서 말하였다.

“그 소유한 공능과 인력(因力)을 따라서 은근한 정심계(淨心戒)와 작은 정심이 생겨나면 지혜가 있고 힘이 있는 수승한 보살의 처소에서 겸손하고 공경스럽게 땅에 무릎을 꿇거나 혹은 준궤(蹲跪)[49]하고 앉아서 앞에 불상을 마주하고 이와 같이 청하는 것이다.

'오직 바라건대, 대덕께서는 -혹은 장로라고 하고, 혹은 선남자라고 한다.- 애민하게 생각하시어 저에게 보살의 청정한 계를 주십시오.'"

四長養淨心. 文云. 如是請已. 專念一境長養淨心. 我今不久當得無盡無量無上功德藏. 卽隨思惟如是事已. 默然而住. 五問緣. 爾時有智有力菩薩. 於彼能行正行菩薩. 以無亂心若坐若立而作是言. 汝如是名善男子聽. 或法弟聽. 汝是菩薩不. 彼應答言是. 發菩提願未. 應答言已發.

넷째는 청정한 마음을 장양(長養)하는 것이다. 경문에서 말하였다.

"이와 같이 청하고서 한 경계의 청정한 마음을 장양하는 것에 전념하라. '나는 지금 오래지 않아서 마땅히 무진(無盡)하고 무량하며 무상(無上)한 공덕장을 얻을 것이다.'

곧 사유(思惟)를 따라서 이와 같은 일을 마치고 묵연히 머물러라."

다섯째는 연을 묻는 것이다. 이때 보살이 지혜가 있고 힘이 있는데, 그곳에서 능히 정행(正行)을 행하는 보살에게 혼란이 없는 마음으로써 앉거나, 서 있더라도 이와 같이 말하라.

"그대는 이와 같은 이름의 선남자를 허락하겠습니까? 혹은 법제자를 허락하겠습니까? 그대는 올바른 보살입니까?"

그는 마땅히 대답하여 말하여야 한다.

"그렇습니다."

---

49) 쪼그린 자세로 무릎을 꿇는 것을 말한다.

보리의 원을 일으키지 않았다면 마땅히 대답하여 말한다.

“이미 일으켰습니다.”

六正受. 自此已後應作是言. 汝如是名善男子戒法弟. 欲於我所受諸菩薩一切學處. 受諸菩薩一切淨戒. 謂律儀戒攝善法戒饒益有情戒. 如是學處如是淨戒. 過去一切菩薩已具. 未來一切菩薩當具. 普於十方現在一切菩薩今具. 於是學處於是淨戒. 過去一切菩薩已學. 未來一切菩薩當學. 現在一切菩薩今學. 汝能受不. 答言能受. 授菩薩第二第三亦如是說. 能受菩薩第二第三亦如是答. 能授菩薩作如是問. 乃第三授淨戒已. 能受菩薩作如是答. 乃至第三受淨戒已.

여섯째는 바르게 받는 것이다. 스스로가 이것을 마치고 뒤에 마땅히 이와 같이 말하라.

“그대는 이와 같이 이름하는 선남자이고 계법(戒法)의 제자로 나의 처소에서 여러 보살의 일체 학처를 받고자 하고, 여러 보살의 일체 청정한 계를 받고자 하는데, 율의계·섭선법계·요익유정계라고 말하느니라. 이와 같은 학처와 이와 같은 청정한 계는 과거의 일체의 보살이 이미 갖추셨고, 미래의 보살이 마땅히 갖출 것이며, 널리 시방에서 현재의 일체 보살이 지금 갖추셨느니라. 이 학처에서, 이 청정한 계에서, 과거의 일체의 보살은 이미 배우셨고, 미래의 보살은 마땅히 배우실 것이며, 현재의 일체 보살이 지금 배우고 있는데, 그대는 능히 받겠는가?”

대답하여 말한다.

“능히 받겠습니다.”

(계를) 주는 보살은 두 번, 세 번을 이와 같이 말한다. (계를) 받는 보살은 두 번, 세 번을 이와 같이 대답한다. 능히 (계를) 주는 보살은

이와 같이 묻고, 나아가 세 번째에 청정한 계를 준다. 능히 (계를) 받는 보살은 두 번, 세 번을 이와 같이 대답하고서, 나아가 세 번째에 청정한 계를 받는다.

七啓白請證. 廣如彼文. 八禮退. 文云. 如是已作受菩薩戒羯磨等事. 授受菩薩俱起供養. 普於十方無邊際諸世界中諸佛菩薩. 頂禮雙足恭敬而退. 授戒方軌衆師非一. 且依地持. 略述如是. 諸說有不同. 當尋諸本. 校量顯勝者. 如是菩薩所受律儀戒. 於餘一切所受律儀戒最勝無上. 無量無邊大功德藏之所隨逐. 第一最上菩提心意樂之所發起. 普能對治於一切有情一切種惡行. 一切別解脫律儀. 於此菩薩律儀戒. 百分不及一. 千分不及一. 數計算喩鄔波尼殺曇分亦不及一. 攝受一切大功德.

일곱째는 열어서 알리고 청하여 증명하는 것이다. 자세한 설명은 그 문장과 같다. 여덟째는 예배하고 물러나는 것이다. 경문에서 말하였다.

"이와 같이 보살계의 갈마사 등의 일을 받는 것을 짓고서, (계를) 주고받는 보살은 함께 널리 시방의 변제가 없는 제불과 보살들께 공양을 일으키며, 두 발에 정례하고서 공경스럽게 물러난다. 계를 주는 방궤는 여러 스승이고 혼자가 아니므로, 잠시 땅에 의지하여 수지하는 것이다. 간략히 서술하면 이와 같다.

여러 설이 있으나 같지 않으니, 마땅히 여러 본(本)을 찾아보라.

'교량하여 수승함을 드러내다.'는 이와 같은 보살의 처소에서 율의계를 받고 나머지의 일체의 처소에서 최승의 무상한 율의계를 받는다면 무량하고 무변한 대공덕장의 처소를 따르는 것이다.

제1의 최상의 보리심인 의요(意樂)[50]라는 것을 일으키는 것이고, 널리 능히 일체의 유정과 일체 종류의 악행을 대하고 다스리는 것이다. 일체의 별해탈율의는 이러한 보살의 율의에서는 백분의 일에도 미치지 못하고, 천분의 일에도 미치지 못하며, 산수로 계산하여 비유하면 오파니살담분[51]에도 역시 미치지 못하지만, 일체의 대공덕을 섭수하는 것이다."

問答遣疑者. 問聲聞受法中不問種姓與願. 何故此中問此二事. 答別解脫戒三乘通受. 受法雖一隨願通成. 由是不應偏問一姓. 亦不應總問有三姓不. 未必審知隨一姓. 故旣不問姓. 問願亦廢. 但使無遮難. 通望三乘. 得後隨修行各成果故. 問三障皆障戒云何偏問業. 答夫問難者必兼兩義. 一決定爲障. 二相中有濫. 業中七逆具斯兩義. 一定爲障. 其過重故. 二相有濫. 無別標故. 四隨煩惱非定爲障. 地獄等無濫. 相別可識故. 惑報不須問也.

의심이 있는 것을 묻고 답한다.

【묻는다】 성문이 법을 받는 가운데에서는 종성과 원을 묻지 않는데 무슨 까닭으로 이 가운데에서는 이 두 가지의 일을 묻는가?

【답한다】 별해탈계는 삼승을 통하여 받고, 받는 법이 비록 하나의 원을 따르더라도 통하여 이루어진다. 이러한 까닭으로 마땅히 편벽되게 한 종성을 묻는 것은 아니고, 역시 마땅히 모두 세 종성이 있다고 묻지 않는 것이 아니겠는가? 반드시 살펴도 한 종성을 따르는 것을 알지 못한다. 그러므로 이미 종성을 묻지 않는 것이고, 원을 물음도 그만둔 것이다. 다만 막는 것에 어려움이 없게 한다면, 통하여 삼승을 바랄

50) 범어 aseya의 음사로 의념(意念) 또는 요욕(樂欲)으로 번역된다. 어떤 목적을 향하여 나아가려는 뜻을 가리킨다.

51) 오파니살담(鄔波尼殺曇)은 범어 upaniṣadam의 음사이고, 분(分)은 산스크리트어 api의 번역인데, 지극히 적은 수량을 가리킨다.

수 있고, 뒤에 수행을 따라서 각자 성과를 얻을 수 있는 까닭이다.

【묻는다】 세 가지의 장애는 모두 세 가지의 계를 장애하는데, 어찌하여 편벽되게 업을 묻는가?

【답한다】 대체적으로 물음에 어려운 것은 반드시 두 가지의 뜻을 겸하는 것이다. 첫째는 결정되어 장애가 되는 것이고, 둘째는 상의 가운데에 넘침이 있는 것이다. 업의 가운데에서 7역도 이러한 두 가지 뜻을 갖추었다. 첫째는 결정되어 장애가 되는 것인데 그 과보가 무거운 까닭이고, 두 번째는 상(相)에 넘침이 있는 것인데 분별되는 표식이 없는 까닭이다.

네 가지의 번뇌를 따르면 정해지지 않은 번뇌가 되지만, 지옥 등은 넘침이 없어도 상을 분별하여 아는 까닭이다. 미혹된 과보는 반드시 묻지도 않는다.

問具四五德方堪爲師. 何故經許夫婦互師. 答受在家戒. 或可如經. 出家五衆必須具德. 問有人言. 必先受聲聞戒後受菩薩戒. 是義云何. 答未必然也. 何容菩薩必先起小心. 然後入大乘. 然經說云. 若言不受優婆塞戒沙彌戒比丘戒得菩薩戒. 無有是處. 譬如重樓不由初級得第二級. 無有是處者. 要由律儀爲依止故. 方得後二. 故作是說. 自餘問答不復更顯.

【묻는다】 20덕을 갖추어야 비로소 스승이 되어 감당할 수 있다. 무슨 까닭으로 경전에서는 부부가 서로 스승이 되는 것을 허락하는가?

【답한다】 재가에 있으면서 계를 받는 것은 혹은 경전과 같으나, 출가 5중은 반드시 덕을 갖추는 것이 필요하다.

【묻는다】 어느 사람이 말하였다. "반드시 먼저 성문계를 받고 뒤에 보살계를 받는다." 이러한 뜻은 무엇인가?

【답한다】 반드시 필요하지는 않다. 어찌 보살이 반드시 먼저 작은 마음을 일으키고서 뒤에 대승에 들어가는 것이 허용되겠는가? 그러므로 경전에서 설하여 말하였다.

"만약 우바새계·사미계·비구계를 받지 않고서 보살계를 얻었다고 말한다면 이러한 처소는 없는 것이다. 비유하면 중층의 누각은 처음의 층계가 없는 이유로 두 번째 층계를 얻지 못하는 것과 같다."[52]

'이러한 처소는 없다.'는 요컨대, 율의를 이유로 의지가 되는 까닭이고, 비로소 뒤의 두 가지를 얻었던 까닭으로 이렇게 설하는 것이다. 나머지의 문답으로 다시 거듭 드러내지 않는다.

違緣失受者. 菩薩地云. 略由二緣捨諸菩薩淨戒律儀. 一者棄捨無上正等菩提大願. 二者現行上品纏犯他勝處法. 決擇分云. 又捨因緣略有四種. 一者決定發起受心不同分心. 二者若於有所識別大丈夫前. 故意發起棄捨語言. 三者總別毁犯四種他所勝法. 四者若以增上品纏. 總別毁犯隨順四種他所勝法. 由此因緣當知棄捨菩薩律儀. 若有還得淸淨受心. 復應還受.

'인연을 위반하고 계를 잃는다.'는 『유가사지론』「보살지」에서 말씀하셨다.

"대략 두 가지의 인연을 이유로 여러 보살이 정계율의를 버린다. 첫째는 무상의 정등보리의 대원을 버리는 것이고, 둘째는 현행하는 상품에 얽혀서 타승처법[53]을 범하는 것이다."[54]

---

52) 『菩薩善戒經』(大正藏 30), p.1013하. "若言不具優婆塞戒得沙彌戒者. 無有是處. 不具沙彌戒得比丘戒者. 亦無是處. 不具如是三種戒者得菩薩戒. 亦無是處. 譬如重樓四級次第. 不由初級至二級者. 無有是處. 不由二級至於三級. 不由三級至四級者. 亦無是處. 菩薩具足三種戒已."

53) 바라이법을 다르게 부르는 말이다.

『유가사지론』「결택분」에서 말씀하셨다.

"인연을 버리는 것에는 대략 네 종류가 있다. 첫째는 결정적으로 받겠다는 마음을 일으켰으나 동분[55]의 마음이 아닌 것이고, 둘째는 만약 식이 있는 것에서 대장부의 앞이라도 분별하여 고의적인 뜻으로 버린다는 말을 일으키는 것이며, 셋째는 총체적으로 분별하여 네 종류의 다른 것의 수승한 법을 훼손하고 범하는 것이고, 넷째는 만약 증상품[56]에 얽힘으로써 총체적으로 분별하여 네 종류의 다른 것의 수승한 법을 훼손하고 범하는 것이다."[57]

이러한 인연을 이유로 마땅히 보살의 율의를 버리는 것임을 알라. 만약 도리어 청정하게 받겠다는 마음이 있다면 다시 마땅히 돌아와서 받아라.

問二四捨緣得相攝不. 答一云. 得相攝. 數有開合體無別故. 四中前二分二中初. 後二類於二中第二. 是故二四得互相攝. 有云. 不然. 不同分心可得攝初緣. 發言棄捨云何初緣收. 對人棄捨時未必退願故. 謂有先受苾芻等戒. 復遇因緣捨. 作懃策等時. 雖不棄捨菩提大願. 而得棄捨先所受故. 若不爾者. 旣

54) 『瑜伽師地論』(大正藏 30), p.515하. "略由二緣捨諸菩薩淨戒律儀. 一者棄捨無上正等菩提大願. 二者現行上品纏犯他勝處法."

55) 구사론(俱舍論)에서, 중생(衆生)이 서로 닮도록 하는 힘을 가진 뜻으로 인간과 인간이 서로 비슷하듯이 모든 생물을 끼리끼리 서로 비슷하게 작용하는 것을 가리킨다.

56) 증상만(增上慢)을 다르게 부르는 말로 깨달음을 얻지 못하였으나 이미 깨달았다고 생각하는 교만을 가리킨다.

57) 『瑜伽師地論』(大正藏 30), p.711하. "又捨因緣略有四種. 一者決定發起受心不同分心. 二者若於有所識別大丈夫前故意發起棄捨語言. 三者總別毁犯四種他所勝法. 四者若以增上品纏總別毁犯隨順四種他所勝法. 由此因緣當知棄捨菩薩律儀. 若有還得淸淨受心. 復應還受."

捨願時已得捨戒. 何須對人發棄捨言. 設便退願時卽發言棄捨. 則不應別分爲二緣.

【묻는다】 두 부류의 네 가지는 연을 버리고 서로를 섭수하여 얻는가?

【답한다】 한 사람이 말하였다.

“서로가 섭수하여 얻는다. 자주 여는 것이 있다면 체(體)를 합하여도 분별이 없는 까닭이다. 네 가지 가운데에서 앞에 두 가지는 둘째의 가운데에서 처음이고, 뒤의 두 부류는 둘째의 가운데에서 제2이니, 이러한 까닭으로 두 부류의 네 가지가 서로를 섭수하고 얻는다.”

누가 말하였다.

“그렇지 않다. 동분의 마음이 아니어도 처음의 연에서 섭수하여 얻는다. 버린다고 말하였다면 어찌하여 처음의 인연을 거두어들이겠는가? 사람을 마주하고 버리는 때에 반드시 원을 물러나지 않았던 까닭이다. 먼저 필추 등 계를 받은 것이 있다고 말하였고, 다시 인연을 만나서 버렸으나, 근책 등을 짓는 때에는 비록 보리의 대원을 버리지 않았더라도, 버려지게 되었던 것은 이전의 받았던 것을 버렸던 까닭이니라.”

만약 이와 같지 않다면 이미 원을 버렸던 때에 이미 계를 버린 것이다. 어찌 반드시 사람을 마주하고서 버린다고 말해야 하는가? 설령 곧 원에서 물러나는 때에 곧 버린다고 말한다면 곧 마땅히 분별할 수 없는 두 인연이 있다.

又四中第四應攝二中後. 同說增上纏毁犯他勝故. 四中第三不得增上. 云何得攝二中後緣. 又何者是他勝. 何者順他勝. 而言第二攝後二耶. 若言第三犯他勝者卽本地說四種他勝. 第四毁犯順他勝者卽十重中前. 六重者本地中云. 四種他勝要上纏犯方得捨戒. 云何第三緣唯云總別犯. 故知四中三非二

緣所收. 若爾何者是. 謂犯殺等前四重時. 不待上纏隨犯皆捨. 若犯後四. 或後六時. 要起上纏方得捨戒. 後四或六非性重故. 唯於菩薩名重. 非餘. 前四反前故. 於一切名重. 後四或六. 雖非性重. 順性重故名隨他勝.

또한 네 가지의 가운데에서 제4는 마땅히 두 가지의 뒤에 섭수된다. 증상에 얽히어 같이 설하면 훼손하여 타승을 범하는 까닭이니라. 네 가지의 가운데에서 제3은 증상(增上)을 얻을 수 없는데, 어찌하여 두 가지의 가운데에서 뒤에 인연을 섭수하여 얻겠는가?

또한 무엇이 타승에 옳은가? 무엇이 타승에 수순하는가? 그러나 말하면 제2의 섭수는 뒤의 두 가지이다. 만약 제3의 범함이 타승죄라고 한다면 곧 본지(本地)[58]에서 네 종류의 타승을 말하는 것이다. 제4의 훼손과 범함이 타승에 수순이라면 곧 10중의 가운데에서 앞이다. 6중은 본지의 가운데에서 말하였다.

"네 종류의 타승죄는 요컨대, 증상에 얽혀서 범하고 비로소 계를 버리는 것이다."

어찌하여 제3의 인연에서는 오직 총계와 별계에서 범하였다고 말하는가? 고의로 알고서 네 가지 가운데에서 세 가지가 아닌 두 가지의 인연을 섭수한 것이다. 만약 그렇다면 무엇이 옳은 것인가? 살인 등 앞의 네 가지 무거운 죄를 범하였던 때라고 말한다면, 증상에 얽힘을 기다리지 않고 범하는 것을 따라서 모두가 버리는 것인가?

만약 범하고 뒤에 4시[59]에, 혹은 6시[60]에, 요컨대 증상에 얽힘이

58) 보살이 중생을 구제하기 위하여 화신으로 나타나지 않는 본래의 모습을 가리킨다.

59) 하루를 네 때로 나눈 것으로 곧 단(旦), 주(晝), 모(暮), 야(夜)를 가리킨다.

60) 하루를 6등분한 것으로 신조(晨朝, 아침)·일중(日中, 한낮)·일몰(日沒, 해질 녘)·초야(初夜, 초저녁)·중야(中夜, 한밤중)·후야(後夜, 한밤중에서 아침까지의 동안)를 가리킨다.

일어나야 범하고 비로소 계를 버리는 것인가? 뒤의 4시에, 혹은 6시에, 성죄가 중죄가 아닌 까닭으로 오직 보살의 명호에서 중죄인가? 나머지도 아니라면 앞의 4시에서, 반대로 앞서는 까닭으로 일체의 명호에서 중죄인가? 뒤의 4시에서, 혹은 6시에서, 비록 성죄가 중죄가 아니고 성죄가 중죄인 까닭으로 타승죄를 수순한다고 이름하는 것인가?

問如上所引. 本業經云. 菩薩戒有受法而無捨法. 有犯不失盡未來際. 何故論云. 二四緣捨. 此說豈不達經言耶. 答約義各別. 故不相違. 是義云何. 言失戒者捨要期思所薰種上運. 運增上防攝功能. 若論種體. 一薰永在. 若言功能. 或違緣失. 以體從功故論言捨戒. 以能從體故經云不失. 故彼經云. 一切菩薩凡聖戒盡心爲體. 是故心盡戒亦盡. 心無盡故戒亦無盡.

【묻는다】 앞에서와 같이 『본업경』을 인용하여 말하겠다.

"보살계는 받는 법은 있으나 버리는 법은 없다. 미래의 끝을 마치도록 범하는 것은 있으나 잃는 것은 없다."[61]

무슨 까닭으로 논에서 말하는가?

"두 부류의 네 가지의 인연을 버리는 것에, 이것을 설하는데 어찌 경전의 말씀을 통달하지 않는가?"[62]

【답한다】 간략하게 뜻을 각자 분별한다면 고의로 서로를 위반하지 않는다. 이러한 뜻은 무엇인가? 계를 잃었다고 말하는 것은 버리는데 때가 중요하므로, 훈습된 것의 종류를 상품의 운용으로 생각하고, 증상

---

61) 『菩薩瓔珞本業經』(大正藏 24), p.1021중. "故知菩薩戒有受法而無捨法. 有犯不失盡未來際."

62) 『阿毘達磨大毘婆沙論』(大正藏 27), p.608하. "諸不律儀由四緣捨. 一受別解脫律儀. 二得靜慮律儀. 三二形生. 四捨衆同分."

(增上)을 운용하여 막고 공능을 섭수하는 것이다. 만약 체의 종류를 논한다면 한 번의 훈습이 영원히 존재하는 것이다. 만약 공능을 말한다면, 혹은 위반하고 연을 잃으며, 체로써 공(功)을 따르는 까닭으로 논에서는 계를 버린다고 말하였고, 능(能)으로써 체를 따르는 까닭으로 경에서는 잃지 않는다고 말하였다.

그러므로 그 경전에서 말하였다.

"일체 보살의 일반적인 성스러운 계는 진심(盡心)의 체이다. 이러한 까닭으로 마음이 끝나면 계도 역시 끝나고 마음이 끝나지 않는 까닭으로 계도 역시 끝나지 않는 것이다."[63]

問若爾聲聞戒五緣應不失. 答據體實應然. 但佛爲彼聲聞教中. 多就功能說戒是色. 是故不說永在不失. 聲聞所受五緣捨者. 一命終捨. 二二形捨. 三斷善根捨. 四作法捨. 五犯重捨. 菩薩所受期盡未來際. 是故無有命終時捨. 二形亦許受菩薩戒. 是故無有二形生捨. 起不同心便失戒. 故不待斷善方捨. 辨受體訖.

【묻는다】 만약 그렇다면 성문계는 다섯 인연이 있어야 마땅히 잃지 않는 것인가?

【답한다】 체를 예시한다면 실제로 마땅히 그렇다. 다만 세존께서 그 성문을 위하여 가르침의 가운데에서 많은 공능에 나아가시어 계의 이러한 모습을 설하셨다. 이러한 까닭으로 영원히 있고 잃지 않는다고 말하지 않는다. 성문의 수계를 다섯 인연으로 버린다는 것은 첫째는 목숨을 마쳐서 버리는 것이고, 둘째는 이형(二形)[64]으로 버리는 것이며,

63) 『菩薩瓔珞本業經』(大正藏 24), p.1021중. "一切菩薩凡聖戒盡心爲體是故心亦盡戒亦盡. 心無盡故戒亦無盡六道衆生受得戒."

셋째는 선근을 끊어서 버리는 것이고, 넷째는 작법으로 버리는 것이며, 다섯째는 중죄를 범하여 버리는 것이다.

보살의 수계의 때는 미래가 끝을 마치는 것이니, 이러한 까닭으로 목숨을 마치는 때에 버리는 것이 없고, 이형도 역시 보살계를 받는 것이 허락된다. 이러한 까닭으로 이형이 생을 버리는 것도 없으며, 부동심(不同心)이 일어나면 곧 계를 잃는다. 그러므로 선을 끊고 비로소 버리는 것을 기다리지 말고 분별하여 받고 체를 마쳐라.

又次明隨行. 隨行有二. 若上品人從初受後乃至菩提. 一向專精無有毁犯. 若中下人隨緣戒犯. 而憶本受犯已淸淨. 此二皆得名隨學戒. 總說雖然. 於中更就三戒別顯隨相. 律儀戒中隨行相者. 如經中說. 成就尸羅善能防護別解脫律儀. 軌則所行皆悉圓滿. 見微細罪生大怖畏. 於諸學處善能受學. 成就尸羅者. 能護淨尸羅故. 謂受持淨戒相應無缺. 故名成就尸羅.

또한 다음으로 수행(隨行)을 밝힌다. 수행에는 두 가지가 있다. 만약 상품인이라면 처음의 수계를 따르고 뒤에 나아가 보리에 이르는 것으로 한 가지를 향하여 오로지 정진하고 훼손하고 범함이 없는 것이다. 만약 중하품인이라면 인연을 따라서 계를 범하였으나 본래의 수계를 범한 것을 기억하여 다시 청정으로 돌아오는데 이 두 가지 모두를 수학계(隨學戒)를 얻었다고 이름한다.

총체적으로 설하면 비록 그렇더라도 가운데에서 다시 나아가면 삼취정계에 따르는 상이 분별되어 나타난다. 율의계의 가운데에서 수행하는 상은 경전의 가운데에서 설해진 것과 같다.

64) 남근(男根)과 여근(女根)을 함께 갖춘 자를 가리킨다.

"시라를 성취하고 능히 별해탈의 율의를 잘 방호한다면 방궤를 곧 행하는 것에 모두가 원만하고, 미세한 죄를 보더라도 큰 두려움이 생겨나므로 여러 학처에서 능히 잘 수학하는 것이다."[65)]

'시라를 성취한다.'는 능히 청정한 시라를 보호하는 까닭으로 청정한 계상을 수지하면 마땅히 결함이 없다고 말한다. 그러므로 시라를 성취하였다고 이름한다.

善能防護別解脫律儀者. 能善護持出離尸羅故. 謂爲求解脫別. 別防護所有律儀故名別解脫律儀. 由此律儀能速出離生死苦故. 軌則所行皆悉圓滿者. 具淨尸羅難爲毁責故. 軌則圓滿者. 諸威儀等非聰慧人所呵責故. 所行圓滿者. 遠離五種諸比丘衆所不行處故. 何等爲五. 謂倡令家婬女家酤酒家王家旃荼羅羯恥那家. 見微細罪生大怖畏者. 勇猛恭敬所學尸羅故. 於遮罪中勇猛恭敬修學護持. 猶如性罪. 是名見微細罪生大怖畏. 於諸學處善能受學者. 圓滿受學所學尸羅故. 謂具足圓滿受學學處. 是名於諸學所善能受學.

'능히 별해탈율의를 잘 방호한다.'는 능히 출리인 시라를 잘 호지하는 까닭이다. 해탈의 분별을 구한다고 말하면서 별도로 소유한 율의를 방호하는 까닭으로 별해탈율의라고 이름한다. 이러한 율의를 이유로 능히 빠르게 생사의 고통에서 출리하는 까닭이다.

'방궤를 곧 행함에 모두가 원만하다.'는 청정한 시라를 갖추면 훼방하고 가책하는 것이 어려운 까닭이다.

'방궤가 원만하다.'는 여러 위의 등이 총명하고 지혜로운 사람이

65) 『瑜伽師地論』(大正藏 30), p.367중. "安住淨尸羅者. 是所依根本. 守護別解脫律儀者. 顯示出離. 尸羅清淨. 爲求解脫而出離故. 軌則所行俱圓滿者. 此二顯示無所譏毁尸羅清淨. 於諸小罪見大怖畏者. 顯無穿缺尸羅清淨. 受學學處者. 顯無顚倒尸羅清淨. 如是六支極圓滿故. 增上戒學. 與餘方便作所依止."

아니므로 가책하는 까닭이다.

'행함이 원만하다.'는 다섯 종류의 여러 비구 대중이 다니지 않을 처소를 멀리 벗어난 까닭이다. 무엇이 다섯인가? 창령가[66]·음녀가[67]·고주가[68]·왕가[69]·전다라갈치나가[70] 등을 말하나니, 미세한 죄를 보더라도 큰 두려움이 생겨나는 자는 시라를 배우는 것에서 용맹스럽게 공경하는 까닭이다.

차죄(遮罪)[71]의 가운데에서 용맹스럽게 공경하고 수학하면 오히려 성죄(性罪)[72]와 같아진다. 이것을 미세죄를 보면 큰 두려움이 생겨난다고 이름한다.

'여러 학처에서 능히 잘 받아서 배운다.'는 배워야 할 시라를 원만하게 받아서 배우는 까닭이다. 원만함을 구족하고 학처를 받아서 배운다고 말한다면 이것을 여러 배우는 것에서 능히 잘 받아서 배웠다고 이름한다.

攝善法戒隨學相者. 謂諸菩薩於攝善法戒勤修習時. 略於六心應善觀察. 何等爲六. 一輕蔑心. 二懈怠俱行心. 三有覆弊心. 四勤勞倦心. 五病隨行心. 六障隨行心. 若諸菩薩於善法中所有輕心無勝解心及陵蔑心. 名輕蔑心. 若有懶惰懦醉放逸所纏繞心. 名懈怠俱行心. 若貪欲等隨有一蓋. 或諸煩惱及隨煩惱所纏繞心. 名有覆弊心. 若住勇猛增上精進身疲心倦映弊其心. 名勤

66) 춤추고 노래하면서 생계를 유지하는 직업을 가진 자들을 가리킨다.
67) 몸을 팔아서 생계를 유지하는 직업을 가진 자들을 가리킨다.
68) 술을 팔아서 생계를 유지하는 직업을 가진 자들을 가리킨다.
69) 왕과 왕족의 집안을 가리킨다.
70) 관상을 보고 길흉을 점치거나, 죽은 시체 등을 다루면서 생계를 유지하는 직업을 가진 자들을 가리킨다.
71) 행위 자체는 죄가 아니지만 그것으로 인해 죄를 저지를 우려가 있는 음주(飮酒) 등을 말한다.
72) 행위 자체가 바로 무거운 죄인 살생(殺生)·투도(偸盗)·사음(邪淫) 등을 말한다.

勞倦心. 若有諸病損惱其心無有力能不堪修行. 名病隨行心. 若有喜樂談論等障隨逐其心. 名障隨行心.

'섭선법계의 배우는 상을 따른다.'는 여러 보살이 섭선법계에서 부지런히 닦고 익힐 때에 간략히 여섯 마음으로 마땅히 잘 관찰하는 것을 말한다. 무엇이 여섯인가? 첫째는 경멸심이고, 둘째는 해태구행심이며, 셋째는 유부폐심이고, 넷째는 근로권심이며, 다섯째는 병수행심이고, 여섯째는 장수행심이다.

만약 보살이 선법의 가운데에서 가벼운 마음과, 승해[73]의 마음이 없음과, 능멸의 마음을 소유하였다면 경멸심이라고 이름한다. 만약 나태의 마음이 있고 교만에 취하였으며 방일하고 얽혀있는 마음을 해태구행심이라고 이름한다. 만약 탐욕 등을 따라서 하나의 장애(蓋)[74]가 있거나, 혹은 여러 번뇌 및 수번뇌[75]에 얽혀있는 마음을 유부폐심이라고 이름한다.

만약 용맹한 증상만[76]에 머무르고 정진하여도 몸이 피로하며 마음이 권태롭고 피폐함이 보이는 그 마음을 근로권심이라고 이름한다. 만약 여러 병이 있어 뇌를 손상시켜서 그 마음이 힘과 능력이 없어서 수행을 감당할 수 없는 것을 병수행심이라고 이름한다. 만약 희락(喜樂)과 담론 등이 있어 장애가 그 마음을 따라서 좇는 것을 장수행심이라고 이름한다.

---

73) 산스크리트어 adhimokṣa의 번역으로 대상을 명료하게 이해하여 확신하는 마음 작용을 가리킨다.

74) 청정한 마음을 덮는 다섯 가지 번뇌로서 탐욕개(貪欲蓋)·진에개(瞋恚蓋)·수면개(睡眠蓋)·도회개(掉悔蓋)·의개(疑蓋) 등이 있다.

75) 근본 번뇌에 부수적으로 일어나는 번뇌로서 방일(放逸)·나태(懶怠)·불신(不信)·해(害)·한(恨)·수면(睡眠)·악작(惡作) 등이 있다.

76) 최상(最上)의 교법(敎法)과 깨달음을 얻지 못하고서 얻었다고 생각하는 교만을 가리킨다.

菩薩於此六種心中應正觀察. 我於如是六種心中. 爲有隨一現前耶. 爲無有耶. 於前三心. 菩薩一向不應生起. 設已生起. 不應忍受. 若有忍受而不棄捨. 遍於一切皆名有罪. 勤勞倦心現在前時. 由此心故捨善方便. 若爲暫息身心疲惱當於善法多修習者. 當知無罪. 若於一切畢竟捨離. 謂我何用精勤修習如是善法. 令我現在安住此苦. 若如是者當知有罪. 病隨行心現在前時. 於此無有自在 不隨所欲修善加行. 雖復忍受而無有罪.

보살은 이 여섯 종류의 마음 가운데에서 마땅히 바르게 관찰해야 한다. 나는 이와 같은 여섯 종류의 마음 가운데에서 어느 하나를 따라서 현전하고 있는가? 없는가? 있는가? 앞의 세 종류의 마음에서 보살은 하나를 향하여 마땅히 생겨나지 않아야 하고 설령 이미 생겨났다면 마땅히 인(忍)을 받아들이지 말라.

만약 받아들인 인이 있고 버리지 않았다면 두루 일체에서 모두 유죄라고 이름한다. 근로권심이 현재 앞에 있는 때라면 이러한 마음을 이유로 고의적으로 선한 방편을 버린다. 만약 잠시 피로하고 번민한 몸과 마음을 쉬기 위하여 마땅히 선법에서 많이 닦고 익히는 자는 마땅히 무죄임을 알라.

만약 일체의 필경에서 버리고 벗어나서 내가 어찌 용(用)으로 정근하여 이와 같은 선법을 닦고 익힌다고 말하겠는가? 나에게 현재 이러한 고통에 안주하게 하여 만약 이와 같다면 마땅히 유죄임을 알라. 병수행심이 현재 앞에 있는 때라면, 이것에 어떠한 자재함도 없고, 가행[77]을 잘 수행하고자 따르지 않는 것이므로, 비록 다시 인(忍)을 받았더라도, 유죄는 없다.

77) 산스크리트어 prayoga의 번역으로 목적을 위한 수단으로 행하는 수행이나 더욱 힘써 수행하는 행위를 가리킨다.

障隨行心現在前時. 若不隨欲墮在其中. 或觀此中有大義利. 雖復忍受. 而無有罪. 若隨所欲故入其中. 或觀是中無有義利. 或少義利而故忍受. 當知有罪. 如是六心前三生已而忍受者一向有罪. 病隨行心雖復忍受一向無罪. 餘之二心若生起已而忍受者. 或是有罪. 或是無罪.

장수행심이 현재 앞에 있는 때라면 만약 따라서 그 가운데에 떨어져 있지 않거나, 혹은 이 가운데 큰 의리가 있는 것을 관찰하여 비록 다시 인을 받아도 유죄는 없는 것이다. 만약 욕망을 따라서 고의로 그 가운데에 들어갔거나, 혹은 그 가운데에 의리의 있고 없음을 관찰하였거나, 혹은 작은 의리로 고의로 인을 받았다면 마땅히 유죄임을 알라.

이와 같이 여섯 마음은 앞에 세 종류가 생겨났으나, 인을 받은 자는 하나는 유죄를 향하고, 병수행심은 비록 다시 인을 받았어도 하나는 무죄를 향하며, 나머지의 두 마음은 만약 생겨났더라도 인을 받는 자는 혹은 유죄이고, 혹은 무죄이다.

攝衆生戒隨學相者. 若諸菩薩於作有情利益戒中勤修習時. 當正觀察六處支攝行. 所謂自他財衰財盛法衰法盛是名六處. 言財衰者謂衣食等未得不得得已斷壞. 與此相違當知財盛. 言法衰者謂越所學於先未聞勝義所攝如來所說微妙法句. 不得聽聞. 如不聽聞先所未聞. 如是於先所未思惟不得思惟. 有聽聞障有思惟障. 設得聞思尋復忘失. 於所未證修所成善而未能證. 設證還退. 與此相違當知法盛. 此中菩薩作自法衰令他財盛. 此不應爲. 如令財盛. 法盛亦爾. 此中義者越學所攝及能隨順越學所攝. 或於證法退失所攝. 當知法衰.

‘섭중생계의 배우는 상을 따른다.’는 만약 여러 보살이 유정이익계를 짓는 가운데에서 부지런히 닦고 익힐 때에 마땅히 6처의 지섭행을 잘 관찰하는 것을 말한다. 이를테면, 자(自)·타(他)·재쇠(財衰)·재성(財盛)·법쇠(法衰)·법성(法盛) 등의 이것을 육처라고 이름한다.

'재쇠라고 말하는 것'은 옷과 음식 등을 아직 하지 않았거나, 얻지 못하였거나, 얻었어도 이미 끊어져 사라진 것을 말한다. 이것과 함께 서로 위배됨이 마땅히 재성인 것을 알라.

'법쇠라고 말하는 것'은 배우는 것을 넘어서면 이전에 듣지 못하였던 수승한 뜻인, 여래께서 설하신 미묘한 법구를 섭수하여도 듣지 못하였거나, 들었으나 얻지 못하여서 못들은 것과 같고 이전에 듣지 못한 것과 같으며, 이것은 이전에 사유하지 못한 것과 같고, 사유하여도 얻지 못하며, 듣는 것에 장애가 있고, 사유에 장애가 있으며, 설령 얻어서 듣고 사유하여 찾아도 다시 잃어버리는 것을 말한다.

아직 증득하지 못하고서 닦고 익혀도 선한 성취는 아직 능히 증득되지 않으며, 설령 증득하여도 도리어 퇴전한다. 이것과 함께 서로 위배됨이 마땅히 법성인 것을 알라. 이 가운데에서 보살은 스스로가 법쇠를 짓고 다른 사람에게 재성하게 하는데, 이것을 마땅히 하지 말라. 이와 같은 재성과 법성도 역시 그러하다.

'이 가운데에서 뜻'은 배움을 넘어서 섭수하는 것과 능히 수순을 따르고 배움을 넘어서 섭수하거나, 혹은 증득한 법에서 퇴실(退失)을 섭수하는 것은 마땅히 법쇠인 것을 알라.

又諸菩薩作自財衰令他財盛. 若此財盛不引法衰. 此則應爲. 若引法衰. 此不應爲. 如令財盛. 法盛亦爾. 又諸菩薩作自財盛. 令他財盛. 此則應爲. 如令財盛. 法盛亦爾. 又諸菩薩作自法盛令他財盛. 此則應爲. 如令財盛. 法盛亦爾. 於如是事若不修行名爲有罪. 若正修行是名無罪. 此中律儀文鈔對法. 餘二

戒文鈔瑜伽七十五卷. 又七十五云. 若有於此三種所受菩薩戒中隨有所闕. 當知非護當言不護. 菩薩律儀不當言護. 此三種戒由律儀戒之所攝持令其和合.

또한 여러 보살이 스스로가 재쇠를 지어서 다른 사람을 재성하게 하였는데, 만약 이러한 재성이 법쇠를 이끌지 않았다면 이것은 곧 마땅히 할 것이나, 만약 법쇠를 이끌었다면 이것은 마땅히 할 것이 아니다. 재성에서 하는 것과 같이 법성에서도 역시 그러하다.

또한 여러 보살이 스스로가 법성을 지어서 다른 사람을 재성하게 하였다면 이것은 마땅히 할 것이고, 재성에서 하는 것과 같이 법성에서도 역시 그러하다. 이와 같은 일은 만약 수행을 닦지 않았다면 유죄가 된다고 이름하고, 만약 바르게 수행하였다면 이것을 무죄라고 이름한다.

[이 가운데에서 율의문의 초는 대법(對法)이고, 나머지 두 계의 문과 초는 『유가사지론』 75권이다.]

또한 75권에서 말하였다.

"만약 이러한 세 종류의 보살계 가운데 받는 것에 있어서 빠뜨린 것이 있으나 따랐다면, 마땅히 보호되지 않는 것을 알 것이고, 마땅히 보호되지 않는 것을 말할 것이며, 보살의 율의는 마땅히 보호된다고 말하지 말라. 이러한 세 종류의 계는 율의계의 섭수와 수지를 이유로 그것을 화합하게 하는 것이다."[78]

若能於此精勤修護. 亦能精勤守護餘二. 若有於此不能守護. 亦於餘二不能守護. 是故若有毁律儀名毁一切. 菩薩律儀幷隨略說. 戒之宗趣其義粗爾. 次

78) 『瑜伽師地論』(大正藏 30), p.711중. "若有於此三種所受菩薩戒中. 隨有所闕當知非護. 當言不護菩薩律儀. 不當言護此三種戒. 由律儀戒之所攝持令其和合."

體相者體謂戒之自性卽表無表. 三業爲體. 不同聲聞唯制七支. 三業十支戒各有表無表. 廣辨業相當詳論. 相者戒之種類. 謂十重四十八輕. 餘敎出沒如理應尋. 過事重者制爲重戒. 反上爲輕.

만약 능히 이러한 정근을 수습하고 보호한다면 역시 능히 정근으로 나머지의 두 계도 수습하고 보호할 것이다. 만약 이것에서 능히 수습하고 보호할 수 없다면 역시 나머지의 두 계도 수습하고 보호할 수 없을 것이다. 이러한 까닭으로 만약 율의를 훼손함이 있다면 일체를 훼손하였다고 이름한다. 보살의 율의와 아울러 간략한 설을 따른다면 계의 종취(宗趣)의 의미는 대충 그러하다.

다음으로 '체상(體相)'의 '체(體)'는 계의 자성을 말하니, 곧 표(表)는 무표이고, 3업의 체가 된다. 성문은 같지 않으므로 오직 칠지(七支)[79]에 제약되고, 3업의 10지계는 각자 유표(有表)[80]이고 무표(無表)이다. 넓게 업의 상을 분별하면서 마땅히 상세하게 논하겠다.

'상(相)'은 계의 종류이니, 10중계와 48경계를 말한다. 나머지 가르침의 출몰(出沒)은 이치와 같으니 마땅히 찾으라.

'일의 허물이 중죄이다.'는 (세존께서) 제정하셨으므로 계에서는 중죄가 되지만, 반대로 앞에서는 경구죄가 된다.

問此經中旣說十種. 何故善生唯辨前六. 菩薩地中唯說後四. 答此經中通就七衆共所持. 故具說十重. 善生別約在家二衆. 故唯前六判爲重戒. 酤酒說過. 於在家衆罪偏重故. 故性重上增二爲六. 後四於俗過微輕故. 於在家衆不制

79) 몸으로 짓는 세 가지 악업과 입으로 짓는 네 가지 악업을 통틀어 이르는 말이다. 살생·투도·사음(邪淫)·망어(妄語)·기어(綺語)·악구(惡口)·양설(兩舌) 등이다.

80) 여럿 가운데 두드러진 특징이 있는 것이다.

爲重. 准此後四於出家衆其過遍重. 五六於道其過還輕. 是故地持遍說後四. 又十中前四大小俱重. 第五第六道俗俱重. 後之四事唯菩薩重. 於聲聞中不制重. 故唯出家重. 於在家或不說重故. 有二不共義故. 地論遍說.

【묻는다】 이러한 경전 가운데에서 이미 10종류를 설하였는데 무슨 까닭으로 『선생경』[81]은 오직 앞의 여섯 종류를 분별하였고, 『보살지지경』[82] 가운데에서는 오직 뒤의 네 종류를 설하였는가?

【답한다】 이 경의 가운데를 통하여 칠중에 나아가고 함께 수지한다. 그러므로 10중계를 설하는 것을 갖추었으나, 『선생경』은 별도로 재가의 2중을 제약하였다. 그러므로 오직 앞의 6계를 판별하면 중계가 된다. 술을 마시는 허물을 말한다면 재가에서 대중은 죄가 편중되는 까닭으로 고의적인 성죄는 중죄이며, 위로 증가하여 2계가 6계로 된다.

뒤의 4계는 재가의 허물에서는 작고 경구죄이다. 그러므로 재가의 대중에게서 제지하지 않는다면 중죄가 된다. 이러한 뒤의 4계에 준하면 출가의 대중에서는 그 허물은 두루 중죄이고, 5계와 6계는 도(道)에서 그 과보가 오히려 경구죄이다. 이러한 까닭으로 『보살지지경』에서 뒤의 4계를 두루 설하였다.

또한 10중계의 가운데에서 앞의 4계는 대승과 소승이 함께 중죄이고, 제5계와 제6계는 출가와 재가가 함께 중죄이며, 뒤의 4가지의 일은 오직 보살에게 중죄이고, 성문의 가운데에서 제지하지 않으면 중죄이다. 그러므로 오직 출가 중에서 중죄이다.

---

81) 『선생경(善生經)』 또는 『불설시가라월육방예경(佛說尸迦羅越六方禮經)』으로 불리며, 여섯 방향에 예배하는 선생장자와의 문답을 통해 세속의 윤리를 구체적으로 제시한 대표적인 경전이다.

82) 본래는 논장이었으나 경장으로 편입되었다. 무착보살이 미륵보살의 설법인 대승보살의 수행방법과 방편, 그리고 대승의 계율을 상세히 서술하고 있다.

재가에서는 혹은 중죄를 설하지 않는다. 그러므로 2중이 있으나 함께 논의하지 않는다. 그러므로 『유가사지론』에서 두루 말하는 것이다.

又可佛鑒物機教非一途. 當隨器學. 不當須會. 方等二十四戒當更勘之. 體相粗爾. 大乘菩薩戒本. 次釋題者爲顯宗趣故題略名. 爲顯體相故別廣文. 言大乘菩薩戒本者. 若具存本名. 應云梵網經盧舍那佛說菩薩十重四十八輕戒心地品第十. 後人爲單存戒本故. 改云大乘菩薩戒本.

또한 세존께서 물기(物機)[83]를 비추어 가르치신 것은 하나의 길이 아니고, 마땅히 그릇을 좇아서 배우도록 하셨으며, 마땅히 반드시 모아두지 않으셨으므로 방등[84]의 24계는 마땅히 다시 그것을 헤아린다면 체상(體相)은 거칠어도 대승의 보살계본이니라.

다음으로 '제목을 해석한다.'는 종지가 나아감을 드러내기 위한 까닭으로 제목을 간략히 이름하였고, 체상을 드러내기 위한 까닭으로 넓은 문장으로 분별하였다.

'『대승보살계본』이라고 말하다.'는 만약 본래의 이름을 갖추고 존재한다면 마땅히 『범망경노사나불설십중사십팔경계심집품제십』이라고 말해야 한다. 후대의 사람은 단지 계본이 존재함을 위하는 까닭으로 『대승보살계본』이라고 고쳐서 말하는 것이다.

先釋本名. 大本梵網經此地未翻. 若翻應有一百二十卷六十一品. 唯第十菩薩心地品. 什法師誦出. 融公筆受. 凡上下二卷. 上卷說菩薩階位. 下卷明菩

83) 중생들이 지닌 근기를 가리킨다.

84) 보살계를 달리 방등계라고 부른다

薩戒法. 所以大本名. 梵網經者梵網謂梵王網. 如因陀羅網. 其義相似佛觀法門. 隨機無量其理一統. 如梵王網孔. 雖無量其網唯一. 故從喩事名梵網也.

먼저 계본의 이름을 해석하겠다. 『대본범망경』의 이것은 보살지를 번역하지 않았으니, 만약 번역한다면 마땅히 120권 61품이 있으나, 오직 제10지(地) 보살의 「심지품」을 구마라집 법사가 송출(誦出)하였고 도융(道融)[85] 공(公)이 붓으로 받아썼다. 일반적으로 상·하의 2권이고, 상권은 보살의 계위를 설하였으며, 하권은 보살의 계법을 밝혔다. 이러한 까닭으로 대본(大本)이라고 이름한다.

'『범망경』'에서의 '범망'은 범왕의 그물을 말하는데 인다라망[86]과 같다. 그 뜻은 세존의 관법문과 서로가 비슷하고, 무량한 근기를 따라서 그 이치를 일통(一統)하여 범왕의 그물과 같은 까닭이다. 비록 그 그물이 무량하여도 오직 하나이며, 그러므로 비유하는 일을 좇아서 '범망'이라고 이름한다.

此是一部通名. 若就戒本釋梵網者. 如梵王網孔多網一. 法王戒法當知亦爾. 雖復隨事輕重多條. 淸淨尸羅終歸一道. 是故從喩名曰梵網. 又戒爲梵行. 亦是法網. 故云梵網. 如云天網恢恢疎而不漏. 戒法亦爾. 攝諸衆生不漏生死故.

85) 요진(姚秦)의 사문으로 하남성(河南省) 위휘(衛輝) 출신이다. 12세에 출가하였고 요흥(姚興)의 칙명으로 소요원(逍遙園)에서 구마라집(鳩摩羅什)의 역경(譯經)을 도왔으며, 팽성(彭城)에서 강설하다가 74세에 입적하였다. 많은 경전에 대한 주석서를 남겼으며, 도생(道生), 승조(僧肇), 승예(僧叡) 등과 함께 구마라집 문하의 사철(四哲)로 불린다.

86) 인다라(因陀羅)는 산스크리트어 indra의 음사로서 제석(帝釋)을 말한다. 제석이 살고 있는 궁전을 덮고 있는 거대한 그물로서 그 마디마다 매달린 무수한 보배구슬이 빛의 반사로 서로가 비추고, 그 비춤이 어우러졌으며, 걸림이 없이 작용하면서 어우러져 있는 장엄한 세계를 비유한다.

經說云. 張大敎網亘生死流. 漉人天龍置涅槃岸. 蓋斯謂也. 盧舍那佛說者標敎主也. 盧舍那此云淨滿. 障垢無不淨. 衆德無不滿. 故云淨滿也. 上卷心地. 舍那自說. 今此戒本釋迦所說. 推功在本故云彼說.

이것은 한 부파에서 통하는 이름이다. 만약 나아가 계본을 해석한다면 '범망'은 범왕의 그물의 구멍은 많으나 그물은 하나이고, 법왕의 계법에서도 마땅히 역시 이렇게 알 것이다. 비록 다시 일을 따라서 경구죄와 중죄의 계법이 많으나, 청정한 시라는 결국 하나의 도(道)로서 돌아간다. 이러한 까닭으로 따라서 비유하여 범망이라고 이름하는 것이다.

또한 계로써 범행을 삼으므로 역시 이것은 법의 그물인 까닭으로 범망이라고 말한다. 천인의 그물이 넓고 넓으며 성기더라도 틈새가 없는 것과 같은데, 계법도 역시 같으며, 여러 중생을 섭수하는 것에 생사의 틈새가 없는 까닭이니라. 경에서 설하여 말하였다.

"큰 가르침인 그물을 펼친 것은 계속되는 생사의 흐름에서 인간과 천상과 용을 걸러서 열반에 놓아두는데, 이것을 모두 말하는 것이다."[87)]

'노사나불이 설하였다.'는 교주임을 표시하는 것이다.

'노사나'의 이것은 '청정함이 가득하다.'고 말한다. 부정이 없어서 번민을 막아주며 만족함이 없는 덕이 많은 까닭으로 '청정함이 가득하다.'고 말하는 것이다. 상권의 「심지품」은 노사나불의 자설(自說)[88)]이고, 지금의 이 계본은 석가모니불의 설이니, 공덕을 추론하면 계본에 있는 까닭으로 그 분께서 설하였다고 말한다.

---

87) 논장인 『반야심경약소연주기(般若心經略疏連珠記)』에서 이와 비슷한 부분을 찾아볼 수 있다. 『般若心經略疏連珠記』(大正藏 33), p.555중. "經云. 般若無知無所不知. 則觀照實相也. 波羅下功者. 功用也. 謂漉人天龍渡生死海置涅槃岸. 乃斯妙慧之功用也."

88) 산스크리트어 udāna의 한역으로 세존께서 제자들이 법을 청하지 않았으나 스스로가 설하신 경전을 가리킨다.

菩薩十重四十八輕戒者. 二百五十戒通三乘. 此五十八唯制菩薩. 簡通取別故標菩薩. 十事根本犯失戒. 故制重名. 六八枝條. 唯垢心行. 故立輕稱. 孝順制止故稱爲戒. 所言大乘菩薩戒本者. 今此十重四十八輕. 約法則唯大乘所制. 就人則唯菩薩所持. 戒本者今此戒經爲戒行本也. 又此戒行是菩提本. 如經云. 戒此無上菩提本. 應當一心持淨戒. 又此略說爲廣本也.

보살의 10중계와 48경계는 250계의 3승에 통하고, 이 58계는 오직 보살에게 제정되었다. 간별하면 통하고 별도로 취하는 까닭으로 보살을 나타낸다. 10사가 근본이므로 범하면 계를 잃는다. 그러므로 중죄를 제지한다고 이름하고, 68가지의 조목은 오직 마음과 행의 번민이다. 그러므로 경구죄를 세웠다고 지칭한다. 효순하게 제지하는 까닭으로 계를 위한다고 지칭한다.

'『대승보살계본』이다.'고 말하는 것은 지금 이러한 10중계와 48경계이니, 법으로 제한한다면 곧 오직 대승에게 제정되었고, 사람에게 나아가면 곧 오직 보살의 처소에서 수지하는 것이다.

'계본'은 지금 이러한 계경이니 계행의 근본이니라. 또한 이러한 계행은 보리의 근본이니라. 경에서 말씀하신 것과 같이 "계는 이러한 무상보리의 근본이니, 마땅히 일심으로 청정한 계를 수지하라."[89]

또한 이렇게 간략히 설하였으나 넓은 계본이 되느니라.

次隨文釋者. 此經旣是抄出無如是等三分. 然就文中不無序等. 從初至皆名第一. 清淨者爲序說. 佛告諸佛子至是四十八輕戒. 三世菩薩已當今誦爲正說. 餘殘爲流通. 初序中有二. 初偈頌爲勸信序. 餘長行文爲結戒序. 所以就

89) 『大方廣佛華嚴經』(大正藏 30), p.711중. "戒是無上菩提本. 應當具足持淨戒."

二爲序者. 本業經云. 入三寶海以信爲本. 住在佛家以戒爲本. 信戒爲入住之本. 故就之爲序也. 又信爲受戒之本故先序信. 戒是宗之所明故.

다음으로 '경문을 따라서 해석한다.'는 이 경전은 이미 골라서 뽑았으므로 이와 같은 삼분(三分)[90] 등이 없다. 그러나 경문의 가운데에 나아가면 순서 등이 없는 것이 아니므로 처음을 따라서 이른다면 모두가 제일이라고 이름한다.

'청정하다.'는 차례로 설하는 것이니, 세존께서는 여러 불자에게 이르러 이러한 48경계를 알리셨고, 삼세의 보살도 이미 마땅하게 지금 염송하므로 정설이 되는 것이며, 남아서 유통되는 것이다. 처음 순서의 가운데에는 두 가지가 있다. 처음의 게송은 믿음을 권하는 것이 순서가 되고, 나머지의 장행(長行)의 경문은 결계(結戒)의 순서가 된다.

이것으로써 나아가면 두 가지 차례가 된다. 『보살영락본업경』에서 말하였다.

"삼보의 바다에 들어가서 믿음으로 근본을 삼고, 불가(佛家)에 머무른다."[91]

계로써 근본을 삼으며, 계를 믿고서 근본의 머무름에 들어간다. 그러므로 그것으로 나아가면 순서가 되느니라. 또한 믿음으로 수계의 근본으로 삼는 까닭에 먼저 믿음에 순서가 있는 것이니, 계는 이러한 종지에서 밝힌 것인 까닭이다.

次序戒勸信序中有十一行半分爲二意. 初五行頌序教主本末. 後六行半讚戒

90) 경전이 결집된 구성방식인 서분·정종분·유통분을 가리킨다.

91) 『菩薩瓔珞本業經』(大正藏 24) p.1020중. "若一切衆生初入三寶海以信爲本. 住在佛家以戒爲本."

法勸受. 初中復二. 初二行半序現身本末. 後二行半顯說教本末. 序現身本末中. 初二句顯臺中之本體. 次二句顯華上之應身. 次一頌顯樹下之化形. 次半頌覆結本末.

다음으로 계의 순서에서 믿음을 권하는데 순서의 가운데에 11행(行)의 절반이 있고, 분류하면 두 가지의 뜻이 된다. 처음 5행의 송의 순서는 교주의 근본과 지말이고, 뒤의 6행의 절반은 계법을 찬탄하고 수계를 권하는 것이다.

처음의 가운데에 다시 두 가지가 있다. 처음의 2행 절반의 순서는 현신(現身)의 근본과 지말이고, 뒤의 2행 절반은 설교(說教)의 근본과 지말을 나타내는 것이다. 순서에서 현신과 근본 및 지말의 가운데에서 처음의 2구(句)에서는 대(臺)인 가운데의 본체(本體)를 나타내는 것이고, 다음의 2구는 연꽃 위[華上]의 응신을 나타내는 것이다. 다음의 1송은 나무 아래의 화신의 형태를[92] 나타내고, 다음 반절의 송은 다시 근본과 지말을 맺는 것이다.

問此三重身於三身中當云何配. 答異說云云. 今述一釋. 盧舍那者義兼自他二受用身. 所以知然. 上卷云. 吾百阿僧祗劫中修行心地得成盧舍那. 故知通自受用. 爲千釋迦所將微塵菩薩衆說心地法. 故知亦兼是他受用. 此則對登地機所現身也. 華上千釋迦者. 是淨土中變化身也. 所以知然. 以華爲器者非穢土相故.

【묻는다】 이러한 세 가지의 중신(重身)은 삼신의 가운데에서 마땅히 어느 신(身)과 짝하는가?

92) 세존께서 성도할 때에 앉으셨던 보리수 아래의 모습을 가리킨다.

【답한다】 다른 설(說)로서 분분하게 말하여진다. 지금 하나를 해석하여 서술한다면 '노사나'는 자수용신[93]과 타수용신[94]의 두 신을 겸한다는 뜻이다. 무엇으로써 그것을 아는가? 상권에서 말하였다.

"나는 500의 아승지[95] 겁의 가운데에서 수행하였고, 심지를 얻어 노사나를 이루었다. 그러므로 자수용신에 통하는 것을 알 수 있고, 1천 석가모니불의 처소에서 장차 미진(微塵)의 보살 대중에게 심지의 법을 설하였다."

그러므로 역시 타수용신을 겸한 것을 알 수 있다. 이것은 곧 등각지를[96] 마주하여 기연(機緣)으로 현신하신 것이다.

'연꽃 위의 1천 석가'는 정토의 가운데에서 변화신이다. 무엇으로써 그것을 아는가? '연꽃(華)으로써 그릇을 삼는다.'는 예토의 모습이 아닌 까닭이다.

又無性攝論云. 變化身百俱昵國各爲主者. 此是穢土中八相化身. 卽此所說百億釋迦. 故知華上所現身者. 非穢土中所現化身. 又此偈中對新學云. 是盧舍那誦我亦如是誦. 故知非是對地上穢. 此則應是對彼三賢菩薩所現身也.

또한 성품이 없음을 『섭대승론』에서 말씀하였다.

"변화신은 닐국[97]에서 1백을 갖추고 각자 주인이 된다는 것은 예토

---

93) 수행(修行)이 완성되어 복덕(福德)과 지혜(智慧·知慧)가 원만(圓滿)하고 밝아 늘 진리를 관조하여 스스로 그 법락을 받는 불신(佛身)을 가리킨다.

94) 깨달음의 기쁨을 중생(衆生)에게 회향하는 불신(佛身)을 가리킨다.

95) 숫자의 단위로서 무량수(無量數)라고 번역하며, 10^{56}을 가리킨다.

96) 『대방광불화엄경』의 계위에서 십신(十信), 십주(十住), 십행(十行), 십회향(十廻向), 십지(十地) 등각지(等覺地) 묘각지(妙覺地)의 52위의 계위를 말한다.

97) 삼천대천세계를 가리킨다.

가운데의 팔상(八相)의 화신(化身)[98]이 곧 이렇게 설하시는 백억의 석가모니이시다. 그러므로 연꽃 위의 화신인 것을 알겠으며, 예토의 가운데에 화신을 나타내는 것은 아니다."[99]

또한 이러한 게송의 가운데에서 새롭게 배우는 것에 대하여 말하였다.

"이 노사나불이 나를 염송하는 것은 역시 이와 같이 염송하는 것이다. 그러므로 이 땅 위의 더러움을 마주하지 않음을 알겠고, 이것은 곧 마땅히 그 삼현보살[100]의 현신(現身)을 마주하는 것이다."

次百億釋迦者. 卽是穢土四天下中. 爲彼凡夫二乘及初發心菩薩所現身也. 有人解云. 十地經說. 二地菩薩於一念間入千世界得見千佛. 戒是二地之別行故. 是故對彼二地菩薩現千佛身. 二地菩薩正對千身之本盧舍那佛. 其千釋迦卽一念間所現化身. 或當如是. 於理無爽. 我今盧舍那方坐蓮華臺.

다음으로 '백억의 석가모니불'은 곧 이 예토의 사천하 가운데에서 그 범부와 이승 및 초발심의 보살을 위하여 현신하는 것이다. 어느 사람이 해석하여 말하였다. 『십지경』에서 말씀하셨다.

"2지의 보살은 일념에 1천의 세계에 들어가며, 1천의 부처를 보게 된다."[101]

계는 이러한 2지에서 분별을 행하는 까닭이니라. 이러한 까닭으로

98) 세존께서 팔상성도의 모습을 보여준 것을 가리킨다.

99) 『攝大乘論本』(大正藏 31), p.1561하. "佛受用身及變化身旣是無常. 云何經說如來身常. 此二所依法身常故. 又等流身及變化身以恒受用無休廢故. 數數現化不永絶故. 如常受樂如常施食. 如來身常應知亦爾. 由六因故. 諸佛世尊所現化身非畢竟住."

100) 『대방광불화엄경』의 계위에서 십주(十住)·십행(十行)·십회향(十廻向)의 깨달음을 얻은 보살을 가리킨다.

101) 『十地經論』(大正藏 26), p.152하. "於一念間得千三昧. 得見千佛. 知千佛神力. 能動千佛世界. 能入千佛世界. 能照千佛世界. 能敎化千佛世界衆生."

그 2지의 보살을 마주하면 1천의 불신(佛身)을 나타낸다. 2지의 보살은 1천 불신의 근본인 노사나불을 바르게 마주하는 것이고, 그 1천의 석가모니불은 곧 일념의 사이에 화신을 나타낸 것이다. 혹은 마땅히 이와 같다면 이치에 어긋나지 않나니, 내가 지금 노사나불이고, 비로소 연화대에 앉은 것이다.

我今盧舍那者. 此是誰言. 卽千釋迦中一釋迦言. 指自本身故云爲我. 時非曾當正在今也. 方坐者猶正坐也. 蓮華臺者卽蓮華中蓮實所附處也. 其量周圍千三千界. 此是座量非國土量. 華嚴所說蓮華藏世界者. 卽是所統之世界也. 上有十二佛國土七世界性. 九方亦爾. 是盧舍那常轉法輪處.

'내가 지금 노사나불이다.'는 이것은 누구를 말하는가? 곧 1천의 석가모니불 가운데에서 한 석가모니불이 말하는 것이다. 스스로가 본신(本身)을 가리키는 까닭으로 나라고 말하는 것이고, 시간은 일찍이 마땅히 바로 지금에 있었던 것은 아니다.

'비로소 앉는다.'는 오히려 바르게 앉는 것이다.

'연화대'는 즉 연꽃의 가운데에 연화대가 실제로 부촉된 자리이고, 그 양은 주위가 삼천대천세계이며, 이러한 자리의 양은 국토의 양이 아니니라.

'화엄에서 설하는 연화장세계'는 곧 이것은 세계를 총괄하는 것이다. 위로는 12불국토와 7세계의 성품이 있고, 아홉의 방위에도 역시 그러한데, 이곳이 노사나불이 항상 법륜을 굴리는 처소이다.

周匝千華上. 復現千釋迦者. 謂盧舍那所坐蓮華臺. 以千葉華周匝圍繞. 其一

一華量等百億. 於玆華上現千釋迦. 一華百億國一國一釋迦各坐菩提樹一時成佛道. 一華百億國一國一釋迦者. 謂千華中一. 一華葉各有百億四洲國土.

'1천의 연꽃 위를 둘러싸고 다시 1천의 석가모니불을 나타냈다.'는 노사나불의 처소의 자리인 연화대이고, 1천의 연잎과 연꽃으로서 주위를 둘러서 에워쌌는데 그 하나하나의 꽃의 양 등은 백억인 것을 말하며, 이러한 꽃잎 위에서 1천의 석가가 나타나는 것이다.

한 꽃잎이 백억의 나라이고, 한 나라가 한 석가모니불이며, 각자 보리수 아래에 앉아서 일시에 불도를 이루는 것이다.

'한 꽃잎이 백억의 나라이고, 한 나라가 한 석가모니불이다.'는 1천의 꽃잎 가운데에 하나를 말하고, 한 꽃잎에 각자 백억 사주(四洲)의 국토가 있다.

億者卽是俱胝數也. 百俱胝國爲三千界. 十百爲千. 十千爲萬. 十萬爲落叉. 十落叉爲一度洛叉. 十度洛叉爲一俱胝. 三千大千爲百億者. 單千爲小千. 千小千爲中千. 中千卽當一度洛叉. 千中千爲大千. 大千卽當百俱昵也. 然新譯者億當洛叉. 此是十萬爲億數也. 舊譯論中億當俱昵. 此是千萬爲億數也.

억이라는 것은 곧 이것은 구지의 숫자이니라. 1백의 구지의 나라는 삼천의 세계이고, 십백은 천이 되며, 십천은 만이 되고, 십만은 락차가 되고, 십락차는 일도락차가 되며, 십도락차는 1구지가 된다.

'삼천대천이 백억이 된다.'는 다만 1천이 소천이 되고, 1천의 소천은 중천이 되며, 중천은 곧 마땅히 일도락차이고, 1천의 중천은 대천이 되며, 대천은 곧 마땅히 1백의 구닐(俱昵)이니라. 그러나 신역(新譯)에서는 억은 마땅히 락차이고, 이것은 십만이므로 억의 숫자가 된다. 구역(舊

譯)의 논장의 가운데에서는 억은 마땅히 구닐이고, 이러한 천만은 억의 숫자가 된다.

若小乘說一三千界有一釋迦. 唯此四天下閻浮提中有金剛座實身成道. 餘天下中無金剛座. 非成道處. 唯遣化身度可度耳. 今大乘說. 三千界中有百億國. 百億國中皆有道樹及金剛座. 百億釋迦各爲主. 化此國釋迦言. 我是本身. 餘皆我化. 餘國釋迦皆如是言. 然則就末論本. 百億皆互爲本. 就本論末. 皆是舍那化也. 如是千百億盧舍那本身.

만약 소승으로 설한다면 하나의 삼천 세계에 하나의 석가모니불이 있는데, 오직 이 사천하의 염부제 가운데에 금강좌가 있고 실제의 몸으로 성불하는 것이다. 나머지의 천하에는 금강좌가 없으므로 성불의 처소가 아니고, 오직 화신을 보내어 제도하여야 제도가 되는 것이다.

지금 대승으로 설한다면 삼천 세계의 가운데에 백억의 나라가 있고, 백억의 나라 가운데에 모두 도수(道樹)[102]와 금강좌가 있으며, 백억의 석가모니불이 각자 주인이 되었고, 화현(化現)으로 이 나라에서 석가모니불에게 말하였다.

"나는 본신이고 나머지는 모두가 나의 화신이다."

나머지 나라의 석가모니불도 모두 이와 같이 말을 한다. 그러나 곧 지말을 나아가면 근본이고, 백억이 모두 서로가 본신이 된다. 본신을 취하고 지말을 논한다면 모두가 노사나불의 화신이다. 이와 같이 천백억 노사나불의 화신이니라.

---

102) 세존께서 깨달음을 얻은 보리수를 가리킨다.

如是千百億者. 謂千箇百億故. 云千百億. 非是千及百億. 下千百億皆如是釋. 盧舍那本身者. 示其本也. 上卷經云. 我已百阿僧祇劫修行心地. 以之爲因. 初捨凡夫. 成等正覺號爲盧舍那. 住蓮華臺藏世界海. 其臺周遍有千葉. 一葉一世界. 爲千世界我化爲千釋迦. 據千世界復就一葉世界.

'이와 같은 천백억'은 1천이 개별적으로 백억인 까닭을 말한다. 천백억이라고 말하는 것은 두 첩(牒)[103]과 1천 및 백억의 첩이 아니다. 이하의 천백억을 모두 이와 같이 해석한다면 '노사나불의 분신'은 그 근본을 나타내는 것이다.

『범망경』 상권에서 말씀하셨다.

"나는 이미 아승지겁에 심지(心地)를 수행하였고, 그것으로 인연이 되어 처음으로 범부를 버리고서 등정각을 이루어서 노사나불이 되었다고 명호하였네. 연화대장세계해에 머물렀는데, 그 연화대 주변에는 1천의 꽃잎이 있었고, 하나의 꽃잎에는 하나의 세계가 있어서 1천 세계가 되었으며, 나의 화신은 1천의 석가모니불이 되었고, 1천 세계에 의지하여 다시 한 꽃잎의 세계로 나아간다네.

復有百億須彌山. 百億日月. 百億四天下. 百億南閻浮提. 百億菩薩釋迦. 坐百億菩提樹下. 各說汝所聞菩提薩埵心地. 其餘九百九十九釋迦各各現百億釋迦. 亦復如是. 千華上佛是吾化身. 千百億釋迦是千釋迦化身. 吾爲本原名爲盧舍那佛. 千百億釋迦. 各接微塵衆. 俱來至我所. 聽我誦佛戒. 甘露門則

103) 첩은 '글씨를 쓴 나무조각'이라는 의미로서 중국의 관청에서 사용하던 서식이 비교적 간단한 공문서(公文書)를 가리킨다. 당대(唐代)에는 하급관청에서 상급관청에 올리는 것을 첩이라 하였고, 송대(宋代)에는 6부가 공첩(公牒)으로 업무연락을 하였다. 명대(明代)에는 위에서 아래로 내리는 공문을 고첩(故牒)이라 하였고, 아래에서 위로 올리는 공문은 첩정(牒呈)이라 하였다.

開. 是時千百億. 還至本道場. 各坐菩提樹. 誦我本師戒. 十重四十八.

다시 백억의 수미산이 있고, 백억의 해와 달이 있으며, 백억의 사천하가 있고, 백억의 보살과 석가모니불이 있으며, 백억의 보리수 아래에 앉았는데 각자 그대에게 보리살타의 심지를 듣도록 설한다네.

그 나머지의 999석가모니불은 각각 백억의 석가모니불을 나타내며, 역시 이와 같이 1천의 연꽃 위에 부처가 나의 화신이고, 천백억의 석가모니불은 1천 석가모니불의 화신이라네.

나는 본원(本原)이 되어 노사나불이 되었다고 이름하는데, 천백억의 석가모니불은 각각 티끌과 같은 대중을 접인하고서, 함께 나의 처소에 와서 내가 염송하는 부처님의 계를 들었으며, 감로문이 곧 열렸으므로, 이때에 천백억의 (화신이) 본래의 도량에 돌아와서 각자 보리수에 앉았고, 나는 본사(本師)의 10중계와 48경계를 염송하였네."

說敎本末中. 初五句顯本身說. 卽千釋迦爲百億釋迦所將衆說. 次五句示末身說. 卽百億釋迦爲時衆說. 甘露門則開者. 涅槃之法一飡永存. 故云甘露. 由戒能入故稱爲門. 今說故則開也. 還至本道場者. 百億國土各是當分化境. 故名本道場.

가르침을 본신과 말신(末身)의 가운데에서 설한다면 처음의 다섯 구는 본신께서 설하신 것을 나타낸 것이니, 곧 1천의 석가모니불이 백억의 석가모니불의 처소에서 장차 대중에게 설하신 것이다. 다음의 다섯 구는 말신이 설하신 것을 보여주는 것이니, 즉 백억의 석가모니불이 이때에 대중을 위하여 설하신 것이다.

'감로문이 곧 열렸다.'는 열반법을 일단 한 번 먹으면 영원히 존재한다.

그러므로 감로라고 말하고, 계를 이유로 능히 들어가는 까닭으로 문이 된다고 부르며, 지금 설하는 까닭으로 곧 열린 것이다.

'본래의 도량에 돌아와서 이르렀다.'는 백억 국토는 각자 이것으로 마땅히 나누어져 경계로 변한다. 그러므로 본래의 도량이라고 이름한다.

本師戒者諸佛以戒爲本師. 戒如明日月. 亦如瓔珞珠. 微塵菩薩衆. 由是成正覺. 是盧舍那誦. 我亦如是誦. 汝新學菩薩. 頂戴受持戒. 受持是戒已. 轉授諸菩薩. 諦聽我正誦. 佛法中戒藏. 波羅提木叉. 大衆心諦信. 汝是當成佛. 我是已成佛. 常作如是信. 戒品已具足. 一切有心者. 皆應攝佛戒. 衆生受佛戒. 卽入諸佛位. 位同大覺已. 眞是諸佛子. 大衆皆恭敬. 至心聽我誦.

'본사의 계'는 모든 세존들께서 계로써 본사(本師)로 삼으셨으므로, 계는 밝은 해와 같고 밝은 달과 같으며, 역시 영락과 같고 진주와 같다. 티끌과 같은 보살 대중이 이것을 이유로 정각을 이루고, 이것을 노사나불께서 염송하시고, 나도 역시 이와 같이 염송하므로 그대 새롭게 배우는 보살은 정대(頂戴)[104]하여 계를 수지하라. 이러한 계를 이미 수지하였다면 여러 보살에게 전전하여 수지하게 하고 내가 바르게 염송하는 것을 자세히 들어라.

"불법의 가운데에서 계장(戒藏)은 바라제목차이니 대중은 마음에서 진실되게 믿는다면 그대는 마땅히 성불할 것이니라. 나는 이렇게 성불하였는데 항상 이와 같은 믿음을 지었고, 계품을 이미 구족하였느니라.

일체가 마음이 있다면 모두 마땅히 세존의 계를 섭수할 것이며, 중생이

104) 본래는 모자 위에 다는 구슬로서 공훈(功勳)과 위계(位階)를 나타낸다는 뜻이었으나, 불교에서는 물건 등을 주거나 받을 때 그것을 이마에 맞추며 상대에게 경의를 나타낸다는 뜻으로 사용되고 있다.

세존의 계를 받는다면 곧 모든 세존의 계위에 들어가며, 대각의 계위와 같아질 것이다. 진실로 이렇게 여러 불자들이 대중을 모두 공경한다면 지극한 마음으로 나의 염송을 들어라."

讚戒勸受中. 初一行讚戒德. 後五行半勸信受. 讚中如明日者. 喩律儀戒. 能破闇惡猶日光故. 如明月者喩攝生戒. 大悲攝物同月愛故. 如瓔珞珠者喩攝善戒. 莊嚴法身如寶珠故. 成正覺者由三種戒成三佛果. 謂律儀戒成斷德法身. 攝善法戒成智德應身. 攝衆生戒成恩德化身. 勸受中初二頌一句就戒敎勸誦持. 後三頌一句就戒行勸攝受. 初中復二. 初一頌二句勸受持. 次三句勸諦聽.

계를 찬탄하고 수지를 권하는 가운데에서 처음의 1행은 계의 덕을 찬탄하고, 뒤의 5행의 절반은 믿음으로 수지함을 권한다.

찬탄하는 가운데에서 '밝은 해와 같다.'는 율의계로 비유한다면, 능히 어두운 악을 깨트리므로 오히려 햇빛과 같은 까닭이다.

'밝은 달과 같다.'는 섭생계의 비유이고 대비로 물건을 섭수함이 달을 사랑하는 것과 같은 까닭이다.

'영락의 진주와 같다.'는 섭선계의 비유이니 법신을 장엄함이 보주(寶珠)와 같은 까닭이다.

'정각을 이룬다.'는 세 종류의 계를 이유로 삼세의 불과(佛果)를 이루는데, 율의계는 단덕(斷德)[105]의 법신을 이루는 것을 말하고, 섭선법계는 지덕(智德)[106]의 응신을 이루는 것을 말하며, 섭중생계는 은덕(恩德)[107]의

105) 여래(如來)가 모든 번뇌(煩惱)를 끊는 일을 가리킨다.
106) 여래(如來)가 평등(平等)한 지혜(智慧)로 만법을 비추는 덕(德)을 가리킨다.
107) 중생을 구제하기 위해 은혜를 베푸는 세존의 공덕을 가리킨다.

화신을 이루는 것을 말한다.

勸受中初二頌一句就戒敎勸誦持. 後三頌一句就戒行勸攝受. 初中復二. 初一頌二句勸受持. 次三句勸諦聽. 次戒行中復二. 初二頌三句勸信攝. 後二句勸敬聽. 常作如是信戒品已具足者. 謂心常作如上二信卽能堪任爲受器故. 云戒品已具足也. 一切有心者皆應攝佛戒者. 謂一切衆生有成佛信心. 皆應攝受諸佛戒也.

받는 것을 권하는 가운데에서 처음 2송의 1구는 계의 가르침에 나아가서 염송하며 지니기를 권하는 것이고, 뒤의 3송의 1구는 계의 행에 나아가서 섭수를 권하는 것이다. 처음의 가운데에 다시 2송이 있는데, 처음의 1송의 2구는 수지를 권하고, 다음의 3구는 자세히 들을 것을 권한다. 다음의 가운데에 다시 2송이 있는데, 처음 2송의 3구는 믿고 섭수하는 것을 권하고, 뒤의 2구는 공경스럽게 듣는 것을 권한다.

'항상 이와 같은 계품을 믿어 짓고서 구족했다.'는 마음에서 항상 앞에서와 같은 두 가지의 믿음을 짓고, 곧 능히 수지하는 그릇이 되는 소임을 감당하는 것을 말한다. 그러므로 계품이 이미 갖추어졌다고 말한다.

'일체의 유심이 모든 불계(佛戒)를 섭수한다.'는 일체의 중생이 성불의 신심이 있는 것을 말하고, 모두가 마땅히 여러 불계를 섭수하는 것이다.

卽入諸佛位者. 依占察經. 佛位有四. 一者信滿法故作佛. 謂依種姓地. 決定信諸法不生不滅淸淨平等. 無可願求故. 二者解滿法故作佛. 所謂依解行地. 深解法性知如來業無造無作. 於生死涅槃不起二想心無所怖故. 三者證滿法

故作佛. 所謂依淨心地. 以得無分別寂靜法智及不思議自然之業. 無求想故. 四者 一切功德行滿足故作佛. 所謂依究竟菩薩地. 能除一切障無明夢盡故. 今受菩薩戒者必須具信故. 得入初信滿佛位者言入佛位. 恐謂已成佛故. 云位同大覺已眞是諸佛子. 勸信序訖.

'곧 여러 부처님의 계위에 들어간다.'는 『점찰선악업보경』에[108] 의지하면 세존의 계위에는 네 가지가 있다.

"첫째는 만법(滿法)을 믿는 까닭으로 성불하는 것이니 종성에 의지하는 것을 말한다. 결정적으로 여러 제법인 불생불멸과 청정평등을 믿고서, 원하고 구함이 없는 까닭이다. 둘째는 만법을 이해하는 까닭으로 성불하는 것이니, 이를테면, 해행지[109]에 의지하는 것이다. 법성을 깊이 이해하고 안다면 여래의 업은 조작(造作)이 없고 생사와 열반에서 두 생각이 일어나지 않아서 마음에 바라는 것이 없는 까닭이다.

셋째는 만법을 증명하는 까닭으로 성불하는 것이니, 이를테면, 정심지(淨心地)[110]에 의지하는 것이다. 무분별을 얻음으로써 적정법을 알고 또한 부사의한 자연스러운 업으로 구하는 생각이 없는 까닭이다. 넷째는 일체의 공덕으로 만족을 행하는 까닭으로 성불하는 것이니, 이를테면, 구경의 보살지에 의지하는 것이고, 능히 일체의 장애를 없애서 무명의 꿈을 마치는 까닭이다."

---

108) 『占察善惡業報經』(大正藏 17), p.909상. "一者信滿法故作佛. 所謂依種性地決定信諸法不生不滅淸淨平等無可願求故. 二者解滿法故作佛. 所謂依解行地深解法性知如來業無造無作於生死涅槃不起二想心無所怖故. 三者證滿法故作佛. 所謂依淨心地以得無分別寂靜法智及不思議自然之業無求想故. 四者一切功德行滿足故作佛. 所謂依究竟菩薩地能除一切諸障無明夢盡故."

109) 분별과 이해로써 수행하는 십주(十住)·십행(十行)·십회향(十廻向)의 계위를 가리킨다.

110) 보살의 십지(十地) 가운데에서 환희지(歡喜地)에 해당한다.

'지금 보살계를 받는다.'는 반드시 믿음을 갖추는 까닭이다.

'처음으로 신만(信滿)에 들어가서 부처의 계위를 얻는다.'는 불의 계위에 들어가는 것을 말하는데, 이미 성불하였다고 말하는 것을 염려하는 까닭이다.

'대각과 같은 계위라고 말한다.'는 이미 진실로 이러한 여러 불자에게 믿음을 권하는 순서를 마친 것이다.

爾時釋迦牟尼佛. 初坐菩提樹下. 成無上正覺. 初結菩薩波羅提木叉. 孝順父母師僧三寶. 孝順至道之法. 孝名爲戒. 亦名制止. 佛即口放無量光明. 是時百萬億大衆諸菩薩. 十八梵六欲天子十六大國王. 合掌至心聽. 佛誦一切諸佛大乘戒.

이때 석가모니불께서는 처음으로 보리수 아래에 앉아 무상정각을 성취하셨고, 처음으로 보살의 바라제목차를 결계(結戒)하셨으며, 부모와 사승(師僧)과 삼보께 효순하고, 지극한 도법(道法)에 이르러 효순하셨는데, '효는 계이다.'고 이름하셨고, 역시 '제지(制止)'라고 이름하셨다.

세존께서는 곧 입으로 무량한 광명을 펼치시었고, 이때 백만억의 대중인 여러 보살과 18범천과 6욕천자와 16대국의 왕이 합장하고 지극한 마음으로 세존께서 염송하는 일체 제불의 대승계를 들었느니라.

結戒序中有二. 一經家序. 二佛自序. 經家序中有三. 一序結戒. 二序放光. 三序衆集. 序結戒中初結菩薩婆羅提木叉者. 若聲聞戒十二年後隨事漸制. 菩薩不爾. 初在樹下一時制. 所以然者. 聲聞根劣. 無事預制則譏謗. 故犯緣方漸制也. 菩薩根勝聞即隨行. 無有厭譏. 不待犯緣即頓制也.

결계 순서 가운데에는 두 가지가 있다. 첫째는 경가(經家)[111]에서의 순서이고, 두 번째는 세존 스스로의 순서이다. 경가 순서의 가운데에는 세 가지가 있다. 첫째의 순서는 결계이고, 둘째의 순서는 방광(放光)이며, 셋째의 순서는 대중의 결집이다.

순서의 결계 가운데에서 '처음으로 보살의 바라제목차를 결집하다.'는 만약 성문계가 12년 뒤에 이를 따라서 점차로 제정되었다면, 보살계는 그렇지 않다. 처음 보리수 아래에서 한꺼번에 제정되었다. 왜 그러한가?

근기가 하열하여 일이 없는데 미리 제정한다면 곧 싫어하고 비방하는 것이다. 그러므로 범함을 따르고 방편을 인연하여 점차로 제정하였다. 보살은 근기가 수승하고 들으면 곧 따르며, 싫어하고 비난함이 없으므로 범하는 인연을 기다리지 않고 곧 단번에 제정한 것이다.

依十地論. 成道初七日. 或自受法樂思惟因緣. 故未起說. 第二七後方興言說. 今言初結者. 應是第二七日中也. 孝順已下略釋所結戒之名義. 略以二義釋其戒名. 波羅提木叉者. 此云別解脫戒. 對法論云. 爲求解脫別. 別防護所有律儀. 故名別解脫律儀. 由律儀能速出離生死苦故. 此則別防之. 戒能得解脫之果. 故從果稱名別解脫.

『십지론』에 의거하면 "성도하시고 처음 7일, 혹은 스스로가 법락을 받으며 인연을 사유하셨으므로 일부러 아직 설법을 일으키지 않으셨으나, 제2의 7일(14일) 뒤에는 방편을 일으켜서 말씀으로 설하셨으므로, 지금 처음으로 결계하신 것은 마땅히 14일의 가운데이다."[112]

---

111) 경전을 결집하거나 종지(宗旨)에 따라서 주석한 사문을 가리킨다.

112) 원문을 요약하여 인용하였으므로 구체적인 내용은 찾기 어렵다. 다른 논장인 송(宋)의 도정(道亭)이 저술한 『華嚴一乘敎義分齊章義苑疏』에 비슷한 구절을 찾을

효순의 이하를 간략히 해석하면 결계(結戒)의 이름(名)을 뜻한다. 간략하게 두 가지의 뜻으로서 해석하면 그 계명(戒名)이다.

'바라제목차라'는 이것은 별해탈계를 말한다.

『대법론』에서 말하였다.

"해탈을 구하면서 분별하고, 분별하여 소유한 율의를 방호하는 것이다. 그러므로 별해탈율의라고 이름하고, 율의를 이유로 능히 빠르게 생사의 고통을 출리하는 까닭으로 이것을 곧 분별하여 그것을 방호하는 것이다. 계는 능히 해탈과를 얻게 한다. 그러므로 과를 좇아서 별해탈이라고 이름한다.[113]

又得戒時別別解脫三業之縛. 故云別解脫. 此別解脫戒. 若聲聞所受. 唯有制止義. 能防非故而無孝順義. 不求攝善及益生故. 若大士戒具兼兩義. 一孝順義. 能攝善等故. 二制止義. 能離惡法故. 孝順父母者生育世形故. 孝順師僧者 長養法身故. 三寶者入道勝境故. 至道法者得果之本故. 略擧四處明孝順也. 卽口放下明放光將說戒法現表瑞也. 是時百萬億大衆下明集衆也.

또한 계를 얻고 분별하는 때에 삼업의 계박을 별해탈한다. 그러므로 별해탈이라고 말한다. 이 별해탈계는 만약 성문의 처소에서 받는다면 오직 제지의 뜻이 있으나, 능히 막아도 아닌 까닭으로 효순의 뜻이 없다. 섭선계와 요익중생계를 구하지 않는 까닭이니라.

만약 세존(大士)의 계를 갖추었다면 두 가지의 뜻을 겸한다. 첫째는

수 있다. 『華嚴一乘教義分齊章義苑疏』(卍續藏經, 58), pp.203중-203하. "釋曰. 所明義理交絡分齊者. 且如一緣起之法小乘說之萬法虛僞緣會. 而生始教說之生法. …… 釋曰. 第二七日謂覺樹道成一七日中. 自受法樂思惟因緣行等故. 第二七日頓說此經表."

113) 『大乘阿毘達磨雜集論』(大正藏 31), p.731하. "謂爲求解脫別別防護所有律儀. 故名別解脫律儀. 由此律儀能速出離生死苦故."

효순의 뜻이니 능히 섭선계 등인 까닭이고, 둘째는 제지의 뜻이니 능히 악법을 떠나는 까닭이니라.

'부모에게 효순한다.'는 세상의 모습으로 생육하는 까닭이다.

'사승에게 효순한다.'는 법신을 장양하는 까닭이다.

'삼보'는 도의 수승한 경계에 들어가는 까닭이다.

'도법이 지극하다.'는 과의 근본을 얻는 까닭이며, 간략하게 네 처소에서 효순을 밝혔느니라.

곧 입에서 빛을 뿜어서 아래를 밝히고 방광으로 장차 계법을 설하여 상서로움을 나타내어 표현한 것이다. 이때 백만억 대중이 아래의 밝음에 모인 대중인 것이다.

佛告諸菩薩言. 我今半月半月自誦諸佛法戒. 汝等一切發心菩薩亦誦乃至十發趣十長養十金剛十地諸菩薩亦誦. 是故戒光從口出. 有緣非無因故. 光光非靑黃赤白黑. 非色非心. 非有非無非因果法. 是諸佛之本原. 行菩薩道之根本. 是大衆諸佛子之根本. 是故大衆諸佛子應受持. 應讀誦善學.

세존께서 여러 보살에게 말씀하셨다.

"나는 지금 매 보름마다 스스로 여러 세존의 법과 계를 염송하느니라. 그대들 일체의 발심한 보살들도 역시 외울 것이고, 나아가 10발취·10장양·10금강·10지의 여러 보살도 역시 염송할지니라. 이것을 까닭으로 계의 빛이 입을 좇아서 나오고, 연이 있으면 인이 없는 것이 아닌 까닭이며, 빛과 빛마다 청색도 아니고, 황색·적색·백색·흑색도 아니며, 색(色)도 아니고 심(心)도 아니고, 유도 아니며, 무도 아니고, 인과법도 아니니라. 이것은 여러 세존의 본원이고, 행하는 보살도의 근본이며, 이것은 대중인 여러 불자의 근본이니라. 이러한 까닭으로 대중인 여러 불자는 마땅히 수지하고 마땅히 독송하며 잘 배울지니라.

佛子諦聽. 若受佛戒者國王王子百官宰相. 比丘比丘尼. 十八梵六欲天子. 庶民黃門婬男婬女奴婢. 八部鬼神金剛神畜生. 乃至變化人. 但解法師語盡受得戒. 皆名第一清淨者佛自序中亦有三. 一告誦戒法. 二釋光因緣. 三勸受持等. 初告誦中半月自誦者. 雖果德圓滿而不忘因詮. 雖一切時誦爲新學故. 言半月誦.

불자여. 자세히 들어라. '만약 세존의 계를 받는다.'는 국왕·왕자·백관·재상·비구·비구니·18범천·6욕천자·서민·황문·음남·음녀·노비·팔부귀신·금강신·축생과 나아가 변화인도 다만 법사의 말을 이해한다면 모두 계를 받을 수 있느니라."

'모두가 제1의 청정이라고 이름하는 것'은 세존 스스로의 순서 가운데에서 역시 세 가지가 있다. 첫째는 계법의 염송을 알리는 것이고, 둘째는 빛의 인연을 해석하는 것이며, 셋째는 수지 등을 권유하는 것이다.

'처음의 염송을 알린 가운데에서 보름에 스스로가 염송하라.'는 비록 과덕(果德)이 원만하고 인의 진리를 잊지 않더라도, 비록 일체시에 새롭게 배우는 것을 위하여 염송하는 까닭으로 보름에 염송하라고 말하는 것이다.

發心菩薩者謂十信也. 十發趣者謂十解. 亦名十住. 亦名習種姓. 其十名者謂捨戒忍進定慧願護喜頂心也. 此十種法初始發心趣入大乘故云發趣. 十長養者卽十行. 亦名性種姓. 其十名者謂慈悲喜捨施好語益因定慧心也. 此十習已成性長養聖胎故云長養. 十金剛者謂十迴向. 亦名道種姓. 方便行就不可

俎壞故云金剛. 其十名者謂信念迴向達圓直不退大乘無想慧不壞心也.

‘발심보살’은 10신을 말한다.

‘10발취’는 10해를 말하고, 역시 10주라고 이름하며, 종성을 익힌다고 이름한다.

‘그 10이라고 이름한다.’는 계인(戒忍)을 버리고 정혜로 나아가서 기쁘게 정심(頂心)을 발원하고 보호하는 것을 말한다. 이러한 10종류의 법에 처음의 발심으로 시작하고 나아가서 대승으로 들어가는 까닭으로 발취라고 말한다.

‘10장양’은 곧 십행이니 역시 성품의 종성을 이름한다.

‘그 10이라고 이름한다.’는 자·비·희·사의 좋은 말을 베풀어서 인을 요익하는 정혜심을 말하고, 이 10습을 이루고서 성(性)을 장양하면 성스러운 태인 까닭으로 장양이라고 말한다.

‘10금강’은 십회향을 말하니 역시 도의 종성을 이름하고, 방편을 행하고 성취하여 조(俎)[114]로 무너지지 않는 까닭으로 금강이라고 말한다.

‘그 10이라고 이름한다.’는 신념으로 회향하고 원만하고 곧음을 요달하여 대승의 지혜로운 생각이 없어도 물러서지 않는 불괴심을 말한다.

十地者亦名聖種姓. 十名謂體性平等地. 體性善慧地. 體性光明地. 體性爾炎地. 體性慧照地. 體性華光地. 體性滿足地. 體性佛吼地. 體性華嚴地. 體性入佛境界地. 廣說行相如上卷經. 是故戒光下釋光因緣. 有緣非無因者. 謂外有時衆感法勝緣. 內有如來大悲本因. 方得現瑞表所說法故. 光光者所放光明

114) 제향(祭享) 때에 음식을 담아놓는 대(臺)를 가리키고 희생양을 뜻한다.

有多重也. 非青黃赤白黑者. 以末卽本. 故非五色. 非色心者非礙緣故.

'10지'는 역시 성스러운 종성을 이름한다.

'10명(名)'은 체성의 평등지를 말하는데, 체성은 선혜지이고, 체성은 광명지이며, 체성은 이염지이고, 체성은 혜조지이며, 체성은 화광지이고, 체성은 만족지이며, 체성은 불후지이고, 체성은 화엄지이며, 체성은 입불경계지이다. 자세히 행상(行相)을 설하였는데, 상권의 경전에서와 같다.

이러한 까닭으로 계광(戒光) 이하의 빛의 인연을 해석하겠다.

'연이 있고 인이 없는 것이 아니다.'는 밖으로는 시중(時衆)[115]이 있어 법의 수승한 연에 감응하고, 안으로는 여래의 대비의 근본적인 인이 있는 것을 말하는데, 비로소 설법하는 것에서 표상이 상서롭게 나타나는 까닭이다.

'빛나고 빛난다.'는 내뿜어지는 광명이 많이 중첩됨이 있는 것이다.

'청·황·적·백이 아니다.'는 지말로서 곧 근본이다. 그러므로 다섯 색깔이 아니다.

'색심이 아니다.'는 장애의 인연이 아닌 까닭이다.

非有無者非凡夫有非二乘無. 非因果法者非苦集法也. 諸佛之本原行者成果之本也. 菩薩之根本者成因之本也. 大衆諸佛子根本者. 別擧時衆也. 次勸受持等. 應受者從師初受也. 應持者受後護持也. 應誦者誦文句也. 善學者學義意也. 若受已下廣釋受義. 餘三存略. 以初兼後故. 國王等者俗等貴族也. 比丘比丘尼者先受聲聞具足戒者亦兼下三衆.

115) 사문과 재가의 5중(衆)을 총칭하는 말이다.

'유무가 아니다.'는 범부가 있는 것이 아니고, 이승이 없는 것도 아니다.

'인과법이 아니다.'는 고제와 집제의 법이 아니다.

'제불의 본원의 행'은 과를 이루는 근본이다.

'보살의 근본'은 인을 이루는 근본이다.

'대중인 여러 불자의 근본'은 별도로 예시한 시중이니라.

다음으로 '수지(受持) 등을 권유한다.'에서 마땅히 '수'라는 것은 스승이 처음 주는 것을 따르는 것이고, 마땅히 '지'라는 것은 받고서 뒤에 호지하는 것이다.

'마땅히 염송한다.'는 문구를 염송하는 것이다.

'잘 배운다.'는 배움에 뜻이 있는 것이다. 만약 받았다면 이하의 뜻을 널리 해석하겠다. 다른 세 부류가 있는데, 개략적으로 처음으로서 뒤를 겸하는 까닭이니라.

'국왕 등'은 세속 등에서 귀족이니라.

'비구와 비구니'는 먼저 성문계를 받아 구족한 것이고, 역시 아래의 3중을 겸하는 것이다.

十八梵者色界天也. 何者十八. 一云. 下三各三九. 第四亦有九. 謂無雲等三無想五淨居. 無想旣許初後有心. 容有發心受菩薩戒. 經說. 淨居下來受佛記. 故知亦有發心受戒. 有云. 別有十八梵天. 無想五淨不入其數. 如本業經列色天衆. 謂梵天. 梵衆天. 梵輔天. 大梵天. 此四是初禪天. 水行天. 水微天. 水無量天. 水音天. 此四是二禪天. 約淨天. 無想天. 遍淨天. 淨光明天. 此四是三禪天. 守妙天. 微妙天. 極妙天. 福果天. 果勝天. 大靜天. 此六是四禪天. 六天者欲界天 無色界者若就顯敎. 無受法義. 故不說也.

'18범천'은 색계의 천인이다. 무엇이 18인가? 한 사람이 말하였다.

"아래에 3계가 있고 각자가 3이니 9가 된다. 제4계에 역시 9가 있고, 무운등·3무상·5정거라고 말하는데, 무상에서 이미 처음으로 후유(後有)의 마음이 허락되어 발심이 있으므로 보살계를 받는 것이 허용된다."

경전에서 설하였다.

"정거천의 사람들이 내려와서 세존의 수기를 받는 까닭으로 역시 발심과 수계가 있는 것을 알겠다."[116]

누가 말하였다.

"별도로 18범왕이 있는데 무상천과 5정거천에서는 그 숫자가 들어갈 수가 없다."[117]

『보살영락본업경』에서와 같이 색계의 대중을 나열하면 범천·범중천·범보천·대범천 등의 이 네 가지는 초선천이고, 수행천·수미천·수무량천·수음천 등등의 이 네 가지는 2선천이며, 약정천·무상천·변정천·정광명천 등등의 이 네 가지는 3선천이고, 수묘천·미묘천·극묘천·복과천·과승천·대정천 등등의 이 여섯 가지는 4선천이다.

'6천'은 욕계천이다.

'무색계'는 현교에 나아가는 것과 같아서 받은 법의 뜻이 없는 까닭으로 설하지 않는다.

庶民者無官位人. 黃門者五種半擇迦. 畜生乃至變化人者. 謂畜生中能變化者. 但解法師語盡受得戒者. 此所列中若能領解法師語. 亦能發菩提心. 皆得

116) 비슷한 부분을 『대승본생심지관경(大乘本生心地觀經)』에서 찾아볼 수 있다. 『大乘本生心地觀經』(大正藏 31), p.731하. "爲是慈念善根力. 命終上生於梵天. 長受梵天三昧樂. 得遇如來受佛記."

117) 일반적인 경전을 함축하여 언급한 것으로 생각되며, 본 어구와 일치하는 경전은 찾기 어렵다.

受戒也. 又在家戒如上所說. 解語皆受. 若出家戒則不如是. 唯人趣中若男若女無遮難者. 方許爲受. 義同聲聞出家受法. 又應戒法皆得通受. 文無簡故. 但應遮其比丘等性. 如半擇迦. 許受五戒. 但應遮止近事男性. 序文已訖.

'서민'은 관청의 지위가 없는 사람이다.

'황문'은 다섯 종류의 반택가이다.

'축생과 나아가 변화된 사람'은 축생의 가운데에서 능히 변화할 수 있는 자를 말한다.

'다만 법사의 말을 모두 이해할 수 있는 자는 계를 얻어서 받을 수 있다.'는 이것을 나열한 것의 가운데에서 만약 능히 법사의 말을 이해한다면, 역시 능히 보리심을 일으키는 것이므로, 모두 수계를 얻을 수 있다. 또한 재가계는 앞에서 설한 것과 같아서 말을 이해하면 모두가 받을 수 있으나, 만약 출가계라면 곧 이와 같지 않다.

'오직 인취의 가운데에서 남자이거나, 여자이거나, 막힘과 어려움이 없다.'는 비로소 계를 받는 것이 허락되는 것이므로, 성문으로 출가하여 법을 받는 것과 같은 뜻이다. 또한 마땅히 계법은 모두 통하여 받을 수 있으나, 경문에는 간택이 없는 까닭으로, 다만 마땅히 그 비구 등의 성품을 막는 것이다. 반택가와 같다면 5계를 받는 것이 허락되는데, 다만 마땅히 근사남의 성품이 막히고 금지되는 것이다.

서문을 마쳤노라.

佛告諸佛子言. 有十重波羅提叉. 若受菩薩戒不誦此戒者. 非菩薩非佛種子. 我亦如是誦. 一切菩薩已學. 一切菩薩當學. 一切菩薩今學. 我已略說波羅提木叉相貌. 應當學敬心奉持.

세존께서 여러 불자들에게 말씀하셨다.

"10중의 바라제목차가 있으니 만약 보살계를 받고서 이 계를 염송하지 않는 자는 보살도 아니고 부처의 종자도 아니니라. 나도 역시 이와 같이 염송할 것이고, 일체의 보살들도 이미 배웠으며, 일체의 보살들도 마땅히 배울 것이고, 일체의 보살들도 지금 배우고 있는 것이다. 나는 이미 간략하게 바라제목차의 상모(相貌)를 설하였으니, 마땅히 배울 것이고, 공경스러운 마음으로 받들어 지닐지니라."

次正說中大分爲二. 一辨重戒. 二明輕戒. 辨重戒中有三. 一總標數名敎令受學. 二別叙種相誡令攝護. 三覆結得失勸其敬持. 初中有十數也. 木叉名也. 不誦非菩薩等者. 顯由此相得成菩薩及佛種子. 一切菩薩已當今學者. 顯此戒法三世楷定. 木叉相貌者. 不誦非菩薩卽戒之相也. 三世皆學卽戒之貌也. 別叙種相中. 十重戒卽爲十. 一一戒中應以五句辨釋文義. 一制意釋名. 二具緣成犯. 三判業輕重. 四學處同異. 五就文解釋.

다음으로 정설의 가운데에서 크게 분별하면 두 가지가 된다. 첫째는 중계를 분별하는 것이고, 둘째는 경계를 밝히는 것이다. 중계를 분별하는 가운데에 세 가지가 있다. 첫째의 총표는 자주 가르침이라고 이름하며 수학하게 하는 것이고, 둘째는 별도로 펼쳐서 종상(種相)을 경계하며 섭수하고 보호하게 하는 것이며, 셋째는 맺음을 덮고 잃음을 얻게 하여 그것을 공경스럽게 지니는 것을 권하는 것이다. 처음의 가운데에 10의 숫자가 있는데 바라제목차라고 이름한다.

'외우지 않으면 보살 등이 아니다.'는 이러한 상을 이유로 보살과 부처의 종자를 이루고 얻음이 나타나는 것이다.

'일체의 보살들이 이미 마땅히 지금 배운다.'는 이러한 계법은 삼세에 정해진 모범이다.

'바라제목차의 상모(相貌)'는 외우지 않으면 보살이 아닌 것이 곧 계의 상(相)이고, 삼세에 모두 배우는 것이 곧 계의 모(貌)이다.

별도로 종상을 펼치는 가운데에서 10중계는 곧 10이 된다. 하나하나인 계의 가운데에서 마땅히 다섯 구로 분별하여 문장의 뜻을 해석하겠다. 첫째는 제정한 뜻과 이름을 해석하는 것이고, 둘째는 연이 갖춰지면 범함이 성립되는 것이며, 셋째는 업의 경구죄와 중죄를 판별하는 것이고, 넷째는 학처가 같고 다른 것이며, 다섯째는 문장에 나아가서 해석하는 것이다.

佛言佛子. 若自殺. 教人殺. 方便殺. 讚歎殺. 見作隨喜乃至呪殺. 殺因殺緣殺法殺業乃至一切有命者. 不得故殺. 是菩薩應起常住慈悲心孝順心. 方便救護一切衆生. 而反更自恣心快意殺生者. 是菩薩波羅夷罪.

세존께서 말씀하셨다.

"불자가 만약 스스로 살생하고, 사람을 가르쳐서 살생하며, 방편으로 살생하고, 살생을 찬탄하고, 살생을 보면서 즐거워하며, 나아가 주문으로 살생하고, 살생의 인과 살생의 연과 살생의 법과, 나아가 일체의 목숨이 있는 것을 일부러 죽일 수 없느니라. 이것을 보살은 마땅히 상주하는 자비심과 효순심을 일으키고, 방편으로 일체의 중생을 구호해야 한다. 그러나 반대로 다시 스스로가 자발적인 마음으로 살생에 즐거운 뜻이 있다면 이것은 보살의 바라이죄이니라."

第一殺戒制意釋名者. 命是形根有生所貴. 凡在含靈. 莫不寶重. 故涅槃經佛

誡闍王. 雖復人畜貴賤有殊. 寶命重死無有異也. 然則大士爲懷仁慈居先. 寧容恣己快心奪彼所重. 特違慈行故先制之.

'제1살계를 제정한 뜻을 해석하여 이름한다.'는 목숨은 이것이 근의 모습이지만 태어남에 귀함이 있고, 일반적으로 함령(含靈)[118]에 있으면서 보물처럼 소중함이 아닌 것이 없다. 그러므로 『열반경』에서는 세존께서 아사세왕을 제도하신 것이다.

비록 다시 인간과 축생은 귀천에서 다름이 있으나, 목숨은 보배처럼 소중하므로 죽음에 어떤 다름도 없다. 그러므로 곧 대사께서 인자함을 품고서 먼저 기거하셨는데 어찌 방자하고 자기가 유쾌한 마음으로 그 소중함을 빼앗은 것을 허용하겠는가? 특히 자비로운 행을 위반하는 까닭으로 먼저 그것을 제정하셨다.

又聲聞脫縛爲先故首制婬. 菩薩慈濟爲上故初禁殺. 又此十重七衆共持故殺戒在初. 釋名者報形相續假名爲生. 違緣逼害名之爲殺. 具緣成犯者成犯之緣通別各五. 通緣五者. 一受菩薩淨戒. 二住己自性非狂亂等. 三非重苦所逼反此無犯. 故菩薩地云. 一切處無違犯者. 謂若彼心增上狂亂. 若重苦受之所逼切.

또한 성문은 계박에서 벗어나면 먼저 상수가 되는 까닭으로 음계를 제정하였으나, 보살은 자비로 구제함이 상수가 되는 까닭으로 처음으로 살생을 금하셨다. 또한 이러한 10중계는 7중이 함께 지니는 까닭으로 살계가 처음에 있는 것이다.

'명(名)을 해석한다.'는 과보의 형상은 가명을 상속하여 생겨나는

118) 심령(心靈)을 가지고 있다는 뜻으로, 중생을 다르게 부르는 말이다.

것이고, 연을 위반하고 핍박하며 해치면 그것은 살생이 된다고 이름한다.

'연을 갖추면 범함이 성립한다.'는 범하는 연이 성립하는 통별(通別)은 각각 다섯이다. 통연의 다섯 가지는 첫째는 보살의 정계를 받는 것이고, 둘째는 자기의 자성에 머물러서 광란 등이 아닌 것이며, 셋째는 무거운 고통의 핍박이 아니라면 반대로 이것은 범함이 없다. 그러므로『유가사지론』「보살지」에서 말씀하셨다.

"'일체의 처소에서 위반과 범함이 없다.'는 만약 그 마음이 증상의 광란이었거나, 만약 무거운 고통을 받아서 그것에 크게 핍박받은 것을 말한다."119)

若未曾受淨戒律儀義加二緣. 一有憶念. 謂轉生時若憶先受隨作成犯. 若不憶念雖作無犯. 二無利生緣. 若有利生處許行殺等故. 前三及二爲通緣五. 別緣五者. 五十九云. 若廣建立十惡業道自性差別. 復由五相. 何等爲五. 一事. 二想. 三欲樂. 四煩惱. 五方便究竟. 事者一一業道各別決定所依處事. 或有情數. 或非有情數. 隨其所應十惡業道依之而轉.

만약 일찍이 정계인 율의를 받지 않았다면 뜻에 두 가지의 연이 추가된다. 첫째는 억념이 있는 것이다. 생을 유전하는 때에 만약 먼저 받은 것을 기억하고서 따라서 짓는다면 범함이 성립되나, 기억하지 못하였으나 비록 지었다면 범함이 없다고 말한다. 둘째는 이익이 없으나 연이 생겨나는 것이다. 만약 이익이 있으면 태어나는 곳에서 살생 등을 행하도록 허락하는 까닭이다. 앞의 셋과 또한 둘이면 통연의 다섯이 된다.

---

119)『瑜伽師地論』(大正藏 30), p.521상. "又一切處無違犯者. 謂若彼心增上狂亂. 若重苦受之所逼切. 若未曾受淨戒律儀. 當知一切皆無違犯."

별연의 다섯 가지는 59지에서 말하였다.

"만약 10악의 업도를 널리 건립한다면 자성의 차별이고, 다시 오상(五相)의 이유이다. 무엇 등이 다섯인가? 첫째는 일(事)이고 둘째는 상(想)이며, 셋째는 욕락이고, 넷째는 번뇌이며, 다섯째는 방편의 구경이니라."[120)]

'일(事)'은 하나하나의 업도가 각자 별도로 소의처인 일에서 결정되는데, 혹은 유정의 숫자이고, 혹은 비유정의 숫자이니라. 그 소의를 따라서 마땅히 십악의 업도가 그것을 의지하고 유전하는 것이다.

想者有四. 謂一於彼非彼想. 如律所云人非人想. 二非於彼彼想. 非人人想. 三於彼彼想. 人作人想. 四非於彼非彼想. 非人非人想. 欲樂者. 或有倒想. 或無倒想. 樂所作欲. 煩惱者或貪或瞋或癡. 或貪瞋或貪癡或瞋癡. 或貪瞋癡一切皆具. 方便究竟者卽於所欲作業隨起方便. 或於爾時. 或於後時. 而得究竟. 由此五相成於殺生乃至邪見諸業道中. 隨其所應. 當廣建立圓滿自性. 十種差別論文如是.

'상(想)'은 네 가지가 있다. 첫째는 그것에서 그것의 상(想)이 아닌 것을 말하고, [율에서와 같이 말한다면, 사람의 비인상이다.] 둘째는 그것이 아닌 것에서 그것의 상이며, [비인의 인상이다.] 셋째는 그것에서 그것의 상을 말하고, [사람이 짓는 인상이다.] 넷째는 그것에서 그것의 상이 아닌 것이 아닌 것을 말한다. [비인의 비인상이다.]

'욕락'은 혹은 전도가 있는 상이고, 혹은 전도가 없는 상이며, '락'에서 '욕'을 짓는다.

---

120) 『瑜伽師地論』(大正藏 30), p.630상. "復次若廣建立十惡業道自性差別. 復由五相. 何等爲五. 一事. 二想. 三欲樂. 四煩惱. 五方便究竟. 事者. 一一業道各別決定所依處事. 或有情數或非有情數. 隨其所應十惡業道依之而轉."

'번뇌'는 혹은 탐이거나, 혹은 진이거나, 혹은 치이거나, 혹은 탐·진이거나, 혹은 탐·치이거나, 혹은 진·치이거나, 혹은 탐·진·치 일체를 모두 갖춘 것이다.

'방편의 구경'은 곧 욕망에서 업을 짓고, 따라서 방편을 일으키는 것이고, 혹은 이때이거나, 혹은 뒤의 때에 구경을 얻고서, 살생에서 이러한 다섯 상이 성립되는 이유이고, 나아가 삿된 견해는 여러 업도의 가운데에서 그 마땅함을 따라서 마땅하게 원만한 자성을 건립하는 것이다.

10종류의 차별을 경문으로 논한다면 이와 같다.

今依彼意釋此犯緣. 殺中事者. 謂有情數衆生爲事. 此有三品. 一上品. 謂佛聖人父母師僧害卽犯逆幷重. 下三果人. 一云非逆. 涅槃經中入中殺故. 畢定菩薩同上殺科. 一云是逆. 下七逆中唯言殺聖人. 不云無學. 故殺養胎母. 一云犯逆 於菩薩過重故. 一云唯重. 非生本故. 二中品. 謂人天害唯犯重. 三下品. 謂下四趣. 一云. 若害但犯輕垢. 非道器故. 文云一切有命者. 擧輕況重耳. 聲聞戒中亦云乃至蟻子不應奪命. 豈卽成重. 一云成重. 文無簡故. 聲聞戒中初雖總說. 下則簡別. 此中不爾. 曾無簡別. 故知是重.

지금 그 뜻에 의지하여 이러한 범하는 연을 해석하겠다.

'살생 가운데의 일'은 유정이 자주 중생의 일을 하는 것이다. 이것은 세 가지의 품이 있다. 첫째는 상품이다. 세존·성인·부모·사승을 해치면 곧 역(逆)을 범하고 아울러 중죄이다. 하품인 3과(果)의 사람에 대해 한 사람이 말하였다.

"역이 아니다. 『열반경』 가운데에서는 '살생 속에 들어간 까닭으로 정진을 마친 보살이 위로는 살생의 과정과 같다.'[121]"

한 사람이 말하였다.

"역시 역이다. 아래의 7역의 가운데에서 오로지 성인을 살해하겠다고 말하더라도, 무학이라고 말하지 않는다.'"

'일부러 태를 길러준 어머니를 죽인다.'는 한 사람이 말하였다.

"역을 범하였다. 보살의 허물에서 중죄인 까닭이다."

한 사람이 말하였다.

"오직 중죄이다. 태어나지 않음이 근본인 까닭이다."

둘째는 중품이다. 인간과 천인을 해치면 오로지 중죄를 범한다고 말한다. 셋째는 하품이다. 아래의 4취를[122] 말한다.

한 사람이 말하였다.

"만약 해친다면 다만 경구죄를 범하는데, 도의 그릇이 아닌 까닭이다."

'경문에서 일체가 목숨이 있다고 말한다.'는 경구죄를 예시하였는데, 하물며 중죄이겠는가! 성문계의 가운데에서 역시 말하였고, 나아가 개미에 이르기까지 마땅히 목숨을 빼앗지는 않을 것이나, 어찌 곧 중죄가 성립되겠는가!

한 사람이 말하였다.

"중죄가 성립된다."

경문에서 간별이 없는 까닭으로 성문계의 가운데에서는 처음에 비록 총설하였고, 다음에 간별하였어도 이 가운데에서는 그렇지 않다. 일찍이 간별이 없었다. 그러므로 이것의 중죄를 알겠다.

---

121) 『大般涅槃經』(大正藏 12), p.460중. "中殺者從凡夫人至阿那含是名爲中. 以是業因墮於地獄畜生餓鬼. 具受中苦是名中殺. 上殺者. 父母乃至阿羅漢辟支佛畢定菩薩. 是名爲上. 以是業因緣故墮於阿鼻大地獄中. 具受上苦. 是名上殺."

122) 지옥·아귀·축생·아수라 등을 가리킨다.

想者論云. 若能害者於衆生所作衆生想. 起害生欲. 此想卽名於彼衆生不顚倒. 然想有三. 一不倒想. 謂如人作人想. 卽第三句於彼彼想. 及非人作非人想. 卽第四句非於彼非彼想. 二顚倒想. 謂人作非人想. 卽是第一句於彼非彼想. 及於非人作人想. 卽第二句非於彼彼想. 三疑想. 謂人非人疑非人人疑.

'상(想)'은 논장에서 말하였다.

"'만약 능히 해친다.'는 중생의 처소에서 중생상을 짓고, 생명을 해치려는 욕망을 일으킨 것이다."[123)]

이러한 상은 곧 그 중생에게는 전도되지 않았다고 이름한다. 그러나 상에는 세 가지가 있다. 첫째는 전도되지 않은 상이다. 사람이 짓는 인상과 같은 것을 말하는데, 곧 제3구의 그것에서 그것의 상과 비인이 비인상을 짓는 것이며, 곧 제4구의 그것에서 그 상이 아님이 아닌 것이다.

둘째는 전도된 상이다. 사람이 짓는 비인상을 말하는데, 곧 이것은 제1구의 그것에서 그 상이 아닌 것과 비인이 인상을 지은 것이며, 곧 제2구의 그것에서 그 상이 아닌 것이다. 3의상(疑想)은 사람이 비인을 의심하고, 비인이 사람을 의심하는 것을 말한다.

論雖不說准律. 應有不倒. 二中人人想犯根本. 非人非人想無犯. 若望非畜亦犯根本. 今就非情故說無犯. 倒想中二俱不犯本. 然應分別. 初人作非人想本迷不犯. 轉想亦犯. 後非人人想雖不犯. 本一向有罪. 犯方便故.

논장에서는 비록 율장에 준하여 설하지 않았으나 마땅히 전도되지 않음이 있다. 두 가지 가운데에서 사람이 인상이라면 근본죄를 범한다.

123) 『유가사지론』에서 비슷한 내용을 찾을 수 있다. 『瑜伽師地論』(大正藏 30), p.630중. "殺生業道以有情數衆生爲事. 若能害者於衆生所. 作衆生想起害生欲. 此想卽名於彼衆生名不顚倒想. 依此想故作如是心. 我當害生. 如是名爲殺生欲樂."

비인이 비인상이면 범함이 없다. 만약 축생이 아니라고 생각하였다면 역시 근본죄를 범한다. 지금 유정이 아닌 것에 나아갔던 까닭이면 범하지 않았다고 말하고, 전도된 상의 가운데에서 두 가지를 갖추면 근본죄를 범한 것이 아니다.

그러나 마땅히 분별하면 처음에 사람이 비인상을 지으면 본래 미혹하여 범한 것이 아니더라도, 생각이 뒤바뀌면 역시 범한 것이다. 뒤에 비인이 인상이라면 비록 범하지 않으나, 본래 하나를 향하면 죄가 있는데, 범하면 방편인 까닭이다.

欲樂者論云. 依此想故作如是心. 我當害生. 如是名爲殺生. 欲樂此則殺思名爲欲. 張等. 漫者隨遇悉害. 若漫心者隨所遇境皆成根本. 若剋心者心境相稱卽成根本. 若不相稱不遂故輕. 煩惱者論云. 此能害者. 或貪所弊. 或瞋所弊. 或癡所弊. 或二所弊. 或三所弊而起作心. 是名煩惱.

'욕락'은 논장에서 말하였다.

"이러한 상을 의지하는 까닭으로 '나는 마땅히 생명을 해치겠다.' 이와 같은 마음을 짓는다면, 이와 같은 것을 살생이라고 이름한다. 욕락인 이것으로 곧 죽이려고 생각하였다면 욕망이 펼쳐졌다고 이름한다."124)

'만(漫)'은 어리석음을 따라서 모두를 해치는 것이다.

'만약 만심(漫心)이다.'는 어리석음의 경계를 따라서 모두 근본죄가 성립하는 것이다.

'만약 극심(剋心)이다.'는 마음의 경계를 서로가 부르면, 곧 본죄가

124) 각주 123번을 참조하라.

성립한다. 만약 서로를 부르지 않더라도 마침내 고의적인 경구죄는 아니다.

'번뇌'는 논장에서 말하였다.

"이렇게 능히 해치는 것은 혹은 탐욕의 폐단이고, 혹은 성냄의 폐단이며, 혹은 어리석음의 폐단이고, 혹은 두 가지의 폐단이며, 혹은 세 가지의 폐단인데, 그러나 일으켜서 마음을 지으면 이것을 번뇌라고 이름한다."125)

方便究竟者彼由欲樂及染污心. 或自或他發起方便加害衆生. 若害無間彼便命終即此方便. 當於爾時說名成就究竟業道. 若於後時彼方命終. 由此方便彼命終時乃名成就究竟業道. 結犯輕重有三. 一方便根本相對分別. 方便闕緣不遂故輕. 根本緣具暢業故重. 二就本中隨境輕重. 隨三品境業輕重故. 三就一境中. 隨心輕重隨能起心有輕重故. 成業亦爾. 染不染犯故. 誤心異. 其義可知.

'방편구경'은 그 욕락과 염오심을 이유로, 혹은 스스로가, 혹은 다른 사람이 방편을 일으켜서 중생에게 해를 끼치는 것이다. 만약 해쳤는데 틈새도 없이 그가 곧 목숨을 마쳤다면, 곧 이러한 방편은 마땅히 이때에 구경의 업도를 성취한다고 이름하여 설한다. 만약 뒤의 때에 그가 비로소 목숨을 마쳤다면 이러한 방편을 이유로 그가 목숨을 마치는 때에 나아가 구경의 업도를 성취한다고 이름한다.

경구죄와 중죄를 범하고 맺음에 세 가지가 있다. 첫째는 방편의 근본으로 상대하여 분별하는 것이다. 방편으로 연을 없애면, 고의가 따르지

---

125) 『瑜伽師地論』(大正藏 30), p.630중. "此能害者或貪所蔽. 或瞋所蔽. 或癡所蔽. 或二所蔽. 或三所蔽. 而起作心. 是名煩惱."

않는 까닭으로 경구죄이고, 근본의 연을 갖추면 업이 펼쳐지는 까닭으로 중죄이다. 둘째는 근본의 가운데에 나아가서 경계를 따라서 경구죄이고 중죄이다. 3품을 따라서 경계의 업이 경구죄이고 중죄인 까닭이다. 셋째는 하나의 경계의 가운데에 나아가서 마음을 따라서 경구죄이고 중죄이다. 능히 일으킨 마음을 따라서 경구죄와 중죄가 있는 까닭이니라.

성립된 업은 이미 그러한데, 염과 불염(不染)이 범하는 까닭이고, 마음의 그릇됨이 다른데 그 뜻을 알 수 있을 것이다.

學處同異者此戒大小俱制道俗亦同. 然大小乘不全同也. 一輕重異. 聲聞唯人是重. 餘皆爲輕. 大士三境俱重. 二開遮異. 聲聞唯遮無開. 大士有益便開. 菩薩地云. 若諸菩薩安住菩薩淨戒律儀. 善權方便爲利他故於諸性罪小分現行. 由是因緣於菩薩戒無所違犯. 生多功德. 謂如菩薩見劫盜賊. 爲貪財故欲殺多生. 或後欲害大德聲聞獨覺菩薩. 或復欲造多無間業. 見是事已發心思惟. 我若斷彼惡衆生命當墮地獄. 如其不斷無問業成當受大苦. 我寧殺彼墮那落迦終不令其受無間苦.

'학처가 같고 다르다.'는 이 계는 대승과 소승에게 함께 제정되었고, 사문과 재가도 역시 같다. 그러나 대승과 소승은 완전히 같지는 않다. 첫째는 경구죄와 중죄가 다른 것이다. 성문은 오직 사람에게는 중죄이지만 나머지는 모두 경구죄이다. 세존(大士)께서는 세 경계를 갖추셨으므로 중죄이다.

둘째는 개차(開遮)가 다른 것이다. 성문은 오직 '닫는 것'이 있고 '여는 것'이 없으나, 세존께서는 이익이 있으면 곧 여시는 것이다. 『유가사지론』「보살지」에서 말씀하셨다.

"만약 여러 보살이 보살의 정계율의에 안주하고, 방편을 잘 권유하여 다른 사람을 이익되게 하는 까닭으로 여러 성죄에서 작은 부분을 현행하는 것이다. 이러한 인연을 이유로 보살계에서 위반하고 범하는 것이 없어서 생에 공덕이 많은 것이다.

만약 보살이 겁탈하는 도둑을 본다면 '재물을 탐하는 까닭으로 많은 생에서 살생하는 것이고, 혹은 뒤에 대덕인 성문·독각·보살을 해치고자 할 것이며, 혹은 다시 많은 무간업을 짓겠구나.'라고 마땅히 말하고, 이러한 일을 보고 발심하여 사유한다.

'내가 만약 그 악한 중생의 생명을 끊는다면 마땅히 지옥에 떨어질 것이고, 그의 생명을 끊지 않더라도 무간업이 성립되어 마땅히 큰 고통을 받을 것이다. 나는 오히려 그를 죽이고 나락가[126]에 떨어지겠으며, 결국 그에게 무간의 고통을 받지 않게 해야겠다.'"[127]

如是菩薩意樂思惟. 於彼衆生. 或以善心. 或無記心知此事已. 爲當來故深生慚愧. 以憐愍心而斷彼命. 由是因緣於菩薩戒無所違犯生多功德. 如仙譽王害五百婆羅門卽其事也. 制心制色亦不同也.

이와 같이 보살은 의요(意樂)로 사유하고 그 중생에서 혹은 선심으로서, 혹은 무기심으로서, 이러한 일을 아는 것이다. 마땅히 미래가 되는 까닭으로 참괴가 깊이 생겨나고, 가엾고 애민한 마음으로서 그 생명을 끊는 것이다. 이러한 인연을 이유로 보살계에서는 위반함과 범함이

126) 지옥을 다르게 부르는 말이다.

127) 『瑜伽師地論』(大正藏 30), p.517중. "若諸菩薩安住菩薩淨戒律儀. 善權方便爲利他故. 於諸性罪少分現行. 由是因緣於菩薩戒無所違犯生多功德. 謂如菩薩見劫盜賊爲貪財故欲殺多生. 或復欲害大德聲聞獨覺菩薩. 或復欲造多無間業. 見是事已發心思惟. 我若斷彼惡衆生命墮那落迦. 如其不斷. 無間業成當受大苦. 我寧殺彼墮那落迦. 終不令其受無間苦. 如是菩薩意樂思惟. 於彼衆生或以善心或無記心. 知此事已爲當來故深生慚愧. 以憐愍心而斷彼命. 由是因緣於菩薩戒無所違犯生多功德."

없고, 생에 공덕이 많은 것이다.

선예왕이 5백 바라문을 해친 것이 곧 그와 같은 일이고, 마음을 제지하고, 색을 제지하는 것도 역시 같지 않으니라.

就文有三. 一標人卽佛子也. 未受菩薩戒非此所制故. 如聲聞戒. 若比丘例. 二敘犯事. 若自殺業是. 三結罪名. 是菩薩波羅夷罪也. 敘犯事中又三. 一擧不應制不得作. 二是菩薩下擧所應敎令常作. 三而自恣心下還擧不應成犯事也. 初不應中又三. 初六句明犯事. 次四句辨犯成. 後乃至一切有命者. 古判擧輕況重. 今謂結犯分齊也. 就犯事中初二易了.

경문에 나아가면 세 가지가 있다. 첫째는 사람을 표현하는데 곧 불자이다. 보살계를 받지 않았으면 이것은 제지받는 것이 아닌 까닭으로 성문계와 같다. 만약 비구의 예로서 두 가지의 범하는 일을 서술한다면, 자살 같은 것이 이러한 업이다. 세 가지의 죄의 이름을 맺는데, 이것은 보살의 바라이죄이다.

범하는 일을 서술한다면 또한 세 가지가 있다. 첫째는 거동을 마땅히 제지하지 않아도 짓지 않는 것이고, 둘째는 이러한 보살이 아래의 사람에게 거동을 마땅히 가르쳐서 항상 짓게 하는 것이며, 셋째는 그러나 스스로가 마음대로 아래의 사람에게 도리어 거동으로 마땅하지 않은 일을 범하여 성립하는 것이다.

처음의 마땅하지 않은 가운데에 또한 세 가지가 있다. 처음의 6구는 범하는 일을 밝힌 것이고, 다음의 4구는 범함이 성립된 것을 분별한 것이다.

뒤에 나아가 '일체에 목숨이 있다.'는 진실로 거동의 경구죄를 판별하였는데 하물며 중죄이겠는가! 지금 범함을 맺는 부분의 가지런함을 말하는 것이다. 범하는 일에 나아가는 가운데에 처음의 두 가지는 쉽고 명료한 것이다.

方便殺者如倚撥與藥等. 讚嘆殺者由我讚嘆前人死也. 見作隨喜者由我隨喜前人死也. 乃至呪殺者謂毘陀羅等呪. 由誦此呪前人被死. 殺事多種. 略餘取此故云. 乃至如墮胎安腹遣使重使等. 其類非一. 就成犯中. 殺業者於三業中隨由一業成殺事也.

‘방편으로 죽이다.’는 약 등과 함께 의지하여 죽이는 것과 같다. ‘찬탄하여 죽이다.’는 나를 찬탄하는 이유로 앞의 사람이 죽는 것이다. ‘짓는 것을 보고 따라서 즐거워한다.’는 내가 따라서 기뻐하는 이유로 앞의 사람이 죽는 것이다.

‘나아가 주술로 죽인다.’는 비다라[128] 등의 주술을 말하는데, 이러한 주문을 외우는 이유로 앞의 사람이 죽게 되는 것이다.

죽이는 일에는 많은 종류가 있으나 간략하게 이것을 취한 까닭으로 말하였다. 나아가 뱃속에 자리잡은 태를 떨어트리는 것과 같이, 보내어 시키고 거듭하여 시키는 것 등은 그것의 종류가 하나가 아닌데, 나아가서 범하는 가운데에서 성립된다.

‘죽이는 업’은 3업의 가운데에서 오직 하나의 업을 따르더라도 죽이는 일이 성립된다.

殺法者謂殺方法. 或刀斫. 或箭射等. 殺因者謂因等起心. 殺緣者謂事想欲樂

128) 산스크리트어 vetāla의 음사로 귀(鬼) 또는 기시귀(起屍鬼)라 번역된다. 시체를 일으켜 원한이 있는 사람을 죽이게 한다는 귀신을 조종하는 주술이다.

煩惱方便. 如上所說. 應事易了. 還擧不應中. 自恣心者於佛所制無所顧憚. 縱自愚情隨緣造作. 快意殺生者於內無迷謬. 於外無逼切. 以了了心行殺生也. 結罪名中波羅夷者. 此云墮不如意處. 亦云他勝處. 出家受戒本爲制魔. 然由犯戒墮在不如之處. 故云墮不如處. 彼勝我負故云他勝處.

'죽이는 법'은 죽이는 방법을 말하는데, 혹은 칼로 베거나, 혹은 화살로 쏘는 것 등을 말한다.

'죽이는 인(因)'은 인(因) 등이 마음에 일어난 것을 말한다.

'죽이는 연(緣)'은 일에서 욕락·번민·방편을 생각하는 것을 말하고, 앞에서 설하는 것과 같다. 마땅한 일은 쉽고 명료하더라도 도리어 예시하면 마땅하지 않은 가운데이다.

'자자심'은 세존께서 제정한 것을 돌아보아도 고달픔이 없으나, 스스로가 어리석어 연을 따라서 조작하는 것이다.

'살생을 뜻으로 기뻐한다.'는 안으로는 미혹과 오류가 없고, 밖으로는 핍박의 절박함이 없으나, 분명히 마음으로서 살생을 행하는 것이다.

'죄를 맺는 가운데에서 바라이라고 이름한다.'는 것은 불여의처(不如意處)에 떨어지는 것을 말하고, 역시 타승처(他勝處)라고 말한다.

출가하여 계본을 받는 것은 마(魔)를 제지하기 위함이다. 그러나 계를 범한 이유로 불여의처에 떨어져 있는 까닭으로 불여처(不如處)에 떨어졌다고 말한다. 마(魔)가 승리하였고 나는 패배한 까닭으로 '타승처'라고 말한다.

若佛子. 自盜敎人盜方便盜. 讚嘆盜見作隨喜. 乃至呪盜盜因盜緣盜法盜業. 乃至鬼神有主劫賊物. 一切財物一針一草不得故盜. 而菩薩應生佛性孝順心慈悲心. 常助一切人生福生樂. 而反更盜人財物. 是菩薩波羅夷罪.

만약 불자라면 스스로 훔치고, 사람을 가르쳐서 훔치며, 방편으로 훔치고, 훔치는 것을 보고 찬탄하였으며, 짓는 것을 따라서 즐거워하고, 나아가 주술로 훔치며, 훔치는 인과, 훔치는 연과, 훔치는 법과, 훔치는 업과, 나아가 귀신이 주인인 것, 겁탈하여 훔친 물건, 일체의 재물, 바늘 하나, 풀 한 포기까지도 일부러 훔쳐서 얻지 말라.

그러나 보살은 마땅히 불성이 생겨나면 효순심과 자비심이 항상 일체의 인생을 도와서 복이 생겨나야 즐거운 것인데, 그러나 반대로 다시 사람의 재물을 훔친다면 이는 보살의 바라이죄이니라.

第二盜戒制意釋名者. 財爲外命. 有待所資. 自除己我莫不愛護. 大士爲懷應當助生福樂. 而變侵損他物潤已長貪. 違行處深. 故次制也. 盜猶不與取之名也. 竊取名偸. 顯奪名劫. 盜通二也. 具緣犯中. 不與取事者論云. 謂他所攝物. 有人准律唯取人物五錢已上方犯重也. 一云不爾.

'제2도계를 제정한 뜻을 해석하고 이름한다.'는 재물은 바깥세상에서 생명이 되고 재물에 기대가 있으므로, 스스로가 몸과 나를 없애더라도 사랑하고 보호하지 않음이 없다. 세존께서는 생각하시고 마땅히 복락이 생겨나게 도우셨다. 그러나 다른 사람의 물건을 침범하고 손해로 변화시키면서 자기를 윤택하게 하였고, 탐욕을 키웠으며, 행을 위반한 처신이 깊어졌다. 그러므로 다음과 같이 제정한 것이다.

'훔친다.'는 오히려 주지 않았는데 취하는 것을 이름한다. 훔쳐서 취하는 것을 '투(偸)'라고 이름하고, 드러내놓고 빼앗는 것을 '겁(劫)'이라고 이름하는데, '도(盜)'는 두 가지 모두 통한다.

연을 갖추어 범하는 가운데에서 주지 않는 것을 취하는 일을 논장에서 말하였다.

“다른 사람이 소유한 물건을 거두어들이는 것을 말한다. 어느 사람이 율에 준하여 오직 사람의 물건을 취하여도 5전(錢) 이상이면 곧 중죄를 범한다.”129)

한 사람이 말하였다.

“그렇지 않다.”

文云. 乃至鬼神有上物物一針一草不得故盜. 故知異聲聞也. 想者他物他物想也. 倒不倒四句. 准殺應知. 欲樂者謂劫盜欲. 煩惱者謂三種中. 或單或具. 方便究竟者謂起方便移離本處. 結犯輕重. 准殺應知. 學處同異者亦准殺也. 菩薩地云. 又如菩薩見有增上增上宰官. 上品暴惡於諸有情無有慈愍. 專行逼惱. 菩薩見已思擇彼惡. 起憐愍心發生利益安樂意樂. 隨力所能若廢若黜增上等位. 由是因緣於菩薩戒無所違犯. 生多功德.

경문에서 말하였다.

“나아가 귀신이 주인인 물건이나, 바늘 하나, 풀 한 포기까지 어떤 물건도 일부러 훔치지 말라.”

그러므로 성문계와 다른 것을 알 것이다.

‘생각하다(想).’는 다른 사람의 물건을 다른 사람의 물건이라고 생각하는 것이다.

‘전도되다.’와 ‘전도되지 않다.’의 4구는 살생계에 준하여 마땅히 알라.

‘욕락’은 겁탈하여 훔치고자 하는 것을 말한다.

‘번뇌’는 세 가지 가운데 혹은 하나이거나, 혹은 함께인 것을 말한다.

---

129) 『大般涅槃經疏』(大正藏 38), p.88하. “佛在其國欲制盜戒問王. 國法盜幾入重. 王答五錢. 佛依國法有事制立多問於王. 今標國主意在於此. 深妙義者何不頓說篇聚戒律.”

'방편구경'은 방편을 일으켜 본래의 자리에서 옮겨서 떠나게 한 것이니, 경구죄와 중죄를 범하여 맺는 것을 살생계에 준하여 마땅히 알라.

'학처가 같고 다르다.'는 것도 역시 살생계에 준한다.

『유가사지론』「보살지」에서 말하였다

"또한 마땅히 보살이 증상만이 있거나, 증상만의 재관(宰官)[130]이 있는 것을 보았고, 상품의 폭악(暴惡)으로 여러 유정에게 어떤 자비와 연민도 없이 오로지 핍박과 고뇌를 행하였다. 보살이 보고서 그 악행을 간택하여 생각하고서, 연민의 마음을 일으켜서 이익·안락·의요를 발생시켰으며, 힘을 따라서 증상 등의 계위를 능히 만약 없앴거나, 만약 물리쳤다면 이러한 인연의 이유로 보살계에서 위반과 범함이 없고 생에 많은 공덕이 있다."[131]

又如菩薩見劫盜賊奪他財物若僧伽物. 窣堵波物. 取多物已執爲己有縱情受用. 菩薩見已起憐愍心. 於彼有情發生利益安樂意樂. 隨力所能逼而奪取勿令受用. 如是財故當受長夜無義無利. 由此因緣所奪財寶若僧伽物還復僧伽. 窣堵波物還窣堵波. 若有情物還復有情.

또한 마땅히 보살이 도둑이 다른 사람의 물건을 겁탈하였고, 만약 승가의 물건과 솔도파의 물건 등 많은 물건을 취하였으며, 이미 잡고서 자기를 위하여 마음대로 수용하는 것을 보았다면, 보살이 보고서 애민한 마음을 일으켜서 그 유정에게 이익·안락·의요를 발생시키며, 힘을 따라

---

130) 왕을 보좌하는 재상(宰相) 또는 관원을 총칭하여 말한다.

131) 『瑜伽師地論』(大正藏 30), p.517중. "又如菩薩見有增上增上宰官上品暴惡於諸有情無有慈愍專行逼惱. 菩薩見已起憐愍心. 發生利益安樂意樂. 隨力所能若廢若黜增上等位. 由是因緣於菩薩戒無所違犯生多功德."

서 능히 핍박하고 취한 것을 빼앗아서 수용하지 못하게 해야 한다.

이와 같은 재물을 수용하는 까닭으로 장야에 의리가 없고 이익도 없는 것이다. 이러한 인연을 이유로 빼앗은 재보(財寶)가 만약 승가의 물건이라면 다시 승가에 돌려주고, 솔도파의 물건이라면 솔도파에 돌려주며, 만약 유정의 물건이라면 다시 유정에게 돌려주어야 한다.

又見衆主或薗林主取僧伽物窣堵波物. 言是已有縱情受用. 菩薩見已思擇彼惡起憐愍心. 勿令因此邪受用業. 當受長夜無義無利. 隨力所能廢其所主. 菩薩如是雖不與取而無違犯生多功德. 就文中如前又三. 叙犯事中先辨不應犯事有四. 第四呪盜成犯. 四句後方列.

또한 중생의 주인을 보았거나, 혹은 원림의 주인이 승가의 물건이나 솔도파의 물건을 취하였다면 이렇게 말해야 한다.

"방종한 마음이 있어서 수용하였구려."

보살이 보고서 그 악행을 간택하여 생각하고서, 그의 악행에 연민의 마음을 일으켜서 이렇게 삿되게 수용하는 업의 인을 못하게 하고, 힘을 따라서 능히 그 주인의 행을 없앴다면, 보살이 이와 같이 비록 함께 취하지 못하였어도 그러나 위반과 범함이 없고 생에 많은 공덕이 있다.

경문의 가운데에 나아가면 앞에서와 같이 또한 세 가지가 있다. 범한 일의 가운데를 펼쳐서 먼저 분별하면 범한 일에 마땅하지 않음이 네 가지가 있다. 제4의 주술로 훔치면 범한 것이 성립되고, 4구는 뒤에 방법을 나열한다.

方便盜者如律云. 受供比丘語施主云. 受汝供養. 是阿羅漢等是也. 若得供者

罪兼二事. 謂妄語盜. 呪盜者誦呪令物自來也. 無讚喜者不由讚喜成自業故. 鬼神有主物者謂神廟中物. 或鬼神卽爲主. 或餘爲守護主也. 劫賊物者謂官所收劫賊物也. 又可劫賊物者本雖是我物. 若劫奪而取卽成賊者物也. 物無定屬隨取成其主故.

'방편으로 훔친다.'는 율장에서 말한 것과 같다. 공양을 받는 비구가 시주에게 말하였다.

"그대의 공양을 받는 이 자는 아라한 등이다."

만약 공양을 받는 자는 두 가지의 일에서 죄를 겸하는데, 망어와 훔치는 것을 말한다.

'주술로 훔치다.'는 주문을 외워서 물건이 스스로 오게 하는 것이다.

'찬탄하고 즐거워하지 않는다.'는 찬탄하고 즐거워하지 않는 이유로 스스로의 업이 성립되는 까닭이니라.

'주인이 귀신인 물건'은 귀신 사당 가운데의 물건이거나, 혹은 귀신이 곧 주인이 되거나, 혹은 나머지를 수호하는 주인이 된 것이다.

'겁탈하여 훔친 물건'은 관청에서 거둔 것을 겁탈하여 빼앗은 물건을 말한다.

'또한 겁탈한 물건'은 본래는 비록 나의 물건이었더라도, 만약 겁탈하여 취하면 곧 도둑질이 성립되는 물건이다. 물건은 정해진 귀속이 없고, 취함을 따라서 그 주인이 성립되는 까닭이다.

若佛子. 自婬敎人婬. 乃至一切女人不得故婬. 婬因婬緣婬法婬業. 乃至畜生女諸天鬼神女. 及非道行婬. 而菩薩應生孝順心. 救度一切衆生淨法與人. 而反更起一切人婬. 不擇畜生乃至母女姉妹六親行婬. 無慈悲心者. 是菩薩波羅夷罪.

만약 불자가 스스로가 음란하거나, 사람을 가르쳐서 음란하거나, 나아가 일체의 여인을 얻을 수 없는 까닭으로 음란하였고, 음란의 인과 음란의 연과 음란의 법과 음란의 업과, 나아가 축생녀와 여러 천녀 및 귀신녀 등과 음행하였다면 도(道)[132]가 아니니라.

그리고 보살은 마땅히 효순심이 생겨나야 하고, 일체의 중생을 구하고 제도하려는 청정한 법이 생겨나야 하는데, 그러나 반대로 다시 일체의 사람과 음행을 일으키고, 축생과 나아가 모녀·자매·육친을 가리지 않고 음행하며, 자비심이 없는 자는 보살의 바라이죄이니라.

第三婬戒. 分文如前. 制意釋名. 經云. 若不斷婬尚障梵天. 況得菩提. 連羈生死不得離者寔由玆矣. 故制之令斷. 荒色名婬亦名非梵行. 諸戒雖皆非梵. 此染垢過重故偏目也. 具緣中事者三境皆重. 又律中唯女三道男二處是重境. 餘處非重. 若准經文. 及非道行婬. 故知菩薩於非道亦重.

제3의 음계에서 경문을 분별하면 앞에서와 같다. 제정한 뜻을 해석하고 이름하겠다. 경전에서 말하였다.

"만약 음행을 끊지 않는다면 오히려 범천을 장애하는데, 하물며 보리를 얻겠는가! 이어진 생사의 굴레를 떠나지 못하는 것은 진실로 이것이 이유이니라."[133]

그러므로 그것을 제정하여 끊게 하셨다.

'색(色)'에 덮인 것을 '음(婬)'이라고 이름하고, 역시 범행이 아니라고 이름한다. 여러 계목이 비록 모두 범행이 아니더라도, 이러한 염오된

---

132) 삼보 가운데에서 법보(法寶)를 다르게 부르는 말이다.

133) 일반적인 경전을 함축하여 언급한 것으로 생각되며, 본 어구와 일치하는 경전은 찾기 어렵다.

번뇌의 허물이 무거운 까닭으로 편벽된 계목인 것이다.

'연의 가운데에서 일을 갖추다.'는 세 가지의 경계는 중죄이다. 또한 율장 가운데에서는 오직 여인의 3도[134]와 남자의 2처[135]가 중죄의 경계이고, 다른 곳은 중죄가 아니다. 만약 경문에 준한다면, 더불어 길이 아닌 곳에 음행하면, 그러므로 보살이 길이 아닌 곳을 알았으므로 역시 중죄이다.

又瑜伽論云. 欲邪業道事者. 謂女所不應行. 設所應行. 非支非處. 非時非量. 若不應理. 一切男及不男. 若於母等. 母等所護. 名不應行. 除産門外所有餘分皆名非支. 若穢下時. 胎圓滿時. 飮兒乳時. 受齋戒時. 或有病時. 謂所有病匪宜習欲. 是名非時.

또한 『유가론』에서 말하였다.

"'삿된 업을 길(道)에서 하고자 한다.'는 여인의 마땅하지 않은 행을 말한다. 설령 마땅히 행할 것이라도 지절(支節)이 아니고, 장소가 아니며, 때가 아니고, 양이 아니며, 만약 일체의 남자와 남자가 아니더라도 마땅한 이치가 아니거나, 어머니 등에서 같거나, 어머니 등을 보호하는 사람도 마땅히 행하지 않을 것이라고 이름한다. 산문(産門)을 제외하고 소유한 나머지의 부분을 모두 지절이 아니라고 이름한다.

배변하는 때이거나, 태가 원만한 때이거나, 아이가 젖을 먹는 때이거나, 재계를 받는 때이거나, 혹은 병이 있는 때이거나, 이를테면, 가진 병이 심하여 마땅히 치료받고자 할 때 등은 때가 아니라고 이름한다.

---

134) 음부와 항문 및 입을 가리킨다.

135) 항문 및 입을 가리킨다.

若諸尊重所集會處. 或靈廟中. 或大衆前. 或堅鞕地高下不平令不安穩. 如是等處說名非處. 過量而行名爲非量. 不依世禮故名非理. 若自行欲. 若媒合他. 此二皆名欲邪行攝. 想者於彼彼想. 若准律文. 於道道想. 於道非道想及疑. 皆成重也. 欲樂者謂樂行之欲. 煩惱者謂三毒或具不具. 方便究竟者謂兩兩交會. 結犯輕重者隨境隨心. 准前可知. 學處同異者大小同制. 出家五衆五邪俱禁. 在家二衆制邪開正.

만약 여러 존중하는 처소나 집회를 하는 처소, 혹은 영묘 가운데이거나, 혹은 대중의 앞이거나, 혹은 굳고 울퉁불퉁한 땅과 높고 낮으며 평평하지 않아서 안은하지 않는 등의 처소를 마땅한 장소가 아니라고 이름한다. 지나친 횟수를 행하면 양이 아니라고 이름한다. 세상의 예절에 의지하지 않는 까닭으로 이치가 아니라고 이름한다."

만약 스스로가 욕망을 행하고, 만약 모의하여 다른 사람과 합친다면, 이 두 가지를 모두 욕망의 삿된 행을 거두어들인다고 이름한다.

'생각하다.'는 그것에서 그것을 생각하는 것이다. 만약 율장의 경문에 준한다면 길에서 길을 생각하고, 길에서 길이 아님(非道)을 생각하며 또한 의심한다면 모두 중죄가 성립된다.

'욕락'은 즐거이 욕망을 행함을 말한다.

'번뇌'는 삼독을 혹은 갖추었거나, 갖추지 않은 것을 말한다.

'방편구경'은 서로서로 교회(交會)[136]하는 것을 말한다.

'범하면 경구죄와 중죄를 맺는다.'는 경계를 따르고 마음을 따르는 것이니, 앞의 것에 준하여 알라.

'학처가 같고 다르다.'는 대승과 소승이 같이 제정되었고, 출가한 5중이 올바름과 삿됨이 함께 금지되며, 재가의 2중은 삿됨을 제지하나

136) 음행하는 것을 다르게 부르는 말이다.

올바름은 열린 것이다.

菩薩地云. 又如菩薩處在居家. 見母邑現無繫屬習婬欲法繼心. 菩薩求非梵行. 菩薩見已作意思惟. 勿令心恚多生非福. 若隨其欲便得自在. 方便安處令種善根. 亦當令其捨不善業. 住慈愍心行非梵行. 雖習如是穢染之法. 而無所犯多生功德. 出家菩薩爲護聲聞聖所教誡令不壞滅. 一切不應行非梵行.

보살지에서 말하였다.

"또한 보살의 처소가 집에 기거하며 있는 것과 같으며, 모읍(母邑)[137]을 보면서도 음욕법의 습성에 얽힘과 귀속됨이 없다는 마음을 이어가는 것을 나타내면서, 보살의 범행이 아닌 것을 구하였다면, 보살은 보고서 뜻을 지어 사유한다.

'마음에 성냄이 많아서 생에 복이 아닌 것이 없도록 해야겠다. 만약 그 욕망을 따라서 곧 자재를 얻는다면 방편으로 안은한 처소에서 선근을 심게 하겠고, 역시 마땅히 그에게 선하지 않은 업을 버리게 하겠다. 자비롭고 애민한 마음에 머무르면서 범행이 아닌 것을 행하는구나.'"

비록 이와 같은 더럽혀진 염오의 법을 익히더라도, 그러나 범한 것이 없다면 공덕이 많이 생긴다. 출가한 보살이 성문을 보호하기 위하여 성스러운 처소에서 교계(敎誡)하여 괴멸되지 않게 하였더라도, 일체의 마땅한 행이 아니라면 범행이 아니다.

文中自婬敎人婬者. 聲聞法中自婬成重. 敎人非重. 大乘法中自他俱重. 及非道行婬者. 聲聞法中女三處男二處行卽犯重. 非道行者不犯重也. 大乘法中

137) 성적인 욕구를 의미한다.

道. 及非道俱犯重也. 瑜伽婬業道. 亦如是說也. 餘文可知.

경문 중에서 '스스로가 음행하고 다른 사람을 가르쳐서 음행한다.'는 성문의 법 가운데에서는 스스로가 음행하면 중죄가 성립하더라도, 다른 사람을 가르치면 중죄가 아니다. 대승의 법 가운데에서는 스스로 음행을 범해도, 다른 사람을 가르쳐도 함께 중죄이다.

'또한 길이 아닌데 음행하다.'는 성문의 법 가운데에서는 여인의 세 곳과 남자의 두 곳에 행한다면 곧 중죄를 범하더라도, 길이 아닌 곳에 행하면 중죄를 범한 것이 아니다. 대승의 법 가운데에서는 길과 길이 아닌 곳에 행하는 것 모두 중죄를 범한 것이다.

『유가사지론』의 음행의 업에서의 길도 역시 이와 같이 설하느니라. 나머지는 문장에서 알 수 있으리라.

若佛子. 自妄語. 教人妄語. 方便妄語. 妄語因. 妄語緣. 妄語法. 妄語業. 乃至不見言見. 見言不見. 身心妄語. 而菩薩常生正語正見. 亦生一切衆生正語正見. 而反更起一切衆生邪語邪見邪業者. 是菩薩波羅夷罪.

만약 불자가 스스로가 망령되게 말하고, 다른 사람을 가르쳐 망령되게 말하며, 방편으로 망령되게 말하고, 망어의 인과 망어의 연과 망어의 법과 망어의 업과 나아가 몸과 마음으로 보지 않은 것을 보았다고 말하고, 보았던 것을 보지 않았다고 말하며, 몸과 마음으로 보살은 항상 정어와 정견이 생겨나는 것이고, 역시 일체의 중생도 정어와 정견이 생겨난다고 망령되게 말하며, 그리고 반대로 다시 일체 중생에게 삿된 말과 삿된 견해와 삿된 업을 일으키는 자는 보살의 바라이죄이니라.

第四妄語戒制意釋名者. 令人虛解. 違眞之甚. 故制之. 違想而說故名妄語. 事設是實. 若違內心. 皆名妄語. 具緣中事. 謂見聞覺知不見不聞不覺不知. 想者謂於見等或翻彼想. 翻想有二事. 一想事俱翻. 如不見事起不見想而說言見. 二翻想不翻事. 如不見事起見想而言不見. 此二俱成妄語也. 欲樂者謂覆藏想樂說之欲. 煩惱者如上.

'제4망어계를 제정한 뜻을 해석하고 이름한다.'는 사람을 거짓으로 이해시키고, 진실과 심히 위배된다. 그러므로 그것을 제정하셨다. 생각을 위반하여 설하는 까닭으로 망어라고 이름한다. 일이 설령 사실일지라도 만약 마음속에서 위반하였다면 모두 망어라고 이름한다. 연의 가운데에서 일을 갖추었으며, 보고 들었으며 깨닫고 알았다고 말하였으나, 보지 못하였고 듣지 못하였으며 깨닫지 못하였고 알지 못한 것이다.

'생각하다.'는 보는 것 등에서 혹은 그것의 생각이 뒤집힌 것을 말한다. 생각이 뒤집힌 것에는 두 가지의 일이 있다. 첫째는 생각과 일이 함께 뒤집힌 것이다. 보지 않은 일과 같은 것을 보지 않았다고 생각하면서도 보았다고 말하는 것이다. 둘째는 뒤집힌 생각에 뒤집히지 않은 일이다. 보지 않은 일과 같은 것을 보았다는 생각을 일으키고, 보지 않았다고 말하는 것이다.

'욕락'은 덮이고 감추어진 생각을 즐거이 설하고자 하는 것을 말한다.

'번뇌'는 앞에서와 같다.

方便究竟者. 謂時衆及對論者. 領解結犯. 輕重者若體境論. 一云. 三品境俱重. 一云. 唯上中結重. 對下境唯輕垢也. 隨心可知. 又若准律. 唯說上人法犯重. 今旣無簡別. 理應通制學處同異者. 大小乘俱制. 道俗亦同也.

'방편구경'은 시중(時衆)과 대론(對論)하는 자가 범하고 맺은 것을 풀어주는 것을 말한다.

'경구죄와 중죄'는 만약 경계를 따라서 논한다면 한 사람이 말하였다.

"3품의 경계를 갖추었으면 중죄이다."

한 사람이 말하였다.

"오직 상과 중품에서 중죄를 맺고, 하품의 경계를 대하면 오직 경구죄이다."

'마음을 따르다.'는 알 수 있을 것이다. 또한 만약 율장에 준하면 오직 상인법을 설하면 중죄를 범하므로 이미 간별을 없게 한 것이다.

'마땅히 이치와 통하더라도 제정된 학처는 같고 다르다.'는 대승과 소승이 함께 제정되었고, 사문과 재가인도 역시 같다.

又大乘中有益處開. 菩薩地云. 又如菩薩爲多有情解脫命難囹圄縛難刖手足難劓鼻刵耳剜眼等難. 雖諸菩薩爲自命難亦不正知說於妄語. 然爲救脫彼有情. 故知而思擇故說妄語. 以要言之. 菩薩唯觀有情義利. 自非無義利. 自無染心. 唯爲饒益諸有情故. 覆想正知而說異語. 說是語時. 於菩薩戒無所違犯生多功德.

또한 대승의 계에서는 이익이 있으면 학처를 여는 것이다. 『유가사지론』「보살지」에서 말하였다.

"또한 보살은 많은 유정의 목숨을 해탈시키기 위하여 감옥에 갇히는 환란, 손이 잘리고 발이 잘리는 환란, 코를 베고 귀를 자르며 눈을 도려내는 환란 등과 같더라도, 비록 여러 보살은 자신의 목숨의 환란을 위하여, 역시 망어에서 바르게 알지 못하는 것을 설하지 않는다. 그러나 그 유정의 해탈을 구하고자 한다. 그러므로 알고서 생각하고 선택하는 까닭으로 망어를 설하는 것이다. 그 말의 요지로서 보살은 오직 유정의 의리를 관찰하는데, 스스로가 의리가 없는 것이 아니고, 스스로가 염오의 마음이 없는 것이다."[138)]

오직 여러 유정을 요익되게 하려는 까닭으로 덮인 생각을 바르게 알고서 다른 말로 설하는 것이다. 이렇게 말로 설할 때에 보살계에서는 위반과 범함이 없고 많은 공덕이 생겨난다.

釋文中餘事易解. 身心妄語者. 身妄語謂由身業表示. 令人妄解. 如由起坐表知是聖等. 心妄語者如說戒時默表淸淨. 雖由二表令他妄解. 而所成業語業所攝故云妄語.

경문의 가운데에서 해석하면 나머지의 일은 이해가 쉬울 것이다. '몸과 마음이 망어이다.'는 몸의 망어는 신업을 표시한 이유로 사람에게 망령되게 이해시키는 것을 말한다. 일어남을 이유로 앉음이 표시되는 것과 같으니, 이러한 성스러움 등도 알 것이다.

'마음이 망어이다.'는 계를 설하는 때에 묵연하면 청정을 표시하는 것과 같이, 비록 두 가지를 표시하는 이유라면 다른 사람을 망령되게 이해시키고, 그리고 성업(成業)과 어업(語業)을 거두어들이는 까닭으로 망어라고 말한다.

若佛子. 自酤酒教人酤酒. 酤酒因. 酤酒緣. 酤酒法. 酤酒業. 一切酒不得酤.

---

138) 『瑜伽師地論』(大正藏 30), p.517하. "又如菩薩爲多有情解脫命難囹圄縛難刖手足難劓鼻刵耳剜眼等難. 雖諸菩薩爲自命難亦不正知說於妄語. 然爲救脫彼有情故. 知而思擇故說妄語. 以要言之. 菩薩唯觀有情義利非無義利. 自無染心唯爲饒益諸有情故. 覆想正知而說異語. 說是語時於菩薩戒無所違犯生多功德."

是酒起罪因緣. 而菩薩應生一切衆生明達之慧. 而反更生一切衆生顚倒之心者. 是菩薩波羅夷罪.

만약 불자가 스스로 술을 팔고, 다른 사람을 가르쳐서 술을 팔게 하며, 술을 파는 인과 술을 파는 연과 술을 파는 법과 술을 파는 업을 한다면, 일체의 술을 팔 수 없느니라. 이 술은 죄를 일으키는 인연이고, 보살은 마땅히 일체 중생에게 지혜의 밝음과 통달을 생겨나게 해야 하는데, 반대로 다시 일체의 중생에게 전도심을 생겨나게 하는 자는 보살의 바라이죄이니라.

第五酤酒戒. 制意釋名者. 酒是開放逸處失諸善法. 如論云. 除破僧事若醉酒時餘逆法可造. 三十六失十種過患律論俱示. 若唯自飮過失猶輕. 若酤而求利損處甚廣. 故雖非性惡同制爲重. 酤者販博之名也. 味濃易耽. 雖甘而毒故云酒也. 具緣中事者謂酒體成也. 論云. 窣羅若迷疑邪末陀放逸處. 穀所成窣羅若. 餘菓成名迷疑邪. 簡異未成已壞名末陀也. 想者律云. 酒酒想. 酒非酒疑. 酒非酒想 皆結正罪. 准彼制. 此酤亦應爾.

‘제5고주계를 제정한 뜻을 해석하고 이름한다.’는 술에 대해 개방하면 처소를 방일하게 하고, 여러 선법을 잃게 한다. 논에서 말한 것과 같이, “파승사를 제외하고, 만약 술에 취한 때라면 나머지의 위반하는 법도 지을 수 있다.”[139)]

36과실과[140)] 10종류의 허물과 걱정이[141)] 율장과 논장에 함께 나타나

---

139) 일반적인 경전을 함축하여 언급한 것으로 생각되며, 본 어구와 일치하는 경전은 찾기 어렵다.

140) 『分別善惡所起經』(大正藏 17), pp.517중-하. “佛言人於世間. 喜飮酒醉. 得三十六失. 何等三十六失. 一者人飮酒醉. 使子不敬父母. 臣不敬君. 君臣父子. 無有上下. 二者語言多

있다. 만약 오직 스스로가 마시면 과실이 오히려 경구죄이나, 만약 술을 팔고 이익을 구하면 손해되는 것이 매우 큰 것이다. 그러므로 비록 악성이 아니지만 같이 제정되었고 중죄가 된다.

'술을 판다.'는 널리 판매하는 것을 이름한다. 맛이 진하고 연하여도 탐착하며, 비록 달더라도 독인 까닭으로 술이라고 말한다.

'연의 가운데에서 일을 갖추다.'는 술 자체가 무르익어 된 것을 말한다. 논장에서 말하였다.

"잘라서 벌려 놓았는데 만약 미혹되고 의심하며 삿되었으나 아직 무너지지 않은 방일한 처소라면, 곡식이 익는 것이 잘라서 펼쳐놓은 것과 같으며, 나머지의 과일이 익었다면 미혹되고 의심하며 삿되다고 이름한다. 간별이 다르고 아직 성취되지 않았다면 아직 무너지지 않았다고 이름한다."

亂誤. 三者醉便兩舌多口. 四者人有伏匿隱私之事. 醉便道之. 五者醉便. 罵天溺社. 不避忌諱. 六者便臥道中. 不能復歸. 或亡所持什物. 七者醉便不能自正. 八者醉便低仰橫行. 或墮溝坑. 九者醉便躄頓. 復起破傷面目. 十者所賣買謬誤妄觸觝. 十一者醉便失事. 不憂治生. 十二者所有財物耗減. 十三者醉便不念妻子飢寒. 十四者醉便嚾罵不避王法. 十五者醉便解衣脫褌袴. 裸形而走. 十六者醉便妄入人家中. 牽人婦女語言干亂. 其過無狀. 十七者人過其傍欲與共鬪. 十八者地喚呼驚動四隣. 十九者醉便妄殺蟲豸. 二十者醉便撾捶舍中付物破碎之. 二十一者醉便家室視之如醉囚. 語言衝口而出. 二十二者朋黨惡人. 二十三者踈遠賢善. 二十四者醉臥覺時. 身體如疾病. 二十五者醉便吐逆. 如惡露出. 妻子自憎其所狀. 二十六者醉便意欲前蕩. 象狼無所避. 二十七者醉便不敬明經賢者. 不敬道士. 不敬沙門. 二十八者醉便婬泆. 無所畏避. 二十九者醉便如狂人. 人見之皆走. 三十者醉便如死人. 無所復識知. 三十一者醉或得疱面. 或得酒病. 正萎黃熟. 三十二者天龍鬼神. 皆以酒爲惡. 三十三者親厚知識日遠之. 三十四者醉便蹲踞視長吏. 或得鞭搒合兩目. 三十五者萬分之後. 當入太山地獄. 常銷銅入口. 焦腹中過下去. 如是求生難得. 求死難得. 千萬歲. 三十六者從地獄中來出. 生爲人常愚癡. 無所識知. 今見有愚癡無所識知人. 皆從故世宿命喜嗜酒所致. 如是分明. 亦可愼酒. 酒有三十六失. 人飮酒皆犯三十六失."

141) 『正法念處經』(大正藏 17), p.54중. "又復更有十種苦惱. 十者所謂飢渴過患. 愛離過患. 彼此國土鬪諍過患. 退生過患. 他毁過患. 求他過患. 寒熱過患. 兩人相憎共鬪過患. 失財過患. 所求念中不得過患. 如是略說. 心有如是十種過患."

'생각하다.'는 율장에서 말하였다.

"술을 술이라고 생각하거나, 술을 술이 아니라고 의심하거나, 술을 술이 아니라고 상상하더라도 모두 곧 죄를 맺는다."[142)]

그것을 준하여 제정하였고, 이러한 술을 파는 것도 역시 마땅히 그러하다.

又可律就飮說三句皆犯. 若就酤說. 心境相應. 方可結重. 欲樂者欲以酒與人求利心也. 煩惱者三中隨一. 或具二三. 方便究竟者一云. 授與人時便犯. 不待前人飮與不飮. 一云. 待前人飮方犯. 結犯輕重者. 就境言之. 律中與親里販賣罪輕. 以希利心輕故. 義准沽酒亦應然. 若與上中境人者. 是正所制重也. 若下品境. 事希故應輕也. 七衆同犯. 大小乘俱制. 而重輕異. 大士過重. 聲聞唯犯販賣戒. 即第三篇也. 釋文可解.

또한 율장에 나아가서 음주를 설하면 3구를 모두 범한다. 만약 술을 파는 것에 나아가서 설한다면 마음의 경계가 상응하므로 비로소 중죄를 맺는 것이다.

'욕락'은 술로 인해 다른 사람과 함께 이익을 구하려는 마음이다.

'번뇌'는 세 가지 가운데에서 하나를 따르거나, 두 가지와 세 가지를 갖추는 것이다.

'방편구경'은 한 사람이 말하였다.

"사람에게 주는 때에 곧 범하는 것이니, 앞 사람을 기다리지 않으며, 주면 마시지 않는 것이다."

142) 『四分律』(大正藏 22), p.672중. "酒酒想波逸提. 酒疑波逸提. 酒無酒想波逸提. 無酒有酒想突吉羅. 無酒疑突吉羅. 比丘尼波逸提. 式叉摩那沙彌沙彌尼突吉羅. 是謂爲犯不犯者. 若有如是如是病. 餘藥治不差以酒爲藥. 若以酒塗瘡一切無犯."

또 한 사람이 말하였다.

"앞 사람을 기다려서 마시면 비로소 범하는 것이다."

'범하면 경구죄와 중죄를 맺는다.'는 경계에 나아가서 그것을 말한다면 율장 가운데에서 친족(親里)에게 주거나 판매하면 경구죄인데, 이익을 바라는 마음으로서는 가벼운 까닭이다. 이 뜻에 준하면 술을 파는 것도 역시 마땅히 그러하다.

'만약 상·중의 경계인 사람에게 주다.'는 이것의 바름으로 중죄를 제지하는 것이고, 만약 하품의 경계라면 일을 희구하는 까닭으로 마땅히 경구죄인 것이다.

7중은 범함이 같고, 대승과 소승이 함께 제정하였으나, 경구죄와 중죄는 다르다. 대사는 허물은 중죄이고, 성문은 오직 판매계를 범하므로 곧 제3편이다. 문장을 해석하면 이해할 것이다.

若佛子. 自說出家在家菩薩比丘比丘尼罪過. 教人說罪過. 罪過因. 罪過緣. 罪過法. 罪過業. 而菩薩聞外道惡人. 及二乘惡人說佛法中非法非律. 常生悲心教化是惡人輩. 令生大乘善信. 而菩薩反更自說佛法中罪過者. 是菩薩波羅夷罪.

만약 불자가 출가와 재가에서 보살·비구·비구니의 죄와 허물을 스스로가 말하고, 사람을 가르쳐서 말하며, 죄와 허물의 인과 죄와 허물의 연과 죄와 허물의 법과 죄와 허물의 업에서, 그리고 보살·성문·외도·악인 및 2승의 악인이 불법의 가운데에서 법이 아닌 것과 율이 아닌 것을 말한다면 항상 자비로운 마음이 생겨나서 이러한 악인의 무리들을 교화하여 대승의 선한 신심이 생겨나게 해야 한다. 그러나 보살이 반대로 다시 스스로가 불법 가운데에서 죄와 허물을 설한다면, 이것은 보살의 바라이죄이니라.

第六說他罪過戒. 制意釋名者. 同法相護義同昆弟. 而反向異道揚彼過短. 近則陷沒善人. 遠則損壞正法. 其過非輕故制斷也. 可毁可厭故云罪過. 向他顯揚故名說也. 具緣中事者. 謂有戒人所有罪過向無戒人說. 七逆十重是正所制. 自餘輕過亦兼制也. 想者於罪過起罪過想也. 欲樂者欲說罪過之望樂也. 此有二. 一陷沒心. 欲令前人失名利等. 二治罰心. 欲令前人被繫縛等. 以此二心說他罪過皆犯重也. 煩惱可知.

'제6타죄과계를 제정한 뜻을 해석하여 이름한다.'는 같은 법을 서로가 보호하고 뜻이 같으면 형제인데, 그러나 반대로 다른 도를 향하면서 그 허물과 단점을 드러내면, 가깝게는 곧 착한 사람을 함몰시키고 멀게는 정법을 손괴시키는 것이다.

그 허물과 죄는 가볍지 않은 까닭으로 제정하여 끊는 것이다. 훼손하고 싫어하는 까닭으로 죄와 허물이라고 말하고, 다른 것을 향하여 현양(顯揚)하는 까닭으로 설한다고 이름한다.

'연의 가운데에서 일을 갖추다.'는 계를 지닌 사람이 소유한 허물과 죄를 계가 없는 사람을 향하여 설하는 것을 말한다. 7역과 10중의 이것은 바르게 제정된 것이고, 나머지의 가벼운 허물로부터 역시 겸하여 제정된 것이다.

'생각하다.'는 죄와 허물에서 죄와 허물이라는 생각을 일으키는 것이다.

'욕락'은 죄와 허물의 그것을 말하면서 즐거움을 바라는 것이다. 이것에는 두 가지가 있다. 첫째는 함몰시키는 마음이니, 앞 사람의 명예와 이익 등을 잃게 하고자 하는 것이다. 둘째는 벌을 다스리는 마음이니, 앞 사람에게 계박 등을 당하게 하고자 하는 것이다. 이 두 가지의 마음을 가지고 다른 사람의 죄와 허물을 말하면 모두가 중죄를 범한다.

'번뇌'는 알 수 있을 것이다.

方便究竟者若自說若敎他說. 前人領解時卽成究竟也. 結犯輕重者准之可知. 學處同異者. 聲聞向未受具說他重罪犯第三篇. 若說僧殘已下皆犯第五篇. 菩薩兼濟爲懷故制重也. 文但云說過. 不別輕重. 下輕戒第十三戒說七逆十重. 准彼此亦應爾. 但彼向同法說故輕. 此向異法故重. 又一云. 彼說無事故輕. 若知無事不能陷沒. 或治罰故此說有實犯重. 釋文可知.

'방편구경'은 만약 스스로가 말하거나, 다른 사람을 가르쳐서 말하며, 앞의 사람을 이해시키는 때에는 곧 구경이 이루어진다.

'범함에서 경구죄와 중죄를 맺는다.'는 그것에 준하면 알 수 있을 것이다.

'학처가 같고 다르다.'는 성문이 계를 받지 않은 자를 향하여 함께 다른 사람의 중죄를 말하면 제3편을 범하고, 만약 승잔 이하를 말하면 모두 제5편을 범한다. 보살은 겸하여 제도를 품게 되는 까닭으로 중죄로 제정되었다.

경문에서는 다만 허물을 설하였고 경구죄와 중죄를 분별하지 않았다. 아래의 경구죄의 계율인 제13계는 7역과 10중을 설하였으니, 그것을 이것에 준하면 이것을 역시 마땅히 알 것이다. 다만 그것을 향하여 같은 법을 설하는 까닭으로 경구죄이고, 이것을 향하여 다른 법인 까닭으로 중죄이다.

또한 한 사람이 말하였다.

"그것은 일이 없음을 설하는 까닭으로 경구죄이다."

만약 일이 없음을 알고 능히 함몰하지 않으며, 혹은 벌로 다스리는 까닭으로 이것은 실제로 범함이 있다면 중죄라고 말한다. 문장을 해석하면 알 수 있을 것이다.

若佛子. 自讚毁他亦教人自讚毁他. 毁他因. 毁他緣. 毁他法. 毁他業. 而菩薩應代一切衆生受加毁辱. 惡事自向己好事與他人. 若自揚己德隱他人好事. 令他人受毁者. 是菩薩波羅夷罪.

만약 불자가 자기를 찬탄하고 다른 사람을 비방하며, 역시 사람을 가르쳐서 자기를 찬탄하고 다른 사람을 비방하며, 다른 사람을 비방하는 인과 다른 사람을 비방하는 연과 다른 사람을 비방하는 법과 다른 사람을 비방하는 업에서, 보살은 마땅히 일체의 중생을 대신하여 더욱 비방을 받고, 악한 일은 자신이 받고, 좋은 일은 다른 사람에게 주어야 한다. 만약 자기의 공덕을 드날리고 다른 사람의 선한 일을 숨김으로써, 다른 사람이 비방 받게 한다면, 이것은 보살의 바라이죄이니라.

第七自讚毁他戒. 制意釋名者. 菩薩應推直於人引曲向己. 而今反揚自辱人. 違本心之甚故制斷之. 讚揚己德毁辱他失. 是所防過. 從所防爲名故云讚毁戒. 具緣成犯中. 事者有二. 一所毁人. 二所毁事. 所毁人中. 一云. 若毁上中二境犯重. 毁下境輕. 此戒兼制. 一云. 上中二境有菩薩戒者方重. 惱妨深故. 若無戒及下境有戒無戒悉輕. 惱妨淺故.

'제7자찬훼타계를 제정한 뜻을 해석하고 이름한다.'는 보살은 마땅히 곧은 것은 다른 사람에게 밀어주고 굽은 것은 끌어와서 자기에게 향하게 해야 한다. 그러나 지금 반대로 자기를 드날리고 다른 사람을 욕보이면, 근본의 마음이 깊게 위반한다. 그러므로 제정하여 그것을 끊는다.

자기를 찬탄하여 드날리고 다른 사람을 비난하고 욕보여서 잃게 하는 이것의 허물을 막는 것이고, 막는 것을 따라서 이름하는 까닭으로 찬훼계라고 말한다. 연을 갖추면 범하는 가운데에서 성립되는데, 일에는 두 가지가 있다. 첫째는 비난하는 사람이고, 둘째는 비난하는 일이다. 비난하는 사람 가운데에서 한 사람이 말하였다.

"만약 비난이 상·중의 두 경계이면 중죄를 범하고, 하의 경계이면 경구죄이다."

이 계는 겸하여 제정되었는데, 한 사람이 말하였다.

"상·중의 두 경계에 보살계가 있다면 비로소 중죄인데 번뇌가 깊이 방해하는 까닭이다. 만약 계가 없거나, 또한 하의 경계에 계가 있으며, 계가 없으면 모두 경구죄인데 번뇌가 얕게 방해하는 까닭이다."

後釋應准律部. 律說毁大比丘方結提罪. 故知大乘中毁同法菩薩方結重. 今謂前說過戒別標四衆. 此毁他戒總云毁他. 不別標擧. 准律簡別. 理恐不然. 所毁事者准律有七. 謂一姓家生. 二行業卑. 三伎術工巧亦卑. 四汝是犯過. 五多結使. 六盲人. 七禿瞎. 於此七中隨用一事毁皆犯重. 想者倒不倒疑准前釋之. 欲樂者揚我抑彼欲求利敬之意樂也.

뒤의 해석은 마땅히 율부에 의거하겠다. 율에서는 대비구를 비난하면 비로소 바일제죄를 맺는다고 설한다. 그러므로 대승계의 가운데에서 같은 법인 보살계를 비난하면 비로소 중죄를 맺는 것을 알겠다. 지금 앞에서 설한 것을 허물과 계를 분별하여 나타내어 말한다면 4중(四衆)이다. 이 훼타계(毁他戒)는 모두 훼타를 말한다. 별도로 표시하여 예시하지 않겠으나 율장에 준하여 간별하라.

이치로 보면 아마도 그렇지 않은데, 비난하는 일은 율에 준하면 일곱 가지가 있다. 첫째는 족성과 가문에 태어난 것을 말하고, 둘째는 행업이 낮은 것을 말하며, 셋째는 기술(伎術)과 공교가 역시 낮은 것을 말하고, 넷째는 그대가 이러한 과실을 범하였다고 말하며, 다섯째는 결사(結使)[143]가 많은 것을 말하고, 여섯째는 맹인이라고 말하며, 일곱째는 대머리와 애꾸눈이라고 말하는 것이다. 이러한 일곱 가운데에서 하나의 일을 수용하고 따라서 비난하면 모두가 중죄를 범한다.

'생각하다.'는 전도되고 전도되지 않았으나 의심하면서 이전에 준하여 그것을 해석하는 것이다.

'욕락'은 나를 드날리고 남을 억누르며 이익과 공경을 구하면서 그것을 뜻으로 즐거워하는 것이다.

煩惱者於三毒中. 或單或二或具三也. 然成究竟要由貪心故. 菩薩地云. 爲欲貪求利養恭敬自讚毁他. 是名第一他勝處法. 方便究竟者. 若自作若教人. 前人領解讚毁言時便結犯也. 律云. 毁呰有三. 一面罵. 二喩罵. 三自比罵. 面罵者言汝是旃陀羅家生等. 喩罵者汝似旃陀羅種等. 自比罵者我非旃陀羅種等. 此三種罵若了了皆提. 若不了皆吉. 准此菩薩了了皆重. 不了皆輕.

'번뇌'는 삼독의 가운데에서 혹은 하나이거나, 혹은 두 가지이며, 혹은 세 가지를 갖춘 것이다. 그러나 구경의 요지를 이루는 이유이고, 탐내는 마음인 까닭으로 『유가사지론』「보살지」에서 말하였다.

"욕망을 탐하고 이양과 공경을 구하기 위하여 스스로를 칭찬하고

143) 번뇌(煩惱)를 다르게 부르는 말로써, 몸과 마음을 속박하고 중생을 따라다니면서 제멋대로 부린다는 뜻이다.

다른 사람을 비난하면 이것을 제1의 타승처법이라고 이름한다."[144]

'방편구경'은 만약 스스로가 짓거나, 만약 다른 사람을 가르쳐서 앞의 사람을 이해시켜 찬탄하고 비난하는 말을 하는 때에 곧 범함을 맺는다. 율에서 말하였다.

"비난하고 헐뜯는 것에는 세 가지가 있다. 첫째는 얼굴 앞에서 비난하는 것이고, 둘째는 비유하여 비난하는 것이며, 셋째는 스스로가 비교하여 비난하는 것이다."[145]

'얼굴 앞에서 비난하다.'는 "그대는 전다라의 가문에서 태어났다."는 등으로 말하는 것이다.

'비유하여 비난하다.'는 "그대는 전다라의 종족과 비슷하다."는 등으로 말하는 것이다.

'스스로가 비교하여 비난하다.'는 "나는 전다라 종족 등이 아니다." 이 세 종류의 비난이 만약 분명하면 모두가 바일제이고 만약 분명하지 않으면 모두가 돌길라이다. 이것을 보살계에 준하면 분명하면 모두 중죄이고 분명하지 않으면 모두 경구죄이다.

又要具讚毁方結重. 若毁而不讚. 讚而不毁. 唯犯輕垢. 或先讚後毁. 或先毁後讚. 俱令運讚毁心備二結重. 若先讚後毁. 讚時方便輕. 毁時成本重. 先毁後讚亦爾. 如尼八事. 一一作時方便故蘭. 具八事時方結夷罪. 若單欲讚或單欲毁. 雖前後具二. 別結兩輕不成重也. 如斷心數取四錢不成重也.

---

144) 『瑜伽師地論』(大正藏 30), p.51중. "若諸菩薩爲欲貪求利養恭敬. 自讚毁他. 是名第一他勝處法."

145) 『四分律』(大正藏 22), p.635중. "如是等若面罵若喩罵若自比罵. 面罵者. 言汝是旃陀羅家生除糞家生. 竹師種車師種. 拘湊拘尸婆蘇書迦葉阿提梨夜婆羅墮種. 若本非卑姓習卑伎術卽是卑姓."

또한 요컨대 찬탄과 비난을 갖추면 장차 중죄를 맺는다. 만약 비난하였으나 찬탄하지 않았거나, 찬탄하였으나 비난하지 않았다면, 오직 경구죄를 범하고, 혹은 먼저 찬탄하고 뒤에 비난하거나, 혹은 먼저 비난하고 뒤에 찬탄하거나, 함께 비난과 찬탄의 마음을 갖추고 운용하면 두 가지의 중죄를 맺는다. 만약 먼저 찬탄하고 뒤에 비난하면 찬탄하는 때에 방편은 경구죄이고 비난하는 때에 본래의 중죄가 성립된다. 먼저 비난하고 뒤에 찬탄하여도 역시 그러하다.

비구니의 8사(八事)[146]와 같이 하나하나를 짓는 때에도 방편인 까닭으로 난죄(蘭罪)[147]인데, 8사를 모두 갖추는 때에는 장차 바라이죄를 맺는다. 만약 단순히 찬탄하고자 하였거나, 혹은 단순히 비난하고자 하였다면 비록 앞뒤의 두 가지를 갖추었어도 별도로 경구죄를 맺고 중죄가 성립되지 않는다. 마음을 끊는 것과 같이 자주 4전을 취하여도 중죄는 성립되지 않는다.

結犯輕重者. 若就境論. 毁聖毁凡毁道毁俗毁人毁畜業. 隨前境不無輕重. 若就心言. 數數現行都無慚愧. 深生愛樂見是功德. 是上品卽失戒也. 不具足四. 是中下品. 犯而不失. 學處同異者. 聲聞犯提. 菩薩犯夷. 依善生經. 於在家菩薩不制爲重. 若依此經. 無別簡故七衆皆重.

'경구죄와 중죄를 범하여 맺는다.'는 만약 경계에 나아가서 논한다면 성인을 비난하고, 범부를 비난하며, 사문을 비난하고, 재가인을 비난하며, 사람을 비난하며, 축생의 업을 비난하여도 앞의 경계를 따라서 경구죄와 중죄가 없는 것은 아니다.

146) 비구니들이 최초로 출가하는 때에 제정된 팔경계를 가리킨다. 율장을 참조하라.
147) 차죄를 가리킨다.

만약 마음으로 나아가서 말한다면 자주자주 현행하면 모든 참괴가 없어지고, 깊은 애락이 생겨나고 이러한 공덕을 보게 되는데, 이것이 상품이면 곧 계를 잃는다. 구족되지 않으면 네 가지이고, 이것은 중·하품이며, 범하더라도 잃지 않는다.

'학처가 같고 다르다.'는 성문이 범하면 바일제이고, 보살이 범하면 바라이이다.

『선생경』에 의거하면 재가보살에서 제정되지 않았어도 중죄이다. 만약 이 경전에 의거하면 별도의 간별이 없는 까닭으로 7중이 중죄이다.

文中口自讚毁他者. 謂口自發言讚自德毁他失. 亦敎人自讚毁他者. 此有二. 一敎前人讚彼自得毁他人失. 二敎前人讚我自得毁他人失. 二俱應犯. 毁他業者正唯口業. 文云自讚毁. 故身表意緣. 毁讚相隱故非重也.

경문의 가운데에서 '입으로 스스로가 찬탄하고 다른 사람을 훼손한다.'는 입으로 스스로가 자신의 덕을 찬탄하여 말하고 다른 사람의 과실을 비난하는 것을 말하고, 역시 사람을 가르쳐서 스스로를 찬탄하고 다른 사람을 비난한다는 것이다.

이것에는 두 가지가 있다. 첫째는 앞의 사람을 가르쳐서 그가 스스로를 찬탄하고 다른 사람의 과실을 비난하는 것이고, 둘째는 앞의 사람을 가르쳐서 나를 찬탄하게 하고 다른 사람의 과실을 비난하는 것이다. 두 가지를 갖추면 마땅히 범한다.

'다른 업을 비난한다.'는 바로 오직 구업이니, 경문에서 스스로가 찬탄하고 비난한다고 말하였다. 그러므로 몸으로 뜻과 연을 표현해내는데, 비난하고 찬탄하는 모습이 감춰진 까닭으로 중죄는 아니다.

常代衆生受加毁者. 菩薩作心. 含垢如海受辱如地. 然菩薩地云. 不淸雪惡聲犯罪者. 避彼前人譏謗得罪. 非謂菩薩過推人也. 問菩薩自無惡事. 前人實無好事. 何得引惡推好. 答此有兩義. 一前人無道毁菩薩時. 菩薩作念. 如有的箭中. 無則無所中. 由有我身故衆生興惡. 無我身則無由起. 起惡由我. 惡在我也. 是則惡事自向己也. 又作是念. 由前人毁我故. 我得修戒而防. 若無前人. 我善何緣而生. 生善由彼. 善在彼也. 是則好事與他人也.

'항상 중생을 대신하여 더욱 비난을 받는다.'는 보살이 마음을 짓는 것이니, 번뇌를 품음이 바다와 같고 욕됨을 받음이 땅과 같은 것이다. 그러므로 보살지에서 말하였다.

"'청정하지 않은 표시(雪)는 소리가 나쁘고 죄를 범한다.'는 그 앞 사람을 회피하면서 비난하면 죄를 얻으므로, 보살은 사람의 과실을 추정하여 말하지 말한다."[148]

【묻는다】 보살이 스스로가 악한 일이 없고, 앞의 사람이 진실로 좋은 일이 없다면, 어찌 악으로 이끌고 좋은 것을 추정하겠는가?

【답한다】 이것에는 두 가지의 뜻이 있다. 첫째는 앞의 사람이 도리가 없어 보살을 비난하는 때에 보살은 생각을 짓는다.

'화살의 가운데에 목적이 있는 것과 같아서 없으면 곧 없음의 가운데이고, 나의 몸이 있는 까닭으로 중생들이 악이 흥성하나니 나의 몸이 없으면 곧 일어나는 이유가 없다. 악이 일어남은 내가 이유이고, 악은 내가 있는 것이니라. 이것이 곧 악한 일이 스스로가 자기에게 향하는 것이다.'

---

148) 비슷한 구절이 있으나 본문과는 내용에서 차이가 있다. 『瑜伽師地論』(大正藏 30), p.518중. "若諸菩薩安住菩薩淨戒律儀. 於自能發不信重言. 所謂惡聲惡稱惡譽不護不雪. 其事若實而不避護. 是名有犯有所違越. 是染違犯. 若事不實而不淸雪. 是名有犯有所違越. 非染違犯."

또한 이렇게 생각을 짓는다.

'앞의 사람을 이유로 나를 비난하는 까닭으로 나는 계를 수행하여 막겠다. 만약 앞의 사람이 없었다면 내가 선하여도 무슨 연이 생겨났겠는가? 선이 생겨나면 그것을 이유로 선이 그곳에 있는 것이다. 이것은 곧 다른 사람과 함께 좋은 일이다.'

二彼惡我善是我見耳. 若論實理. 彼我同體. 菩薩應從實理不隨妄見故. 得引惡向已推善與人. 令他受毁辱者是菩薩波羅夷罪者. 是結罪名. 菩薩地云. 若諸菩薩安住菩薩淨戒律儀. 於他人所有染愛心有瞋恚心. 自讚毁他. 是名有犯. 有所違越. 是染違犯. 無違犯者. 若爲摧伏諸惡外道. 若爲住持如來聖敎. 若欲方便調彼伏彼. 或欲令其未淨信者發生淨信. 已淨信者倍復增長.

둘째는 그가 악하고 내가 선하다는 이것은 나의 견해이다. 만약 진실한 이치를 논한다면 그와 나는 같은 몸이다. 보살은 마땅히 진실한 이치를 좇으니, 망령된 견해를 까닭으로 악으로 이끌어 향하여 선과 다른 사람을 힐난하는 것을 따르지 않는다.

'다른 사람을 비난하고 욕보인다면 이것이 바라이죄이다.'는 이것은 죄를 맺는 것을 이름한다. 보살지에서 말하였다.

"만약 여러 보살이 보살의 정계율의에 안주하면서 다른 사람이 소유한 염오심과 진애심에서 스스로를 찬탄하고 다른 사람을 비난하면 이것은 범함이 있다고 이름한다. 위반과 벗어남이 있다면 이것은 염오이고 위반이며 범한 것이다."

'범함이 없다.'는 만약 여러 악한 외도를 절복하였거나, 만약 여래의 성스러운 가르침을 주지하였거나, 만약 방편으로 그를 조복하고자 하였거나, 혹은 그 청정을 믿지 않는 자에게 청정한 믿음을 발생시켰거나,

이미 청정하게 믿는 자를 두 배로 다시 증장시킨 것이다.

若佛子. 自慳教人慳. 慳因慳緣慳法慳業. 而菩薩見一切. 貧窮人來乞者. 隨前人. 所須一切給與. 而菩薩以惡心瞋心. 乃至不施一錢一針一草. 有求法者不爲說一句一偈一微塵計法. 而反更罵辱者. 是菩薩波羅夷罪.

만약 불자가 스스로가 인색하고, 다른 사람을 가르쳐서 인색하게 하며, 인색한 인과 인색한 연과 인색한 법과 인색한 업이 있다면, 그러나 보살은 일체의 가난한 사람이 와서 구걸하면 앞의 사람이 필요한 것을 따라서 일체를 주어야 하느니라. 보살이 악한 마음과 성내는 마음으로 나아가 한 푼의 돈과 한 개의 바늘과 한 개의 풀도 주지 않고, 법을 구하는 자에게 한 구절이나 한 게송이나 하나의 티끌 법도 계산하여 설하지 않고서, 반대로 다시 꾸짖고 욕하는 자는 보살의 바라이죄이니라.

第八慳惜加毀戒. 大士之壞應不求而施. 令乞人現前悋. 而不與反加毀辱. 頓乖化道故制斷也. 菩薩地中直云. 不施財法. 不言加毀. 應名慳. 不慧施戒. 祕吝財法名慳. 罵辱前人爲毀. 從所防過爲戒名也. 具緣中事者. 謂所辱衆生及所惜財法. 上品境中除佛菩薩. 文云貧窮人故. 中品境中. 若非貧窮人爲試故來乞. 不施亦不犯也.

제8간석가훼계는 세존의 무너짐이니 마땅히 구하지 않아도 베풀 것이다. 걸인을 앞에 두고 있지만 베풀지 않고, 반대로 비난하고 욕보인다면 잠깐 사이에 교화하는 도를 무너트리는 까닭으로 끊도록 제정하셨다.

『유가사지론』「보살지」의 가운데에서 곧 말씀하셨다.

"재물과 법을 베풀지 않고, 더하여 비난을 말하지 않았어도, 마땅히 간탐이라고 이름하고, 지혜로 계를 베푼 것이 아니다. 비밀스럽게 법과 재물을 아끼면 곧 간탐이라고 이름하고, 앞의 사람을 꾸짖고 욕보인다면 비난이 되는 것이니, 그것을 쫓아서 허물을 막는 것이 계의 이름이 된다."[149)]

'연의 가운데에서의 일을 갖추다.'는 중생을 욕보이는 것과 재물과 법을 아끼는 것을 말한다.

상품 경계의 가운데에서 불·보살을 제외하고 경문에서 말하였다.

"빈궁한 사람인 까닭이다."

중품 경계의 가운데에서 만약 빈궁한 사람이 아니었고, 시험을 위하여 일부러 와서 구걸하였는데, 베풀지 않았다면 역시 범한 것은 아니다.

下品境古說非重. 今謂有知解非畜. 理亦非輕. 所惜財法者. 文云. 乃至一錢一針一草. 不爲說一句一偈一微塵許法. 想者謂於前二境稱境而想. 欲樂者謂祕惜不與之意樂也. 煩惱者旣云慳惜. 卽貧爲主. 餘皆成助. 或具不具. 方便究竟者古說前人領解知是慳惜之相. 領納打罵之言. 隨事隨語結重. 若准菩薩地. 未必前人領解知慳惜相. 受罵打苦. 方結重也. 若決意不施說祕惜言. 彼解不解應結重罪.

하품 경계에서는 진실로 설하면 중죄가 아니다. 지금 지혜가 있어 이해하여도 저축되지 않았다고 말하는데, 이치에서 역시 경구죄가 아니다.

'재물과 법을 아까워하다.'는 경문에서 말하였다.

---

149) 내용을 요약하였으므로 구체적인 내용은 찾기 어렵다.

"나아가 하나의 금전, 하나의 바늘, 하나의 풀잎, 하나의 구절, 하나의 게송, 하나의 티끌과 같은 허락된 법도 설하지 않는 것이다."

'생각하다.'는 앞의 두 경계에서 경계를 생각하며 말하는 것이다.

'욕락'은 비밀스럽게 아끼고 주지 않는 것을 뜻으로 즐거워하는 것을 말한다.

'번뇌'는 이미 간탐에서 말하였으니, 곧 가난이 주인이 되고, 나머지는 모두 보조로 이루어지는데, 혹은 갖추었거나 갖추지 않은 것이다.

'구경방편'은 진실로 앞의 사람에게 설하여 이러한 간탐의 모습을 이해시켜 알게 하는 것이다. 때리고 말의 욕설로 받아들이게 하는데, 일을 따르고 말을 따라서 중죄를 맺는다.

만약 보살지에 준하면 아직 반드시 앞의 사람을 간탐의 모습을 이해시켜 알게 하는 것은 필요하지 않는데, 욕하고 때려서 고통스럽게 받아들였다면 장차 중죄를 맺는다. 만약 뜻을 결정하여 설법을 비밀스럽게 아끼는 말로 베풀지 않는다면, 그가 이해하였거나 이해하지 못하였어도 마땅히 중죄를 맺는다.

故彼文云. 若諸菩薩現有資財. 性慳財故. 有貧有苦無依無怙正求財者來現在前. 不起哀憐而修慧捨. 正求法者來現在前. 性慳法故. 雖現有法而不給施. 是名第二他勝處法. 而此經云. 而反更罵辱者剩顯違過之甚也. 結犯輕重者若對境言. 有貧苦者重. 非貧苦者應輕. 若隨心言. 准上讚毀. 古說要具二事方結重. 謂慳加毀. 若慳而不毀. 毀而不慳. 皆非重也.

그러므로 그 경문에서 말하였다.

"만약 여러 보살이 현재에 재물과 재산이 있더라도 성품이 재물을 아끼는 까닭으로 가난이 있고, 고통이 있으며, 의지가 없고, 믿음이 없는데, 바르게 재물을 구하는 것은 와서 현재 앞에 있더라도 애련(哀憐)이 일어나지 않았는데, 그러나 지혜와 사심(捨心)[150]을 닦는 것이다.”

‘바르게 법을 구하다.’는 와서 현재 앞에 있는 것이다. 성품이 재물을 아끼는 까닭으로 비록 현재 법이 있더라도 주거나 베풀지 않는다. 이것을 제2의 타승처법이라고 이름한다. 그리고 이것을 경이라고 말한다.

‘그러나 반대로 다시 꾸짖고 욕하다.’는 나타난 위반과 과실의 극심이 나타나서 남은 것이다.

‘범하면 경구죄와 중죄를 맺는다.’는 만약 경계를 마주하고 말한다면, 가난의 고통이 있다면 중죄이고, 가난의 고통이 없다면 마땅히 경구죄이다. 만약 마음을 따라서 말한다면, 앞의 찬탄과 비난에 준한다.

진실로 설하면 요컨대 두 가지의 일을 갖추었다면 장차 중죄를 맺는데, 간탐과 비난을 더한 것이다. 만약 간탐하였으나 비난하지 않았고, 비난하였으나 간탐하지 않았다면 모두 중죄가 아니다.

學處同異者. 聲聞唯弟子不敎法犯吉. 不與財不制犯. 尼二歲內不與財法犯提. 二歲外不與法犯吉. 加毁別結. 不合爲重. 菩薩不簡親疎求者不與. 皆犯重罪. 本誓兼物故七衆同犯. 依善生經. 於俗亦不制爲重也. 又決定毘尼經云. 在家菩薩應行二施. 一財二法. 出家菩薩應行四施. 一紙二墨三筆四法. 得忍菩薩行三施. 一王位二妻子三頭目皮骨. 得忍應是十解已上.

‘학처가 같고 다르다.’는 성문은 오직 제자이므로 교법을 범하지 않으면 돌길라이고, 재물을 주지 않아도 제정을 범한 것은 아니다. 비구니가 2년(歲) 안에 재물과 법을 주지 않으면 바일제를 범한다. 2년이

150) 사무량심(四無量心)의 가운데에서 한량없는 중생을 평등하게 대하려는 마음인 사무량심(捨無量心)을 가리킨다.

넘었으나 법을 주지 않으면 돌길라를 범하고, 더하여 비난하면 별도로 맺으며, 합하지 않더라도 중죄가 된다.

보살은 친함과 소원함을 간별하지 않고 구하는 것을 주지 않으면 모두 중죄를 범한다. 본래의 서원이 물질을 겸하는 까닭으로 7중이 같이 범한다. 『선생경』에 의거하면 "재가에 역시 제정하지 않았어도 중죄가 된다."

또한 『결정비니경』에서 말하였다.

"재가의 보살은 마땅히 두 가지의 보시를 행해야 한다. 첫째는 재물이고, 둘째는 법이다. 출가보살은 마땅히 네 가지의 보시를 행해야 한다. 첫째는 종이이고, 둘째는 먹이며, 셋째는 붓이고, 넷째는 법이다. 득인보살은 세 가지의 보시를 행해야 한다. 첫째는 왕위이고, 둘째는 처자이며, 셋째는 머리와 눈과 피부와 뼈이다."[151]

득인보살은 마땅히 십해(十解)[152]인 것이다.

文中教人慳者亦應有二. 一教前人慳財法. 二遣前人惜自財法. 慳業者意業爲主. 若現相口說亦身口助成也. 慳法者隨說祕惜之方法也. 或假託餘事而遣. 或現威罵辱而去. 慳緣如上具五緣也. 財中一草法中一塵. 蓋是極勢之言也. 四言爲句. 四句爲偈. 偈句不滿爲微法. 如欲聞無常言而不爲說. 此無常言不成句也.

---

151) 『佛說決定毘尼經』(大正藏 12), p.38중. "又舍利弗. 在家菩薩應修二施. 云何爲二. 一者財施. 二者法施. 又舍利弗. 出家菩薩柔和無瞋應修四施. 何等爲四. 一者紙. 二者墨. 三者筆. 四者法. 如是四施. 出家之人所應修行. 得無生忍諸菩薩等. 當應修習三種布施. 何等爲三. 王位布施. 妻子布施. 頭目布施. 如是三種名爲大施名極妙施. 得無生忍諸菩薩等. 應修如是三種布施."

152) 보살이 닦는 53계위에서 십주(十住)를 다르게 부르는 말이다.

경문의 가운데에서 '사람에게 간탐을 가르치다.'는 것은 역시 두 가지가 있다. 첫째는 앞의 사람에게 재물과 법의 간탐을 가르치는 것이고, 둘째는 이 앞의 사람을 보내어 재물과 법을 스스로가 아끼는 것이다.

'간탐의 업'은 의업을 주인으로 삼는데, 만약 입의 모습으로 나타나면 말이며, 역시 몸과 입도 이루어지는 것을 돕는다.

'법을 아끼다.'는 설하는 것을 따라서 비밀스러운 방법을 아끼는 것이고, 혹은 다른 일을 가탁(假託)하고 남기는 것이며, 혹은 위협과 욕설을 나타내면서 떠나가는 것이다.

간탐의 인연은 앞에서와 같이 다섯 인연을 갖춘다. 재물 가운데에서 하나의 풀잎과 법 가운데에서 하나의 티끌 등은 모두가 극한 모습의 말이다. 네 마디의 말이 구가 되고, 네 마디의 구가 게가 되며, 게와 구가 가득하지 않아도 작은 법이 된다. 무상(無常)의 말을 듣고자 하는 것과 같은데, 설하지 않는다면 이러한 무상의 말은 구를 이루지 못한다.

菩薩地云. 若諸菩薩安住菩薩淨戒律儀. 有飮食等資生衆具. 見有求者來正悕求飮食等事. 懷嫌恨心懷恚惱心而不給施. 是名有犯有所違越. 是染違犯. 若由獺惰懈怠放逸不能施與. 非染違犯. 無違犯者若現無有可施財物. 若彼悕求不如法物所不宜物. 若欲方便調彼伏彼. 若來求者王所匪宜. 將護王意. 若護僧制 而不惠施. 皆無違犯.

보살지에서 말하였다.

"만약 여러 보살이 정계율의에 안주하고, 음식 등이 있으며, 재물이 생겨나서 여러 가지를 갖추었는데, 구하는 자가 와서 간절하게 음식 등의 일을 구함이 있는 것을 보고 혐한심(嫌恨心)을 품거나 에뇌심(恚惱心)을 품고서 주지 않았다면, 이것은 범함이 있고 위반과 벗어남이 있다고 이름한다. 이것은 염오이고 위반이며 범한 것이다. 만약 나태와 해태와 방일을 이유로 능히 베풀어주지 않았다면 염오이고 위반이며 범한 것이 아니다."

'위반하고 범함이 없다.'는 만약 베풀 수 있는 재물이 없음을 나타냈거나, 만약 그가 간절히 구하였으나 여법하지 않은 물건과 마땅하지 않은 것이었거나, 만약 방편으로 그를 조복하고자 한 것이다.

'만약 와서 구하다.'는 왕의 처소가 마땅히 아니어도 장차 왕이 뜻으로 보호하려는 곳이고, 만약 승가를 보호하고자 제지하였다면, 은혜롭게 베풀지 않아도 모두 위반하고 범함이 없다.

若佛子. 自瞋教人瞋. 瞋因瞋緣瞋法瞋業. 而菩薩應生一切衆生善根無諍之事 常生慈悲心. 孝順心. 而反更於一切衆生中. 乃至於非衆生中. 以惡口罵辱. 加以手打. 及以刀杖. 意猶不息. 前人求悔. 善言懺謝. 猶瞋不解者. 是菩薩波羅夷罪.

만약 불자가 스스로 성내고, 사람을 가르쳐서 성내게 하며, 성내는 인과 성내는 연과 성내는 법과 성내는 업이 있다면, 보살은 마땅히 일체의 중생에게 선근과 다툼이 없는 일이 생겨나야 하고, 항상 자비로운 마음과 효순한 마음이 생겨나야 하는데, 그러나 반대로 다시 일체의 중생 가운데에서, 나아가 중생이 아닌 가운데에서 나쁜 말로 욕하고 손으로 때리며 더불어 칼과 몽둥이로써 때리면서 뜻이 오히려 멈추지 않았는데, 앞에 있는 사람이 선한 말로 뉘우치고 사죄하면서 참회를 구하여도 오히려 성냄을 풀지 않는다면, 이것은 보살의 바라이죄이니라.

第九瞋不受悔戒. 菩薩常應仁被一切. 而反侵損不受悔謝事. 乖誨化之甚故制斷也. 含毒損人謂之瞋. 結恨不捨名不受謝. 亦從所防爲戒名也. 具緣中事謂衆生. 古說上中境重. 下境犯輕. 今謂文云於一切衆生中乃至於非衆生中. 故知通結. 若如是者. 於木石等中瞋亦應結重. 答不也. 下云前人求悔善言懺謝. 故知不通木石. 若爾何故云於非衆生. 今謂聖人名非衆生. 非處處受生. 故云非衆生. 於不應瞋而瞋非如凡人. 故別云乃至.

제9진불수회계는 보살이 항상 마땅하게 일체에게 인자해야 하는데, 그러나 반대로 침해하고 손해 보게 하며 참회와 사죄의 일을 받아들이지 않아서 깊은 교화의 가르침을 무너트리는 까닭으로 제정하여 끊으셨다.

독을 머금고 사람을 손해 보게 하면 그것을 성낸다고 말하고 한을 맺고 버리지 않으면 사죄를 받아들였다고 말하지 않으며, 역시 그것을 따라서 막는 것은 계의 이름이 된다. 연의 가운데에서 일을 갖추면 중생이라 이름하는데, 진실로 말하겠다.

"상·중의 경계는 중죄이고, 하의 경계는 경구죄이다."

지금 말한 것을 경문에서 말하였다.

"일체의 중생 가운데에서, 나아가 중생의 가운데가 아니다."는 그러므로 통하여 맺는 것을 알 수 있다.

만약 이와 같다면 나무와 돌 같은 것들에게도 성냄은 역시 중죄를 맺는가? 답한다면 아니다. 하의 경계를 말하면 앞의 사람에게 선한 말로 뉘우치고 사죄하면서 참회를 구하는 까닭으로 나무와 돌에는 통하지 않는 것을 알겠다. 만약 그렇다면 무슨 까닭으로 중생이 아닌 것에 대해 말하는가? 지금 성인은 중생이 아닌 이름을 말하는 것이고, 처소와 처소에서 생을 받는 것이 아니다. 그러므로 중생이 아니라고 말하는 것이다.

想者謂於所瞋衆生稱境而想. 欲樂者謂欲結怨不捨之意樂也. 煩惱者以瞋爲主. 餘皆助成. 方便究竟者古云. 前人領解知彼不受. 被身口罵打結重. 隨身業口業多小結. 今謂不論前人領不領. 若決意結怨不受悔謝便結重也. 所以知然. 瞋卽瞋恚業道. 罵卽麤惡業道. 此二業道不以領解爲究竟故. 決擇云. 麤惡語究竟者. 謂呵罵彼瞋恚業究竟者. 謂損害等期心決定. 故知不待前人領解.

'생각'은 중생이 성냄에서 경계를 칭찬하고 생각하는 것을 말한다. '욕락'은 원한을 맺고자 하면서 그 의요를 버리지 않는 것을 말한다. '번뇌'는 성냄을 주로 하고 나머지가 모두 이루어짐을 돕는 것이다. '방편구경'은 옛날에 말하였다.

"앞의 사람에게 이해시켜 알게 하였으나, 받아들이지 않아서 몸과 입으로 욕하고 때렸다면, 중죄를 맺고, 신업과 구업이 많고 작음을 따라서 맺는다. 지금 앞의 사람과 논하지 않고 시키거나, 시키지 않는 것을 말하는데, 만약 뜻을 결정하여 원한을 맺고 참회와 사죄를 받아들이지 않으면 중죄를 맺는다."

그것으로써 알 수 있다. 성냄은 곧 진에의 업도(業道)이고, 욕함은 곧 추악의 업도인데, 이 두 가지의 업도가 이해시키지 못함으로써 구경이 되는 까닭이니라. 결택분에서 말하였다.

"'추악한 말의 구경'은 그를 꾸짖고 욕하는 것을 말하고, '진에 업의 구경'은 마음이 결정하는 시기 등을 손해 보게 하는 것 등을 말한다. 그러므로 앞의 사람에게 이해시키기를 기다리지 않음을 알겠다."[153)]

153) 내용을 함축하여 기술하여 구체적인 부분은 찾기 어렵다.

又菩薩地云. 若諸菩薩長養如是種類忿纏. 由是因緣不唯發起麤言便息. 由忿弊故加以手足塊石刀杖. 捶打傷害損惱有情. 內懷猛利忿恨意樂. 有所違犯. 他來諫謝不受不忍不捨怨結. 是名第三他勝處法. 結犯輕重者. 瞋不受悔有二. 一者前人來觸彼還悔謝. 而瞋不受彼謝. 此唯犯輕垢. 一云. 亦重彼屈意來. 而今瞋隔乖慈心故. 二者菩薩觸彼彼反悔謝. 而怨結不受. 正犯重也.

『유가사지론』「보살지」에서 말하였다.

"만약 여러 보살이 이와 같은 종류의 분노에 얽혀서 장양(長養)[154]하더라도, 이러한 인연을 이유로 오직 추악한 말을 일으키지 않으면 곧 쉬는 것이다. 분노로 인해 가려진 까닭으로 손과 발, 흙과 돌, 막대로써 매질하고 때리며 상해시키고 유정을 손해시키며 고뇌하게 한다면, 안으로 맹렬하고 날카로운 분한을 뜻으로 즐기는 것이므로 위반과 범한 것이 있다."[155]

다른 사람이 와서 간절히 사죄하였으나 받아들이지 않고, 인욕하지 않으며, 원결을 버리지 않는다면, 이것을 제3타승처법이라고 이름한다.

'범하면 경구죄와 중죄를 맺는다.'는 성내고 참회를 받아들이지 않음에 두 가지가 있다. 첫째는 앞에 사람이 와서 접촉하면서 그에게 도리어 참회하고 사죄하였는데, 그러나 성내면서 그가 사죄를 받아들이지 않았다면 이것은 오직 경구죄를 범한 것이다.

한 사람이 말하였다.

"역시 중죄이다. 그가 뜻을 굽히고 왔으므로 지금은 성냄이 무너지고 자비로운 마음인 까닭이다."

154) 포살을 가리키는 말이다.

155) 『瑜伽師地論』(大正藏 30), p.515중. "若諸菩薩長養如是種類忿纏. 由是因緣不唯發起麤言便息. 由忿蔽故加以手足塊石刀杖. 捶打傷害損惱有情. 內懷猛利忿恨意樂. 有所違犯他來諫謝不受不忍不捨怨結. 是名第三他勝處法."

둘째는 보살이 그와 접촉하였고 그가 반대로 참회하고 사죄하였으나 원한을 맺고 받아들이지 않는다면 곧 중죄를 범한다.

學處同異者. 菩薩本誓引攝故瞋隔犯重. 聲聞無期自保. 不受悔謝唯犯吉也. 依善生經. 於俗菩薩不制爲重. 此經通制道俗. 文中乃至於非衆生者. 若非情名非衆生. 是深防語. 若聖人非衆多生死. 故名非衆生. 卽齊防制也. 以惡口罵辱者. 口業損惱. 加以手打及以刀杖者. 以身業損惱. 意猶不息者. 意忿不息. 前人求悔善言懺謝者. 謂被侵損人反心悔謝. 猶瞋不解者. 不受不忍不捨怨結.

'학처가 같고 다르다.'는 보살은 본래의 서원으로 이끌어 섭수하는 까닭으로 성냄에 막히면 중죄를 범한다. 성문은 스스로가 보존하는 기한이 없으므로 참회와 사죄를 받아들이지 않는다면 오직 돌길라를 범한다.

『선생경』에 의거하면 "재가의 보살이 제지하지 않으면 중죄이다."는 이 경전을 통하면 사문과 재가를 제지한다.

경문의 가운데에서 '나아가 중생이 아니다.'는 만약 정(情)이 아니면 중생이 아니라고 이름한다. 이것은 깊이 막는 말이니, 만약 성인이 중생이 아니라면 생사가 많다. 그러므로 중생이 아니라고 이름하는데, 곧 가지런하게 막아서 제지하는 것이다.

'악한 입으로 꾸짖고 욕하다.'는 구업으로 손해시켜 고뇌하게 하는 것이다.

'손으로 때리고 칼과 몽둥이로 가해한다.'는 신업으로써 손해시켜 고뇌하게 하는 것이다.

'뜻이 오히려 쉬지 않는다.'는 분한의 뜻이 쉬지 않는 것이다.

'사람 앞에서 선한 말로 참회를 구하고 뉘우치며 사죄한다.'는 침해와 손해를 당한 사람이 반대로 참회와 사죄를 구하는 것을 말한다.

'오히려 성내면서 이해하지 못한다.'는 받아들이지 않고 인욕하지 않으며 원결을 버리지 않는 것이다.

菩薩地云. 若諸菩薩安住菩薩淨戒律儀. 於他有情有所侵犯. 或自不爲彼疑侵犯. 由嫌嫉心. 由慢所執不如理謝而生輕捨. 是名有犯. 有所違越是染違犯. 若由嬾惰懈怠放逸不謝輕捨. 是名有犯. 有所違越非染違犯. 無違犯者. 若欲方便調伏彼出不善處安立善處. 若是外道若彼希望. 要因現行非法有罪方受悔謝. 若彼有情性好鬪諍因悔謝時倍增憤怒. 若復知彼爲性堪忍體無嫌恨. 若必了他因謝侵犯深生羞恥而不悔謝. 皆無違犯.

『유가사지론』「보살지」에서 말하였다.

"만약 여러 보살이 보살의 정계율의에 안주하면서 다른 유정이 있는 곳에 침범하였거나, 혹은 스스로가 그를 침범하지 않았으나 침범을 의심하여 염치심을 이유로, 아만의 집착을 이유로, 이치와 같지 않게 사죄하면서 업신여김이 생겨났으나 버렸다면, 이것을 범함이 있다고 이름한다. 위반과 벗어남이 있다면 이것은 염오이고 위반이며 범한 것이다. 만약 나태와 해태와 방일을 이유로 사죄하지 않고 업신여김을 버렸어도, 이것을 범함이 있다고 이름한다. 위반과 범한 것이 있다면 이는 염오가 아니고 위반이며 범한 것이다."[156]

156) 『瑜伽師地論』(大正藏 30), p.518중. "若諸菩薩安住菩薩淨戒律儀. 於他有情有所侵犯. 或自不爲彼疑侵犯. 由嫌嫉心由慢所執. 不如理謝而生輕捨. 是名有犯有所違越. 是染違犯. 若由嬾惰懈怠放逸. 不謝輕捨. 是名有犯有所違越. 非染違犯. 無違犯者. 若欲方便調彼伏彼出不善處安立善處. 若是外道. 若彼悕望要因現行非法有罪方受悔謝. 若彼有情性好鬪諍. 因悔謝時倍增憤怒. 若復知彼爲性堪忍體無嫌恨. 若必了他因謝侵犯深生羞恥. 而不悔謝.

'위반과 범함이 없다.'는 만약 방편으로 그를 조복하고자 선하지 않은 처소에 선한 처소를 안립하였거나, 만약 이들이 외도이거나, 만약 그들이 희망하였거나, 요컨대 인이 나타나서 비법을 행하여 죄가 있었으므로 비로소 참회와 사죄를 받았거나, 만약 그의 정성(情性)에 투쟁을 좋아하는 요인이 있어서 참회하고 사죄하는 때에 두 배로 분노가 증가하였거나, 만약 다시 그가 인욕을 견디는 몸이고 싫어함과 분한이 없는 성품임을 알았거나, 만약 반드시 다른 사람의 인을 요달하여 침범을 사죄하고서 깊은 수치가 생겨나서 참회와 사죄를 하지 않았다면 모두 위반과 범함이 없다.

若諸菩薩安住菩薩淨戒律儀. 他所侵犯彼還如法平等悔謝. 懷嫌恨心欲損惱彼不受其謝. 是名有犯. 有所違越. 雖復於彼無嫌恨心. 不欲損惱. 然由稟性不能忍故不受謝. 亦名有犯. 有所違越是染違犯. 無違犯者. 若欲方便調彼伏彼. 若不如法不平等謝不受彼謝. 亦無違犯. 若諸菩薩安住菩薩淨戒律儀. 於他懷忿相續堅持生已不捨. 是名有犯. 有所違越是染違犯. 無違犯者. 爲斷彼故生起樂欲 廣說如前.

만약 여러 보살이 보살의 정계율의에 안주하면서 다른 처소에 침범하였고, 그가 도리어 여법하고 평등하게 참회하고 사죄하였는데, 싫어함과 분한의 마음을 품고 그를 손해시켜서 고뇌하게 하고자 그의 사죄를 받아들이지 않는다면 이것을 범함이 있다고 이름한다.

위반과 벗어남이 있다면 비록 다시 그에게 혐한심이 없고, 손해시켜 고뇌시키고자 않았어도, 그러나 성품을 이유로, 능히 참지 못하였던

皆無違犯."

까닭으로 사죄를 받아들이지 않는다면, 역시 범함이 있다고 이름한다. 위반과 벗어남이 있다면 이것은 염오이고 위반이며 범한 것이다.

'위반과 범함이 없다.'는 만약 방편으로 그를 조복하고자 하였는데, 그가 만약 여법하지 않고 평등하지 않아서 그것을 받아들이지 않는다면 역시 범함이 없다.

만약 여러 보살이 보살의 정계율의에 안주하면서 다른 사람에게 분노를 품고 상속하면서 굳게 지니는 것이 생겨났으나 버리지 않는다면, 이것을 범함이 있다고 이름한다. 위반과 벗어남이 있다면, 이것은 염오이고 위반이며 범한 것이다.

'위반과 범함이 없다.'는 그에게 끊고자 하는 까닭으로 욕락이 생기하였으나, [자세한 설명은 앞에서와 같다.]

若佛子. 自謗三寶敎人謗三寶. 謗因謗緣謗法謗業. 而菩薩見外道. 及以惡人一言謗佛音聲. 如三百鉾刺心. 況口自謗. 不生信心孝順心. 而反更助惡人邪見人謗者. 是菩薩波羅夷罪.

만약 불자가 스스로 삼보를 비방하고, 사람을 가르쳐서 비방하며, 비방하는 인과 비방하는 연과 비방하는 법과 비방하는 업에서, 보살은 외도와 악인들이 한 마디로 세존의 음성을 비방하는 것을 보았다면, 300의 모(鉾)[157]에 가슴을 찔린 것과 같은데, 하물며 입으로 스스로가 비방하겠는가? 신심과 불성에 효순하는 마음이 생겨나지 않고 반대로 다시 악인의 삿된 견해로 사람을 비방함을 돕는다면 이것은 보살의

157) 상대방을 찌르는 것을 목적으로 삼는 무기이나 창(槍)과는 다른 것이다. 일반적으로 두 종류가 있었는데 신성시된 것은 날이 넓었고, 일상적인 것은 날이 좁았다.

바라이죄이니라.

第十毁謗三寶戒. 地論唯云. 謗菩薩藏. 三中謗法過偏重故. 佛法僧寶初信之勝境歸終之極地. 理應承而奉順反生誹毁. 其過非輕故制斷也. 心言乖寶故名爲謗. 亦從所防爲戒名也. 具緣成犯中事者有二. 一所對境事. 謂上中二境. 若向下境結罪則輕. 今謂若對有知解者罪亦應重. 二所謗境事. 謂卽三寶. 業道門中通云寶有義. 今簡取勝故唯云三寶.

제10훼방삼보계는 『지론』에서 오직 말하였다.

"보살장을 비방하면 세 가지 가운데에서 비방한 법의 과실이 치우치게 무거운 까닭이니라."[158]

불·법·승보의 처음 수승한 경계에서 결국 극지(極地)로 돌아가나니, 이치는 마땅히 이을 것이고 수순함을 받들며, 반대로 비난과 훼방이 생겨나면 그 과실이 가벼운 것이 아닌 까닭으로 제정하여 끊으신 것이다. 마음과 말로 삼보를 무너트리는 까닭으로 비방한다고 이름하는데, 역시 막는 것을 따라서 계의 이름이 된다.

연을 갖추면 범함이 성립되는 일의 가운데에는 두 가지가 있다. 첫째는 경계를 마주하는 것의 일인데, 상중의 두 경계라고 말하고, 만약 하의 경계를 향하면 맺는 죄는 곧 경구죄이다. 지금 만약 마주하고서 이해하여 알았던 것이 있다면 죄는 역시 마땅하게 중죄이다.

둘째는 비방하는 경계에서의 일이다. 곧 삼보를 말하는데, 업도인 문의 가운데에 통하므로 보물의 뜻이 있다고 말한다. 지금 간택하여 취하면 수승한 까닭으로 오직 삼보라고 말한다.

158) 원문을 요약하여 인용하였으므로 구체적인 내용은 찾기 어렵다.

想者論云. 於有非有想. 此就所謗境辨其想也. 欲樂者謂卽如是愛欲欲謗三寶之意樂也. 煩惱者以癡爲主. 或具或單. 方便究竟者古說. 前人領納邪言隨語結重. 決擇業道中云. 究竟者謂誹謗決定. 又菩薩地云. 若諸菩薩謗菩薩藏. 愛樂宣說開示建立像似正法. 於像似法. 或自信解. 或隨他轉. 是名第四他勝處法.

'생각하다.'는 논에서 말하였다.

"유(有)에서 유상이 아닌데, 이것에 나아가서 경계를 비방한다면 그 상(想)을 분별하는 것이다."[159]

'욕락'은 곧 이와 같은 애욕으로 삼보의 뜻을 즐거이 비방하고자 하는 것이다.

'번뇌'는 어리석음으로서 주인이 되는데, 혹은 함께이고, 혹은 하나이다.

'방편구경'은 옛말에 말하였다.

"앞의 사람에게 삿된 말을 받아들이게 한다면 말을 따라서 중죄를 맺는다."

업도를 결택하는 가운데에서 말하였다.

"구경은 비방을 결정하는 것을 말한다."

또한『유가사지론』「보살지」에서 말하였다.

"만약 여러 보살이 보살장을 비난한다면, 애락으로 마땅히 설하면서 개시하는 것이고, 정법과 비슷한 형상(像)을 건립하는 것이다. 형상에서 법과 비슷하거나, 혹은 스스로가 믿고 이해하거나, 혹은 다른 사람을 따라서 전전한다면 이것을 제4의 타승처법이라고 이름한다."[160]

---

159)『瑜伽師地論』과『大智度論』에 비슷한 부분이 있다.『瑜伽師地論』(大正藏 30), p.630하. "想者. 謂於有非有想." ;『大智度論』(大正藏 25), p.191하. "更有非有想非無想定. 是中無一切妄想."

結犯輕重者. 凡說邪見有其二種. 一損減邪見撥實有事. 二增益邪見立實無事. 損減有二. 一全分. 總撥一切因果法. 二一分. 或執外謗內. 或執小謗大. 非撥一切都無有也. 全分邪見若起卽失戒. 總撥因果卽退菩提. 故若發言謗唯得性罪. 無戒可犯不名犯戒.

'경구죄와 중죄를 맺는다.'는 일반적으로 사견을 말하는데, 그것에는 두 종류가 있다. 첫째는 사견을 손감시켜 실제로 있는 일을 일으키는 것이고, 둘째는 사견을 증익하여 실제로 없는 일을 세우는 것이다.

손감에는 두 가지가 있다. 첫째는 전체로 분별하면 총체적으로 일체의 인과법을 없애는 것이고, 둘째는 하나로 분별하면 혹은 외부에 집착하여 내부를 비방하거나, 혹은 소승에 집착하여 대승을 비방하는 것으로, 일체 모두의 없음과 있음을 없앤 것은 아니다.

사견을 전체로 분별하면 만약 일으킨다면 곧 계를 잃고, 인과를 모두 없애므로 곧 보리에서 퇴전한다. 일부러 만약 말로 비방을 일으키면 오직 성죄(性罪)를 얻고, 계가 없는데 범하였다면, 계를 범하였다고 이름하지 않는다.

此時雖失戒而未斷善根未至增上品故. 唯可名爲退菩提捨. 一分邪見中. 若由執外謗內法時退菩提心卽失戒善. 若未退心卽犯謗重. 若此謗心至增上品. 設不退心亦失戒善. 卽是增上纏犯重捨也. 若由執小謗大乘時退菩提心亦卽捨戒. 若不退大卽犯輕中第八戒也.

이러한 때에 비록 계를 잃을지라도, 그러나 선근을 끊지 않았고,

160) 『瑜伽師地論』(大正藏 30), p.515하. "若諸菩薩謗菩薩藏. 愛樂宣說開示建立像似正法. 於像似法或自信解或隨他轉. 是名第四他勝處法."

증상품에 이르지 않는 까닭으로, 오직 보리에서 퇴전한 사타(捨墮)[161]라고 이름한다.

사견(邪見) 가운데에서 하나로 분별하면, 만약 바깥을 집착하는 이유로 내부의 법을 비방하는 때에는 보리심에서 퇴전하고, 곧 계의 선품을 잃는다. 만약 퇴전하는 마음이 없는데, 곧 비방을 범하면 중죄이다.

만약 이러한 비방하는 마음이 증상품에 이르렀고, 설령 퇴전하는 마음이 아니더라도, 역시 계의 선(善)을 잃고, 곧 이것이 증상(增上)에 얽히어 범하면 중죄의 사타이다. 만약 소승에 집착한 이유로 대승을 비방하는 때에 보리심은 퇴전하고 역시 곧 계를 버리는 것이다. 만약 크게 퇴전하지 않았다면 곧 제8계의 가운데에서 경구죄를 범한다.

彼云. 心背大乘常住經律言非佛說. 而受持二乘聲聞戒經故. 又增益邪見. 立實無事者. 即地論云. 愛樂宣說開示建立像似正法. 像似正法者. 謂五法等相狀似正法而非正法故. 若謗正法而愛似法即犯重罪. 若不謗正而愛似法即犯輕中第二十四. 彼云. 有佛經律大乘法而不能勤學. 修習文學邪見二乘外道俗典等故.

그가 말하였다.

"마음이 대승을 배반하고 경과 율에 상주하면 불설이 아니라고 말하는데, 2승의 성문의 계경을 수지하는 까닭이니, 또한 사견을 증익한다."

'진실로 세웠으나 일이 없다.'는 곧 『유가사지론』에서 말하였다.

161) 산스크리트어 naiḥsargika-prāyaścittika의 음사로 니살기바일제(尼薩耆波逸提)로 한역되고, 줄여서 사타라고 부른다. 가사나 발우 등의 물건을 규정 이상으로 소유한 가벼운 죄이다. 이러한 죄를 범한 비구·비구니는 그 물건을 버리고서, 네 명 이상의 비구 앞에서 참회하면 죄가 소멸되나 참회하지 않으면 죽어서 지옥에 떨어진다고 한다.

"선설을 애락하며 개시하고 정법과 비슷한 상(像)을 건립하는 것이다."162)

'정법과 비슷한 상(像)'은 5법 등의 상(相)이 정법과 비슷하다고 말하여도 그러나 정법이 아닌 까닭이다. 만약 정법을 비방하였는데, 비슷한 법을 사랑하였다면 곧 중죄를 범한다. 만약 정법을 비방하지 않았으나 비슷한 법을 사랑하였다면 곧 경구죄 가운데에서 제24죄를 범한다.

그가 말하였다.

"불경과 율에 대승법이 있다. 그러나 능히 부지런히 배우지 않았다면, 삿된 견해의 2승과 외도의 속된 법전 등의 문학을 수습한 까닭이니라."

古疏邪見義說有四. 一上邪見. 二中. 三下. 四雜邪見. 上邪見者. 謂撥一切因果皆無. 卽與上說全邪見同. 自有兩種. 一法想. 謂心中決定起無因果想. 戒善卽失. 如下邪見成上品善便斷. 後發言謗. 無戒可犯唯得性罪. 二非法想. 謂內心中起有因果想. 唯口中說無戒不失. 故隨說犯重. 犯後失戒. 事如前說. 今謂若心中起有因果想. 此則見不壞. 豈名邪見邪. 又若起非法想謗者. 應如破僧是虛誑語. 旣名邪見謗. 故知非妄語.

옛날의 소(疏)에서 삿된 견해의 뜻을 설명한 것에 네 가지가 있다. 첫째는 상품의 삿된 견해이고, 둘째는 중품의 삿된 견해이며, 셋째는 하품의 삿된 견해이고, 넷째는 잡품의 삿된 견해이다.

'상품의 삿된 견해'는 일체의 인과가 모두 없는데 없앴다고 말하는 것이니, 곧 상품에서 설명하더라도 전부 삿된 견해와 같다. 스스로가 두 종류가 있다. 첫째는 법상(法想)인데, 마음의 가운데에서 결정되어

162) 각주 160번을 참조하라.

일어나므로 인과의 상이 없다고 말한다. 계가 선하여도 곧 잃으며, 하품과 같은 삿된 견해는 상품을 이루더라도 선이 곧 끊어진다. 뒤에 말을 일으켜서 비방하면 계가 없더라도 범하며, 오직 성죄를 얻는다.

둘째는 비법상인데, 마음 가운데에서 인과상이 있어 일어난다고 말하면서, 오직 입의 가운데에서 계도 없고 잃지도 않는다고 말한다. 그러므로 말을 따라서 중죄를 범하는데, 범한 뒤에 계를 잃으며, 일은 앞의 설명과 같다.

지금 만약 마음의 가운데에서 인과상이 있어 일어난다고 말한다면, 이것은 곧 무너지지 않음을 보여주는데, 어찌 삿된 견해로 삿되다고 이름하겠는가? 또한 '만약 비법상이 일어났다고 비방한다.'는 마땅히 파승가와 같으므로 이것은 공허하게 헛된 광어이고, 이미 삿된 견해의 비방이라고 이름한다. 그러므로 망어가 아닌 것을 알겠다.

中邪見者不言都無因果. 但說三寶不及外道. 此卽同上一分邪見. 中執外謗內者是亦有二. 若起法相卽失戒善. 非法想說隨說犯重. 妨難如前. 下邪見者不說三寶不及外道. 但執小乘謗毁大乘. 如諸部小乘謗大非佛說. 此亦有二. 若起法想計畫未成卽犯輕中第八戒也. 計畫若成卽失戒善. 計小勝大時卽退菩提故. 今謂計小勝大未必便退大. 謂若有人信小乘中樹下成佛. 不信大乘文成正覺 而不欲取二乘四果. 豈可名爲退菩提邪. 二非法想說隨說犯重. 今謂旣知大乘勝於小乘. 而唯口言劣豈名邪見.

'중품의 삿된 견해'는 모든 인과가 없다고 말하지 않는 것이다. 다만 삼보를 말하고 외도를 말하지 않는 것이다. 이것은 곧 상품 일부분 삿된 견해와 같다.

'중품으로 외도에 집착하고 내부를 비방한다.'는 이것도 역시 두 가지가 있다. 만약 법상을 일으켰으면, 곧 계의 선을 잃고, 비법상을 말하였으면 말을 따라서 중죄를 범하며, 훼방의 장애는 앞에서와 같다.

'하품의 삿된 견해'는 삼보를 말하지 않고 외도도 말하지 않는 것이다. 다만 소승에 집착하여 대승을 비방하고 훼손하며 여러 소승의 부파와 같아서 불설이 아니라고 크게 비방하는 것이다. 이것도 역시 두 가지가 있다.

만약 법상을 일으켰어도 계획이 아직 완성되지 않았으므로 곧 경구죄의 가운데에서 제8계를 범하는 것이다. 계획하였고 만약 이루어졌다면, 곧 계의 선을 잃는데, 작게 계획하였어도 때에 수승하고 커졌다면 곧 보리에서 퇴전하는 까닭이다.

지금 작게 계획하였으나 수승하고 커졌다면 아직 반드시 곧 크게 퇴전한 것은 아니라고 말한다. 만약 사람이 있는데 소승을 믿으며 나무 아래의 가운데에서 성불하였다고 말하는 것이다. 대승을 믿지 않아도 경문에는 정각을 이룬다. 그러나 2승과 4과를 취하고자 하지 않았더라도 어찌 보리가 삿되고 퇴전하였다고 이름하겠는가!

두 비법상을 말한다면 말하는 것을 따라서 중죄를 범한다. 지금 대승이 소승보다 수승함을 이미 알고서 말하는 것이다. 그리고 오직 입으로 말하면 용렬한데 어찌 삿된 견해라고 이름하겠는가?

謗雜邪見者此復有四. 一者偏執. 謂執大謗小. 或偏執一部. 二者雜信. 謂雖不背佛家正法. 而言外道所說亦有道理. 又言鬼神亦有威力. 如說儒道佛家三宗齊致. 三暫念小乘. 謂欲且依小道斷惑. 然後更修大乘行也. 四思義僻謬. 謂隨聲取義起五過等. 此四雜見未必犯重. 隨其所應犯下輕垢. 辨輕重說學處同異者. 小乘謗法不制爲重. 如說欲不障惡邪見者. 若起見時唯吉. 違三諫

時方提. 如破僧五邪等. 若起法想唯蘭. 非逆若非法想犯逆并蘭. 今大乘中若謗三寶及菩薩藏. 乖違過深故並制重. 依善生經. 於俗菩薩亦不制重. 今此經中通制七衆.

'잡스럽고 삿된 견해로 비방한다.'는 이것에 다시 네 가지가 있다. 첫째는 편벽되게 집착하는 것이다. 대승에 집착하여 소승을 비방하는 것이고, 혹은 편벽되게 한 부파에 집착하는 것을 말한다.

둘째는 잡스러운 믿음이다. 비록 불가의 정법을 즐거워하지 않으면서도, 외도의 학설을 말하고 역시 도리가 있다고 말하는 것이다. 또한 귀신을 말하고, 역시 위력이 있다고 말하며, 유학과 도가와 불가의 세 종지가 가지런하게 일치하고 같다고 말한다.

셋째는 잠시 소승을 생각하는 것이다. 또한 소승의 도에 의지하여 미혹을 끊고자 하면서 그러나 뒤에 다시 대승의 행을 수행하는 것을 말하는 것이다.

넷째는 생각하는 뜻이 편벽되고 오류인 것이다. 소리를 따라서 뜻을 취하는 것으로 다섯 등의 허물 등이 일어나는 것을 말한다.

이러한 네 가지의 잡스러운 견해는 아직 반드시 중죄를 범한 것은 아니더라도 그것을 따라서 마땅히 하품의 경구죄를 범한다.

'경구죄와 중죄를 분별하고 학처를 설하는데 같고 다르다.'는 소승의 비방하는 법에는 중죄가 되는 것을 제정하지 않으셨다.

'장애가 아닌 악한 삿된 견해를 설하고자 하는 것과 같다.'는 만약 견해가 일어나는 때에는 오직 돌길라이고, 위반하여 세 번을 충고받는 때에는 장차 바일제인데, 파승의 오사(五邪) 등과 같다. 만약 법상이 일어났다면 오직 투란차이고, 위반이 아니며 만약 비법상을 범하면 위반과 아울러 투란차이다. 만약 지금 대승의 가운데에서 만약 삼보와 보살장을 비방하면, 무너트리고 위반하며 허물이 깊은 까닭으로 아울러 중죄로 제정하였다.

『선생경』에 의지하면 재가의 보살에게는 역시 중죄로 제지하지 않았는데, 지금 이 경전 가운데에서는 통하여 7중을 제지한다.

文中外道者謂佛法外行異道者. 惡人者謂佛法中起. 惡見者愍彼無事. 起惡墜於無底狂坑傷. 此正法被損虧於行人心中. 故見一言謗聲. 痛如三百鉾刺. 見者聞見. 餘文易了. 此謗法戒更無開緣. 上來別釋十重訖也.

'문장 가운데에서 외도'는 불법 외에 다른 도를 행하는 자를 말한다.

'악인'은 불법 가운데에서 악한 견해를 일으키는 자를 말한다.

'악견자'는 그 일이 없는 것을 걱정하고, 악을 일으켜서 끝이 없는 미친 구덩이에 떨어져서 손상되며, 행하는 사람의 마음 가운데에서 이러한 정법을 손해 보게 하고 무너뜨린다. 그러므로 한마디의 비방하는 소리를 본다면 300개의 칼끝으로 찔리는 것과 같이 고통스럽다.

'본다.'는 나머지의 문자를 보고 들어서 쉽게 이해하는 것이다.

이러한 비방계는 다시 여는 인연이 없다. 앞에서 오면서 별도로 10중계를 주석하여 마쳤노라.

善學諸人者. 是菩薩十波羅提木叉. 應當學於中. 不應一一犯如微塵許. 何況具足犯十戒. 若有犯者. 不得現身發菩提心. 亦失國王位轉輪王位. 亦失比丘比丘尼位. 亦失十發趣十長養十金剛十地佛性常住妙果. 一切皆失. 墮三惡道中. 二劫三劫不聞父母三寶名字. 以是不應一一犯.

'선하게 배우는 여러 사람'은 보살의 10바라제목차이니, 마땅히 가운데에서 배울 것이다. 마땅히 하나하나를 범하지 않음이 작은 티끌과 같이 허락되지 않아야 하는데, 어찌 하물며 구족하고서 10계를 범하겠는가?

만약 범한 자가 있다면 일어나는 보리심이 몸에 나타나더라도 얻지 못할 것이고, 역시 국왕의 지위나 전륜왕의 지위를 잃을 것이며, 역시 비구와 비구니의 지위를 잃을 것이고, 역시 10발취·10장양·10금강·10지·불성에 상주하는 묘과(妙果)를 잃으며, 일체를 모두 잃고서 3악도의 가운데에 떨어져서 2겁·3겁에 부모와 삼보의 명자(名字)를 듣지 못하므로, 이것으로써 마땅히 하나하나를 범하지 말라.

次總結中復三. 一對人總結. 二誡令不犯. 應當於中下是. 三勸學指廣. 誡中復三. 一擧微況多誡. 二顯失令厭誡. 三示報令怖誡. 擧微況中. 不一一犯如是微塵許者. 於一一戒中不應犯如微塵許. 纔起犯心不至身口. 此過輕小故喩微塵.

다음으로 모두 맺는 가운데에 다시 세 가지가 있다. 첫째는 사람을 마주하고 모두 맺는 것이고, 둘째는 영(令)을 경계하여 범하지 않는 것으로 마땅히 중·하품에서 이것이며, 셋째는 배움을 권유하여 크게 가리키는 것이다.

경계하는 가운데에 다시 세 가지가 있다. 첫째는 작음을 예시하여 오히려 많음을 경계하는 것이고, 둘째는 잃음을 드러내어 싫어하게 하여 경계하는 것이며, 셋째는 과보를 보여주어 두렵게 하여 경계하는 것이다.

작음을 예시하여 오히려 경계하는 가운데에서 하나하나를 범하지 않았어도 이와 같은 작은 티끌도 허락되지 않는 것은 하나하나의 계의 가운데에서 마땅히 작은 티끌과 같아도 범함이 마땅히 허락되지 않았고, 비로소 범하는 마음이 일어나서 몸과 입에 이르지 않았어도, 이것의 허물이 가볍고 작은 까닭으로 작은 티끌에 비유한 것이다.

此過雖微積成大惡故不可輕. 如經偈云. 莫輕小惡. 以爲無殃. 水渧雖微. 漸盈大器. 何況具足犯十戒者. 微過尙不應犯. 重罪理在絶言. 具足五緣成十根本故云具足犯十戒也. 顯失厭中. 不得現身發菩提心者. 謂失根本發心行也. 由犯根本重障所纏. 於現身中不復堪發眞菩提心. 亦失國王位等者. 謂失傍招增上生也. 旣退勝因妙報亦失.

이러한 허물이 비록 작더라도 쌓이면 큰 악을 이루는 까닭으로 가볍지 않은 것이다. 경전의 게송에서 말한 것과 같이 "가벼운 작은 악이 없다면 이것으로써 재앙이 없는 것이다. 물방울이 비록 작더라도 점차 채워지면 큰 그릇이니라."163)

어찌 하물며 구족되었는데 10계를 범하겠는가? 작은 허물이라도 오히려 마땅히 범하지 말라. 중죄는 이치는 말의 끊어짐에 있고, 5연이 구족되면 10근본을 이루는 까닭으로 구족되었어도 10계를 범한다고 말한다.

잃음을 드러내어 싫어하여 경계하게 하는 가운데에서 '일어나는 보리심이 몸에 나타나더라도 얻지 못한다.'는 발심하는 행의 근본을 잃은 것을 말한다. 근본을 범한 이유로 무거운 장애에 얽힌 것이며, 나타나는 몸의 가운데에서 다시 진실한 보리심이 일어나더라도 감당하지 못한다.

'역시 국왕의 지위 등을 잃는다.'는 주변의 부름을 잃었고, 증상만이

163) 『出曜經』(大正藏 4), p.707상. "莫輕小惡. 以爲無殃. 水渧雖微. 漸盈大器."

생겨난 것이니, 이미 수승한 인과 묘한 과는 퇴전하였으며, 역시 잃은 것을 말한다.

亦失比丘等者失勝類也. 不復堪入二衆數故. 下三衆亦隨類攝. 失十發趣等者失勝法也. 因果勝法皆退失也. 示報怖中. 一切皆失墮三惡道者. 犯十重戒一切皆招三惡果報. 二劫三劫不聞名字者. 一失人身長劫難復. 慈名勝字何由得聞. 小說五逆不過一劫之果. 大言十重亦招多劫之報. 權實理殊可不愼乎.

'역시 비구 등을 잃었다.'는 수승한 부류를 잃은 것이다. 다시 들어가서 2중의 숫자를 감당할 수 없는 까닭으로 하품의 3중도 역시 부류의 섭수를 따른다.

'10발취 등을 잃는다.'는 수승한 법을 잃는 것이고, 인과의 수승한 법이 모두 쇠퇴하여 잃는 것이다.

과보를 보여주어 두렵게 하는 가운데에서 '일체를 모두 잃고 삼악도에 떨어진다.'는 10중계를 범하면 일체가 모두 3악도의 과보를 부르는 것이다.

'2겁·3겁에 명자를 듣지 못한다.'는 한 번 사람의 몸을 잃으면 오랜 겁 동안에 회복하기 어려운데, 자비한 명(名)과 수승한 자(字)를 어떠한 이유로 듣겠는가? 작게 말하여도 5역죄는 1겁의 과보를 넘고, 크게 말하여도 10중죄는 역시 여러 겁의 과보를 부른다. 권리가 진실하고 이치는 수승하더라도 삼가하지 않겠는가!

汝等一切諸菩薩今學當學已學. 如是十戒應當學敬心奉持. 八萬威儀品當廣

明. 佛告諸菩薩言. 已說十波羅提木叉竟. 四十八輕今當說. 汝等不勸持指廣如文也.

그대들 일체의 여러 보살들은 지금 배울 것이고, 마땅히 배울 것이며, 이미 배웠느니라. 이와 같은 10계를 마땅히 배우고 공경하는 마음으로 받들어 지녀라. 「8만위의품」에서 마땅히 널리 밝혔느니라. 세존께서 여러 보살들에게 알려 말씀하셨다.

"10 바라제목차를 이미 설하여 마쳤고 48경계를 지금 마땅히 설하겠노라. 그대들이 권유하여 지니지 않더라도 널리 문장에서 가리키고 있는 것과 같으니라."

菩薩戒本疏卷上(終)

보살계본소 권상을 마친다.

보살계본소 권하
菩薩戒本疏 卷下

신라사문(新羅沙門) 의적(義寂) 술(述)
석보운(釋普雲) 국역(國譯)

개설
槪說[1]

釋輕戒中大分亦三. 一結起總標. 二次第別釋. 三說竟總結. 就別釋中. 四十八輕隨文所結. 凡爲五段. 段末皆指餘文. 應有廣說. 此五段中隨文剋取皆通三聚. 段段皆說離惡攝善益生義. 故從宗多論. 前十重戒判爲律儀. 後四十八分爲餘二. 經說攝律儀戒所謂十波羅夷. 攝善法戒所謂八萬四千法門. 攝衆生戒所謂慈悲喜捨. 化及一切衆生. 衆生皆得安樂.

경계(輕戒)를 해석하는 가운데에서 크게 분별하면 역시 세 가지가 있다. 첫째는 총표를 일으켜서 맺는 것이고, 둘째는 차례로 구별하여 해석하는 것이며, 셋째는 결국에 총결을 설명하는 것이다. 나아가 별도로

1) 원문에는 없으나 번역의 이해를 돕기 위하여 역자가 추가한 것이다.

해석하는 가운데에서 48경계의 문장을 따라서 맺는다면 일반적으로 다섯 단계가 된다. 단계의 끝은 모두 나머지의 경문을 가리키고, 마땅히 자세히 설명하고 있다.

이 다섯 단계의 가운데에서 경문을 따라서 지극히 취하면 모두 삼취정계에 통한다. 단계와 단계에서 모두 악을 떠나고 선을 섭수하고 중생을 요익시키는 뜻을 설하고 있다. 그러므로 종지를 따르는 논이 많다.

앞의 10중계를 판별하면 율의가 되고, 뒤의 48계를 분별하면 나머지의 두 가지가 된다. 경에서는 섭율의계는 이를테면, 10바라이이고, 섭선법계는 이를테면, 8만4천의 법문이며, 섭중생계는 이를테면, 자비희사이고, 일체의 중생을 교화하면 중생이 모두 안락을 얻는다고 설하신다.

又四十八中. 前三十戒多爲攝善. 後十八戒多爲利生也. 地持四十四輕戒中. 前三十三亦爲攝善. 後十一戒爲利生. 故彼此戒相雖有出沒. 擧宗判相亦相似故. 又經制教本. 論判義條. 故經與論不得相異. 論辨戒度九種相中. 第二一切戒. 謂在家分戒及出家分戒. 是名一切戒.

또한 48계 가운데에서 앞의 30계는 섭선계가 되는 것이 많고, 뒤의 18계는 이생(利生)이 되는 것이 많다. 『지지선계경(地持善戒經)』의 44경계의 가운데에서 앞의 33경계는 섭선계가 되고, 뒤의 11경계는 이생이 된다. 그러므로 그것의 이러한 계상(戒相)은 비록 출몰(出沒)이 있더라도 종지를 들어서 계상을 판별하면 역시 서로가 비슷한 까닭이다.

또한 경에서는 교본(教本)을 제정하셨고, 논에서는 뜻과 조문을 판별한다. 그러므로 경전과 논에서 계상의 차이를 얻을 수 없다. 논장에서 계도(戒度)를 분별하면 9종류의 상의 가운데에서 제2계는 일체계인데, 재가분계와 출가분계를 말한다. 이것을 일체계라고 이름한다.

又卽依此二分淨戒略說三種. 一律儀戒. 二攝善法戒. 三饒益有情戒. 律儀戒者. 謂諸菩薩所受七衆別解脫律儀. 卽是苾芻戒. 至近事女戒如是七種依止在家出家二分. 如應當知是名菩薩律儀戒. 攝善法戒者. 謂諸菩薩受律儀戒. 後所有一切爲大菩提. 由身語意積集諸善. 總說名爲攝善法戒.

또한 곧 이러한 이분정계에 의지하여 간략하게 말한다면 세 종류가 있다. 첫째는 율의계이고, 둘째는 섭선법계이며, 셋째는 요익유정계이다.

'율의계'는 여러 보살이 받는 7중의 별해탈율의이니, 곧 필추계이다. 근사녀계에 이르기까지 이와 같은 일곱 종류에 의지하므로 출가와 재가로 두 가지로 분류한다. 이와 같이 마땅히 아는 이것을 보살계율의라고 이름한다.

'섭선법계'는 여러 보살들이 받는 율의계를 말하는데, 뒤에 소유한 일체가 대보리가 된다. 몸과 말과 뜻을 이유로 여러 선을 쌓으면 모두 설하여 섭선법계가 된다고 이름한다.

此復云何. 謂諸菩薩依戒住戒. 於聞於思. 於修止觀. 於樂獨處精勤修學. 如是時時於諸尊長精勤修習合掌起迎. 問訊禮拜恭敬之業. 卽於尊長勤修敬事. 於疾病者悲愍慇重瞻侍供給. 於諸妙說施以善哉. 於有功德補特伽羅眞誠讚美. 於十方界一切有情一切福業. 以勝意樂起淨信心發言隨喜. 於他所作一切違犯思釋安忍.

이것은 다시 무엇을 말하는가? 여러 보살이 듣는 것에서, 생각하는 것에서, 지관을 닦는 것에서, 혼자인 처소에서 부지런히 수학을 즐기는 이와 같은 여러 때에서, 여러 존장이 정근을 수습하면 합장하고 일어나서 맞이하여 공경스러운 업으로 문신하고 예배하면서 곧 존장에게 공경스러운 일을 부지런히 닦는 것에서, 질병이 있다면 자비와 연민으로 은중하게 돌보고 모시며 공급하는 것에서, 여러 묘한 설법을 좋은 것으로서 베푸는 것에서, 공덕이 있어 보특가라[2]가 진실하고 정성스럽게 찬미하는 것에서, 시방의 경계의 일체 유정과 일체 복업으로서 수승한 의요[3]로 청정한 신심을 일으키고 따라서 기쁘게 말하는 것에서, 다른 사람이 일체의 어긋남과 범함을 짓는 것에서 안인(安忍)[4]을 생각하고 해석하는 것에서, 계에 의지하는 것이고, 계에 머무르는 것을 말한다.

以身語意已作. 未作一切善根. 迴向無上正等菩提. 時時發起種種正願. 以一切種上妙供具供佛法僧. 於諸善品恒常勇猛精進修習. 於身語意住不放逸. 於諸學處正念正知正行防守密護根門. 於食知量. 初夜後夜常修覺寤. 親近善士依止善友. 於自愆犯審諦了知深見過失. 旣審了知深見過已. 其未犯者專意護持. 其已犯者於佛菩薩同法者所至心發露如法悔除. 如是等類所有引攝護持增長諸善法戒. 是名菩薩攝善法戒.

몸과 말과 뜻으로서 이미 지었는데, 짓지 않은 일체의 선근을 무상정등보리에 회향하며, 때때로 여러 종류의 바른 서원을 일으키고, 일체 종류의 상묘한 공양구로서 불·법·승에 공양하며, 여러 선품에서 항상 용맹스럽게 정진하고 수습하며, 몸과 말과 뜻에 머무르고 방일하지

---

2) 산스크리트어 pudgala의 음사로서 중생(衆生) 또는 삭취취(數取趣)라 번역된다. 독자부(犢子部)에서는 윤회(輪廻)의 주체로서의 보특가라(補特伽羅)라는 실체의 존재를 인정하고 있다.

3) 어떤 목적(目的)을 향(向)하여 나아가려는 취지(趣旨)를 가리킨다.

4) 산스크리트어 kṣāti의 번역으로 마음을 안정시키고 참고 견디어 마음을 움직이지 않는 상태를 가리킨다.

않으며, 여러 학처에서 정념·정지·정행으로 막아서 지키고 비밀스럽게 근문(根門)을 보호하며, 음식에서 양을 알고, 초야와 후야에 항상 수습하여 잠에서 깨어 있으며, 선사(善士)와 친근하고 선한 벗을 의지하며, 자신이 허물과 범함에서 자세히 살피고 명료하게 알며 과실을 깊이 바라보는 것이다.

이미 살펴서 명료하게 알고 허물을 보았고, 그것을 아직 범하지 않는 자는 오로지 뜻으로 호지하고, 그것을 이미 범한 자는 불보살의 법과 같은 처소에서 지심으로 드러내어 여법하게 참회하라. 이와 같은 부류 등을 소유하고 이끌어 섭수하고 호지한다면 여러 선법계가 증장하느니라.

云何菩薩饒益有情戒. 當知此或略有十一相. 何等十一. 謂諸菩薩於諸有情能引義利. 彼彼事業與作助伴. 於諸有情隨所生起疾病等苦. 瞻侍病等亦作助伴. 又諸菩薩依世出世種種義利. 能爲有情說諸要法. 先方便說. 先如理說. 後令護得彼彼義利. 又諸菩薩於先有恩. 諸有情所善守知恩. 隨其所應現前酬報. 又諸菩薩於墮種種師子虎狼鬼魅王賊水火等畏諸有情類. 皆能救護令離如是諸怖畏處.

무엇을 보살의 요익유정계라고 말하는가? 마땅히 알라. 이것은 혹은 간략하게 11상이 있다. 무엇 등이 11상인가? 여러 보살은 여러 유정에게서 능히 의리와 이익을 이끌고, 그가 그러한 사업과 함께 조반(助伴)을 짓는 것을 말하고, 여러 유정의 태어남과 질병 등의 고통을 따라서 병 등을 살피고 모시면서 역시 돕는 반려를 짓는 것을 말한다.

또한 여러 보살은 세상의 출세(出世)에 의지하여 여러 종류의 의리와 이익으로 능히 유정을 위하여 여러 법요를 설하면서 먼저 방편으로 설하고, 먼저 이치와 같게 설하며, 뒤에 그에게 그러한 의리와 이익의 호지를 얻게 한다.

또한 여러 보살은 먼저 은혜가 있어 여러 유정의 처소에서 잘 지키고 은혜를 알고서 그 마땅함을 따라서 현전하여 과(果)를 갚아준다. 또한 여러 보살이 여러 종류의 사자·호랑이·늑대·귀신·도깨비·왕·도둑·물·불 등의 두려움에서 여러 유정의 부류를 모두 능히 구호하고 이와 같은 여러 두려운 곳을 떠나게 한다.

又諸菩薩於諸喪失財寶親屬. 諸有情類善爲開解令離愁憂. 又諸菩薩於有匱乏資生衆具諸有情類. 施與一切資生衆具. 又諸菩薩隨順道理. 正與依止如法御衆. 又諸菩薩隨順世間. 事務言說呼召去來談論慶慰. 隨時往起. 從他受取飮食等事. 以要言之. 遠離一切. 能引無義違意現行. 於所餘事心皆隨轉. 又諸菩薩若隱若露顯示所有眞實功德. 令諸有情歡喜進學.

또한 여러 보살은 여러 재보와 친속의 상실(喪失)에서 여러 유정의 부류에게 잘 열어서 이해시키고 근심을 떠나게 한다. 또한 여러 보살은 자생중구(資生衆具)[5]의 부족한 것에서 여러 유정의 부류에게 일체의 자생중구를 베풀어 준다.

또한 여러 보살은 수순하는 도리를 따라서 올바름과 함께 의지하고 여법하게 대중을 제어한다. 또한 여러 보살은 수순하는 세간을 따라서 사무(事務)하고 언설하는데, 어찌 가고 오는 것을 부르고 경사와 위로를 담론하겠는가? 때를 따라서 가고 일어나며 다른 사람을 따라서 음식 등의 일을 받고 취하며, 그것의 중요한 말로서 일체를 멀리 떠나는

5) 사문(沙門)의 생활에 필요한 생필품을 가리킨다.

것이므로, 능히 이끌어도 의리가 없고 뜻에 어긋나서 현행한다면 나머지의 일에서 마음이 모두 전전함을 따르는 것이다.

또한 여러 보살이 소유한 진실한 공덕을 만약 숨겼거나, 만약 드러내어 보여주었다면 여러 유정을 환희하면서 배움으로 나아가게 하는 것이다.

又諸菩薩於有過者. 內懷親昵利益安樂增上意樂. 調伏訶責治罰驅擯. 爲欲令其出不善處安立善處. 又諸菩薩以神通力方便. 示現那落迦等諸趣等相. 令諸有情厭離不善. 方便引令入佛聖敎歡喜信樂生希有心勤修正行. 今案四十八輕戒中. 與論所說文互出沒開合不同. 次第前後亦有不同. 經制敎本隨事別立. 論辨義條從類總說. 開合立意義. 須斟酌初戒中.

또한 여러 보살이 허물이 있는 것에서 안으로는 친근함·이익·안락·증상·의요를 품고서, 조복하고 가책하며 벌로 다스리고 구빈[6]하여 그를 선하지 않은 처소에서 나오게 하여서 선한 처소에 안립하게 한다.

또한 여러 보살은 신통력의 방편으로서 나락가 등의 여러 취에 모습을 시현하여 여러 유정에게 선하지 않음을 싫어하고 떠나게 하고, 방편으로 이끌어서 부처님의 성스러운 가르침에 들어가게 하여 환희로 믿고 즐거워하며 희유한 마음이 생겨나서 정행을 부지런히 닦게 한다.

지금 48경계의 가운데에서 상고하건대 논에서 설명하는 것과 함께 경문은 서로가 출몰하여 열리고 합쳐지는 것도 같지 않다. 차례와 앞뒤도 역시 같지 않음이 있다. 경은 교본을 제정하셨고 일을 따라서 별도로 세웠으나 논은 뜻과 조목을 분별하고 부류의 총설을 따랐는데, 열리고 합쳐지며 세워진 뜻은 처음 계의 가운데에서 짐작이 필요하다.

---

6) 무거운 죄를 저지른 수행자를 일시적 또는 영원히 승단에서 추방하는 것이다.

제1 경사존장계
第一 敬事尊長戒

佛言佛子. 欲受國王位時受轉輪王位時. 百官受位時. 應先受菩薩戒. 一切鬼神救護王身百官之身. 諸佛歡喜. 旣得戒已. 應生孝順心恭敬心. 見上座和上阿闍梨大同學同見同行者. 應起承迎禮拜問訊. 而菩薩反生憍心慢心癡心瞋心. 不起承迎禮拜問訊. 一一不如法供養. 以自賣身國城男女七寶百物而供給之. 若不爾者. 犯輕垢罪.

세존께서 말씀하셨다.

“불자가 국왕의 지위를 받고자 하는 때, 전륜왕의 지위를 받고자 하는 때, 백관의 지위를 받고자 하는 때에는 마땅히 먼저 보살계를 받아야 하나니, 일체의 귀신이 왕과 백관의 몸을 구호하고, 모든 부처님이 환희하는 것이다. 이미 계를 얻었다면 마땅히 효순하는 마음과 공경하는 마음이 생겨나야 하고 상좌·화상·아사리·대동학·동견·동행자를 보았다면 마땅히 일어나서 맞이하고 예배하고 문신해야 한다. 그러나 보살이 반대로 교만한 마음·게으른 마음·어리석은 마음·성난 마음이 생겨나서 일어나서 맞이하여 예배하고 문신하지 않고, 하나하나에 여법하게 공양하지 않으며, 스스로가 몸·국가와 성·아들과 딸·칠보인 백 가지의 물건 등을 팔아서 그것을 공급해야 하는데, 만약 그렇지 않는다면 경구죄(輕垢罪)를 범하느니라.”

卽論所說如是時時. 於諸尊長精勤修習合掌起迎問訊禮拜恭敬之業. 卽於尊長勤修敬事. 夫欲攝善必憑勝緣. 若傲於所尊卽妨於進善. 故制令敬事. 具緣成犯理應備論然旣非性罪. 未必皆具五緣. 故輕垢中犯緣存略. 然五緣中事

想欲樂方便究竟. 雖非性罪業道. 必應具有. 第四煩惱若染犯亦有. 不染犯中不必有也. 結犯輕重者. 故心染犯皆重. 不故不染皆輕. 諸戒皆爾. 不復更論.

곧 논장에서 이와 같이 때때로 설한 것과 같이 여러 존장이 부지런히 수습하는 처소에서 합장하며 일어나서 맞이하고 문신하며 공경스러운 업으로 예배하고, 곧 존장에게서 부지런히 공경스러운 일을 닦는다. 일반적으로 섭선하고자 한다면 반드시 수승한 인연이 필요한데, 만약 존장의 처소에서 거만하였다면 곧 선으로 나아가는 것을 방해한다. 그러므로 제지하시어 공경스럽게 섬기게 하셨다.

연을 갖추면 범함이 성립되나 이치를 마땅히 갖추어 논한다면 그러나 이미 성죄(性罪)는 아닌데, 아직 반드시 모든 다섯 연을 갖춘 것은 아니다. 그러므로 경구죄의 가운데에서 범한 인연은 간략하게 있다. 그러나 다섯 연의 가운데에서 일의 욕락과 구경방편을 생각하면 비록 성죄의 업도가 아니더라도 반드시 유(有)를 갖추었다.

제4번뇌에 만약 염오되었다면 범함이 역시 있으나, 염오되지 않았다면 범한 가운데에서 반드시 유는 아니다.

'경구죄와 중죄를 범하고 맺는다.'는 고의적인 마음으로 염오되어 범하면 모두 중죄이고, 고의적이지 않고 염오되지 않았다면 모두 경구죄이며, 여러 계에서 모두 그러하므로 다시 거듭하여 논하지 않는다.

學處同異者. 大小俱制. 然聲聞離過門中制. 菩薩攝善門中制. 七衆同犯. 在家二十八輕戒中第五戒云. 若優婆塞受持戒已. 若見比丘比丘尼長老先宿諸優婆塞等. 不起承迎禮拜問訊. 是優婆塞得失意罪. 不起墮落不淨有作. 文中諸戒皆三. 謂摽人序事結罪. 就序事中. 諸戒差降. 此戒有三. 一勸受戒. 二明應敬. 三明違之成犯.

'학처가 같고 다르다.'는 대승과 소승을 함께 제정하셨다. 그러나 성문은 허물을 벗어난 문의 가운데에서 제정하셨고, 보살은 섭선문의 가운데에서 제정하셨으므로 7중은 같이 범한다. 재가의 28경계 가운데에서 제5계에서 말하였다.

"만약 우바새가 계를 수지하였거나, 만약 비구·비구니·장로 먼저 수지하였던 여러 우바새 등에게 일어나서 맞이하여 예배하고 문신하지 않는다면 이것은 우바새가 실의죄(失意罪)를 얻고, 타락(墮落)에서 일어나지 않는 것이며, 부정을 짓는 것이다."[7)]

경문의 가운데에서 여러 계는 모두 세 가지이다. 사람의 순서와 일을 표시하여 죄를 맺는 것과 순서와 일의 가운데에 나아가는 것과 여러 계의 차강(差降)[8)]이다.

이러한 계에는 세 가지가 있다. 첫째는 계를 받는 것을 권유하는 것이고, 둘째는 마땅히 공경할 것을 밝히는 것이며, 셋째는 그것을 위반하면 범함이 성립되는 것을 밝힌다.

初勸受中凡擧三位. 初二唯爲俗. 第三通道俗. 出家菩薩亦有容作僧統等. 故立僧統等. 雖經所遮. 必不獲已. 事容有故. 恐在高位. 縱誕行非故制受法令不憍奢. 若能受而順行則神佛喜護. 近有安身遠能隆法. 故勸令受戒. 雖先受臨事應更受之. 爲欲敬事故. 旣得已下明應敬也.

처음 권유하여 받은 가운데에서 일반적으로 사례는 3위이다. 처음의 2위는 오직 재가인을 위한 것이고, 제3위는 출가인과 재가인에게 통한다.

---

7) 『優婆塞戒經』(大正藏 24), p.1049하. "若優婆塞受持戒已. 若見比丘比丘尼長老先宿諸優婆塞優婆夷等. 不起承迎禮拜問訊. 是優婆塞得失意罪."

8) '사람을 뽑아서 내려보낸다.'는 뜻으로 이곳에서는 계목의 순서를 가리킨다.

출가보살도 역시 승통[9] 등을 짓는 것이 허용되고 있다. 그러므로 승통 등을 세웠다면 비록 경전에서 막는 것이므로 반드시 얻지 못하여야 하지만 일에서는 허용되는 것이 있는 까닭이다. 높은 지위에 있으면 두렵고, 수직으로 행의 비리가 자라나는 까닭으로 제정하시어 법을 받고 교만과 낭비를 없애게 하신 것이다.

만약 능히 받고서 행을 수순하면 곧 귀신과 세존께서 기뻐하고 보호하므로, 가까이에는 편안한 몸이 있고 멀리는 능히 법이 솟아나는 것이다. 그러므로 권유하여 계를 받게 하는 것이다. 비록 먼저 받았어도 일에 다다르면 마땅히 다시 그것을 받아라. 공경스러운 일을 하고자 하는 까닭이니, 이미 얻었더라도 이하는 마땅히 공경함을 밝히는 것이다.

孝順心者於彼教訓從而不敢違也. 恭敬心者於彼德行崇而不敢慢也. 上座者於上無人爲上座. 和尚此音訛也. 若正應云鄔波陀耶. 此又云親教. 卽所從受戒者也. 阿闍梨者若正應云阿遮梨耶. 此云軌範. 此有五種. 一剃髮. 二出家. 三教授. 四羯磨. 五依止. 大同學同見同行者. 謂同學等中年歲先者也.

'효순하는 마음'은 그것의 교훈에서 따르고 감히 위반하지 않는 것이다.

'공경하는 마음'은 그것의 덕행에서 숭상하고 감히 게으르지 않는 것이다.

---

9) 사문의 관직이나 법계(法階)의 하나로서 중국 북위(北魏)에서 처음 생겨났으며 사문통(沙門統)·승통·사문도통(沙門都統)의 3가지 직위가 있었다. 한국에서는 신라에서 처음으로 진흥왕 12년(551) 고구려에서 신라로 귀화한 혜량(惠亮)을 승통으로 삼아서 교단을 육성하였고, 고려시대에는 승통이 교종(教宗)의 최고 법계로 사용되었으며, 승통에게는 왕사(王師)나 국사(國師)의 자격이 부여되었다.

'상좌'는 위에 사람이 없다면 상좌가 된다.

'화상', 이 발음은 그릇된 것이다. 만약 바르게 말하려면 마땅히 '오파타야'라고 말하라. 이것은 또한 '친교'라고 말하는데, 곧 계를 받은 자를 따르는 것이다.

'아사리'는 만약 바르게 말하려면 마땅히 '아차리야'라고 말하라. 이것은 '궤범'이라고 말하는데, 다섯 종류가 있다. 첫째는 체발이고, 둘째는 출가이며, 셋째는 교수이고, 넷째는 갈마이며, 다섯째는 의지이다.

'대동학·동견·동행'은 동학 등의 가운데에서 연세(年歲)가 앞선 자를 말한다.

又同學大法同習大見同修大行者也. 違之成犯中. 反生憍心慢心癡心者. 不孝順故憍. 不恭敬故慢. 不知應敬之處. 卽是癡心也. 以自賣身下引況重誡. 尙應捨身. 況復不禮敬耶.

또한 동학은 큰 법이고, 동습은 큰 견해이며, 동수는 크게 행하는 자이다.

'그것을 위반하다.'는 범하는 가운데에서 성립된다.

'반대로 교만한 마음·게으른 마음·어리석은 마음이 생겨난다.'는 것은 효순하지 않아서 일부러 교만하고, 공경하지 않아서 일부러 게으르며, 마땅히 공경할 처소를 알지 못하므로 곧 이것은 어리석은 마음이다.

'스스로가 몸을 팔아서라도'의 이하는 인도할 더욱 소중한 규범이므로 오히려 마땅히 몸을 버려야 하는데, 하물며 다시 예배하면서 공경하지 않으리오!

四十四中第三戒云. 若諸菩薩安住菩薩淨戒律儀. 見諸耆長有德可敬同法者來. 憍慢所制懷嫌恨心懷恚惱心. 不起承迎不推勝座若有他來語言談論慶慰請問. 憍慢所制懷嫌恨心懷恚惱心. 不稱正理發言酬對. 是名有犯. 有所違越是染違犯. 非憍慢制無嫌恨心無恚惱心. 但由嬾惰懈怠妄念無記之心. 是名有犯. 有所違越非染違犯.

44계 가운데의 제3계에서 말하였다.

"만약 여러 보살이 보살의 정계율의에 안주하고, 여러 기숙과 장로의 덕이 있어 공경할 수 있는 동법자가 온 것을 보았으나, 교만함에서 혐한심(嫌恨心)[10]을 품고서 제지하고, 에뇌심(恚惱心)[11]을 품고서 제지하며, 일어나서 맞이하지 않고, 수승한 자리를 추천하지 않으며, 만약 다른 사람이 와서 언어로 담론하고 기뻐하면서 위문을 청하여 물었으나, 교만함에서 혐한심을 품고서 제지하고, 에뇌심을 품고서 제지하면서 바른 이치로 발언하지 않고 마주하고서 응대하여 칭찬하지 않는다면 이것을 범함이 있다고 이름한다."

위반과 벗어남이 있다면 이것이 염오이고 위반이며 범한 것이다. 교만이 아니면서 혐한심이 없이 제지하고, 에뇌심이 없이 제지하며, 다만 나태·해태·망념·무기심의 이유라면 이것을 범함이 있다고 이름한다. 위반과 벗어남이 있고 염오가 아니어도 위반이며 범한 것이다.

無違犯者. 謂遭重病. 或心狂亂. 或自睡眠. 他生覺想而來親附語言談論慶慰請問. 或自爲他宣說說法論義決擇. 或復與餘談論慶慰. 或他說法論義決擇屬耳而聽. 或有違犯說正法者. 爲欲將護法者心. 或欲方便調彼伏彼出不善

10) 미워하고 원망하는 마음을 말한다.
11) 성내면서 괴롭히려는 마음을 말한다.

處安立善處. 或護僧制. 或爲將護多有情心. 而不酬對. 皆無違犯.

'위반과 범함이 없다.'는 무거운 병을 만났거나, 혹은 마음이 광란(狂亂)[12]하였거나, 혹은 스스로가 수면하였거나, 다른 생각이 생겨나서 와서 직접 언어로 담론하면서 기뻐하며 위문하고 청하여 물었거나, 혹은 스스로가 다른 사람을 위하여 설법을 선설하고 논의를 결택하였거나, 혹은 다시 함께 마시면서 담론하며 기뻐하며 위문하였거나, 혹은 다른 설법과 논의의 결택에 귀를 기울여 들었거나, 혹은 위반하고 범한 것이 있어 정법이라는 것을 설하여 호법자의 마음을 지니게 하고자 하였거나, 혹은 방편으로 그를 조복하여 그가 선하지 않은 곳에서 나와서 선한 곳에 안립하게 하였거나, 혹은 승가를 보호하고자 제지하였거나, 혹은 많은 유정의 마음을 보호하고자 하면서 그리고 마주하고서 응대하지 않았다면, 모두 위반하고 범함이 없다.

제2 불음주계
第二 不飮酒戒

若佛子. 故飮酒而酒過失無量. 若自身手過酒器與人飮酒者. 五百世無手. 何況自飮. 不得敎一切人飮. 及一切衆生飮酒. 況自飮酒. 一切酒不得飮. 若故自飮敎人飮者. 犯輕垢罪.

만약 불자는 일부러 술을 마신다면 술의 허물은 무량하니라. 만약 스스로의 손으로 술잔을 들어 다른 사람에게 주어서 마시게 한 자는

12) 미친듯이 어지럽게 날뛰는 모습을 가리킨다.

500생(生) 동안 손이 없을 것인데, 어찌 하물며 스스로 마시겠는가! 일체의 사람들에게 마시지 않도록 가르칠 것인데, 하물며 스스로 마시겠는가! 일체의 술을 마시지 말지니라. 만약 일부러 스스로가 마시고, 다른 사람을 가르쳐서 마시게 하였다면, 경구죄를 범하는 것이니라.

酒是放逸處. 能造諸過違諸善法故制也. 大小乘同七衆俱制. 二十八中第二戒云. 若優婆塞受持戒已. 耽樂飮酒得失意罪. 序事中三. 一顯失. 二不得敎下制不應飮. 三若故自飮下違之成犯. 初顯失中. 故飮酒者. 似開誤飮. 而律中酒非酒想亦犯. 若始終無飮酒心. 誤迷唯謂飮水. 理應開之. 若本有飮酒心. 雖飮時謂非酒. 亦應犯也. 而生酒過失無量罪者. 雖非性惡而能開性惡故. 云過失無量. 如論中云. 若醉酒時除破僧事餘一切惡無不造也.

음주는 방일한 처신이니, 능히 여러 허물을 만들고 여러 선법을 위반하는 까닭으로 제정하셨다. 대승과 소승이 같고, 7중도 함께 제정하셨다. 28계의 가운데에서 제3계에서 말씀하였다.

"만약 우바새가 계를 수지하고, 음주를 매우 탐착한다면 실의죄를 얻는다. 서사(序事)의 가운데에는 세 가지가 있다. 첫째는 과실을 나타내는 것이고, 둘째는 가르침을 얻지 못하였어도 이하는 마땅히 마시지 않게 제지하는 것이며, 셋째는 만약 일부러 스스로가 음주하면 이하는 그것을 위반하면 범함이 성립되는 것이다."

첫째의 과실을 나타내는 가운데에서 '일부러 음주한다.'는 열어서 그릇되게 마시는 것과 비슷한데, 그러나 율의 가운데에서는 술을 술이 아니라고 생각하더라도 역시 범한다. 만약 처음부터 끝까지 음주의 마음이 없었고, 그릇되고 미혹되어 오직 물을 마셨다고 말한다면 이치로는 마땅히 그것은 연 것이다. 만약 본래 음주의 마음이 있었다면 비록 마시는 때에 술이 아니라고 말하여도 역시 마땅히 범한다.

그리고 '음주의 과실은 무량한 죄를 생겨나게 한다.'는 비록 성품이 악하지 않더라도 그러나 능히 악한 성품을 여는 까닭으로 과실이 무량하다고 말한다. 논의 가운데에서 말한 것과 같다.

"만약 술에 취한 때에 파승사를 제외하고서, 나머지의 일체의 악이 만들어지는 것은 없다."13)

又智度論中具顯三十六失. 四分律中十種過失. 佛告阿難. 凡飮酒者有十過失. 一者顔色惡. 二者劣力. 三者眼視不明. 四者現瞋恚相. 五者壞田業資生法. 六者增致疾病. 七者益鬪訟. 八者無名稱惡名流布. 九者智慧減小. 十者身壞命終墮惡道. 是謂十失. 自今以去我師者乃至不得以草木頭內著酒中而入口. 過酒器者然度酒器也. 一云. 過有酒器與之令飮. 一云. 唯過空器與彼令斟. 前說遣他飮. 後說教他飮. 義皆無爽.

또한『대지도론』가운데에서는 36과실을 갖추어 나타내고 있고,『사분율』의 가운데에서는 10종류의 과실이 있다. 세존께서 아난에게 알리셨다.

"일반적으로 음주는 10가지의 과실이 있느니라. 첫째는 안색이 나쁜 것이고, 둘째는 힘이 약해지며, 셋째는 눈으로 보는 것이 분명하지 않고, 넷째는 성내는 모습이 나타나며, 다섯째는 복전업의 자생법을 무너트리고, 여섯째는 병이 증가하며, 일곱째는 다툼과 송사를 증가시키고, 여덟째는 명예는 없고 악명(惡名)이 유포되며, 아홉째는 지혜가 감소하고, 열째는 몸이 무너지고 목숨을 마치면 악도에 떨어지는 것이다.

13) 일반적인 경전을 함축하여 언급한 것으로 생각되며, 본 어구와 일치하는 경전은 찾기 어렵다.

이것을 10과실이라고 말하느니라. 지금으로부터 나를 스승으로 여기는 자는, 나아가 풀과 나무 끝으로서 술 안에 담가둔 것도 입안에 넣지 말라."[14)]

'술잔이 지나간다.'는 술잔을 건넨다는 것이다.

한 사람이 말하였다.

"술잔을 건넸다면 그것을 주어서 마시게 한 것이다."

한 사람이 말하였다.

"오직 빈 그릇을 건넸다면 그에게 주어서 술을 따르게 한 것이다."

앞의 말은 다른 사람에게 마시도록 보낸 것이고, 뒤의 말은 다른 사람을 가르쳐 마시게 한 것이니, 뜻에 모두 그릇됨이 없다.

五百世無手者. 謂手執酒器與故得無手之報也. 如蚓虫等類. 或生人中得無手也. 有云. 有五五百歲. 一五百在醎糟地獄. 二五百在沸尿中. 三五百作曲蛆虫. 四五百作蠅蜩等. 五五百作人癡鈍無知. 今言五百或是最後也. 制不應中. 不得教一切人飮者. 謂不得教他令飮. 及一切衆生飮酒者. 謂不得遣與他飮. 況自飮酒者. 爲欲遮自放逸過故. 擧他況自.

'500세에 손이 없다.'는 손으로 술잔을 집어 잡고 주었던 까닭으로 손이 없는 과보를 받은 것이다. 지렁이와 벌레 등의 부류와 같고, 혹은 사람으로 태어나도 손이 없는 것이다.

누가 말하였다.

---

14) 『四分律』(大正藏 22), p.672상. "佛告阿難. 凡飮酒者有十過失. 何等十. 一者顏色惡. 二者少力. 三者眼視不明四. 者現瞋恚相. 五者壞田業資生法六者增致疾病. 七者益鬪訟. 八者無名稱惡名流布. 九者智慧減少. 十者身壞命終墮三惡道. 阿難是謂飮酒者有十過失也. 佛告阿難. 自今以去以我爲師者. 乃至不得以草木頭內著酒中而入口."

"다섯의 500세가 있다. 첫째의 500세는 함조(醎糟)[15] 지옥에 있고, 둘째의 500세는 끓는 오줌의 가운데에 있으며, 셋째의 500세는 굽은 구더기를 짓게 되고, 넷째의 500세는 파리와 벌레 등을 지으며, 다섯째 500세는 사람을 지으나 어리석고 둔하고 무지하다."

지금 말하는 오백 세는 혹은 최후의 것일 지이니, 제지하여 마땅히 가운데에서 못하게 하는 것이다.

'일체의 사람을 가르쳐서 마시게 하지 말라.'는 남을 가르쳐서 마시지 않게 하는 것을 말한다.

또한 '일체의 중생들에게 술을 마시게 하지 말라.'는 다른 사람에게 보내주어서 마시게 하지 말라는 것을 말한다.

'하물며 스스로 마시겠는가?'는 스스로의 방일한 허물을 막기 위한 까닭이다. 다른 사람을 예를 들었는데 하물며 스스로이겠는가?

律云. 酒者木酒粳米酒餘米酒大麥酒. 若有餘酒法作酒者是. 雜酒者酒色酒香酒味不應飮. 或有酒非酒色酒香酒味不應飮. 或有酒非酒色非酒香酒味不應飮. 或有酒非酒色非酒香非酒味不應飮. 非酒酒色酒香酒味應飮. 廣說如彼. 不犯者. 若有如是病. 餘藥治不差. 以酒爲藥. 若以酒塗瘡. 一切無犯.

율에서 말하였다.

"술은 나무 술·멥쌀 술·나머지 쌀의 술·보리 술이다. 만약 나머지도 술의 법으로 지었다면 이것은 술이다. 섞인 술은 술의 빛깔·술의 향기·술의 맛이니 마땅히 마시지 않아야 하고, 혹은 술이 있어 술의 빛깔이 아니라도 술의 향기와 술의 맛이라면 마땅히 마시지 않아야 하며, 혹은

15) '소금기가 있는 거르지 않은 술이다.'는 뜻이다.

술이 있어 술의 빛깔이 아니고 술의 향기도 아니며 술의 맛이라면 마땅히 마시지 않아야 하고, 혹은 술이 있어 술의 빛깔이 아니고 술의 향기도 아니며 술의 맛이 아니라도 마땅히 마시지 않아야 한다. 술이 아닌데 술의 빛깔이고 술의 향기이며 술의 맛이라면 마땅히 마셔라. 자세한 설명은 그것에서와 같다.

범하지 않는 것은 만약 이와 같은 병이 있어 다른 약으로 치료하여도 낫지 않아서 술로써 약을 삼는 것, 만약 술로써 상처에 바른다면 일체의 범함은 없다.

제3 불식육계
第三 不食肉戒

若佛子. 故食肉一切肉不得食. 夫食肉者斷大慈悲佛性種子. 一切衆生見而捨去. 是故一切菩薩. 不得食一切衆生肉. 食肉得無量罪. 若故食者犯輕垢罪.

만약 불자가 일부러 고기를 먹고자 하더라도, 일체의 고기도 먹을 수 없느니라. 일반적으로 고기를 먹는다면 대자비인 불성의 종자를 끊느니라. 일체의 중생들이 보고서 버리고 떠나가는 이러한 까닭으로 일체의 보살들은 일체중생의 고기를 먹을 수 없느니라. 고기를 먹으면 무량한 죄를 얻고, 만약 일부러 먹는다면 경구죄를 범하느니라.

斷大慈種故制. 聲聞涅槃已前聽三種淨自餘不聽. 涅槃以後一切不聽. 菩薩前後一切不聽. 七衆同制. 文序事中亦先顯失. 次制不應食. 後違之成犯. 一切肉不得食者. 若淨不淨皆不得食也.

대자비의 종자가 끊어지는 까닭으로 제정하셨다. 성문은 열반하기 이전에는 세 종류의 청정한 고기는 허락되나, 나머지는 허락되지 아니한다. 열반의 이후에는 일체가 허락되지 않는다. 보살은 열반 이후에는 일체가 허락되지 않는다. 칠중을 같이 제정하셨다.

경문의 서사 가운데에서는 역시 먼저 과실을 나타냈고, 다음으로 먹는 것이 마땅하지 않음을 제정하였으며, 뒤에는 그것을 위반하면 범함이 성립되는 것이다.

'일체의 고기도 먹지 말라.'는 만약 고기가 청정하거나 부정하더라도 모두 먹을 수 없다.

斷大慈悲佛性種子者. 如經云. 由有食人故殺. 知如此而食故斷慈悲種也. 一切衆生見而捨去者. 如鳥入身子影中尙有戰懼. 有習氣者猶如是. 況全不斷三毒者也. 食肉得無量罪者. 由食至殺害故得無量罪.

'대자비인 불성의 종자가 끊어진다.'는 경전에서 말씀하신 "먹는 사람이 있는 까닭으로 일부러 죽인다."[16]는 것과 같은데, 이와 같음을 알고서 먹었던 까닭으로 자비의 종자가 끊어지는 것이다.

'일체의 중생들이 보고서 버리고 떠나간다.'는 '새가 자신의 그림자 가운데에 들어가서 오히려 전율한다.'는 것과 같이, 습기(習氣)가 있는 자는 오히려 이와 같은데, 하물며 전혀 삼독을 끊지 않는 자이겠는가!

'고기를 먹으면 무량한 죄를 얻는다.'는 먹는다는 이유만으로 살해하기에 이르는 까닭으로 무량한 죄를 얻는 것이다.

---

16) 일반적인 경전을 함축하여 언급한 것으로 생각되며, 본 어구와 일치하는 경전은 찾기 어렵다.

제4 불식신계
第四 不食辛戒

若佛子. 不得食五辛. 大蒜革葱韮葱蘭葱興渠. 是五種一切食中不得食. 若故食者犯輕垢罪.

만약 불자라면 다섯 가지의 매운 것을 먹을 수 없느니라. 대산(大蒜)·혁총(革葱)·구총(韮葱)·난총(蘭葱)·흥거(興渠)의 이러한 다섯 종류는 일체의 음식 가운데에서 먹을 수 없느니라. 만일 일부러 먹는다면 경구죄를 범하느니라.

薰臭妨淨法故制. 大小俱制七衆亦同. 准律女應小重. 以發華色故. 革葱土葱蘭葱者. 此中無薤韮. 但開葱爲三. 此三別相難知. 或云. 革葱是薤葉似韮而厚 蘭葱者. 傳說嶺南生蘭葱. 葉似大蒜而闊臭氣同蒜.

매운 냄새는 청정한 법을 방해하는 까닭으로 제정하셨다. 대승과 소승 모두 제정하였고, 7중도 역시 같다. 율에 준하면 여인은 마땅히 약간 무거운데, 화색(華色)을 일으키는 까닭이다.

'혁총·토총·난총'은, 이 가운데에서 해(薤)[17]와 구(韮)[18]가 없고, 다만 열었더라도 총(葱)은 세 가지가 되며, 이 세 가지의 차별된 모양을 알기는 어렵다.

---

17) 백합과에 속하는 여러해살이 풀인 염교를 가리키고 중국이 원산지이다. 중국을 비롯하여 한반도와 일본열도에서 자라는데, 채지(菜芝), 해채(薤菜)라고도 부른다.

18) 백합과에 속하는 여러해살이 풀인 부추를 가리킨다.

혹자는 말하였다.

“혁총(革葱)은 해(薤)인데, 잎은 구(韮)와 비슷하면서도 두껍다.”

난총(蘭葱)은 전하는 말에 “영남[19]에서 난총이 자라는데 잎은 대산(大蒜)과 비슷하면서도 넓고 냄새는 산(蒜)과 같다.”고 한다.

興渠者婆羅門語喚芸薹爲殑渠慮. 西域諸寺不聽食也. 又云. 嶺南生興渠. 形似倭韮氣味似蒜. 若有病餘藥不治. 或應開之. 如律身子行法. 菩薩亦應開之. 別有五辛經一卷. 五辛各五. 合二十五. 又云. 噉辛故. 入東方阿鼻. 上流洗辛下流洗衣亦不得. 云云. 此三戒攝善中無別相. 以義攝之. 於身語意住不放逸中亦蘊在也.

‘흥거(興渠)’는 바라문 말로 예대(芸薹)라고 부르는데, 긍거려(殑渠慮)[20]이며, 서역의 여러 사찰에서는 먹는 것이 허락되지 않는다.

또한 말하였다.

“영남에서 흥거가 자라는데 형상은 마치 왜구(倭韮)[21]와 비슷하고 냄새와 맛은 산(蒜)과 비슷하다. 만약 병이 있는데 다른 약으로는 치료되지 않는다면, 혹은 마땅히 그것을 열어야 한다. 율에서의 몸의 행법과 같이, 보살도 역시 마땅히 그것을 열어야 한다. 별도로 『오신경(五辛經)』 한 권이 있고, 오신채에 각각 다섯 권이 있으므로 합하면 모두 25권이

19) 난링산맥(南岭山脉)의 오령(五嶺)인 남쪽지역으로 현재의 광둥성, 광시성, 하이난성을 가리킨다.

20) 산스크리트어 guggula, gugal, guggle 등으로 불리는데, 인도에 주로 분포한다. 수지가 나오며, 물기가 많고, 끈적끈적하며, 향이 있고, 색은 금색인데, 향으로 만들어지면 안실향(安悉香), 또는 안식향(安息香)이라고 불리며, 태우면 아교가 타는 것과 비슷한 냄새가 난다고 한다.

21) 굽은 모양의 부추를 가리킨다.

된다."

또한 말하였다.

"매운 것을 씹는 까닭으로 동방의 아비지옥에 들어가므로, 상류에서 매운 것을 씻으면 하류에서는 옷도 역시 씻을 수 없다." [여러 설이 있다.]

이 세 가지의 계는 섭선법계의 가운데에서 별도의 형상이 없으므로 뜻으로써 그것을 섭수한다. 몸과 말과 뜻에서 방일하지 않는 가운데에 머무르더라도 역시 쌓임(蘊)이 있는 것이다.

제5 거죄교참계
第五 擧罪敎懺戒

若佛子. 見一切衆生犯八戒五戒十戒毁禁七逆八難. 一切犯戒罪. 應敎懺悔. 而菩薩不敎懺悔. 同住同僧利養. 而共布薩一衆說戒. 而不擧其罪. 不敎悔過者. 犯輕垢罪.

만약 불자가 일체의 중생들이 8계와 5계(戒), 10계를 범하거나, 금지하는 7역(逆)과 8난(難)[22]으로 훼손하거나, 일체 계의 죄를 범하는 것을 보았다면 마땅히 가르쳐서 참회하도록 해야 한다. 그러나 보살이 가르쳐서 참회시키지 않고, 함께 머무르면서 승가의 이양을 함께 하며, 함께 포살하고 하나의 대중에게 계를 설하면서 그 죄를 지적하지 않고, 가르쳐

22) 깨달음으로 향하는 청정한 수행에 방해가 되는 여덟 가지의 어려움을 말한다. 첫째는 지옥(地獄)이고, 둘째는 아귀(餓鬼)이며, 셋째는 축생(畜生)이고, 넷째는 장수천(長壽天)이며, 다섯째는 변지(邊地)이고, 여섯째는 맹롱음아(盲聾瘖瘂)이며, 일곱째는 세지변총(世智辯聰)이고, 여덟째는 불전불후(佛前佛後)이다.

서 허물을 참회시키지 않는다면, 경구죄를 범하느니라.

見犯不教懺則違相益義. 聲聞護自尚所不許. 況大士也. 據顯似是利生戒中. 於有過者. 內懷親昵利益安樂增上意樂. 調伏訶責治罰驅擯. 爲欲令其出不善處安置善處. 然菩薩敎化衆生. 卽是自成佛法. 故攝善戒中亦制此戒也. 卽於自愆犯審諦了知. 深見過失中亦蘊在也. 自他雖殊. 見過悔除同故大小俱制. 出家二衆全犯. 餘三衆及在家理亦通之. 八戒五戒是在家戒也.

범함을 보고 참회를 가르치지 않으면 곧 서로의 이익과 의리에 위반하는 것이다. 성문은 스스로가 보호하며 오히려 허락하지 않는데, 하물며 세존을 말하겠는가! 사례로 드러내면 이것은 이생계(利生戒)[23]의 가운데서와 비슷하다.

'허물이 있다.'는 안으로는 친근함·이익·안락·증상·의요를 품고서, 가책(訶責)[24]·치벌(治罰)[25]·구빈(驅擯)[26]으로 조복시켜서, 그를 선하지 않은 처소에서 나오게 하여 선한 처소에 안치시키고자 하는 것이다. 그러므로 보살이 중생을 교화하면 곧 이것은 스스로가 불법을 이루는 것이다. 그러므로 섭선계의 가운데에서 역시 이러한 계를 제정하셨다.

곧 자신의 허물을 범함에서 자세히 살피고, 명료하게 알며, 깊이 과실을 바라보는 가운데에서도 역시 쌓임이 있는 것이다. 자신과 다른 사람이 비록 다르더라도 허물을 보고 참회하여 없애면 같아지는 까닭으로 대승과 소승을 함께 제정하셨다. 출가의 2중은 전부 범하고, 나머지

23) 불·보살이 사람들을 이롭게 하는 계율을 가리킨다.

24) 산스크리트어 avasadana의 번역으로서 잘못을 야단하거나 비난하는 것을 가리키는 말이다.

25) 징계하여 바로잡는 것을 가리킨다.

26) 무거운 죄를 저지른 출가자를 일시적 또는 영원히 승단에서 추방하는 것이다.

3중과 재가도 이치에서는 역시 그것에 통한다.

十戒者是沙彌十戒. 毁禁者卽比丘比丘尼戒. 又十戒謂十重. 毁禁謂四十八輕垢. 七逆如下說. 八難者或云是八重. 又云. 三塗等八難. 由犯招八難. 故因中說果也. 今謂十三難中除二形黃門畜生非人及破二道. 餘名八難. 二形等四旣是報障無懺除義. 破二道者以在異道還入佛法. 故無同住同利養義. 是故此五不入敎懺數中.

'10계'는 사미십계이다.

'금지한 것을 훼손하다.'는 곧 비구계와 비구니계이다. 또한 10계는 10중이라고 말하고, 금지한 것을 훼손한 것은 48경구죄를 말하며, 7역은 아래의 설명과 같다.

'8난'은 혹은 이것을 8중이라고 말한다.

또한 말하였다.

"3도[27] 등이 8난이니, 범하는 이유로 8난을 부른다. 그러므로 인의 가운데에서 과를 설하였다."

지금 13난의 가운데에서 이형[28]·황문[29]·축생·비인과 두 가지의 도를 파괴한 자를 제외하면 8난이라고 이름한다고 말한다. 이형 등의 네 부류는 이미 과보의 장애이므로 참회도 없고 의리도 없다. 두 가지의 도를 파괴한 자는 다른 길에 있었던 까닭으로 반대로 불법에 들어왔다.

---

27) 『사해탈경』에서는 삼도(三塗)를 삼독(三毒)에 대응시켜 설명한다. 첫째는 화도(火途)인데 불이 치솟는 길로서 성내는 것이고, 둘째는 도도(刀途)인데 칼날이 우뚝 솟은 길로서 아끼고 탐냄이며, 셋째는 혈도(血途)인데 피가 가득 찬 길로서 어리석음이다. 이것의 결과로서 얻는 지옥·아귀·축생을 가리킨다.

28) 남녀추니라고도 부르는데, 남근(男根)과 여근(女根)을 함께 갖춘 자를 가리킨다.

29) 남자로서 남근(男根)을 갖추고 있지 않거나 남근이 불완전한 자를 가리킨다.

그러므로 같이 머무를 수 없고 이양의 뜻도 같을 수 없다. 이러한 까닭으로 이러한 다섯 부류는 참회를 가르치는 숫자의 가운데에 들어가지 못한다.

四十四中第七戒云. 若諸菩薩於諸暴惡犯戒. 有情懷嫌恨心懷恚惱心. 由彼暴惡犯戒爲緣. 方便棄捨不作饒益. 是名有犯. 有所違越是染違犯. 若由懶惰懈怠棄捨. 由忘念故不作饒益. 是名有犯. 有所違越非染違犯. 何以故. 非諸菩薩於淨持戒身語意業寂靜現行諸有情所. 起憐愍心欲作饒益. 如於暴惡犯戒有情於諸苦因而現轉者. 無違犯者. 謂心狂亂. 或欲方便調彼伏彼. 廣說如前. 或爲將護多有情心. 或護僧制方便棄捨不作饒益. 皆無違犯.

『유가사지론』「보살지」 44계의 가운데에서 제7계에서 말하였다.

"만약 여러 보살이 여러 포악함에서 계를 범하고서 유정에게 혐한심을 품고 에뇌심을 품으며, 그 포악을 이유로 범계의 연이 되었다면, 방편으로 버렸고 요익을 짓지 않았으므로 이것을 범함이 있다고 이름한다. 위반과 벗어남이 있으면 이것은 염오이고 위반이며 범한 것이다.

만약 나태와 해태를 이유로 버렸거나, 망념을 이유로 일부러 요익을 짓지 않았어도, 이것을 범함이 있다고 이름한다. 위반과 벗어남이 있어도 염오가 아니고, 어긋남과 범한 것도 아니다.

왜 그러한가? 여러 보살은 정지계에서 몸과 말과 뜻의 업이 적정하므로 여러 유정의 처소에서 현행(現行)하는 것이 아니고, 연민심을 일으켜서 요익을 짓고자 하는 것이다. 포악함에서 계를 범한 것과 같다면 유정은 여러 고(苦)의 인(因)에서 현전(現轉)하는 것이다.

'위반과 범함이 없다.'는 마음이 광란한 것을 말하고, 혹은 방편으로 그를 그것으로 조복하고자 하는 것이며, [자세한 설명은 앞에서와 같다.]

혹은 장차 많은 유정을 마음으로 보호하고자 하였거나, 혹은 승가의 제약을 보호하는 방편으로 버리고서 요익을 짓지 않는다면 모두 어긋나고 범한 것이 아니다."[30]

제6 공사청법계
第六 供師請法戒

若佛子見大乘法師大乘同學同見同行來入僧坊舍宅城邑. 若百里千里來者. 卽起迎來送去. 禮拜供養. 日日三時供養. 日食三兩金百味飮食. 床座醫藥. 供事法師. 一切所須盡給與之. 常請法師三時說法. 日日三時禮拜. 不生瞋心患惱之心 爲法滅身. 請法不懈. 若不爾者. 犯輕垢罪.

만약 불자가 대승의 법사·대승을 함께 배우는 자·지견이 같은 자·같은 수행자 등이 와서 승방·사택·성읍에 들어오는 것을 보았거나, 만약 백 리와 천 리를 왔다면, 곧 일어나서 맞이하고 떠나보내며 예배하고 공양해야 하느니라.

날마다 세 번 때에 공양하면서 하루에 3냥의 금전으로 온갖 음식으로 공양하고, 앉는 평상(床)과 자리와 약 등을 법사에게 공양하며, 일체의 필요한 것을 그에게 주어서 공급하라.

항상 법사에게 세 번 때에 설법을 청하되 날마다 세 번 때에 예배할

---

30) 『瑜伽師地論』(大正藏 30), p.516하. "若諸菩薩安住菩薩淨戒律儀. 於諸暴惡犯戒有情. 懷嫌恨心懷恚惱心由彼暴惡犯戒爲緣. 方便棄捨不作饒益. 是名有犯有所違越. 是染違犯. 若由嬾惰懈怠棄捨. 由忘念故. 不作饒益. 是名有犯有所違越. 非染違犯. 何以故. 非諸菩薩於淨持戒身語意業寂靜現行. 諸有情所起憐愍心欲作饒益. 如於暴惡犯戒有情於諸苦因而現轉者. 無違犯者. 謂心狂亂. 或欲方便調彼伏彼. 廣說如前. 或爲將護多有情心. 或護僧制方便棄捨不作饒益. 皆無違犯."

것이고, 성내거나 괴로운 마음이 일어나지 않아야 하며, 법을 위해서 몸을 잊고서 법을 청하면서 게으르지 말라. 만약 그렇지 않다면 경구죄를 범하느니라.

過人不請法. 失染神之益故制也. 聲聞有知廣略布薩法者. 制應供給. 五歲內及未解五法法應啓請. 不者犯第七聚. 此外不制. 以自度易滿故. 菩薩見有知者常應給請. 以欲善無厭. 故七衆同犯. 文序事中有二. 一供師. 二請法. 供師有二. 一匝遶供養. 二飮食供養. 日日三時供養者. 謂時內三時. 或非時中亦得非時漿等爲供養也.

지나친 사람은 법을 청하지 않아서 신(神)의 이익을 잃고 염오되는 까닭으로 제정한 것이다. 성문은 넓고 간략한 포살법을 알고 있기에 제정하였으므로 마땅히 공급해야 한다. 5년이 지나지 않았거나, 5법을 아직 이해하지 못하면 법에서 마땅히 윗사람에게 알려서 청해야 한다. 그렇지 않다면 제7취(聚)[31]를 범한다. 이것 이외에는 제정하지 않으셨다.

스스로가 제도함으로써 만족하기 쉬운 까닭으로 보살은 지혜가 있는 자를 보면 항상 마땅히 공급하고 청하는데, 선한 욕망으로 인하여 싫어함이 없다. 그러므로 7중이 같이 범한다.

경문의 서사 가운데에서는 두 가지가 있다. 첫째는 법사를 공양하는 것이고, 둘째는 법을 청하는 것이다. 법사를 공양함에는 두 가지가 있다. 첫째는 둘러앉아서 공양하는 것이고, 둘째는 음식으로 공양하는 것이다.

'날마다 세 번 때에 공양한다.'는 시간 안에서의 세 번 때를 말하고,

---

31) 구족계(具足戒)를 어긴 죄를 무겁고 가벼움에 따라 일곱 종류로 나눈 것으로 일곱째인 말로 저지른 가벼운 죄인 악설(惡說)을 가리킨다.

혹은 때가 아닌 가운데에서도 역시 비시장[32] 등으로 공양하는 것이다.

日食三兩金者. 是就能堪辨者說. 或令重法故作是說. 如雪山士爲一偈故自殞身等. 況復外財. 三給侍供養. 謂餘所須一切給與. 請法中三時請法者. 謂朝中暮也. 不生瞋心患惱之心者. 法師雖或違心終不生瞋心也. 自身雖供給勞疲亦不生患惱心也. 爲法滅身請法故者. 釋不生瞋惱所由也. 若有疾病障難. 或法師有礙. 若知彼劣我勝. 如此不請不犯.

'하루 음식으로 3냥의 금전'은 이것을 사용하여도 능히 감당할 수 있는 것을 분별하여 말하는 것이고, 혹은 무거운 법으로 명하는 까닭으로 이러한 말을 짓는 것이다. 설산의 스승과 같이 하나의 게(偈)를 위하였던 까닭으로 스스로가 몸을 훼손하였는데, 하물며 다시 밖의 재물이겠는가!

'세 번 때에 공급하고 모시며 공양한다.'는 나머지의 필요한 일체를 주어서 공급하는 것을 말한다.

'법을 청하는 가운데에서 세 번 때에 법을 청한다.'는 아침과 점심과 저녁을 말한다.

'성냄과 근심이 생겨나게 하지 않는다.'는 법사가 비록 혹은 위반하여도 마음에 결국 성냄이 생겨나지 않는 것이다. 자신이 비록 공급하면서 피로하여도 역시 마음에 근심이 생겨나지 않는 것이다.

'법을 위하여 몸을 바쳐서라도 법을 청하는 까닭이다.'는 성냄과 근심이 생겨나지 않는 이유를 해석한 것이다. 만약 질병과 장애가 있거나, 혹은 법사가 의혹이 있거나, 혹은 그가 용렬하고 내가 수승함을 알았다면, 이와 같이 청하지 않아도 범한 것은 아니다.

---

32) 병든 수행자에게 아침부터 초저녁에 한하여 먹도록 허락한 여러 가지 과일즙이나 미음 따위를 말한다.

제7 청법자수계
第七 聽法諮受戒

若佛子見一切處有講法毘尼經律. 大宅舍中. 有講法處. 是新學菩薩應持經律卷至法師所. 聽受諮問. 若山林樹下僧地坊中. 一切說法處. 悉至聽受. 若不至彼聽受諮問者. 犯輕垢罪.

만약 불자가 일체의 비니와 경법을 강법(講法)하는 처소가 있는 것을 보았고, 큰 저택의 가운데에서 강법하는 처소가 있는 것을 보았다면, 이것은 새롭게 배우는 보살이 마땅히 경과 율의 책을 가지고 법사의 처소에 이르러 듣고서 받아들이고 자세히 물어야 하나니, 숲속과 나무 아래, 사찰의 방사 가운데 등의 일체 설법하는 처소에 모두 이르러 듣고 받아서 지녀라. 만약 그곳에 이르러 듣고서 받아들이며 자세히 묻지 않는 자는 경구죄를 범하느니라.

有講不聽. 喪進善之道故制也. 學處同異如前. 二十八輕中第八戒云. 若優婆塞四十里中有講法處. 不能往聽得失意罪. 文中講法毘尼經律者. 詮法名經. 詮毘尼名律. 餘文易知. 四十四中第三十二戒云. 若諸菩薩聞說正法論議決擇. 憍慢所制懷嫌恨心懷恚惱心而不往聽. 是名有犯. 有所違越是染違犯.

강법이 있으나 듣지 않는다면 나아가서 선한 도를 잃는 까닭으로 제정하셨다.

'학처의 같고 다르다.'는 앞에서와 같다. 28경구죄의 가운데에서 제8계에서 말하였다.

"만약 우바새가 40리 내에 강법하는 처소가 있는데, 능히 가서 듣지 않는다면 실의죄를 얻는다."[33]

경문 가운데에서 '비니와 경률을 강법하다.'는 법을 설명하는 것을 경이라고 이름하고 비니를 설명하는 것을 율이라고 이름한다. 나머지의 문장은 알기 쉬울 것이다.

44계의 가운데에서 제32계에서 말하였다.

"만약 여러 보살이 정법을 설하거나, 결택(決擇)[34]을 논의하는데, 교만함에 제약되어 혐한심을 품고 에뇌심을 품으며, 그리고 가서 듣지 않는다면 이것은 범함이 있다고 이름한다. 위반과 벗어남이 있으면 이것은 염오이고 위반이며 범한 것이다."[35]

若爲嬾惰懈怠所弊而不往聽. 非染違犯. 無違犯者. 若不覺知. 若有疾病. 若無氣力. 若知倒說. 若爲護彼說法者心. 若正了知彼所說義. 是數所聞所持所了. 若已多聞具足聞持. 其聞積集. 若欲無聞於境住心. 若勤引發菩薩勝定. 若自了知上品愚鈍其慧鈍濁. 於所聞法難受難持. 難於所緣攝心令定. 不往聽者. 皆無違犯.

만약 나태하고 해태하여 그만두고서 가서 듣지 않았다면, 염오가 아니고, 어긋남과 범한 것도 아니다.

'위반과 범함이 없다.'는 만약 알지 못하였거나, 만약 질병이 있었거나, 만약 기력이 없었거나, 만약 전도된 설법인 것을 알았거나, 만약 그

33) 『優婆塞戒經』(大正藏 24), p.1049하. "若優婆塞受持戒已. 四十里中有講法處不能往聽. 是優婆塞得失意罪."

34) 산스크리트어 nairvedhika의 번역으로 의심을 결단하여 이치를 분별하는 것을 말한다.

35) 『瑜伽師地論』(大正藏 30), p.51중. "若諸菩薩安住菩薩淨戒律儀. 聞說正法論議決擇. 憍慢所制懷嫌恨心懷恚惱心而不往聽. 是名有犯有所違越. 是染違犯."

설법자의 마음을 보호하기 위하였거나, 만약 그가 설하는 것을 바르고 명료하게 알았는데 이것은 횟수이고 들은 것이며 지닌 것이 명료하거나, 만약 이미 들은 것이 많아서 듣고 가진 것을 구족하여 그것을 들은 것이 집적되었거나, 만약 경계에 머무는 마음에서 들은 것을 없애고자 하였거나, 만약 부지런히 보살의 수승한 선정을 이끌어 일으켰거나, 만약 스스로가 상품으로 우둔하고 그 지혜가 둔탁하여 법을 듣는 것에서 받아들이기 어렵고 지니기 어려움을 명료히 알았거나, 소연[36]에서 어려워서 섭심[37]으로 정진하고자 가서 듣지 않는다면, 모두 범함이 없다.

제8 불배대승계
第八 不背大乘戒

若佛子心背大乘. 常住經律言非佛說. 而受持二乘外道惡見. 一切禁戒邪見經律者. 犯輕垢罪.

만약 불자가 마음으로 대승을 배신하여 상주하는 경과 율을 불설이 아니라고 말하고, 2승(乘)과 외도의 악견을 수지하며, 일체의 금계(禁戒)로 삿되게 경과 율을 보는 자는 경구죄를 범하느니라.

棄本逐末乖所習故制. 聲聞不制. 以所習各異故. 七衆共也. 文中心背大乘常住經律言非佛說者. 舊云. 直制猶豫未決. 是下邪見之方便. 若決謂大劣小勝. 計成失戒. 若心中欲背言非眞說. 欲受二乘外道經律. 計畫未成犯此輕垢. 然

36) 마음으로 인식(認識)하는 대상(對象)을 가리킨다.
37) 마음을 가다듬어 흩어지지 않게 하는 것을 가리킨다.

上中邪見計畫未成亦犯輕垢. 同此戒制.

근본을 버리고 지말을 좇아서 어긋난 것을 익히는 까닭으로 제정하셨다. 성문은 제정하지 않으셨는데, 익히는 것으로서 각자가 다른 까닭이다. 7중은 모두이니라.

경문의 가운데에서 '마음으로 대승을 배신하여 상주하는 경과 율을 불설이 아니라고 말하다.'는 옛날에 말하였다.

"곧 제정하셨으나 오히려 유예하고 결정하지 않으셨는데, 이것은 하품에서 사견의 방편이다."

만약 대승이 용렬하고 소승이 수승하다고 결정하여 말한다면 계획하여도 계를 잃는 것이 성립된다. 만약 마음의 가운데에서 배신하고자 진실된 말씀이 아니라고 말하고, 2승과 외도의 경과 율을 받고자 한다면 계획이 이루어지지 않았어도 이것은 경구죄를 범한다. 그리고 상품과 중품은 사견의 계획이 이루어지지 않았어도 역시 경구죄를 범하는데, 이것은 같은 계율로 제정하셨다.

今擧背大向小爲語. 以凡夫菩薩多行此事故. 若彰言說卽有兩種. 若法想說戒善已謝. 若非法想說犯第十重. 今謂心背大乘受持二乘者. 設起法想未必失戒. 謂如有人雖發大心受菩薩戒. 而未曾學大乘深經. 唯聞小乘三劫修行得樹下果. 忽聞大乘甚深義時. 心不生信言非佛說. 不退大心故不失戒. 生法想故不犯重也.

지금 거론하여 대승을 배신하고 소승을 향하여 말하면 범부인 보살로서 많은 행이 이러한 일의 까닭이니라. 만약 드러내는 말로 설한다면 곧 두 종류가 있다. 만약 법상으로 계의 선함을 설하였다면 보답하는 것이고, 만약 비법상으로 설하였다면 제10중죄를 범하는 것이다.

'지금 마음에서 대승을 배신하여 2승을 수지하였다.'는 설령 법상을 일으켜서 반드시 계를 잃지 않았더라도, 어느 사람과 같아서 비록 큰마음을 일으켜 보살계를 받았으나, 대승의 깊은 경전을 배우지 않으면 오직 나무 아래에서 과를 얻은 소승의 3겁 수행을 듣고서, 홀연히 대승의 깊고 깊은 경전을 듣는 때에 마음에 불신이 생겨나서 불설이 아니라고 말하는 것을 말하는데, 큰마음에서 퇴전하지 않는 까닭으로 계를 잃는 것이 아니고, 법상이 생겨난 까닭으로 중죄를 범한 것은 아니다.

故菩薩地四十四中第二十九戒云. 若諸菩薩藏於甚深處. 最勝甚深眞實法義. 諸佛菩薩難思神力. 不生信解. 憎背毁謗. 不能引義. 不能引法. 非如來說. 不能利益安樂有情. 是名有犯. 有所違越是染違犯. 如是毁謗. 或由自內非理作意. 或隨順他而作是說. 若聞甚深最甚深處心不信解. 菩薩爾時應强信受. 應無諂曲. 應如是學. 我爲非善. 盲無慧目. 於如來眼. 隨所宣說. 於諸如來密意語言而生誹謗. 菩薩如是自處無知仰推如來. 於諸佛法無不現知. 等隨觀見. 如是正行無所違犯. 雖無信解然不誹謗.

그러므로 보살지 44계의 가운데에서 제29계에서 말하였다.

"만약 여러 보살장이 깊고 깊은 처소와 최승의 깊고 깊은 진실한 법의에서 모든 세존과 보살의 생각하기 어려운 신력으로 신해(信解)가 생겨나지 않아서, 미워하고 배신하며 훼방하고, 능히 뜻을 이끌지 못하며, 능히 법을 이끌지 못하고, 여래의 말씀이 아니며, 능히 유정에게 이익되지 않고 안락하지 않다면, 이것을 범하였다고 이름한다. 위반과 벗어남이 있으면 이것은 염오이고 위반이며 범한 것이다."[38]

이와 같이 훼방하였거나, 혹은 스스로가 안으로 비리인 뜻을 지었던 까닭이거나, 혹은 다른 사람을 수순하여 이렇게 말을 지었거나, 만약 깊고 깊어 최고로 깊은 처소에서 마음으로 믿고 이해하지 못하였다면, 보살은 이때 마땅히 강제로 믿고 받아들이면서 마땅히 왜곡이 없어야 하고, 마땅히 이와 같이 배워야 한다.

'내가 선하지 않게 한다면 장님으로 지혜의 눈이 없고, 여래의 눈에서 널리 설하는 것을 따르더라도, 여러 여래의 비밀스러운 뜻과 말에서 비방이 생겨나는 것이다.'

보살이 이와 같이 스스로의 처소에서 여래를 우러러 추앙하면서도 무지하고, 여러 불법에서 현지[39]가 아님이 없으며, 무리들의 바라보는 견해를 따른다면 이와 같은 정행은 어긋남과 범함이 없고, 비록 믿음과 이해가 없더라도 그러나 비방한 것은 아니다.

文言. 二乘聲聞外道惡見者. 緣覺聲聞名二乘聲聞. 即此聲聞是大乘外. 違菩薩道故云外道惡見. 又所六師等名外道惡見. 菩薩地云. 若諸菩薩越菩薩法. 於異道論及諸外論研求. 善巧深心寶翫愛樂味着. 非如辛藥而習近之. 是名有犯. 有所違越是染違犯第二十八也. 開緣至二十四當顯示也. 此上三戒卽論所說攝善戒中於聞於思懃修學也.

경문에서 말하였다.

---

38) 『瑜伽師地論』(大正藏 30), p.519중. "若諸菩薩安住菩薩淨戒律儀. 聞菩薩藏. 於甚深處最勝甚深眞實法義諸佛菩薩難思神力. 不生信解憎背毁謗. 不能引義不能引法非如來說. 不能利益安樂有情. 是名有犯有所違越. 是染違犯. 如是毁謗或由自內非理作意. 或隨順他而作是說若諸菩薩安住菩薩淨戒律儀. 若聞甚深最甚深處心不信解. 菩薩爾時應强信受. 應無諂曲應如是學. 我爲非善盲無慧目. 於如來眼隨所宣說於諸如來密意語言而生誹謗. 菩薩如是自處無知仰推如來於諸佛法無不現知. 等隨觀見. 如是正行無所違犯. 雖無信解然不誹謗."

39) 있는 그대로 아는 것을 가리킨다.

"'2승의 성문과 외도의 악견'은 연각과 성문을 2승의 성문이라고 이름한다. 곧 이러한 성문은 대승의 예외이다. 보살도를 위반하는 까닭으로 외도의 악견이라고 말한다. 또한 6사 등의 처소를 외도의 악견이라고 이름한다."

『유가사지론』「보살지」에서 말하였다.

"만약 여러 보살이 보살법을 벗어나고, 다른 도의 논과 여러 외론(外論)에서 연구하며, 선교(善巧)의 깊은 마음으로 보배처럼 익히고, 애락하여 맛에 집착하면, 매운 약과 같지 않았으나, 그러나 그것을 가까이에서 익히므로 이것을 범함이 있다고 이름한다. 위반과 벗어남이 있으면 이것은 염오이고 위반이며 범한 것이다."[40] [제28계이다.]

연을 열어서 24계에 이르렀고 마땅히 나타내어 보여주었다. 이러한 3계는 곧 섭선계의 가운데에서 설한 것을 논하였으니, 듣는 것에서, 생각하는 것에서 부지런히 수학하라.

제9 첨급병인계
第九 瞻給病人戒

若佛子見一切疾病人. 常應供養如佛無異. 八福田中看病福田是第一福田. 若父母師僧弟子病. 諸根不具百種病苦惱. 皆供養令差. 而菩薩以瞋恨心不看. 乃至僧坊城邑曠野山林道路. 中見病不救濟者. 犯輕垢罪.

만약 불자라면 일체의 병든 사람을 보면 항상 마땅히 세존과 같이

---

40) 『瑜伽師地論』(大正藏 30), p.519중. "若諸菩薩安住菩薩淨戒律儀. 越菩薩法. 於異道論及諸外論研求善巧. 深心寶翫愛樂味著. 非如辛藥而習近之. 是名有犯有所違越. 是染違犯."

공양해야 하나니, 여덟 복전(福田)의 가운데에서 간병의 복전이 제1의 복전이니라. 만약 부모·스승·스님·제자가 여러 근을 갖추지 못하여 많은 종류의 병으로 고뇌한다면 모두 공양하여 낫게 해야 하느니라. 성내는 마음으로서 간병하지 않고, 나아가 승방·성읍(城邑)·광야·숲속·도로의 가운데에서 병든 사람을 보고도 구제하지 않는다면, 경구죄를 범하느니라.

見苦不救違修慈行故制. 聲聞在法. 師友同法及被僧差. 此外不制. 本不兼物故. 大士一切應救. 本期兼攝故. 七衆同制. 卽論所說於疾病者悲愍慇重瞻侍供制也. 文言一切疾病人供養如佛無異者. 佛是應敬之極. 病是應悲之至. 敬悲雖殊. 田義還同故無異也.

고통을 보고 구제하지 않으면 자비를 닦고 행하는데 위반하는 까닭으로 제정하셨다. 성문의 법에는 있다. 스승·벗·동법과 승가에서 뽑히는 것, 이것은 예외로 제정하지 않으셨는데, 본래 물건을 겸하지 않는 까닭이다. 세존께서는 일체를 마땅히 구제하셨고, 본래의 기한을 겸하여 섭수하였던 까닭으로 7중을 같이 제정하셨다.

곧 논에서 설하는 것과 같이 "병이 있는 자에게서 자비와 연민으로 은중하게 살피고 모시며 공양하게 제정하신 것이다."[41]

경문에서 말하였다.

'일체의 병든 사람에게 공양하면 세존과 다르지 않다.'는 세존은 마땅히 지극하게 공경해야 하고, 병자는 마땅히 자비로 지극한 것이므로, 공경과 자비가 비록 다르더라도 복전의 뜻은 도리어 같은 까닭으로

---

41) 일반적인 경전을 함축하여 언급한 것으로 생각되며, 본 어구와 일치하는 경전은 찾기 어렵다.

다른 것이 없다.

八福田中看病福田第一福田者. 崇敬義後救悲心初故. 田雖有八看病爲上. 若父母師至皆養令差者. 上雖總擧. 一切皆救從親至疏不無先後. 故偏擧親眷也. 地論利生十一事中第二戒云. 若諸菩薩見諸有情遭重疾病. 懷嫌恨心懷恚惱心不往供事. 是名有犯. 有所違越是染違犯. 若爲嬾惰懈怠所弊不往供事. 非染違犯.

'여덟 복전(福田)의 가운데에서 간병의 복전이 제1의 복전이다.'는 공경과 의리를 숭상하고 뒤에 자비심으로 구제함이 처음인 까닭이고, 복전이 비록 여덟이 있더라도 간병이 상수가 된다.

'만약 부모와 스승에 이르렀다면 모두 공양하여 낫게 한다.'는 앞에서 비록 모두를 예시하였으나 일체를 모두 구제하면서 친함을 좇고 서먹함에 이르러도 앞뒤가 없는 것은 아니다. 그러므로 단편적으로 친족과 권속을 예시한 것이다.

『유가사지론』의 이생(利生) 11사 가운데의 제2계에서 말하였다.

"만약 여러 보살이 여러 유정이 무거운 질병을 만난 것을 보고 염한심을 품고서, 에뇌심을 품고서, 가서 공양하는 일을 하지 않는다면 이것을 범한 것이 있다고 이름한다. 위반과 벗어남이 있으면 이것은 염오이고 위반이며 범한 것이다. 만약 나태하고 해태하여 그것을 그만두고서 가서 공양하지 않았다면 염오가 아니고, 어긋남과 범한 것도 아니다.

無違犯者. 若自有病. 若無氣力. 若轉請他有力隨順令往供事. 若知病者有依有怙. 若知病者自有勢力能自供事. 若了知彼長病所觸堪自支持. 若爲懃修

廣大無上殊勝善品. 若欲護持所修善品令無間缺. 若自了知上品愚鈍. 其慧鈍濁於所聞法難受難持. 難於所緣攝心令定. 若先許餘爲作供養. 如於病者. 於有苦者爲作助伴. 欲除其苦. 當知亦爾.

'위반과 범함이 없다.'는 만약 병이 있었거나, 만약 기력이 없었거나, 만약 다른 청을 전전하면서 있는 힘을 수순하여 가서 공양하는 일을 하게 하였거나, 만약 병자를 알아서 의지함이 있었고 믿음이 있었거나, 만약 병자 스스로가 세력이 있어 능히 스스로가 공양할 수 있는 일을 알았거나, 만약 그 존장이 병에 접촉하여도 스스로가 지지(支持)하며 감당할 수 있음을 명료하게 알았거나, 만약 선품을 닦음에서 간결(間缺)이 없게 호지하고자 하였거나, 만약 스스로가 상품으로 우둔하고 그 지혜가 둔탁하여 법을 듣는 것에서 받아들이기 어렵고 지니기 어려움을 명료히 알았거나, 소연에서 어려워서 섭심으로 정진하고자 만약 먼저 허락하고 나머지의 공양을 지은 것이다."[42]

'병자와 같다.'는 고통이 있는 것에서 돕는 도반을 지어서 그 고통을 제거하고자 하는 것이다. 마땅히 역시 그렇다고 알라.

---

42) 『瑜伽師地論』(大正藏 30), p.519하. "若諸菩薩安住菩薩淨戒律儀. 見諸有情遭重疾病. 懷嫌恨心懷恚惱心不往供事. 是名有犯有所違越. 是染違犯. 若爲嬾惰懈怠所蔽不往供事. 非染違犯. 無違犯者. 若自有病若無氣力. 若轉請他有力隨順令往供事. 若知病者有依有怙. 若知病者自有勢力能自供事. 若了知彼長病所觸堪自支持. 若爲勤修廣大無上殊勝善品. 若欲護持所修善品令無間缺. 若自了知上品愚鈍其慧鈍濁於所聞法難受難持. 難於所緣攝心令定. 若先許餘爲作供事. 如於病者. 於有苦者爲作助伴. 欲除其苦當知亦爾."

제10 불축살구계
第十 不畜殺具戒

若佛子不得畜一切刀杖弓箭鉾斧鬪戰之具. 及惡網羅罥殺生之器. 一切不得畜而菩薩. 乃至殺父母尚不加報. 況殺一切衆生. 若故畜刀杖者. 犯輕垢罪.

만약 불자라면 일체의 칼·몽둥이·활·화살·창·도끼 등 전투의 도구를 저축할 수 없고, 더불어 악한 그물과 올가미 등의 살생하는 기구는 저축할 수 없느니라. 보살은 나아가 부모를 죽였어도 오히려 과보를 갚지 않아야 하는데, 하물며 일체의 중생을 죽이겠는가! 만약 일부러 칼이나 몽둥이를 저축하였다면, 경구죄를 범하느니라.

見思其事不無漸習. 爲深防故制. 卽是於諸學處正行防守. 擧離惡事成攝善也. 大小俱制道俗共禁. 必是貴人王王子等欲防外難備弓箭等. 理應開之. 但不得至傷害也. 又雖非貴人若欲護法. 備器杖. 防無害心者. 亦應開之. 涅槃經中在家人爲欲護法故聽持器杖. 但不得至殺. 釋文易了.

그러한 일을 보고 생각하며 점차적인 수습이 없는 것이 아니어도 깊은 방해가 되는 까닭으로 제정하셨다. 곧 이것은 여러 학처에서 정행으로 막고 지키며 악한 일을 들어서 떠나보내어 섭선을 이루는 것이다. 대승과 소승이 함께 제정되었고, 사문과 재가도 함께 금지된다.

반드시 이것은 귀인·왕·왕자 등은 외부의 환란을 막고자 활과 화살 등을 준비하였고, 이치에서 마땅히 그것을 열었더라도, 다만 상해에 이르지 않아야 한다. 또한 비록 귀인이 아니더라도 만약 법을 보호하고자 하였다면 무기를 갖추어라.

'지킬지라도 해칠 마음이 없다.'는 역시 마땅히 그것을 여는 것이다. 『열반경』의 가운데에서 재가인이 법을 보호하려는 까닭으로 무기를 지니는 것을 허락하셨으나,[43] 다만 살생할 수 없다.

경문을 해석하면 쉽고 명료할 것이다.

如是十戒. 應當學敬心奉持. 下六品中當廣明.

이러한 10계를 마땅히 배우고 공경스러운 마음으로 받들어 지녀라. 아래 6품(品)의 가운데에서 마땅히 자세하게 밝히겠노라.

개설
概說[44]

如是已下總結勸持. 下六品者指廣本也. 或經云六六品. 應別有六六品也. 第二十戒中初四戒攝自行善. 後六攝化他善. 初四中.

이와 같이 이하는 모두 권하여 지니도록 맺은 것이고, 아래의 6품이라는 것은 광본을 가리킨다. 혹은 경의 여섯 6품을 말하는데, 마땅히 별도의 여섯 6품이 있는 것이다. 제20계 가운데에서 처음의 4계는 스스로가 선을 행하며 섭수하는 것이고, 뒤의 6계는 다른 사람을 선으로 교화하여 섭수한다.

처음의 4계의 가운데에서 …[45]

43) 원문을 요약하여 인용하였으므로 구체적인 내용은 찾기 어렵다.
44) 원문에는 없으나, 번역의 이해를 돕기 위하여 역자가 추가한 것이다.
45) 이하의 문장은 필사 당시에도 산실되어서 누락되었다.

제1 불통국사계
第一 不通國使戒

佛言佛子不得爲利養惡心故. 通國使命軍陣合會. 興師相伐殺無量衆生. 而菩薩尙不得入軍中往來. 況故作國賊. 若故作者. 犯輕垢罪.

세존께서 말씀하셨다.

“불자들이여. 이양(利養)을 구하는 악한 마음을 까닭으로 나라의 사신(使臣)으로 통하면서 군진(軍陣)을 회합하거나, 군사를 일으켜서 서로 정벌하여 무량한 중생을 죽이지 않아야 하느니라. 그리고 보살은 오히려 군사가 오고 가는 곳에도 들어가지 않아야 하는데, 하물며 일부러 국가의 도둑이 되어 만약 고의적으로 짓는다면, 경구죄를 범하느니라.”

夫爲國通命. 必情期勝負. 矯誑籌策邀令戰鬪. 內乖等慈. 外損物命. 故制斷也. 大小乘俱制. 七衆同禁. 論攝善中於身語意住不放逸者. 亦蘊攝此戒. 爲利惡心卽意放逸. 言通使命卽語放逸. 軍中往來卽身放逸.

일반적으로 국가를 위하여 명령을 통하게 하면 반드시 마음에서 승부를 기대하므로 거짓되고 속이는 계책으로 전투에 격돌하여 안으로 자비 등을 무너트리고 밖으로는 물건과 사람을 손상시키는 까닭으로 제정하여 끊는 것이다.

대승과 소승이 함께 제정되었고 7중도 함께 금지된다. 섭선계의 가운데에서 논한다면 ‘몸과 말과 뜻에서 방일하지 않음에 머문다.’는 역시 이러한 계는 쌓임(蘊)을 섭수하는 것이고, 이익을 위하여 악심으로 곧 뜻이 방일하면 사명을 통한다고 말하더라도 곧 방일이라고 말한다.

군진의 가운데에 왕래하면 곧 몸이 방일한 것이다.

文言爲利養惡心故者. 心規潤已故. 爲利意望損彼故惡心. 若爲彼此交和. 在家理所不禁. 通國使命者謂作使通兩國命也. 軍陣合會者謂二國交兵. 興師相殺無量衆生者. 由我通使致此重事. 興師者興起也師衆也.

경문에서 말하였다.

'이익을 위하여 악심을 기르는 까닭이다.'는 마음의 규범이 번지르르한 까닭이고, 이익을 위하여 뜻에서 그의 손해를 바라는 까닭으로 악심이다. 만약 그를 위하여 이렇게 교류하고 화합하면 재가의 이치로는 금하지 않을 것이다.

'국가의 사명으로 통행한다.'는 사신이 되어 두 나라의 명이 통하게 하는 것이다.

'군진을 회합하다.'는 두 나라가 군사를 교류하는 것을 말한다.

'군사를 일으켜서 서로가 무량한 중생을 죽인다.'는 내가 사신으로 통행하여 이러한 중요한 일에 이르렀던 이유이다.

'군사를 일으키다.'는 군대를 크게 일으키는 것이다.

若意欲使殺. 隨前命斷別結重罪. 今唯禁通使故結輕垢. 不得入軍中往來者. 戰場閙雜非道人所踐. 必無重緣道俗俱禁. 若在家菩薩身列武官名振勇威必不得免. 爲安國故許身往入. 但不得害. 如釋種與琉璃戰時也. 若出家菩薩有喚招因緣. 准律應許二三宿也.

만약 뜻으로 시켜서 죽이고자 하였다면 앞의 목숨을 끊는 것을 따라서 별도로 중죄를 맺으나, 지금 오직 사신으로 통행함을 금지한 까닭으로 경구죄를 맺는다.

'군진의 가운데 왕래할 수 없다.'는 전장은 간사하고 잡스러우며 도인이 밟은 곳이 아니므로 반드시 소중한 연이 없다면 사문과 재가를 함께 금지하는 것이다.

만약 재가보살이 몸으로 무관(武官)의 명성을 나열하고 용맹스러운 위세를 떨쳤어도 반드시 (죄의) 벗어남을 얻을 수 없으나, 국가의 안녕을 위한 까닭이라면 몸으로 가서 들어가는 것을 허락하였다. 다만 해를 끼치지 않는다면, 석가 종족이 유리[46]와 전쟁한 것과 같은 것이다.

만약 출가보살을 부르고 초청하는 인연이 있다면 율에 준하여 2·3일 묵는 것은 허락된다.

제2 불악판매계
第二 不惡販賣戒

若佛子故販賣良人奴婢六畜. 市易棺材板木盛死之具. 尚不應自作. 況教人作. 若故自作教人作者. 犯輕垢罪.

만약 불자들이 일부러 양인과 노비와 여섯 종류의 축생을 팔고 사며, 시장에서 관(棺)의 자재와 판목과 죽음을 번성시키는 도구를 교역한다면, 오히려 마땅히 스스로가 짓지 않아야 하는데, 하물며 다른 사람을 가르쳐서 짓겠는가! 만약 일부러 스스로가 짓고 남을 가르쳐서 짓는다면, 경구죄를 범하느니라.

---

46) 카필라국을 멸망시킨 코살라국의 파사닉왕(婆斯匿王)의 아들이었던 유리태자를 가리킨다.

損境希利. 侵惱處深故制斷也. 大小同制. 七衆不共. 若損境販賣如賣生口等道俗俱禁. 若求利販賣如布帛互易等. 制道開俗. 故優婆塞經云. 在家人得財應作四分. 一分供養父母妻子. 二分如法販賣. 餘一分藏積攝. 今此戒亦禁身語放逸. 文言故販賣良人者. 知非屬己人. 而强詐販賣.

경계를 손상시키고 이익이 적으며 깊은 처소에 번뇌가 침범하는 까닭으로 제정하여 끊는 것이다. 대승과 소승에 함께 제정되었으나, 7중은 같지 않다. 만약 판매하면 경계가 손상되고 생구(生口)[47] 등을 파는 것 등과 같다면 사문과 재가인이 함께 금지된다.

만약 이익을 위하여 판매하면서 포백(布帛)[48]과 같은 서로의 교환이라면 사문은 제지되고 재가인은 열린 것이다. 그러므로『우바새경』에서 말하였다.

“재가인이 재물을 얻으면 마땅히 네 부분으로 나누어야 한다. 첫 부분은 부모와 처자를 공양하고, 둘째 부분은 여법하게 판매하며, 나머지의 한 부분은 저장하고 쌓아둔다.”

지금 이러한 계는 역시 몸과 말의 방일을 금지하는 것이다.

문장에서 말하는 ‘고의적으로 양인을 판매한다.’는 사람에게 귀속된 몸이 아닌 것을 알았으나, 강제적으로 속이면서 판매하는 것이다.

販賣奴婢六畜者. 雖是屬己. 容有分張侵損故得罪也. 市易棺材板木盛死之具者. 棺材卽是板木. 或板木者棺外槨等木也. 尙不故作況敎人作者. 此中擧自況他者. 前飮酒戒禁自放逸故擧他況自. 此販賣戒制損他境故擧自況他.

---

47) 두 가지의 뜻으로 통용되는데, 첫째는 군중(軍中)의 포로를 가리키고 둘째는 가축을 가리킨다.

48) 면직물과 견직물을 가리킨다.

自他互況意在斯也.

'노비와 여섯 종류의 축생을 판매한다.'는 비록 몸이 귀속되었어도 분장49)이 있으면 침범과 손실이 허용되는 까닭으로 죄를 얻는 것이다.

'시장에서 관(棺)의 자재와 판목과 죽음을 번성시키는 도구를 교역한다.'는 관의 자재는 곧 판자와 나무이고, 혹은 판목은 관 바깥의 곽(槨) 등의 나무이다.

'오히려 일부러 짓지 않는데, 하물며 다른 사람을 가르쳐서 짓겠는가!'는 이것의 가운데에서 스스로를 예시하였는데 하물며 다른 사람이 짓겠는가! 앞의 음주계에서 스스로 방일을 금지하였던 까닭으로 다른 사람을 예시하였는데 하물며 스스로 짓겠는가! 이러한 판매계는 다른 경계의 손상을 제지하는 까닭으로 스스로를 예시였는데 하물며 다른 사람이 짓겠는가! 자신과 다른 사람에게 서로가 하물며 이러한 뜻이 있겠는가?

제3 불훼량선계
第三 不毁良善戒

若佛子. 以惡心故無事謗他良人善人法師師僧國王貴人. 言犯七逆十重. 於父母兄弟六親中. 應生孝順心慈悲心. 而反更加於逆害墮不如意處者. 犯輕垢罪.

만약 불자가 악한 마음으로서 일부러 다른 양인·선인·법사·사승·국왕·귀인 등을 일이 없는데 비방하면서 7역이나, 10중죄를 범하였다고

49) '분배(分配)하다.'는 뜻이다

말하고, 부모·형제와 육친의 가운데에서 마땅히 효순하는 마음과 자비로운 마음이 생겨나야 하는데, 반대로 다시 거스르고 해침을 더하여 뜻과 같지 않은 곳에 떨어졌다면, 경구죄를 범하느니라.

無事毁謗容陷善人故制斷也. 大小乘俱制. 七衆同禁. 此戒偏制語放逸也. 問此戒旣制謗他重. 事與第六重有何差別. 答舊人欲別二戒相故. 有根無根各作四句. 有根四句者. 一向有戒人. 說有戒人重罪輕罪. 悉犯輕垢. 此戒正制. 二向無戒人. 說無戒人重罪輕罪. 亦犯輕垢. 前戒兼制. 三向有戒人. 說無戒人重罪輕罪. 亦犯輕垢. 此戒兼制. 四向無戒人. 說有戒人過. 若說重罪犯重. 前戒正制. 若說輕過犯輕. 前戒兼制.

일이 없는데 훼방한다면 선인에게 모함이 허용되는 까닭으로 제정하여 끊으셨다. 대승과 소승이 함께 제정되었고 7중도 함께 금지된다. 이 계는 단편적으로 말의 방일을 제지한다.

【묻는다】 이 계는 이미 다른 사람을 비방하면 무겁게 제정되었는데 일에서 제6중죄와 무슨 차별이 있는가?

【답한다】 옛 사람은 두 계상을 분별하려는 까닭으로 근거가 있고 근거가 없음으로 각자 4구를 지었다. 근거가 있는 4구는 첫째는 계가 있는 사람을 향하여 계가 있는 사람의 중죄와 경죄를 말하면 경구죄를 범하므로 이 계를 곧바로 제정하였다. 둘째는 계가 없는 사람을 향하여 계가 없는 사람의 중죄와 경죄를 말하면 역시 경구죄를 범하므로 이전의 계에서 겸하여 제정하였다.

셋째는 계가 있는 사람을 향하여 계가 없는 사람의 중죄와 경죄를 말하면 역시 경구죄를 범하므로 이 계를 겸하여 제정하였다. 넷째는 계가 없는 사람을 향하여 계가 있는 사람의 허물인 만약 중죄를 말하면 중죄를 범하므로 앞의 계를 곧바로 제정하였다.

無根四句者. 一向有戒人. 說有戒人重罪輕罪. 悉犯輕垢. 此戒在文. 正制說重兼制說輕. 後之三句作法同前. 但就無根爲異. 復有人說. 第六重中制說實過 彼云說四衆罪過故. 今此戒中遮無事謗. 文言謗他良善人故. 前後二戒仍不簡別所向說人. 有戒無戒旣無簡別. 理應通俱. 問聲聞法中無根謗重. 說實犯輕. 何故菩薩反之. 答聲聞法中制護自過. 無根謗他情過是重. 有根說過情過容輕. 故制輕重有不同也.

근거가 없는 4구는 첫째는 계가 있는 사람을 향하여 계가 있는 사람의 중죄와 경죄를 말하면 모두 경구죄를 범한다. 이 계는 경문에 있고 곧바로 제정하여 중죄를 설하고 겸하여 경구죄를 설하였다. 뒤의 3구의 짓는 법은 앞에서와 같고, 다만 나아가면 근거가 없는 것이 다르게 된다.

다시 어느 사람이 말하였다.

"제6중죄의 가운데에서 실제적인 과실을 설명하여 제정하셨다."

그는 또 말하였다.

"4중죄의 허물을 말하는 까닭으로 지금 이 계의 가운데에서 일이 없는데 비방하는 것을 막았다."

경문에서 말하였다.

"다른 양인과 선인을 비방하는 까닭으로 앞뒤의 2계는 여전히 간별하지 않는 것에서 사람을 향하여 말한다. 계가 있고 계가 없어도 이미 간별이 없으며 이치로는 마땅히 함께 통한다."

【묻는다】 성문의 법 가운데에서 근거 없이 훼방하는 죄는 중죄이나, 실제로 경구죄를 범했다고 설하는데, 무슨 까닭으로 보살은 그것의

반대인가?

【답한다】 성문의 법 가운데서의 제정은 자신의 과실을 보호하는 것이다. 근거 없이 다른 유정을 훼방하는 과실은 중죄이고, 근거가 있어서 유정의 과실을 말하면 과실이 인정되어도 경구죄이다. 그러므로 제정하셨고, 중죄와 경구죄가 있어도 같지 않다.

菩薩法中制護損他. 說他實犯容有永損. 退沒前人. 無實毁謗事旣不實. 無容永損. 制有重輕義在斯也. 文言惡心無事謗者. 唯欲毁他無利益心故云惡心. 三根無端故云無事. 良人善人所謗之人實無犯過故云良善. 想淨故名良. 實淨故名善. 非如前戒非奴名良. 法師師僧國王貴人者. 偏擧所謗中重境也. 言犯七逆十重者. 偏擧謗事中重者也. 父母兄弟六親中者. 三世相融無非親故. 而反更加逆害者. 無事重謗故云加逆. 墮不如意處者. 由我謗故墮在違意處也.

보살의 법 가운데에서의 제정은 다른 사람의 손해를 보호하는 것이다. 다른 사람이 실제로 범한 것을 말하여도 영원히 손해가 있음이 인정된다. 앞의 사람이 물러나고 사라져서 실제로 훼방하는 일이 없었고, 이미 사실이 아니며, 영원한 손실이 허용되지 않더라도, 제정한 중죄와 경구죄의 뜻이 있다면 이것에 있는 것이다.

경문에서 말하였다.

"악심으로 일이 없는데 비방하는 것은 오직 다른 사람을 훼방하여 이익이 없게 하려는 마음인 까닭으로 악심이라고 말한다. 3근[50]이 단서가 없는 까닭으로 일이 없다고 말한다. 양인과 선인이 사람에게 훼방을

50) 삼무루근(三無漏根)의 준말로서 중생의 근기를 세 가지로 나눈 상근(上根)·중근(中根)·하근(下根)으로 나눈 것이다.

받아도 실제로 범한 허물이 없는 까닭으로 양(良)이고 선(善)하다고 말한다. 생각이 청정한 까닭으로 양이라고 이름하고 사실이 청정한 까닭으로 선하다고 이름한다. 앞의 계와 같지 않고, 노비가 아니므로 양이라고 이름한다."

'법사·사승·국왕·귀인'은 단편적으로 예시하여 훼방하는 대상의 가운데에서의 중죄인 경계이다.

'7역과 10중을 범하였다고 말하다.'는 단편적으로 예시하여 훼방하는 일의 가운데에서의 중죄인 경계이다.

'부모·형제·육친 가운데에서'는 3세(世)가 서로 융화하면 친족이 아님이 없는 까닭이다.

'그러나 반대로 거슬러 해를 더한다.'는 일이 없는데 훼방하면 중죄인 까닭으로 해를 더한다고 말한다.

'뜻과 같지 않은 곳에 떨어졌다.'는 내가 일부러 훼방한 이유로 떨어져서 뜻과 같지 않은 곳에 있는 것이다.

제4 불첩방화계
第四 不輒放火戒

若佛子. 以惡心故放大火燒山林曠野四月乃至九月. 放火若燒他人家屋宅城邑僧坊田木. 及鬼神官物一切有主物不得故燒. 若故燒者. 犯輕垢罪.

만약 불자가 악한 생각으로 일부러 큰 불을 놓아서 산림과 광야를 태우고, 나아가 4월부터 9월에 이르기까지 태우거나, 다른 사람의 집·방·성읍·승방·전답·나무 등을 방화하거나, 그리고 귀신의 물건·공공(公共)

의 재물·일체의 주인이 있는 물건은 일부러 불태울 수 없느니라. 만약 일부러 태운다면 경구죄를 범하느니라.

不擇時處輒放所傷損事實多故制斷也. 大小乘俱制. 七衆中出家五衆就時一切皆斷. 就處制露許. 覆在家二衆就時禁暑許寒. 以有産業事故. 就處露覆俱許. 但不得令莚蔓傷損. 義推此戒. 欲防二重. 一防殺生. 二防盜損. 准文所說. 理應然也. 此戒偏禁身放逸也.

선택되지 않은 때와 장소에서 갑자기 놓여지면 상해나 손해 보게 하는 일이 실제 많은 까닭으로 제정하여 끊으셨다. 대승과 소승에 함께 제정되었고, 7중 가운데에서 재가 5중은 떠나가는 때에 일체를 모두 끊어야 하고, 나아가서 처소는 제지되나, 노천은 다시 허락된다.

다시 재가의 2중은 떠나가는 것이 더울 때는 금지되나 추울 때는 허락되고, 산업의 이유나 일로 인한 까닭이면, 나아가 처소와 노천에서 지냄이 다시 함께 허락된다. 다만 연만(莚蔓)[51]을 상해하여 손상시킬 수는 없다.

뜻으로 이러한 계를 추정하면 두 중죄를 막고자 한 것이다. 첫째는 살생을 막는 것이고, 둘째는 훔쳐서 손상시키는 것을 막는 것이며, 문장에 준하여 설한 것이니, 이치는 마땅히 그러하다. 이 계는 단편적으로 몸의 방일을 금지하는 것이다.

文中以惡心故放大火者. 不圖損他命物. 輒放令至莚蔓故云惡心. 焚燒山林曠野四月乃至九月者. 偏爲損命故制暑時. 若燒他人家屋宅下. 偏爲損物故

51) 넝쿨진 모양처럼 줄지어져 늘어져 있는 상태를 말한다.

一切時制. 若因放火害命損物. 別結殺盜. 今唯禁放故結輕垢. 一切有主物不得故燒者. 古疏改作有生物非也. 不解科文故. 仍作妨云. 若言有主物. 何簡四月至九月也. 此如上科唯損命中制四至九. 若損物中不限月時. 何得濫取輒改經文.

경문의 가운데에서 '악심으로서 일부러 큰 불을 놓다.'는 다른 사람의 목숨과 재산의 손실을 도모하지 않았더라도 문득 놓아서 연만에 이르렀던 까닭으로 악심이라고 말한다.

'산림과 광야를 태우고, 나아가 4월부터 9월에 이르기까지 태운다.'는 단편적으로 생명을 손상하는 까닭으로 더울 때는 제지하는 것이다.

'만약 다른 사람의 집과 방 등을 태운다.'의 이하는 단편적으로 물건을 손상하는 까닭으로 일체의 때에 제지하는 것이며, 만약 방화로 인하여 생명을 해치고 물건을 손상하면 별도로 살인과 투도를 맺으므로 지금 오직 방화를 금지한다. 그러므로 경구죄를 맺는다.

'일체의 주인이 있는 물건을 일부러 태울 수 없다.'는 옛날의 소(疏)를 고쳐서 지으면 생명이 있는 물건이 아니다. 과문(科文)[52]을 이해할 수 없는 까닭으로 답습하여 방해되더라도 지어 말하겠다.

"만약 주인이 있는 물건이라면 어찌하여 4월에서 9월까지 간별하는가? 이러한 앞과 같은 과문은 오직 생명을 손상하는 가운데에서 4월부터 9월까지 제한한 것이다. 만약 물건을 손상하는 가운데에 달의 시간을 제한하지 않는다면 어찌 문득 경문을 고쳐서 넘치게 취하겠는가?"

---

52) 경론을 구조적으로 분석하거나 도표 등을 통하여 시각적으로 표시하는 것을 가리킨다.

제5 불벽교수계
第五 不僻教授戒

若佛子. 自佛弟子及外道惡人. 六親一切善知識. 應一一教受持大乘經律. 應教解義理. 使發菩提心於三十心中. 一一解其次第法用. 而菩薩以惡心瞋心橫教二乘聲聞經律外道邪見論等. 犯輕垢罪.

만약 불자라면 세존의 제자부터 외도·악인·6친(親)·일체의 선지식에 이르기까지 마땅히 한 명, 한 명에게 대승경전과 대승계율을 수지하게 하고, 마땅히 가르쳐 뜻을 이해시키며, 30마음[53]의 가운데에서 보리심을 일으키도록 하며, 하나하나를 이해시켜 그 차례와 법의 작용을 알게 하라. 그러나 만약 보살이 악한 마음과 성내는 마음으로서 2승과 성문의 경률(經律)과 외도의 삿된 소견과 학설을 제멋대로 가르친다면, 경구죄를 범하느니라.

自下六戒攝利他善. 論攝善中云. 於諸學處正念正知正行正防守. 於六戒中前二戒辨. 於他學處正知防守. 後四戒辨於自學處正行防守. 念則通也. 於他學處正知防中. 初不僻教授者. 若僻教授使人失正道故制. 大小不共. 所學異故. 七衆同制也. 文中自佛弟子至一切善知識者. 擧所教授人也.

이하의 6계로부터 이타의 선을 섭수한다. 섭선계의 가운데에서 논하여 말하였다.

“여러 학처에서 정념·정지·정행에서 바르게 막아서 지키고, 6계의 가운데에서 앞의 2계를 분별하여 다른 학처에서 정지를 막아서 지키며,

53) 10발취와 10장양과 10금강을 가리킨다.

뒤의 4계에서 분별하여 스스로가 학처에서 정행을 막고 지키면, 염(念)이 곧 통한다.”

‘다른 학처에서 정지를 막고 지키는 가운데에서 처음에 치우치지 않게 교수한다.’는 만약 사람을 시켜서 치우치게 가르치게 하면 정도를 잃는 까닭으로 제정하셨다. 대승과 소승이 같지 않은데, 배우는 것이 다른 까닭이다. 7중도 함께 제지된다.

경문의 가운데에서 ‘세존의 제자로부터 일체의 선지식에게 이르기까지’는 교수하는 사람을 예시한 것이다.

應一一教受持大乘經律中者. 教其受持能詮文句. 教解義理者. 教其解知所詮義理. 使發菩提心者. 旣知文義應使發心. 求解爲行. 行之元者發菩提心. 故得解之. 次應教發心. 此中先應略辨發心方軌.

‘마땅히 한 명, 한 명에게 대승의 경전과 계율을 수지하게 한다.’는 그것을 가르쳐서 수지시키고, 능히 문구를 이해하는 것이다.

‘가르쳐 뜻과 이치를 이해시킨다.’는 그것을 가르쳐서 그것의 뜻과 이치를 이해하여 알게 하는 것이다.

‘보리심을 일으키게 시킨다.’는 이미 문장의 뜻을 알았다면, 마땅히 발심을 시켜서 이해를 구하면서 행하는 것이다.

‘행의 근원’은 보리심을 일으키는 것이다. 그러므로 그것을 이해하고 다음으로 마땅히 발심을 가르친다. 이것의 가운데에서 먼저 마땅히 간략하게 발심의 방궤를 분별해야 한다.

發菩提心經云. 菩薩云何發菩提心. 以何因緣修集菩提. 若菩薩親近善知識.

供養諸佛. 修集善根. 志求勝法. 心常柔和. 遭苦能忍. 慈悲淳厚. 深心平等. 信樂大乘. 求佛智慧. 若人能具如是十法. 乃能發阿耨多羅三藐三菩提心.

『발보리심경론』에서 말하였다.

"보살은 무엇을 보리심이라 말하는가? 무슨 인연으로서 보리를 닦고 모으는가? 만약 보살이 선지식에 친근하고, 모든 부처님께 공양하며, 선근을 모으고 닦으며, 뜻으로 수승한 법을 구하고, 마음으로 항상 유화하며, 고통을 만나도 능히 참고, 자비로 맑고 두텁게 하며, 마음이 깊고 평등하며, 대승을 즐거이 믿고, 세존의 지혜를 구한다. 만약 사람이 능히 이와 같은 10법을 갖추었다면 나아가 능히 아뇩다라삼막삼보리심을 일으킨 것이다."[54)]

復有四緣發心修集無上菩提. 何謂爲四. 一者思惟諸佛發菩提心. 二者觀身過患發菩提心. 三者慈愍衆生發菩提心. 四者求最勝果發菩提心. 思惟諸佛發菩提心者. 思惟十方三世諸佛初發始心具煩惱性. 亦如我今. 終成正覺爲無上尊. 以此緣故發菩提心. 又復思惟. 三世諸佛發大勇猛. 各各能得無上菩提. 若此菩提是可得法. 我亦應得. 緣此事故發菩提心.

다시 네 가지 인연이 있으면 발심하여 무상보리를 모으고 닦는다. 무엇이 네 가지인가? 첫째는 제불의 발보리심을 사유하는 것이고, 둘째는 보리심을 일으켜 몸의 허물과 근심을 관찰하는 것이며, 셋째는 보리심을 일으켜 중생에게 자비롭고 애민한 것이고, 넷째는 보리심을 일으켜 최승의 과를 구하는 것이다.

54) 『發菩提心經論』(大正藏 32), p.509중. "菩薩云何發菩提心. 以何因緣修集菩提. 若菩薩親近善知識供養諸佛. 修集善根志求勝法. 心常柔和遭苦能忍. 慈悲淳厚深心平等. 信樂大乘求佛智慧. 若人能具如是十法. 乃能發阿耨多羅三藐三菩提心."

'제불의 발보리심을 사유하다.'는 시방삼세의 제불께서도 처음으로 마음을 일으킨 것에는 번뇌의 성품을 갖추었는데, 역시 나도 지금 같은 것이며, 결국에 정각을 이루시고 무상존이 되신 것이다. 이러한 일의 인연을 까닭으로 보리심을 일으키는 것이다.

又復思惟. 三世諸佛發大明慧. 於無明𣫍建立勝心積集苦行. 皆能自超拔出三界. 我亦如是當自拔濟. 緣此事故發菩提心. 又復思惟. 一切諸佛爲人中雄. 皆度生死煩惱大海. 我亦丈夫亦當能度. 緣此事故發菩提心. 又復思惟. 一切諸佛發大精進. 捨身命財求一切智. 我今亦當隨學諸佛. 緣此事故發菩提心. 餘三因緣廣說如彼. 爲知略相且述一文. 自餘廣義諸敎備論. 若欲發心當依尋之.

또한 다시 사유한다.

'삼세의 제불께서도 크고 밝은 지혜를 일으켜 무명의 곡식에서 수승한 마음을 건립하여 고행을 집적하였고, 모두를 능히 스스로가 초월하여 삼계를 벗어났으니, 나도 역시 이와 같이 마땅히 스스로를 구제하겠다.' 이러한 일의 인연을 까닭으로 보리심을 일으키는 것이다.

또한 다시 사유한다.

'일체의 제불께서도 사람 가운데에서 영웅이 되시어 모든 생사와 번뇌의 큰 바다를 제도하셨으니, 나도 역시 장부이므로 역시 마땅히 제도할 것이다.' 이러한 일의 인연을 까닭으로 보리심을 일으키는 것이다.

또한 다시 사유한다.

'일체의 제불께서도 대정진을 일으키시어 몸과 목숨과 재물을 버리시고 일체지를 구하셨으니, 나도 지금 역시 마땅히 모든 세존을 따라서 배우겠다.' 이러한 일의 인연을 까닭으로 보리심을 일으키는 것이다.

나머지 세 가지 인연의 자세한 설명도 그것과 같다. 간략하게 모습을 알기 위하여 또한 한 문장으로 서술하였고, 나머지의 많은 뜻은 여러 가르침에서 갖추어 논하였다. 만약 발심하고자 한다면 마땅히 그것을 찾아서 의지하라.

發十心者本業經云. 從不識始凡夫地. 值佛菩薩教法. 中起一念信便發菩提心. 是人爾時住前名信想菩薩. 亦名假名菩薩. 亦名名字菩薩. 略行十心. 所謂信心進心念心慧心定心戒心迴向心護法心捨心願心. 此十心者發心菩薩所修要行. 故須教發起. 金剛心者所發十心堅固難壞故名金剛心. 一一解其次第法用者. 便發心已教彼令解修行次第先後法用也. 而菩薩下違之成犯. 違機倒說故云橫教也.

‘10심을 일으키다.’는 『보살영락본업경』에서 말하였다.

“식을 아님을 따르는 것이 처음 범부지이고, 불·보살의 교법을 지니는 가운데에서 일념의 믿음을 일으키면 곧 보리심을 일으키는 것이다. 이러한 사람이 그때의 이전에 머무르면 신상보살(信想菩薩)이라고 이름하고, 역시 가명보살(假名菩薩)이라고 이름하며, 역시 명자보살(名字菩薩)이라고 이름한다.

10심을 간략하게 행하는데 이를테면, 신심·진심·염심·혜심·정심·계심·회향심·호법심·사심·원심 등이다.”55)

이러한 10심은 발심한 보살이 수행에서 중요한 행이다. 그러므로 반드시 가르치고 일으켜야 한다.

---

55) 『瑜伽師地論』(大正藏 24), p.1017상. “從不識始凡夫地. 值佛菩薩教法中起一念信便發菩提心. 是人爾時住前. 名信想菩薩. 亦名假名菩薩. 亦名名字菩薩. 其人略行十心. 所謂信心進心念心慧心定心戒心迴向心護法心捨心願心.”

'금강심'은 10심을 견고하게 일으킨 것이고, 무너트리기 어려운 까닭으로 금강심이라고 이름한다.

'하나하나를 이해시키고 그것을 차례로 법에 수용하다.'는 곧 발심하였다면 가르쳐서 이해시키고 수행시켜 차례로 앞과 뒤에 법을 수용하게 하는 것이다. 그러나 보살의 하품은 그것을 위반하고 범함이 성립되므로 근기를 위반하는 것이고, 말에 이르는 까닭으로 제멋대로 가르친다고 말한다.

제6 무도설법계
第六 無倒說法戒

若佛子. 應以好心先學大乘威儀經律廣開解義味. 見後新學菩薩有從百里千里來求. 大乘經律. 應如法爲說. 一切苦行. 若燒身燒臂燒指. 若不燒身臂指供養諸佛非出家菩薩. 乃至餓虎狼師子一切餓鬼. 悉應捨身肉手足而供養之. 然後一一次第爲說正法. 使心開意解. 而菩薩爲利養. 故應答不答. 倒說經律文字無前無後謗三寶說者. 犯輕垢罪.

만약 불자라면 마땅히 좋은 마음으로써 대승의 위의(威儀)와 경과 율을 먼저 배우고, 널리 열어서 의미를 이해할 것이며, 뒤에 새롭게 발심한 보살이 백 리·천 리를 와서 대승의 경률을 구한다면 마땅히 여법하게 일체의 고행(苦行)을 말하고, 몸을 태우거나 팔을 태우거나 손가락을 태우는 것을 말할 것이며, 만약 몸과 팔과 손가락을 태워서 여러 세존께 공양하지 않는다면 출가한 보살이 아니라고 말하라.

나아가 굶주린 호랑이·늑대·사자와 일체의 아귀에게 모두 마땅히 몸·살·손·발을 버리고서 공양할 것이고, 그 뒤에 하나하나 차례로 정법을 말해주어 마음이 열리고 뜻으로 이해하게 하라. 그러나 보살이 이양을 위하는 까닭으로 일부러 마땅히 대답할 것을 대답하지 않거나, 경과 율을 뒤바뀌게 설하여 문자의 앞도 없고 뒤도 없거나, 삼보의 말씀을 비방한다면 경구죄를 범하느니라.

顚倒說法乖教訓之道故制之. 不倒前戒制. 隱大教小此戒制. 雖說大乘而隱沒義理. 前後倒說. 聲聞法若教訓他人. 爲利隱沒. 使義理不了. 亦犯罪也. 七衆同制. 文中應以好心先學大乘威儀經律廣開解義味者. 爲無倒教他. 先當自正學. 如此經及善戒經決定毘尼菩薩地持等. 即是大乘威儀經律也.

전도된 설법은 도의 교훈을 무너트리는 까닭으로 그것을 제정하셨다. 앞에서는 전도되지 않았어도 계를 제정하셨는데 대승을 숨기고 소승을 가르치므로 이러한 계를 제정하셨다. 비록 대승을 설하여도 뜻과 이치를 은몰[56]시키고, 앞뒤를 전도되게 설하며, 성문법을 만약 다른 사람에게 가르치면 이익을 위하여 은몰시키고, 뜻과 이치를 명료하지 않게 한다면 역시 죄를 범한다. 7중에게 같이 제정하셨다.

경문의 가운데에서 마땅히 '마땅히 좋은 마음으로서 대승의 위의(威儀)와 경률을 먼저 배우고, 널리 열어서 의미를 이해하다.'는 다른 사람을 가르치면서 전도가 없는 것이다.

먼저 마땅히 스스로가 바르게 배울 것이니, 이와 같은 경전인 『선계경』·『결정비니경』·『보살지지경』 등 곧 이것이 대승의 위의인 경과 율이다.

56) '자취를 감추다.' 또는 '흩어져 없어지다.'는 뜻이다.

見後新學菩薩下. 正辨爲他無倒說法. 於中有二. 初說苦事以試其心. 後說正法以開其解. 爲欲知其大志故說苦事. 以試心爲欲發其大行故說正法以開解. 說苦事中以二事試之. 一燒身以供諸佛. 二捨形以救餓苦. 說法中亦二. 一次第說法. 二令開神解. 次第爲說者. 麤淺易悟者先說. 深隱難解者後說. 又三學行中次第說也. 而菩薩下違之成犯. 應答不答者. 祕不盡說也. 倒說經律者. 違正說也.

'뒤에 새롭게 배우는 보살을 보고서'의 이하에서 다른 사람을 위하여 바르게 분별하고 전도가 없이 설법하는 가운데에서 두 가지가 있다. 처음에는 고통의 일을 말함으로써 그의 마음을 시험하는 것이고, 뒤에는 정법을 말함으로써 그 이해를 여는 것이다.

그의 큰 뜻을 알고자 하는 까닭으로 고통의 일을 말하는 것이고, 마음을 시험함으로써 그의 큰 행을 일으키고자 하는 까닭으로 정법을 설함으로써 이해를 여는 것이다.

고통의 일을 말하는 가운데에서 두 가지의 일로써 그를 시험한다. 첫째는 몸을 태움으로써 제불께 공양하는 것이고, 둘째는 몸을 버림으로써 굶주림의 고통을 구하는 것이다. 설법의 가운데에도 역시 두 가지가 있다. 첫째는 차례로 설법하는 것이고, 둘째는 해박하게 이해시켜 열어주는 것이다.

'차례로 설법한다.'는 거칠고 얕으며 쉽게 깨달은 것을 먼저 말하고, 깊게 숨어서 이해하기 어려운 것을 뒤에 말하는 것이다. 또한 삼학을 행하는 가운데에서 차례로 말하는 것이다. 그러나 보살의 하품은 그것을 위반하고 범함이 성립된다.

文字無前後者. 抄前置後抄後置前等. 謗三寶說者. 隨聲取義成五過等. 如涅

槃說也. 若說衆生定有佛性定無佛性. 皆謗佛法僧也. 此通說謗故不犯重. 菩薩地中第六戒云. 若諸菩薩他來求法. 懷嫌恨心懷恚惱心. 嫉妬反異不施其法. 是名有犯. 有所違越是染違犯. 若由懶惰懈怠妄念無記之心不施其法. 是名有犯. 有所違越非染違犯.

'문자에 앞뒤가 없다.'는 앞의 초(抄)를 뒤에 놓거나, 뒤의 초를 앞에 놓는 것 등이다.

'삼보를 비방하여 말한다.'는 소리를 따라서 취하는 뜻에 다섯의 허물 등이 성립되는데, 『열반경』에서 설한 것과 같다. 만약 중생에게 불성이 있음이 정해져 있거나 불성이 없음이 정해졌다고 말한다면 모두가 불·법·승을 비방하는 것이다. 이것을 통하여 비방을 말하는 까닭으로 중죄를 범한 것은 아니다.

『유가사지론』「보살지」의 가운데에서 제6계에서 말하였다.

"만약 여러 보살이 다른 사람이 와서 법을 구하는데, 혐한심과 에뇌심을 품고서 질투하며 반대로 다르게 그 법을 베풀지 않는다면, 이것을 범하는 것이라고 이름한다. 위반과 벗어남이 있으면 이것은 염오이고 위반이며 범한 것이다. 만약 나태·해태·망념·무기의 마음을 이유로 그 법을 베풀지 않았다면 이것도 범함이 있다고 이름한다. 위반과 벗어남이 있으나 염오가 아니고, 위반하고 범한 것도 아니다."[57)]

無違犯者. 謂諸外道伺求過短. 或有重病. 或心狂亂. 或欲方便調彼伏彼山不善處安立善處. 或於是法未善通利. 或復見不生恭敬無有羞愧. 以惡威儀而

57) 『瑜伽師地論』(大正藏 30), p.516하. "若諸菩薩安住菩薩淨戒律儀. 他來求法. 懷嫌恨心懷恚惱心. 嫉妬變異不施其法. 是名有犯有所違越. 是染違犯. 若由懶惰懈怠忘念無記之心不施其法. 是名有犯有所違越. 非染違犯."

來聽受. 或復知彼是鈍根性於廣法教得法究竟. 深生怖畏當生邪見. 增長邪執衰損惱懷. 或復知彼法至其手轉布非人而不施與. 皆無違犯.

'위반과 범함이 없다.'는 여러 외도가 허물과 단점을 구하거나, 혹은 무거운 병이 있었거나, 혹은 마음이 광란하였거나, 혹은 방편으로 그를 조목하여 그를 성하지 않은 처소의 산에서 선한 곳에 안립시키거나, 혹은 이러한 법에서 아직 잘 이치에 통하지 못하였거나, 혹은 다시 보아도 공경이 생겨나지 않고 부끄러움이 없거나, 악한 위의로써 와서 청하며 듣거나, 혹은 다시 그가 넓은 법의 가르침에서 궁극적인 법을 얻는 것에서 이러한 근성이 둔함을 알았거나, 깊은 두려움이 생겨나서 마땅히 삿된 견해가 생겨났거나, 삿된 집착이 증장되었고 번뇌를 품어서 쇠손되었거나, 혹은 다시 그러한 법이 그의 손에 이르러서 비인에게 전전하여 유포된 것을 알았으며, 그리고 베풀지 않았다면 모두 위반하고 범한 것이 없다.

제7 불횡걸구계
第七 不橫乞求戒

若佛子. 自爲飮食錢財利養名譽故. 親近國王王子大臣百官. 恃作形勢. 乞索打拍牽挽. 橫取錢物一切求利. 名爲惡求多求. 敎他人求. 都無慈心無孝順心. 犯輕垢罪.

만약 불자들이 스스로가 음식·재물·이양(利養)과 명예를 위한 까닭으로 왕·왕자·대신·백관들과 친근하여 짓는 형세(形勢)를 믿고서, 구하면서 때리고 잡아끌면서 애걸하고, 돈과 재물을 마음대로 취하면서 일체의 이익을 구한다면, 악하게 구하고 많이 구한다고 말하느니라. 다른 사람을 가르쳐서 구하면서 모든 자비로운 마음과 효순하는 마음이 없다면, 경구죄를 범하느니라.

自下四戒於自學處正行防守. 初戒遮恃勢乞求. 第二遮無解詐師. 第三遮嫉善鬪過. 第四遮見苦不濟. 初不横乞求者. 虧損小欲之行. 容致惱他之過. 故制之. 大小乘俱制. 七衆同禁. 文中恃作形勢者. 顯籍彼令謂之形. 密憑彼力謂之勢. 乞索打拍牽挽者. 初用乞索不與. 則打拍以威之. 牽挽以奪之. 横取錢物者. 非理奪取也.

이하의 4계부터 스스로의 학처에서 바르게 행하고 막아서 지키는 것이다. 처음의 계는 막고 세력을 믿으며 애걸하여 구하는 것이고, 제2계는 막고 이해가 없으나 스승을 속이는 것이며, 제3계는 막고 선함을 질투하며 허물을 다투는 것이고, 제4계는 막고 고통을 보고서 구제하지 않는 것이다.

'처음의 방자하게 구걸하지 않는다.'는 손해가 무너진 소욕의 행이니, 다른 사람의 허물이 번뇌에 이르러 허용된 것이다. 대승과 소승에 함께 제정되었고, 7중도 함께 금지된다.

경문의 가운데에서 '형세를 짓는 것을 믿는다.'는 신분을 드러내어 그가 형세를 말하게 하는 것이고, 비밀스러운 그의 힘을 의지하여 세력을 말하는 것이다.

'묶거나 때리고 잡아끌면서 구걸하다.'는 처음에 찾는 것을 수용하였으나 주지 않으면, 곧 때리는 것으로서 그를 위협하고 잡아끄는 것이다.

'마음대로 금전과 물건을 취하다.'는 이치가 아닌데 빼앗아서 취하는 것이다.

若取而得物別犯盜損. 今恃勢乞求邊結輕垢也. 一切求利名爲惡求多求者. 非理求故名爲惡求. 無厭求故名爲多求. 敎他人求者非唯自行. 亦敎他人. 都無慈心無孝順心者. 損惱他人故無慈心. 違佛所制故無孝順.

만약 취하고서 얻은 물건이 별도로 훔치는 손해를 범하였다면 지금 세력을 믿고 주변에 구걸하였으므로 경구죄를 맺는다.

'일체의 이익과 명예를 구하면서 악하게 구하며 많이 구한다.'는 이치가 아닌데 구하는 까닭으로 악하게 구한다고 이름하고, 싫어함이 없이 구하는 까닭으로 많이 구한다고 이름한다.

'다른 사람을 가르쳐서 구한다.'는 오직 스스로가 행하는 것이 아니고, 역시 다른 사람을 가르치는 것이다.

'모든 자비로운 마음과 효순하는 마음이 없다.'는 다른 사람을 번뇌시키고 손해 보게 하는 까닭으로 자비심이 없고, 세존께서 제정한 것을 위반하는 까닭으로 효순이 없는 것이다.

제8 불사작사계
第八 不詐作師戒

若佛子. 學誦戒者日日六時持菩薩戒解其義理佛性之性. 而菩薩不解一句一偈及戒律因緣. 詐言能解者. 卽爲自欺誑亦欺誑他人. 一一不解一切法. 不知而爲他人作師授戒者. 犯輕垢罪.

만약 불자라면 계를 외우는 것을 배워야 하고, 날마다 여섯 때에 수지하고서 그 뜻과 이치와 불성의 성품까지 이해해야 한다. 그러나 보살이 한 구절의 한 게송과 계율의 인연도 이해하지 못하면서 거짓으로 능히 이해한다고 말하는 것은 곧 자기를 속이는 것이고 역시 다른 사람을 속이는 것이니라. 하나하나 이해하지 못하고 일체법을 알지 못하면서 다른 사람의 스승이 되어 계를 준다면, 경구죄를 범하느니라.

無德詐授有誤人之失. 故制之. 二乘同制. 道俗俱禁. 經許夫婦互作師授. 故知通制俗衆. 文中學誦戒日乃至解其義理佛性之性者. 明作師之人應先求自解. 晝夜各爲六時. 恐新學人廢忘敎詮. 於行有缺故制也. 每日六時誦持菩薩戒者. 受持其文也. 解其義理者. 解其開遮輕重義也.

덕이 없으나 거짓으로 가르치는 것이 있다면 그릇된 사람의 과실이다. 그러므로 그것을 제정하셨다. 2승도 같이 제정하셨고, 사문과 재가도 같이 금지된다. 경전에서는 부부가 서로의 스승이 되는 것을 허락한다. 그러므로 사문과 재가가 통하여 제정된 것을 알 수 있다.

경문의 가운데에서 '계를 외우는 날을 배워야 하고, 나아가 그 뜻과 이치와 불성의 성품까지 이해해야 한다.'는 스승이 되고자 하는 사람은 마땅히 먼저 스스로가 이해를 구하게 밝힌 것이다.

'밤낮의 각 여섯 때가 된다.'는 새롭게 배우는 사람이 배우고 이해하는 것을 그만두거나 잊는 것을 두려워한 것이며, 행에서 결손이 있는 까닭으로 제정하셨다.

'날마다 여섯 때에 보살계를 지니고 외우다.'는 그 문장을 수지하는 것이다.

'그 뜻과 이치를 이해하다.'는 그것의 개차와 경구죄와 중죄의 뜻을 이해하는 것이다.

佛性之性者. 解其當現因果佛性. 所知中要故偏擧也. 而菩薩下違之成犯. 言乖自心故云自欺. 令他謬解故亦欺他. 一一不解者. 一一法門中不解也. 一切法不知者. 於一切法總不知也. 若不解知詐授者. 應隨人多小結罪.

'불성의 성품'은 마땅히 나타나는 인과의 불성인 그것을 이해하는 것이고, 아는 것 가운데에서 중요한 까닭으로 단편적으로 예시한 것이다. 그러나 보살의 하품은 그것을 위반하고 범함이 성립되는데, 스스로가 마음을 무너트린다고 말하는 까닭으로 스스로를 속인다고 말한다. 다른 사람을 그릇되게 이해시키는 까닭으로 역시 다른 사람을 속이는 것이다.

'하나하나를 이해하지 못하다.'는 하나하나의 법문 가운데에서 이해를 못한 것이다.

'일체법을 알지 못한다.'는 일체법에서 모두 알지 못하는 것이다. 만약 이해하지 못하였으나 거짓으로 가르친다면 마땅히 사람이 많고 적음을 따라서 죄를 맺는다.

제9 불투량두계
第九 不鬪兩頭戒

若佛子. 以惡心故見持戒比丘手捉香鑪行菩薩行. 而鬪過兩頭謗欺賢人. 無惡不造者. 犯輕垢罪.

만약 불자가 악심으로써 일부러 지계의 비구가 향로를 들고 보살행을 행하는 것을 보고서, 양쪽의 허물을 싸우게 하고, 현자를 비방하고 속이면서 악을 짓지 않는 것이 없다면, 경구죄를 범하느니라.

嫉善鬪過乖和教行故制斷也. 二乘俱制. 七衆同禁. 文中以惡心者 爲乖和合損淨行故云惡心. 見持戒比丘乃至行菩薩行者. 擧所鬥之人也. 鬥過兩頭者. 聞此彼過向彼此說故云鬥過. 或經作遘字. 謂彼此言鬥而相遘. 或經作過. 義亦同也. 隨字訓釋義. 皆無妨. 不應輒改作也.

선함을 질투하고 허물로 싸우면 화합과 가르침의 행이 무너지는 까닭으로 제정하여 끊으셨다. 2승에 함께 제정되었고, 7중도 함께 금지된다.

경문의 가운데에서 '악한 마음으로써'는 화합을 무너트리게 되고 정행을 손감시키는 까닭으로 악심이라고 말한다.

'지계의 비구가 나아가 보살행을 행하는 것을 보다.'는 사람들의 싸우는 것을 예시한 것이다.

'양쪽의 허물을 싸우다.'는 이러한 그의 허물을 듣고 그에게 향하게 하면서 이것을 말하는 까닭으로 허물을 싸운다고 말하며, 혹은 경에서 만난 글자를 지어서 그에게 이렇게 말하여 말로 싸우게 하여 서로가 얽히거나, 혹은 경에서 허물을 짓는 뜻도 역시 같다. 글자를 따라서 뜻을 가르치고 해석하였고 모두 방해가 없더라도, 마땅히 곧 개작할 수 없느니라.

謗欺賢人無惡不造者. 由鬥過. 故致謗欺賢人. 及無惡不造與. 第十三有何異者. 古說. 由運心有異. 彼作陷沒心說. 此作離間心說. 今謂謗欺賢人無惡不造. 此顯過失轉多耳. 非是此戒正所制也. 唯鬥過兩頭正是此戒所防也. 如放火中殺盜. 擧其仍犯非是正所防也. 若以善心說離間語亦無所犯.

'현자를 비방하고 악을 짓지 않는 것이 없다.'는 허물이 싸우는 이유이다. 그러므로 현자를 비방하고 속이는 것에 이르고, 더불어 악을 함께 짓지 않는 것이 없다.

'제13계에 어느 다른 것이 있겠는가?'는 옛날에 말하였다.

"마음을 운용하는 이유로 다름이 있다. 저것을 지으면 마음이 함몰되어 말하는 것이고, 이것을 지으면 마음의 차별을 떠나서 말하는 것이다. 지금 현자를 비방하고 속이면서 악을 짓지 않는 것이 없다고 말하는데, 이것은 과실이 나타나서 많이 전전한 것이다."

이러한 계가 옳지 않은 것에서 바로 그것을 제정하셨다. 오직 양쪽에서 허물을 다투면 곧 이러한 계로 그것을 막는 것이다. 방화(放火) 중에 죽이고 훔치는 것과 같이 그 범함을 기인하여 예시하였는데, 이것은 바르게 막는 것은 아니다. 만약 선한 마음으로써 이간(離間)의 말을 설하였다면 역시 범한 것이 없다.

菩薩地云. 又如菩薩見諸有情爲惡朋友之所攝受親愛不捨. 菩薩見已起憐愍心. 發生利益安樂意樂. 隨能隨力說離間語. 令離惡友捨相親愛. 勿令有情由近惡友當受長夜無義無利. 菩薩如是以饒益心說離間語乖離他愛. 無所違犯生多功德.

『유가사지론』「보살지」에서 말하였다.

"또한 보살은 여러 유정이 악한 벗의 섭수를 위하여 친애하여 버리지 않는 것을 보는 것과 같아서, 보살이 보고서 연민심을 일으키고, 이익·안락·의요에서 능력을 따라서 이간의 말을 발생시켰거나, 악한 벗에게 서로가 친애를 버리게 하였거나, 유정이 악한 벗과 가까웠던 이유로 마땅히 장야에 의리와 이익이 없더라도 보살이 이와 같은 요익심으로서 이간하는 말을 설하여서 다른 사람의 친애를 괴리시켰더라도, 위반과 범함이 없고 많은 공덕이 생겨나느니라."[58]

제10 방구보은계
第十 放救報恩戒

若佛子. 以慈心故行放生業. 應作是念. 一切男子是我父. 一切女人是我母. 我生生無不從之受生. 故六道衆生皆是我父母. 而殺而食者. 卽殺我父母亦殺我故身. 一切地水是我先身. 一切火風是我本體. 故常行放生. 生生受生. 常住之法. 敎人放生. 若見世人殺畜生時. 應方便救護解其苦難. 常敎化講說菩薩戒救度衆生. 若父母兄弟死亡之日. 應請法師講菩薩戒經. 福資亡者. 得見諸佛. 生人天上. 若不爾者. 犯輕垢罪.

만약 불자라면 자비로운 마음으로써 고의로 방생업을 행하면서 이와 같이 생각을 지어야 하느니라.

'일체의 남자(男子)는 나의 아버지였고, 일체의 여인(女人)은 나의 어머니였으며, 나는 태어나고 태어나면서 그들을 좇아서 생을 받지 않음이 없었다. 그러므로 6도의 중생은 모두 나의 부모인데, 그러나 죽여서 먹는다면 곧 나의 부모를 죽이는 것이며, 역시 나의 옛 몸을 죽이는 것이다. 일체의 땅과 물은 바로 나의 이전의 몸이고, 일체의 불과 바람은 바로 나의 본체(本體)이다. 그러므로 항상 방생을 행하여야 한다.'

세세생생(世世生生)에 몸을 받는 것은 상주(常住)하는 법이니, 사람에게 방생을 가르치고, 만약 세상의 사람들이 축생을 죽이려는 것을 보는 때에는 마땅히 방편으로 구호하여 그 고난에서 풀어줄 것이며, 항상 보살계를 말하여 교화하고 중생을 구호하고 제도하라. 부모와 형제의 제삿날에는 마땅히 법사를 청하여 보살계와 경전을 강론하여 죽은

---

58) 『瑜伽師地論』(大正藏 30), p.517하. "如菩薩. 見諸有情爲惡朋友之所攝受親愛不捨. 菩薩見已起憐愍心. 發生利益安樂意樂. 隨能隨力說離間語. 令離惡友捨相親愛. 勿令有情由近惡友當受長夜無義無利. 菩薩如是以饒益心說離間語. 乖離他愛無所違犯生多功德."

자는 복의 자량(資糧)으로 제불을 뵙고 인간과 천상에 태어나게 해야 할 것이니라. 만약 이와 같지 않다면 경구죄를 범하느니라.

愼終追遠. 歸厚莫故殺生. 以救死難齋講以資亡靈. 是則行慈報恩之善行. 故制令作. 大小不共. 大士一切應度. 以等慈普故. 聲聞正在眷屬. 此外不制. 以自度故. 七衆同犯也. 文中有二. 一放生以救死難. 二齋講以資亡靈. 前中復二. 初以慈心行放生. 後以方便解苦難. 初中以慈心故行放生業者. 見臨死之厄 深生慈心放之令生. 一切男子是我父下. 明所救生中修慈心之由.

신종추원[59]은 후덕함에 귀의하면 고의적인 살생은 없다. 구호로써 사난(死難)[60]이고 망령의 자량으로써 재강(齋講)[61]이라면, 이것은 곧 자비를 행하여 선행의 은혜를 갚는 것이다. 그러므로 제정하여 짓게 하였으나 대승과 소승은 같지 않다.

세존께서는 일체를 마땅히 제도하셨는데 균등한 자비로써 넓은 까닭이다. 성문은 곧바로 권속이 있으므로 이것 외에는 제정하지 않으셨고, 스스로 제도하는 까닭으로 7중은 같이 범하는 것이다.

경문의 가운데에는 두 가지가 있다. 첫째는 방생인데 구호로써 사난이고, 둘째는 망령의 자량으로써 재강이다. 앞의 가운데에 다시 두 가지가 있다. 처음은 자비로운 마음으로써 방생을 행하는 것이고, 뒤에는 방편으로써 곧 고난을 풀어주는 것이다.

'죽음의 액난에 이르렀음을 보고 자비로운 마음이 깊이 생겨나서

59) 『논어』의 학이(學而)편에 나오는 말이다. '신종(愼終)'은 '부모의 임종을 신중히 하다.'라는 말로 장례를 극진하게 모신다는 뜻이며, '추원(追遠)'은 '먼 조상을 추모한다.'는 뜻으로 제사를 정성스레 올린다는 뜻이다.

60) 국가의 위난(危難)을 극복하기 위하여 목숨을 바치는 것이다.

61) 죽은 자를 위한 재에서 보살계를 강설하는 것을 가리킨다.

그것을 풀어주고 살리게 하라. 일체의 남자는 나의 아버지가 되고 …'의 이하는 생명을 구하는 가운데에서 자비로운 마음의 이유를 닦는 것을 밝혔다.

此中有二. 一於一切生起等普親觀. 二於一切物起一體觀. 前中男女父母者. 就相且配約實. 隔世男女通是父母. 六途衆生旣皆是親. 見其厄苦不得不救. 而殺而食者卽殺父母者. 擧其普親兼遮殺食. 亦殺我故身下明一體觀. 於中乘勢先止殺食. 後正明一體觀. 一切地水是我先身. 一切火風是我本體者. 衆生之身攬四大而成體. 生時聚集爲身. 死時離散爲物. 雖集散從緣. 而其性不殊. 大而觀之. 無非我體. 故聖人以群生爲已身. 以萬物爲已體者. 理自不然豈能爾乎. 故常行放生以救濟也. 生生受生下明方便解苦難.

이 가운데에 두 가지가 있다. 첫째는 일체가 생명이 일어남에서 균등하고 넓게 친근함을 관찰하는 것이고, 둘째는 일체(一切) 물건의 일어남에서 일체(一體)를 관하는 것이다.

앞의 가운데에서 '남녀가 부모이다.'는 나아가서 서로가 또한 짝을 짓고 실제로 맺어지면 세대를 건너뛰어 남녀로 통하므로 이것이 부모이다. 육도중생이 이미 모두 부모인데 그러한 고액을 보고 구호하지 않고 죽여서 먹는다는 것은 곧 부모를 죽이는 것이다. 그것을 널리 부모와 겸하여 죽여서 먹는 것으로 예시하였다.

'역시 나를 죽이는 까닭으로 몸을 …'의 이하는 일체의 관찰함을 밝힌 것으로, 가운데에서는 세력을 업고 죽여서 먹는 것을 먼저 금지시킨 것이고, 뒤에는 일체를 관찰하는 것을 바르게 밝힌 것이다.

'일체의 땅과 물이 나의 이전의 몸이고, 일체의 불과 물이 나의 본체이다.'는 중생의 몸이 사대(四大)를 취하고서 몸을 이루는 것이다. 살아있는 때에는 취하고 모아서 몸이 되고, 죽는 때에는 떠나고 흩어져서 물질이 되는 것이다. 비록 모이고 흩어지는 것이 인연을 따르더라도, 그러나 그 성질은 다르지 않다. 크게 그것을 보면 나의 몸이 아닌 것이 없다. 그러므로 성인은 군생으로써 자기의 몸으로 삼는다.

'만물로써 자기의 몸으로 삼는다.'는 이치로 스스로가 그렇지 않더라도, 어찌 능히 그러하겠는가? 그러므로 항상 방생을 행하여 구제하는 까닭이다.

生生受生者. 雖更生歷死而悲觀愈深. 若見世人下正明方便救度. 所殺之生被現在之苦. 能殺之人受當來之苦. 故於能所殺者普生悲而救度. 應方便救護解其苦難者. 救所殺生解其現苦. 常敎化講說菩薩戒. 救度衆生者. 救能殺生遮其當苦. 若父母下齋講以資亡靈. 法力難思冥資不空. 故亡過神靈隨在何趣. 除彼二定必得蒙益. 問相續旣別. 云何此修福因彼得樂果. 自作他受違因果故. 答因果道理實無我作他受. 然彼此相緣非無互資. 故目連設福母靈脫於餓苦. 那舍修善. 父神免於劇難. 是則相感之義. 理數必然.

'생생에 몸을 받는다.'는 비록 다시 태어나고 죽음이 지났어도 슬픔을 관찰하면 매우 깊은 것이다.

'만약 세상 사람을 본다면'의 이하는 방편으로 구호하고 제도하는 것을 바르게 밝힌 것이다. 생명을 죽이는 것은 현재에 고통을 받는 것이고, 능히 사람을 죽이는 것은 마땅히 미래에 고통을 받는다. 그러므로 능히 죽이는 것에서 널리 자비가 생겨나면 구호하고 제도하는 것이다.

'마땅히 방편으로 구호하고 그 고난을 풀어주다.'는 살생하는 것에서 구호하고 그 고통을 풀어주면서 항상 교화하고 보살계를 강설하는 것이다.

'중생을 구호하고 제도하다.'는 능히 살생을 구호하고 그것의 마땅한 고통을 막는 것이다.

'만약 부모이고 …'의 이하는 망령의 자량으로써 재강하였다면, 법력은 생각하기 어려워도 명부의 자량은 헛된 것은 아니다. 그러므로 죽었던 과거의 신령들이 따라서 있다면 어찌 나아가겠는가? 그것을 제외하여도 두 가지는 반드시 이익을 얻을 것이다.

【묻는다】 상속은 이미 별도인가? 어찌하여 이러한 복인(福因)을 닦는데 그러한 낙과(樂果)를 받는가? 스스로가 짓고 다른 사람이 받는다면 인과를 위반하는 까닭이다.

【답한다】 인과의 도리는 실제로 무아가 짓고 다른 사람이 받는 것이다. 그러나 그의 이러한 상(相)의 연(緣)은 서로의 자량이 없는 것은 아니다. 그러므로 목련이 어머니의 신령에게 복을 베풀어 아귀의 고통에서 벗어나게 한 것이고, 노사나불이 선을 닦으면 부친의 신령이 극심한 고난에서 벗어난다. 이것을 곧 상의 감응의 뜻이니, 이치로는 헤아리면 필연이다.

如是十戒應當學敬心奉持. 如滅罪品中廣明一一戒相.

이와 같은 10계를 마땅히 배우고, 공경하는 마음으로 받들어 지녀라. 「멸죄품(滅罪品)」 가운데에서 하나하나의 계상(戒相)을 자세하게 밝힌 것과 같으니라.

개설

槪說[62]

如是十下總結勸持指餘廣文. 自下第三十戒明攝和敬之善. 和敬有六. 謂三業同及戒見利同. 於十戒中. 初三戒明三業同. 次一明見同. 次四明利同. 後二明戒同. 卽論所說攝善戒中. 於諸尊長懃修敬事. 初三戒中. 初遮瞋不忍受. 次遮憍不諮問. 次遮慢不敎訓. 一一通遮三業不和. 或可如次遮身口意.

이와 같은 10계의 이하를 모두 맺었고, 나머지의 광문은 가르쳐서 지니도록 권유하노라.

아래의 30계부터는 화경(和敬)의 선을 섭수함을 밝히는데, 화경에는 여섯이 있다. 3업의 계와 같고 더불어 계견(戒見)의 이익이 같음을 말한다. 10계의 가운데에서 처음의 3계는 3업과 같은 것임을 밝혔고, 다음의 1계는 동견을 밝혔으며, 다음의 4계는 이익이 같음을 밝혔고, 뒤의 3계는 계가 같음을 밝혔는데 곧 논에서 설하는 섭선계의 가운데에서 여러 존장에서 존경스럽게 섬기고 부지런히 닦는 것이다.

처음의 3계의 가운데에서 처음은 성냄을 막으나 인수(忍受)[63]가 아니고, 다음은 교만을 막으나 자문(諮問)[64]이 아니며, 다음은 나태를 막으나 교훈은 아니다. 하나하나가 통하므로 3업의 불화를 막는데, 혹은 신·구·의를 막는 것과 같다.

---

62) 원문에는 없으나 번역의 이해를 돕기 위하여 역자가 추가한 것이다.
63) 치욕(恥辱)을 참고 받는 것을 가리킨다.
64) 본래는 '아랫사람에게 묻는다.' 또는 '하급의 관청에 묻는다.'는 뜻이다.

제1 인수위범계
第一 忍受違犯戒

佛言佛子. 不得以瞋報瞋以打報打. 若殺父母兄弟六親不得加報. 若國主爲他人殺者. 亦不得加報. 殺生報生不順孝道. 尙不畜奴婢打拍罵辱. 日日起三業得罪無量. 況故作七逆之罪. 而出家菩薩無慈報讎. 乃至六親中故報者. 犯輕垢罪.

세존께서 말씀하셨다.

"불자들이여. 성냄으로써 성냄을 갚거나, 때림으로써 때림을 갚지 말아야 하느니라. 만약 부모·형제·육친(六親)을 죽였더라도 보복하지 않을 것이고, 만약 왕이 다른 사람에게 죽었더라도 역시 원수를 갚지 않아야 하나니, 산사람을 죽여서 원수를 갚는 것은 효순하는 도가 아니니라. 오히려 노비를 아끼지 않고 때리고 꾸짖으며 욕하면서 날마다 세 가지의 업을 일으키면 무량한 죄를 얻는데, 하물며 일부러 7역의 죄를 짓겠는가? 그러나 출가한 보살이 자비가 없이 원수를 갚고, 나아가 육친의 가운데에 이르기까지 원수를 갚는다면, 경구죄를 범하느니라."

旣信普親一體之道. 而瞋打相報則非孝順亦喪慈忍. 故制斷也. 卽論中云. 於他違犯思擇安忍. 二乘俱制. 七衆同禁. 文中若殺父母兄弟六親不得加報者. 外論一世怨親定異. 故云. 父母之仇弗與共天下. 兄弟之仇弗與共國. 從昆弟子仇不爲魁. 內融三世怨親一貫. 豈容爲彼一親而殺此一親耶. 故雖殺父兄不得加報.

이미 넓게 부모의 일체의 도를 믿었는데, 성내어 서로를 때리면서 갚는다면 효순이 아니고 역시 자인(慈忍)[65]을 끊는다. 그러므로 제정하여 끊으셨다. 곧 논의 가운데에서 말하였다.

"다른 사람을 위반하고 범하면서 안인(安忍)[66]을 간택하여 생각한다."[67]

2승을 함께 제정하셨고, 7중도 같이 금지된다.

경문의 가운데에서 '만약 부모·형제·육친(六親)을 죽였더라도 원수를 갚지 않는다.'는 외도의 논에서는 1세의 원수와 부모는 분명히 다르다.

옛날에 말하였다.

"부모의 원수는 천하를 함께 할 수 없고, 형제의 원수는 나라를 함께 할 수 없으며, 형제의 원수를 따라서 우두머리가 되지 못하나, 안으로 삼세의 원수와 부모를 융화하여 하나로 묶는다면 어찌 그 한 부모가 되는 것으로 허용되겠는가? 그러나 이러한 한 부모를 죽이리오! 그러므로 비록 부모와 형제를 죽였더라도 원수를 갚지 않아야 한다."

又我親旣死不可還活. 設害彼親於我何益. 故長壽王經云. 以怨報怨. 怨終不滅. 以德報怨. 怨乃滅耳. 若國主爲他人殺者亦不得加報者. 謂國主爲他人故殺我親者. 亦不得於國主加報. 以國主亦是親故. 又可若我國主爲他敵國殺者. 亦不得於他國加報. 以彼亦是親故. 長生安劍卽其事也. 殺生報生不順孝道者. 謂怨復是親故亦有生我之恩. 殺彼生命報我生恩. 不孝順道也. 此亦殺時別結重罪.

또한 나의 부모는 이미 죽었고 되살릴 수 없는데, 설령 그의 부모를

65) 자비인욕(慈悲忍辱)의 준말이다.

66) 산스크리트어 kṣāti의 번역으로 마음을 안정시키고 인욕하다는 뜻이고, 능안인(能安忍)과 같은 의미이다.

67) 『瑜伽師地論』(大正藏 30), p.511중. "於他所作一切違犯思擇安忍."

살해해도 나에게 무슨 이익이 있겠는가? 그러므로 『장수왕경』에서 말하였다.

"원한으로써 원한을 갚으면 원수는 결국 소멸되지 않으나, 덕으로써 원수를 갚으면 원수는 도리어 소멸된다."[68]

'만약 국왕이 다른 사람을 위하여 죽였으나, 역시 원수를 갚지 않는다.'는 국왕이 다른 사람을 위하여 일부러 나의 부모를 죽인 것을 역시 국왕에게 원수를 갚지 않는 것을 말하는데, 국왕으로써 역시 이렇게 부모인 까닭이다.

'또한 만약 나의 국왕이 다른 사람을 위하여 적국을 죽일 수 있다.'는 역시 다른 나라에 원수를 갚을 수 없는데, 그로서도 역시 이렇게 부모인 까닭이다. 장생(長生)[69]에도 칼이 편안하다는 곧 그 일이다.

'살생을 생명으로 갚음은 효순하는 도가 아니다.'는 원수가 다시 부모인 까닭으로 역시 내가 태어남이 있다면 나의 은혜인 것을 말한다. 그 생명을 죽여서 내가 태어난 은혜를 갚는 것은 효순한 도가 아니다. 이것은 역시 죽이는 때에 중죄를 맺는다.

今於報怨之邊結輕垢也. 尙不畜下擧輕. 況故作七逆之罪者. 知一切是親而行報殺故名作逆耳. 而出家菩薩無慈報酬下違而成犯. 偏擧出家者違之甚故. 理通在家. 乃至六親故作者. 父母伯叔兄弟爲六親. 六親之仇尙不應報. 況餘人也. 菩薩地第十六戒云. 若諸菩薩他罵報罵. 他瞋報瞋. 他打報打. 他弄報弄. 是名有犯. 有所違越是染違犯. 此戒無開緣. 制意可見.

---

68) 『장수왕경』에 비슷한 구절이 있다. 『長壽王經』(大正藏 3), p.387중. "我卽是長壽王太子長生. 我實故來出欲殺大王以報父怨. 念我父臨死時慇懃囑我. 不欲使我報怨."

69) 장생불사(長生不死)의 준말이다.

지금 원수의 곁에서 갚는다면 경구죄를 맺는데, 오히려 아랫사람을 아끼지 않고 가볍게 들추겠는가!

'하물며 일부러 7역의 죄를 짓는다.'는 일체가 부모인 것을 알았으나, 살인으로 갚음을 행하는 까닭으로 역을 지었다고 이름한다. 그리고 출가보살이 자비가 없이 아랫사람에게 갚아준다면 위반하고 범함이 성립된다.

'단편적으로 출가자를 예시한다.'는 그것에 위반함이 깊은 까닭으로 이치로는 재가에 통한다.

'나아가 육친을 일부러 짓는다.'는 부모·백숙·형제가 육친이 되는데, 육친의 원수도 오히려 마땅히 갚지 않아야 하는데, 하물며 다른 사람이겠는가!

『유가사지론』「보살지」의 제16계에서 말하였다.

"만약 여러 보살이 다른 사람이 욕을 하면 욕으로 갚고, 다른 사람이 성내면 성냄으로 갚으며, 다른 사람이 때리면 때림으로 갚고, 다른 사람이 희롱하면 희롱으로 갚는다면 이것은 범함이 있다고 이름한다. 위반과 벗어남이 있으면 이것은 염오이고 위반이며 범한 것이다."[70)]

이 계는 여는 연이 없으니, 제정한 뜻을 보도록 하라.

제2 하심수법계
第二 下心受法戒

若佛子. 初始出家未有所解. 而自恃聰明有智. 或恃高貴年宿. 或恃大姓高門

70) 『瑜伽師地論』(大正藏 30), p.518중. "若諸菩薩安住菩薩淨戒律儀. 他罵報罵他瞋報瞋. 他打報打他弄報弄. 是名有犯有所違越. 是染違犯."

大解大福大富饒財七寶. 以此憍慢而不諮受先學法師經律. 其法師者. 或小姓年少卑門貧窮諸根不具. 而實有德. 一切經律盡解. 而新學菩薩不得觀法師種姓. 而不來諮受法師第一義諦者. 犯輕垢罪.

만약 불자들이 처음 출가하여 소유를 이해하지 못하였으나 스스로가 총명하여 지혜가 있다고 믿거나, 혹은 높고 귀하며 나이가 많은 것을 믿거나, 혹은 대성(大姓)[71]으로 고귀한 가문으로 크게 이해하면서 크게 복되며 크게 부유하여 칠보의 재물이 풍요한 것을 믿었거나, 이러한 교만으로써 이전에 배웠던 법사에게 경과 계율을 받는 것을 꺼리지 말라.

그 법사가 혹은 소성(小姓)이고 나이가 젊으며, 가문이 빈궁하고, 여러 근(根)을 갖추지 못하였어도, 진실로 덕이 있고, 일체의 경과 율을 잘 이해한다면, 새롭게 배우는 보살은 법사의 종성(種姓) 등을 보지 않았고, 와서 법사의 제1의제(第一義諦)라는 것을 묻고 받지 않았다면, 경구죄를 범하느니라.

見形不諮失納法之利故制之. 大小俱制. 七衆同防. 文中始出家未有解者. 謂入道日近. 於佛法中未有所解也. 自恃聰明有智者. 謂恃於世事中聰明有智也. 或高貴年宿者. 謂豪勢高貴年歲長宿. 或恃大性高門者. 謂生大族家門高勝.

형세를 보고 묻지 않아서 법을 수확하는 이익을 잃는 까닭으로 그것을 제정하셨다. 대승과 소승이 함께 제정되었고. 7중도 같이 제지된다.

경문의 가운데에서 '처음 출가하여 아직 이해하지 못하였다.'는 도에 들어온 날이 가까운 것을 말하고, 불법의 가운데에서 아직 이해하지

71) 가문이 번성(繁盛)한 성(姓)씨로서 명문가와 권문세가를 가리킨다.

못함이 있는 것이다.

'스스로가 총명하여 지혜가 있다고 믿는다.'는 세상 일의 가운데에서 총명하여 지혜가 있다고 믿는 것을 말한다.

'혹은 고귀하고 나이가 많다.'는 호족의 세력으로 고귀하고 연세가 많은 것을 말하고, 혹은 대성으로 고귀한 가문 사람을 믿는다는 것은 큰 종족의 가문에 태어나서 고귀하고 수승한 것을 말한다.

大解大福者才德豊饒也. 以此憍慢者以上五事生憍慢也. 其法師者下出所慢境. 律制殘截人作. 當揚法主. 此中當是小少諮請. 故從諮受. 或可菩薩但貴其道不在其形. 故雖卑賤請令說法. 如天帝從野干受法等. 而新學下違成犯也.

'크게 이해하고 크게 복이 있다.'는 재주와 덕이 풍요로운 것이다.

'이러한 교만으로써'는 이상의 5사(事)에 교만이 생겨난 것이다.

'그 법사'의 이하는 거만한 경계에서 나오도록 율을 제정하여 사람이 지은 것을 없애고 막은 것이고, 마땅히 법주(法主)[72]를 선양하며, 이러한 가운데에서 마땅히 소소하게 청하여 묻는 것이다. 그러므로 묻는 것을 쫓아서 받아들이거나, 혹은 보살이 다만 그 도(道)에서 귀중하더라도 그 형체에 있지 않다.

그러므로 비록 비천할지라도 청하여 설법하게 하면 천제석이 야간[73]을 쫓아서 법 등을 받는 것과 같아서 새롭게 배우는 하품이라도 위반과 범함이 성립된다.

72) 경문을 설하시는 세존을 가리킨다.

73) 산스크리트어 śrgāla로 승냥이를 가리키고, 붉은 이리·아시아 들개·인도 들개 등으로 불린다. 일반적으로 늑대와 붉은여우의 특징을 혼합한 듯한 생김새를 지니고 있으며, 한국·만주·시베리아·몽골·중국·중앙아시아 등 넓게 분포하나, 개체수는 상당히 적다.

제3 호심교수계
第三 好心教授戒

若佛子. 佛滅度後. 欲以好心受菩薩戒時. 於佛菩薩形像前自誓受戒. 當以七日佛前懺悔. 得見好相便受得戒. 若不得好相應以二七三七乃至一年. 要得好相 得好相已. 便得佛菩薩形像前受戒. 若不得好相. 雖佛像前受戒不名得戒. 若先受菩薩戒. 法師前受戒時. 不須要見好相. 是法師師師相授故. 不須好相. 是以法師前受戒卽得戒. 以生重心故便得戒. 若千里內無能授戒師. 得佛菩薩形像前自誓受戒. 而要見好相. 若法師自倚解經律大乘學戒. 與國王太子百官以爲善友. 而新學菩薩來問若經義律義. 以輕心惡心慢心. 一一不好答問者. 犯輕垢罪.

만약 불자들이 세존께서 멸도하신 뒤에 좋은 마음으로 보살계를 받고자 하는 때에는 불·보살의 형상 앞에서 스스로가 서원을 세우고 계를 받으면서, 마땅히 7일간 세존 앞에서 참회하였는데 좋은 모습이 보였다면 곧 계를 얻는 것이니라. 만약 좋은 모습을 보지 못하였다면 마땅히 14일·21일, 나아가 1년까지 좋은 모습을 얻는 것이 필요하느니라. 이미 좋은 모습을 보았다면 곧 불·보살의 형상 앞에서 계를 받았으나, 만약 좋은 모습을 보지 못하였다면 비록 불상 앞에서 계를 받더라도 계를 얻었다고 이름하지 않느니라.

만약 이전에 보살계를 법사에게 받았다면, 이전에 계를 받는 때에 좋은 모습을 보는 것이 필요하지 않느니라. 이것은 법사에게서 스승에서 스승에게 서로가 받았던 까닭으로 좋은 모습이 필요하지 않느니라. 이것은 법사로서 이전에 계를 받았으니 곧 계가 얻어졌고, 소중한 마음이 생겨남으로써 곧 계가 얻어진 것이니라. 만약 1000리 안에 능히 주는 계사(戒師)가 없다면 불·보살의 형상 앞에서 스스로가 서원하고 계를 받는데 좋은 모습을 보는 것이 필요하느니라.

만약 법사가 스스로 경·율·대승학계에 의지하고, 국왕·태자·백관과 좋은 벗이 되었던 까닭으로, 새롭게 배우는 보살이 와서 경의 뜻과 율의 뜻을 묻는데, 업신여기는 마음·나쁜 마음·교만한 마음으로 하나하나 물음에 좋게 대답하지 않는 자는 경구죄를 범하느니라.

見器不授違敎訓之道故制也. 大小道俗俱同制也. 文中有二. 一辨新學得戒之緣. 二明法師不好敎授. 得戒緣中有三. 一明自誓受法. 二明從他受法. 三覆結二受. 聲聞法中出家五衆必從他受. 在家二衆通自他受. 如瑜伽論五十三中廣說其相. 菩薩法中此經不分七衆之受. 若准占察. 七衆受戒皆通兩受. 如彼上卷廣分別也. 若法師下惡說成犯. 與前第十六戒異者. 彼制爲利倒說. 此制慢心惡說 開緣同彼.

그릇을 보고 받아들이지 않으면 교훈의 도를 위반하는 까닭으로 제정하셨다. 대승·소승·사문·재가 등에게 함께 제정하셨다.

경문의 가운데에 두 가지가 있다. 첫째는 새롭게 배우면서 계의 연을 얻는 것을 분별하는 것이고, 둘째는 법사의 교수가 좋지 않은 것을 밝히는 것이다. 계의 연을 얻는 가운데에 세 가지가 있다. 첫째는 스스로가 서원하여 법을 받음을 밝히는 것이고, 둘째는 다른 사람을 따라서 받음을 밝히는 것이며, 셋째는 두 수계를 다시 맺는 것이다.

성문법 가운데에서 출가의 5중이 반드시 다른 수계를 따르고, 재가의 2중은 스스로가 다른 수계에 통하므로 『유가론』의 제53계의 가운데에서 그 모습을 널리 설명한 것과 같다.

보살법의 가운데에서 이 경전은 7중의 수계를 분별하지 않는다. 만약 점찰법에 준한다면 7중의 수계는 모두 두 수계에 통하는데 그 상권에서 널리 분별한 것과 같다.

만약 법사가 하품의 악설이라면 범함이 성립된다. 앞의 제16계와 다른 것은 그것으로 이익을 위한 전도된 설법을 제지한 것이다. 이것은 아만심의 악설을 제지하므로 연을 연 것은 그것과 같다.

제4 불전이학계
第四 不專異學戒

若佛子. 有佛經律大乘法正見正性正法身而不能勤學修習. 而捨七寶反學邪見二乘外道俗典. 阿毘曇雜論一切書記. 是斷佛性障道因緣. 非行菩薩道若故作者 犯輕垢罪.

만약 불자들이 세존의 경·율·대승법·정견·정성·정법신이 있었으나, 능히 부지런히 배우고 수습하지 않아서 7보(寶)를 버리고, 반대로 삿된 견해·2승·외도의 세속 법전·아비담잡론 등과 일체의 서기(書記) 등을 배운다면, 이 일은 불성을 끊고 도의 인연을 장애하므로 보살도를 행하는 것이 아니니라. 만약 일부러 짓는 자는 경구죄를 범하느니라.

捨本攀枝妨大道故制也. 大小不共. 所學異故. 七衆同也. 此卽六和敎中合見同也. 文中有佛經律者. 謂現有佛敎. 若無佛法時亦許從受外法. 時世佛法皆滅盡故. 大乘法者謂大乘敎法. 正見者謂大乘行法中慧爲主故. 正性者謂大乘理. 正法身者謂大乘果法. 而不能下捨本逐末. 而捨七寶者大乘可珍事同七寶. 而捨之不習. 或經本云而不捨七寶. 謂不棄捨世間七寶. 欲學法寶應捨

世珍. 而不捨故不能習學. 反學邪見.

근본을 버리고 지말에 얽혀서 대도를 방해하는 까닭으로 제정하였다. 대승과 소승은 같지 않은데, 배우는 것이 다른 까닭이다. 7중은 같다. 이것은 곧 육화의 가르침 가운데에서 보고 합한다면 같은 것이다.

경문의 가운데에서 '세존의 경률이 있다.'는 세존의 가르침이 있어 나타난 것을 말한다. 만약 불법이 없는 때라면 역시 외도의 법을 따라서 받는 것이 허락되는데, 불법의 시세(時世)[74]가 모두 멸진한 까닭이다.

'대승법'은 대승의 교법을 말한다.

'정견'은 대승의 행업 가운데에서 혜를 주인으로 삼는 까닭이다.

'정성'은 대승의 이치를 말한다.

'정법신'은 대승의 과법을 말하는데, 능히 아래로 근본을 버리고 지말을 좇을 수 없음을 말한다.

'그러나 칠보를 버린다.'는 것은 대승의 진귀한 일은 칠보와 같으나, 그것을 버리고 익히지 않는 것이다. 혹은 경전의 본문에서 말하였다.

"칠보를 버리지 않는다면 세간의 칠보를 버리지 않는 것을 말하고, 법보를 배우고자 하였다면 마땅히 세상의 보물을 버려야 하나니, 버리지 않는 까닭으로 능히 수학할 수 없고 반대로 수학한다면 삿된 견해이다."

二乘外道者總擧異學. 乖大乘故皆名邪見. 俗典者是外道法. 阿毘曇雜論書記者. 是二乘法. 後世論師所製論記. 或文義淺近. 或異見紛紜. 不順大乘甚深道理. 是故不聽專心習學. 若於大乘已得研究. 爲破異見. 莊嚴大乘暫時習學. 理所不遮. 菩薩地云. 若諸菩薩於菩薩藏未精研究. 於菩薩藏一切棄捨.

74) 그때의 세상(世上)을 가리키는 말이다.

於聲聞藏一向修學. 是名有犯. 有所違越非染違犯是. 二十六也. 若諸菩薩現有佛教. 於佛教中未精研究. 於異道論及諸外論精勤修學. 是名有犯. 有所違越是染違犯.

'2승과 외도'는 총체적으로 다른 학설을 예시한 것이다. 대승을 무너트리는 까닭으로 삿된 견해라고 이름한다.

'세속의 법전'은 외도의 법이다.

'아비담잡론과 서기'는 2승법이다. 후세의 논사가 짓는 것은 논과 기(記)[75]이고, 혹은 문자의 뜻이 얕고 가깝거나, 혹은 다른 견해가 분운(紛紜)[76]하거나, 대승의 깊고 깊은 도리를 따르지 않았고 이러한 까닭으로 전심으로 익히고 배우는 것을 허락하지 않는 것이다.

만약 대승에서 이미 연구하였다면 다른 견해를 깨트리게 되고, 대승을 장엄하면서 잠시 익히고 배우더라도 이치에는 막힘이 없다.

『유가사지론』「보살지」에서 말하였다.

"만약 여러 보살이 보살장에서 정밀하게 연구하지 않았고, 보살장에서 일체를 버리지 않았는데, 성문장에서 일향을 수학하였다면 이것을 범한 것이 있다고 이름한다. 위반과 벗어남이 있으면 이것은 염오이고 위반이며 범한 것이다. [이것은 제26지이다.]

만약 여러 보살이 세존의 가르침이 있어 나타났는데, 세존의 가르침 가운데서 정밀하게 연구하지 않았고, 다른 도의 논과 여러 외도의 논을 부지런히 수학하였다면 이것을 범함이 있다고 이름한다. 위반과 벗어남이 있으면 이것은 염오이고 위반이며 범한 것이다.[77]

---

75) 한문체의 하나로서 어떤 사물을 객관적으로 서술한 글을 말하며 기사(紀事)·지(志) 또는 술(述)이라고도 한다.

76) 여러 사람의 의논(議論)이 일치(一致)하지 아니하고 시끄러운 것이다.

77) 『瑜伽師地論』(大正藏 30), p.519상. "若諸菩薩安住菩薩淨戒律儀. 於菩薩藏未精研究.

無違犯者若上聽敏. 若能速受. 若經久時能不忘失. 若於其義能思能達. 若於佛教如理觀察成就俱行. 無動覺者於日日中常以二分修學佛語. 一分學外. 則無違犯. 是二十七也. 又彼第二十五戒云. 若諸菩薩起如是見立如是論. 菩薩不應聽聲聞乘相應法教. 不應受持不應修學. 菩薩何用於聲聞乘相應法敎聽聞受持精勤習學. 是名有犯. 有所違越是染違犯. 何以故. 菩薩尙於外道書論精勤硏究. 況於佛語. 無違犯者. 爲令一向習. 小法者捨彼欲故. 作如是說. 恐人一向非毁小乘犯菩薩戒. 故寄引來.

범함이 없는 것은 만약 상품으로 총명하고 민첩하거나, 만약 능히 빠르게 받아들이거나. 만약 오랜 시간이 지나도 능히 망실하지 않거나, 만약 그 뜻에서 능히 사유하고 능히 통달하거나, 만약 세존의 가르침에서 이치와 같이 관찰하고 여러 행을 성취한 것이다.

'움직임이 없는 깨달음'은 날이면 날마다 항상 두 부분으로 세존의 말씀을 수학하는 것이다. 첫 부분은 바깥을 닦는데 곧 위반과 범함이 없다."[78] [이것은 제27지이다.]

또한 그것의 제25계에서 말하였다.

"만약 여러 보살이 이와 같은 견해를 일으키고, 이와 같은 논을 세웠다면, 보살은 마땅히 성문승과 상응하는 교법이 허락되지 않는다. 마땅히 수지하지 않을 것이고, 마땅히 수학하지 않아야 한다. 보살이 어찌 성문승과 상응하는 교법을 수용하여 듣고 수지하며 부지런히 익히고 배우는 것이 허락되겠는가? 이것을 범함이 있다고 이름한다. 위반과

於菩薩藏一切棄捨. 於聲聞藏一向修學. 是名有犯有所違越. 非染違犯. 若諸菩薩安住菩薩淨戒律儀. 現有佛教於佛教中未精硏究. 於異道論及諸外論精勤修學. 是名有犯有所違越. 是染違犯."

78) 『瑜伽師地論』(大正藏 30), p.519상. "無違犯者. 若上聽敏若能速受. 若經久時能不忘失. 若於其義能思能達. 若於佛教如理觀察. 成就俱行無動覺者. 於日日中常以二分修學佛語."

벗어남이 있으면 이것은 염오이고 위반이며 범한 것이다."[79]

왜 그러한가? 보살은 오히려 외도의 글과 논에서 부지런히 연구하는데, 하물며 세존의 말씀이겠는가!

'범함이 없다.'는 일향을 익히게 하기 위해서이다.

'작은 법'은 그러한 욕망을 버리는 까닭으로 이와 같은 말을 지으셨다. 사람이 일향이라면 소승을 훼방하지 않더라도 보살계를 범함이 두려운 까닭으로 의지하여 인용하면서 왔다.

제5 선어중물계
第五 善御衆物戒

若佛子. 佛滅度後. 爲說法主. 爲行法主. 爲僧房主. 敎化主坐禪主行來主. 應生善和鬪訟. 善守三寶物莫無度用如自已. 慈心有而反亂衆鬪諍. 恣心用三寶物者 犯輕垢罪.

만약 불자들이 세존께서 멸도하신 뒤에 법을 말하는 주인이 되거나, 법을 행하는 주인이 되거나, 승방의 주인이 되거나, 교화하는 주인이 되거나, 좌선하는 주인이 되거나, 가고 오는 것의 주인이 되었다면, 마땅히 선함이 생겨나서 다툼과 쟁송을 화해시키고, 3보의 물건을 잘 수호하여 자기 것과 같이 법도가 없이 사용하지 말라. 자비로운 마음이 있으나 반대로 대중을 어지럽게 하고 다투게 하며, 마음대로 3보의 물건을 사용하는 자는 경구죄를 범하느니라.

---

79) 『瑜伽師地論』(大正藏 30), p.519상. "若諸菩薩安住菩薩淨戒律儀. 起如是見立如是論. 菩薩不應聽聲聞乘相應法敎. 不應受持不應修學. 菩薩何用於聲聞乘相應法敎聽聞受持精勤修學. 是名有犯有所違越. 是染違犯. 何以故. 菩薩尙於外道書論精勤硏究. 況於佛語."

此下四戒制同利也. 善御大衆心無憂悔. 善守寶物令無費損. 若能如是正法不斷. 故制爲之. 大小同制. 七衆同學. 在家二衆分有御衆義故. 文中佛滅度後者顯時節也. 爲說法主者謂講說之主也. 或可講說檀越爲說法主也. 爲行法主者謂施行敎法之主也. 僧房主者謂寺主摩摩帝敎化主者. 謂敎化道俗之主也. 坐禪主者爲習禪定之主也.

이하 4계의 제정은 이익이 같다. 대중의 마음을 선하게 이끌어 근심과 후회가 없게 하였고, 보물을 잘 지켜서 비용의 손실이 없게 하는 것이다. 만약 능히 이와 같다면 정법이 끊어지지 않는다. 그러므로 그것을 제정하셨다. 대승과 소승을 같이 제정하셨고, 7중도 같이 배워야 한다. 재가의 2중의 부분은 대중의 뜻을 제어하고 있는 까닭이다.

경문 가운데에서 '세존께서 멸도한 뒤에'는 시절을 나타내는 것이다.

'설법의 주인이 되다.'는 강설의 주인을 말하고, 혹은 단월에게 강설하는데 설법의 주인이 되는 것이다.

'행법의 주인이 되다.'는 교법의 주인으로 시행하는 것을 말한다.

'승방의 주인이다.'는 사주·마마제(摩摩帝)[80)]·교화하는 주인을 말하고, 사문과 재가의 주인을 교화하는 것을 말한다.

'좌선'은 선정의 주인을 익히는 것을 말한다.

行來主者如施一食處供給行來之主. 於上六事各爲統御故皆名主. 如上六主應行兩事. 一應生慈心善和鬥訟. 二善守三寶物. 如法受用不得盜損. 及互迴換受用法. 或如寶梁經及諸律論. 應准行之. 此不具述. 而菩薩下而違之結犯. 恣心用物. 得物屬已. 及非處互用. 皆別結重罪. 此中但結不善守過.

---

80) 사주(寺主) 또는 지사(知事)라고도 말한다. 사찰 안의 모든 법사(法事)의 여러 소임을 맡은 사문으로 현재의 주지와 같은 역할이다.

'가고 오는 주인이다.'는 한 음식을 베풀어 처소에 공급하면 가고 오는 것의 주인과 같은데, 앞에 여섯 일에서 각자 통솔하고 제어하는 까닭으로 모두 주인이라고 이름한다. 앞의 여섯 일에서 마땅히 양쪽 일을 행하는 것과 같이, 첫째는 마땅히 자비한 마음이 생겨나서 쟁송을 잘 화합시키고, 둘째는 삼보의 보물을 잘 지키는 것이다.

여법하게 수용하여 도둑맞고 손해가 없고, 더불어 서로가 돌아가며 수용하는 법이거나, 혹은 『보량경(寶梁經)』[81] 및 여러 율과 논에서와 같으니, 마땅히 준하여 그것을 행하라. 이것을 갖추어 서술하지 않는다. 그러나 보살이 하품이면 그것에 위반하고 범함을 맺는다.

'마음대로 물건을 사용하다.'는 물건을 얻어 귀속되었는데 처소가 아닌 곳에서 서로가 사용하면 모두 별도로 중죄를 맺는다. 이것의 가운데에서 다만 선하지 않음을 맺는다면 지키는 자의 과실이다.

제6 주객동이계
第六 主客同利戒

若佛子. 先在僧房中住. 後見客菩薩比丘來入僧房舍宅城邑. 若國王宅舍中. 乃至夏坐安居處及大會中. 先住僧應迎來送去. 飮食供養房舍臥具. 繩床木床事事給與. 若無物應賣. 自身及男女身. 供給所須悉以與之. 若有檀越來請衆僧. 客僧有利養分. 僧房主應次第差客僧受請. 而先住僧獨受請. 而不差客者. 房主得無量罪. 畜生無異非沙門非釋種姓. 若故作者 犯輕垢罪.

81) 『대보적경(大寶積經)』의 제44 보량취회(寶梁聚會, 제113권~제114권)를 가리킨다.

만약 불자들이 먼저 승방의 가운데에 머무르고 있는데, 뒤에 보살이나 비구가 손님으로 승방·사택·성읍에 들어오는 것을 보았거나, 만약 국왕의 사택 가운데와 나아가 하안거(夏安居)를 하는 처소 및 대회(大會)의 가운데에 먼저 와서 머무르고 있거나, 승가가 왔다면 영접하고 보내야 하고, 음식을 공양하며, 방사·와구·승상·목상 등의 사사(事事)를 공급하여 주어야 하느니라.

만약 물건이 없다면 자기의 몸과 아들·딸의 몸을 팔아서라도 필요한 것을 모두 공급해야 하고, 만약 단월이 있는데 와서 대중을 청하면 객승도 이양을 나눌 수 있으므로 승방의 주인은 차례대로 객승도 청을 받도록 해야 한다.

그러나 먼저 머물던 승가만 홀로 청을 받고 객승은 선택되지 못하였다면, 승방의 주인은 무량한 죄를 얻고, 축생과 다름이 없으며, 사문도 아니고, 석가의 족성이 아니니라. 만약 일부러 짓는 자는 경구죄를 범하느니라.

預在釋侶法利應同. 若法同利異則同俗穢. 聲聞尙所不許. 況大士也. 故制令同. 大小俱制. 道俗不共. 旣言僧利不兼俗衆. 文中有二. 一就僧物. 辨應均主客. 二約檀越利. 辨主客應均. 初中先明在僧住處. 二舍宅下明在檀越處. 若無物應賣自身及男女身肉者. 准此文相. 應兼俗衆. 雖不預僧利. 贍給客人理通在家菩薩. 若有檀越下就檀越. 辨客主同利差僧事. 略有六種. 一能差人必五法成. 謂不愛. 不恚. 不怖. 不癡. 知應差不應差.

예전에 석려법(釋侶法)에는 이익을 마땅히 함께 하였다. 만약 법에서 같은 이익이 다르면 곧 재가의 탐욕과 같은 것이다. 성문도 오히려 허락하지 않는 것인데 하물며 세존이겠는가! 그러므로 제정하시어 같이

하게 하셨다. 대승과 소승이 함께 제정되었고, 사문과 재가는 같지 않다. 이미 승가의 이양은 재가 대중과 겸하지 않음을 말하였다.

경문의 가운데에는 두 가지가 있다. 첫째는 승가의 물건에 나아가서 분별하면 마땅히 주인과 객이 균등하게 분별하는 것이고, 둘째는 단월이 이양을 약속하면 주인과 객이 분별하여 마땅히 균등하게 나누는 것이다. 처음의 가운데에서 앞은 승가의 주처에 있음을 밝힌 것이고, 둘째의 사택의 이하는 단월의 처소에 있음을 밝혔다.

'만약 물건이 없다면 자신과 아들·딸의 몸을 팔다.'는 이러한 문장의 모습에 준한다.

'마땅히 재가의 대중을 겸하다.'는 비록 승가의 이양을 예측할 수 없어도 객인에게 공급하는 것을 보면 이치로는 재가보살에 통한다. 만약 단월이 있어 하품의 단월에게 나아가서 분별한다면 객과 주인의 같은 이양이다.

승사(僧事)를 뽑는데 대략 여섯 종류가 있다. 첫째 사람을 뽑을 때 반드시 다섯 가지의 법이 성립되어야 한다. 편애하지 않고, 성내지 않으며, 두려워하지 않고, 어리석지 않으며, 마땅히 뽑는 것과 뽑지 않을 것을 말한다.

又持戒淸淨不滯行法. 然後當職. 二所差人. 謂出家五衆. 非破戒無戒. 乃至爲解脫出家者. 方得受之. 若帶僧殘行法及白四羯磨人. 依本夏. 次學戒人. 居僧下沙彌上受也. 三歸五戒沙彌者. 一云亦得受僧次. 卽以涅槃爲證. 一云受十戒已得受僧次. 中涅槃經文大小兩本又不同. 故不可爲證. 三差會處. 僧俗二處. 自然作法皆得差次. 舊說云. 古來可依准. 四差次. 法唯有一. 次從上座至下座. 周而復始不簡大僧及沙彌. 皆須次第差之. 若言上座. 得名僧次.

또한 지계가 청정하면 행법에 막힘이 없다. 그러나 뒤에 마땅히 맡기려면 두 사람을 뽑아야 한다. 출가 5중을 말하는데, 파계자가 아니고 계율이 없는 자가 아니며, 나아가 해탈한 출가자라야 비로소 그것을 받을 수 있다. 만약 승잔의 행법과 백사갈마를 지니는 사람은 본래는 하안거에 의지하고, 다음으로 계를 배우는 사람은 승가에 기거한 것을 의지하는 것이니, 아래의 사미부터 상좌로 받는다.

'삼귀의계와 사미'는 한 사람이 말하였다.

"역시 승차(僧次)[82]를 받는데 곧 열반으로써 증명된다."

한 사람이 말하였다.

"10계를 받으면 이미 승차를 받아 얻었는데 『열반경』의 경문 가운데에서는 '대승과 소승의 두 근본이나 또한 같지 않다.' 그러므로 증명할 수 없다."

셋째는 모이는 처소에 차별이 있고, 사문과 재가의 두 처소가 있어서 자연스럽게 작법하여도 모두 차별과 차례를 얻는다.

옛날의 학설에서 말하였다.

"옛부터 (전해져) 왔다면 준하여 의지하라."

넷째는 차차(差次)이다. 법은 오직 하나가 있고, 좌차를 쫓아서 상좌에서 하좌에 이른다. 널리 그리고 다시 시작하여 간별하지 않아도 대승가와 사미이고 모두 반드시 차례대로 그것을 뽑는다. 만약 상좌를 말한다면 승차라는 이름을 얻는다.

若言經導僧次講席僧次等. 乃是的請異名. 不開十方僧次也. 若大小見異. 尚不得共住一處同飮一河. 何況同利. 別小差大應成僧次. 如五部異見不共法

82) 승가의 좌차를 가리킨다.

利. 又可小乘住處得別大乘. 不信大乘是佛法故. 若大乘住處不得別於小乘. 大乘信五部皆是佛法故. 蓋聞西國大乘住處通行十八部義. 五疏來早晩. 六受請捨請. 舊疏備論. 此不煩引.

만약 경도승차(經導僧次)라고 말하면 강론하는 법석의 승차 등이고, 더구나 이것은 적청(的請)의 다른 이름이니, 시방의 승차를 열지 않는다. 만약 대승과 소승의 견해가 다르다면, 오히려 한 처소에서 같이 머물 수 없고, 한 강물을 같이 마실 수 없는데, 어떻게 오히려 같이 이양을 나누겠는가? 작게 분별하여도 차이가 크므로 마땅히 승차가 성립된다.

5부의 견해가 다른 것과 같이 법의 이익도 함께 할 수 없다. 또한 소승의 주처에서 별도의 대승을 얻었다면, 대승을 믿지 않아도 이것은 불법인 까닭이다. 만약 대승의 주처에서 별도의 소승을 얻지 못하였어도 대승인 믿음의 5부가 모두 불법인 까닭이다.

대체로 들어보니 서쪽 나라의 대승 주처에서는 18부의 뜻이 통하여 행해지고 있고, 5소(疏)가 (전해져) 왔으나 빠르거나 늦었었다. 6소를 받고자 청하였으나 청을 그만두었고, 옛날의 소를 준비하여 논하였으므로, 이것으로 번민에 이끌리지 말라.

僧房主得無量罪者. 由奪他人應得之利故. 雖物不屬已而得盜損之罪. 若受請人知而故受. 理應同犯. 畜生無異等者. 訶其過重. 唯貪現利不見後過故畜生無異. 旣作非法. 何名息惡. 違佛敎故非釋種姓也.

'승방의 주인이 무량한 죄를 얻는다.'는 다른 사람에게 빼앗았던 이유이고, 마땅히 그것의 이익을 얻은 까닭이다. 비록 물건이 귀속되지 않았다해도 훔치고 손해 끼친 죄를 얻는다. 만약 청한 사람이 알고서 받았다면 일부러 받았으므로 이치적으로 마땅히 같이 범한다.

'축생 등과 다름이 없다.'는 그 허물의 무거움을 꾸짖는 것이다. 오직 현실의 이익을 탐하여 뒤의 허물을 보지 못하는 까닭으로 축생과 다름이 없는 것이다. 이미 지었다면 비법이다.

어찌 식악(息惡)[83]이라고 이름하는가? 세존의 가르침에 위반한 까닭으로 석가의 종성이 아닌 것이다.

제7 불수별청계
第七 不受別請戒

若佛子. 一切不得受別請利養入己. 而此利養屬十方僧. 而別受請. 卽取十方僧物入己. 及八福田中諸佛聖人一一師僧父母病人物. 自己用故. 犯輕垢罪.

만약 불자라면 일체 별도의 청을 받아서 자기 것으로 삼을 수 없나니, 이러한 이양은 시방승가에 귀속된 것이다. 그러나 별도로 청을 받는다면, 곧 시방승가의 물건을 자기 것으로 삼는 것이다. 또한 여덟 가지의 복전 가운데에서 모든 세존·성인 한 명 한 명·사승·부모·병자 등의 물건을 자기가 수용(受用)하는 까닭으로 경구죄를 범하느니라.

違施主廣福. 失衆僧等利. 故制不受. 聲聞俱許二請. 菩薩一向遮別. 七衆之中應制出家五衆. 文中一切不得受別請利養入己者. 聲聞法中受頭陀法不受別請. 非頭陀者亦許受之. 菩薩法中不問頭陀非頭陀. 一切時遮故. 一云一切

---

83) 사미(沙彌)를 다르게 부르는 말로써, 식자(息慈)·행자(行慈)·근책남(勤策男) 등이라고 한역한다.

不得受別. 而此利養屬十方僧者. 謂若菩薩不受別請. 此所得利理屬十方. 然由菩薩受別請故. 即有遠損十方別屬己義. 故云而別受請. 即取十方僧物入己.

시주의 넓은 복을 위반하고 대중 승가 등의 이익을 잃는다. 그러므로 받지 못하게 제정하셨다. 성문은 함께 두 가지의 청이 허락되지만, 보살은 하나를 향하여도 별도로 막으며, 7중의 가운데에서 마땅히 출가 5중은 제지하였다.

경문의 가운데에서 '자기의 들어오는 이양의 청을 일체 별도로 받을 수 없다.'는 성문법의 가운데에서는 두타법은 받을 수 있고, 별도의 청은 받을 수 없다. 두타가 아니라면 역시 그것을 받는 것이 허락되지만, 보살법의 가운데에서는 두타와 두타가 아닌 것을 묻지 않고 일체의 때에 막는 까닭이다.

한 사람이 말하였다.

"일체 별도의 청을 받을 수 없다. 그리고 이러한 이양은 시방승가에 귀속되므로 만약 보살이라면 별도의 청을 받지 못한다고 말한다. 이렇게 얻는 이양도 이치로는 시방승가에 귀속된다. 그러나 보살이라는 이유로 별도의 청을 받는 까닭으로, 곧 먼 손실이 시방승가에 별도로 귀속된다는 뜻이다. 그러므로 별도의 청을 받으면 곧 시방승가의 물건을 취하여 자기 것으로 삼는다고 말한다."

八福田物自己用故者. 非但取十方物入己. 亦復損八福田物. 自受菩薩若不受別請者. 於八福田兼有分故. 然由受別利擁在己. 八福田者一佛二聖人三和尚四阿闍梨耶五僧六父七母八病人. 和尚阿闍梨. 或經本中. 或云二師. 或云一一師. 義皆無差.

'여덟 복전의 물건을 자기가 수용하는 까닭이다.'는 다만 시방의 물건을 취하여 자기 것으로 삼는 것이 아니고, 역시 다시 여덟 복전의 물건을 손상시키는 것이다.

'스스로가 보살계를 받았다면, 만약 별도의 청을 받지 않는다.'는 여덟 복전에서 겸하여 분별이 있는 까닭이다. 그러나 별도로 받는 이유로 이양의 옹호가 자기에게 있는 것이다.

'여덟 복전'은 첫째는 세존이고, 둘째는 성인이며, 셋째는 화상이고, 넷째는 아사리이며, 다섯째는 승가이고, 여섯째는 아버지이며, 일곱째는 어머니이고, 여덟째는 병자이니라. 화상과 아사리는 혹은 경전의 본문의 가운데이거나, 혹은 두 스승을 말하고, 혹은 한 명 한 명의 스승을 말하나, 뜻에는 모두 차이가 없다.

問菩薩地云. 若諸菩薩他來迎請. 或往居家. 或往餘寺. 奉施飮食及衣服等諸資生具. 憍慢所制懷嫌恨心懷恚惱心. 不至其所不受所請. 是名有犯. 有所違越是染違犯. 若由嬾惰懈怠忘念無記之心. 不至其所不受所請是名有犯. 有所違越非染違犯. 此文爲就. 別請遮不受耶. 爲就僧次遮不受耶.

【묻는다】 보살지에서 말하였다.

"만약 여러 보살이 다른 사람이 와서 맞이하여 청하거나, 혹은 기거하는 집으로 가거나, 혹은 나머지의 사찰에 머무르면서 음식을 받들어 베풀고, 더불어 의복 등의 여러 자구를 갖추어주면서 교만함에서 혐한심과 에뇌심을 품고서 제지하고, 그곳에 이르지 않고 청을 받아들이지 않는다면, 이것을 범함이 있다고 이름한다. 위반과 벗어남이 있으면 이것은 염오이고 위반이며 범한 것이다.

만약 나태와 해태를 이유로 생각을 잊었고 무기의 마음으로 그곳에 이르지 않고 청을 받아들이지 않았다면 이것을 범함이 있다고 이름한다. 위반과 벗어남이 있으면 이것은 염오이고 위반이며 범한 것이다."

이 경문에서 나아가서 별도의 청을 막았다면 받지 않는 것인가? 나아가서 승차를 막았다면 받지 않는 것인가?

答有云. 彼論文遮不受僧次. 別請旣是一向不聽. 設不受之亦無所犯. 有云. 彼亦遮不受別請. 懷慢恚不受別請. 違背衆生乖慈行故. 若彼施主請僧次已. 別請菩薩必欲施物. 如論所制不得不受. 唯除開緣不受不犯如彼文云.

【답한다】 있다고 말한다. 그 논의 문장에서는 막았으므로 승차는 받지 않은 것이고, 별도의 청은 이미 이것이 한곳을 향하였어도 허락되지 않는다. 설령 그것을 받지 않았다면 역시 범한 것은 없다.

누가 말하였다.

"그것도 역시 막았으니 별도의 청을 받지 않았다. 아만과 성냄을 품고서 별도의 청을 받지 않았더라도 중생을 위배하고 자비로운 행을 무너트린 까닭이다. 만약 그 시주가 승차에 청이 있었고, 별도의 청을 보살이 반드시 물건으로 베풀고자 하였다면, 논에서 제정된 것과 같이 얻은 것도 아니고 받은 것도 아니다. 오직 열린 연을 없애고자 받지 않았다면 그 문장에서 말한 것과 같이 받는 것도 아니고 범한 것도 아니다."

無違犯者. 或有疾病. 或無氣力. 或心狂亂. 或處懸遠. 或道有怖. 或欲方便調彼伏彼出不善處安立善處. 或餘先請. 或爲無間修善法. 欲護善品令無暫廢. 或爲引攝未曾有義. 或爲所聞法義無退. 如爲所聞法義無退. 論義決擇當知

亦爾. 或復知彼懷損惱心詐來迎請. 或爲護他多嫌恨心. 或護僧制. 不至其所不受所請. 皆無違犯.

'위반하고 범함이 없다.'는 혹은 병이 있거나, 혹은 무기력하거나, 혹은 마음이 광란하였거나, 혹은 처소가 멀었거나, 혹은 도로에 두려움이 있거나, 혹은 방편으로 그를 조복하여 그 선하지 않은 처소에서 나와서 선한 처소에 안립시키고자 하였거나, 혹은 이전의 청이 남았거나, 혹은 선법을 닦기 위하여 시간이 없었고 선품을 보호하고자 잠시도 그만둘 수 없었거나, 혹은 지말을 섭수하고 인용하면서 일찍이 뜻이 있었거나, 혹은 들었던 법에서 뜻이 물러나지 않게 하였고 들었던 법에서 뜻이 물러나지 않은 것과 같아서 논의의 결택을 마땅히 알았고 역시 그러하였거나, 혹은 다시 그가 손뇌심을 품고서 거짓으로 와서 맞이하여 청하거나, 혹은 다른 사람을 보호하면서 혐한심이 많거나, 혹은 승가의 제지를 보호하면서 그곳에 이르러 청을 받지 않았더라도 모두 범한 것은 없다.

제8 불별청승계
第八 不別請僧戒

若佛子. 有出家菩薩在家菩薩及一切檀越. 請僧福田求願之時. 應入僧坊中問知事人. 今欲請僧求願. 知事報言. 次第請者卽得十方賢聖僧. 而世人別請五百羅漢菩薩僧. 不如僧次一. 凡夫僧若別請僧者. 是外道法. 七佛無別請法不順孝道. 若故別請僧者. 犯輕垢罪.

만약 불자가 출가한 보살과 집에 있는 보살 및 일체의 단월(檀越)[84]들이 승가의 복전을 초청하여 소원을 구하고자 할 때는 마땅히 승방의 가운데에 들어가서 지사인에게 물어야 한다.

"지금 소원을 구하고자 승가를 청합니다."

지사인은 알려 말한다.

"차례대로 청하는 것은 곧 시방의 현자이고, 성자이신 승가를 청하는 것입니다. 그러나 세상의 사람들은 5백 나한이나 보살을 별도로 청하는데, 승가를 차례에 따라 한 사람을 초청하는 것보다 못합니다. 일반적으로 승가를 만약 별도로 청하는 것은 외도들의 법이고, 7불(佛)은 따로 청하는 법이 없으며, 효순하는 도가 아닙니다."

만약 일부러 승가를 별도로 청한다면, 경구죄를 범하느니라.

去普就別失彼廣田. 故制不得. 大小不共. 聲聞法中亦許別請. 菩薩法中七衆同制. 有說. 菩薩請僧齋會一向不得別請. 悉應次第. 的請一人便犯此戒. 有說. 一處隨人多少請一僧次便不犯. 若都無者犯. 文意似前釋. 文中有出家菩薩者. 正制菩薩不應別請. 及一切檀越者. 兼制餘人. 雖無戒可犯. 而失廣福故.

함께 청하지 않고 별도로 나간다면 그 넓은 복전을 잃는다. 그러므로 얻지 못하게 제정하셨다. 대승과 소승은 같지 않고, 성문법의 가운데에서는 역시 별도의 청이 허락된다. 보살법의 가운데에서는 칠중이 같이 제지된다.

누가 말하였다.

"보살이 승가를 재회(齋會)[85]에 청하면서 한 사람을 향하면 별도의 청을 받을 수 없다. 모두가 마땅히 차례이지만, 분명하게 한 사람을

---

84) 산스크리트어 dāna-pati의 음사로서 시주(施主)라고 번역한다. 사찰에서는 사문들에게 물품을 베풀어 주는 유정들을 가리킨다.

85) 사문들에게 음식을 대접하는 법회를 가리킨다.

청하였다면 곧 이것은 계를 범한다."

누가 말하였다.

"한 처소에 따라서 사람이 많고 적은데 한 스님을 청하였고, 차례라면 곧 범하지 않는다. 만약 모두가 없다면 범하는데, 문장의 뜻은 앞에서 해석한 것과 비슷하다."

'경문의 가운데에서 출가한 보살이다.'는 보살에게 바르게 제정되었으므로 마땅히 별도로 청할 수 없다는 것이다.

'또한 일체의 단월이다.'는 겸하여 나머지의 사람들에게 제정된 것이다. 비록 계가 없어도 범하는 것이고, 넓은 복을 잃는 까닭이다.

請僧福田乃至今欲次第請者. 示請次方軌. 謂道俗檀越欲請福田求心所願. 心無適莫. 不簡持犯. 僧皆清淨無非法故. 唯就應彼五法成就知事人所問. 今欲得僧中次第. 心無所簡故云次第. 卽得十方賢聖僧者. 田廣博包容十方一切賢聖. 莫不人中. 設不得賢聖. 但得一凡夫. 請心旣無簡別. 興福冥通十方. 故云卽得十方賢聖僧也.

'승가의 복전을 청하고 나아가 지금 차례대로 청하고자 한다.'는 청하는 차례와 방궤를 보여주는 것이고, 사문과 재가와 단월이 복전을 청하여 마음의 원을 구하는 것을 말한다. 마음에는 없고 적절함이 없는데 간택하지 않고 지니면 범한다. 승가가 모두 청정하고 비법이 없는 까닭이다.

오직 나아가서 마땅히 그 5법을 이루었다면, 지사인의 처소에 나아가서 물어야 한다.

"지금 승가의 가운데에서 차례를 얻고자 합니다."

마음에서 간택한 것이 없는 까닭으로 차례라고 말한다.

'곧 시방의 현자이고 성자인 승가를 얻는다.'는 복전이 넓고 크므로 시방의 일체 현성승(賢聖僧)을 포용하는 것이고, 가운데에 들어가지 않음이 없어서 설령 현성을 얻지 못하였어도 다만 한 범부를 얻는 것이다.

'청하는 마음에 이미 간별이 없다.'는 큰 복은 깊이 시방에 통한다. 그러므로 곧 시방의 현성승을 얻었다고 말하는 것이다.

問餘十方僧既不受施. 何得由心空擬興實福於十方. 答罪福之起以心爲主. 心旣遍擬. 福何不普. 如惡戒人於一切羊上起害意樂故. 雖一切羊非皆被害. 而於一切羊遍起不律儀. 以惡例善. 善何不然. 問若如是者. 不律儀人於一切羊起不律儀. 於彼殺羊得業道. 施亦應然. 須簡別耶. 答不無此義. 遍於一切僧得起施福. 唯於一僧次起施福業. 暢思唯在受施人故. 又解不例. 殺業害生爲本故. 於被害得殺生業. 布施捨心爲主故. 於一切得施福業. 以我施心遍一切故.

【묻는다】 나머지의 시방 승가는 이미 베푸는 것을 받지 않았다. 어찌 마음은 허공과 비교된다는 이유로 실제적인 복이 시방에서 번성할 수 있는가?

【답한다】 죄와 복이 일어남은 마음으로써 주인을 삼는다. 마음이 이미 넓게 비교되는데 복이 어찌 넓지 않겠는가? 악한 계의 사람과 같이 일체의 양의 머리에서 해치려는 의요(意樂[86])가 일어나는 까닭이니라. 비록 일체의 양이 모두 피해를 주지 않더라도, 그러나 일체의 양에게서 두루 율의가 아닌 것이 일어난다. 악으로써 선을 예시하였는데,

86) 어떤 목적을 향하여 나아가려는 애욕 또는 의지를 가리킨다.

선이 어찌 그러하지 않겠는가?

【묻는다】 만약 이와 같다면 율의가 없는 사람은 일체의 양에서 율의가 아님을 일으켰고, 그것에서 양을 죽였다면 업도를 얻는가? 보시도 역시 마땅히 그러하므로 반드시 간별하여야 하는가?

【답한다】 이러한 뜻이 없는 것은 아니다. 두루 일체의 승가에서 일으켜서 베푸는 복을 얻는다. 오직 하나의 승가에서 차례로 베푸는 복업을 일으켰고, 생각이 통한다면 오직 받고 베푸는 사람이 있는 까닭이다.

또한 풀어주는 것에서 사례는 아니지만, 살생의 업은 생명의 해침을 근본으로 삼는 까닭이다.

피해를 당하는 것에서 살생업을 얻는데, 보시하면서 사심[87]을 주인으로 삼은 까닭이다. 일체에서 보시의 복업을 얻는데, 내가 베푸는 마음으로서 일체에 두루한 까닭이다.

若受用福. 於施人後時別起別請. 百羅漢菩薩僧不如僧次一. 凡夫僧者謂請百羅漢百菩薩者. 以心簡別故. 唯於所請處與福. 非所餘邊. 請一僧次無簡別. 故遍於一切皆起福善. 律中佛呵師子長者別請僧云. 雖五百羅漢不如一凡夫也. 若別請僧是外道法者. 諸佛本懷等遍爲主. 是故本無別請之法. 設律教中許別請者. 曲順世情權施教門. 如佛法中不聽食肉. 爲欲漸制具聽三淨. 此亦如是. 故云是外道法七佛無也. 違佛本教故不孝順道也.

만약 복을 수용하였다면 사람에게 베풀고, 뒤의 때에 별도로 일으키고 별도로 청하는 것이다.

87) 어떤 것에 집착하지 아니하는 마음을 바탕으로 하여, 중생을 평등하게 보아 싫어하거나 좋아하거나 하는 구별을 두지 아니하는 마음을 가리킨다.

'1백 나한과 보살승이 승차의 하나보다 못하다.'는 일반적으로 승가는 1백 나한과 1백 보살을 청하는 것을 말하는데, 마음으로써 간별하는 까닭이다. 오직 청하는 처소와 함께 복전에서, 처소가 아닌 나머지의 주변에서, 하나의 승차를 청하면 간별이 없다. 그러므로 두루 일체에서 모두 복과 선이 일어나는 것이다.

율의 가운데에서 세존께서는 가사자장자(呵師子長者)의 승가의 별도의 청에 말씀하셨다.

"비록 5백 나한이라도 하나의 범부보다 못하느니라."[88]

'만약 승가를 별도로 청한다면 이것은 외도의 법이다.'는 제불께서는 본래 평등을 품으시고 두루 주인이 되셨다. 이러한 까닭으로 본래 별도로 청하는 법은 없는 것이다.

'설령 율의 가르침의 가운데에서 별도의 청을 허락한다.'는 세상에 정(情)의 수순함을 왜곡하고 제멋대로 문을 가르치는 것이다. 세존 법의 가운데에서 고기를 먹는 것을 허락하지 않는 것과 같은데, 점차 제정하시고자 하셨으므로 잠시 3정[89]을 허락하셨다. 이것도 역시 이와 같다. 그러므로 이것은 외도의 법이고 7불[90]에게는 없다고 말하였다. 세존의

88) 『四分律删繁補闕行事鈔』(大正藏 40), p.81상. "師子長者別請五百羅漢. 佛言. 不知僧次一人福不可量. 因說如飮大海則飮衆流. 師子言. 自今已後當不別請."

89) 세존께서 먹는 것을 허락한 세 가지의 고기를 가리킨다. 첫째는 자기를 위하여 죽이는 것을 보지 않은 것이고, 둘째는 자기를 위하여 죽인 것이란 말을 듣지 않은 것이며, 셋째는 자기를 위하여 죽였다고 의심되지 않은 것이다.

90) 과거칠불을 말한다. 첫째는 산스크리트어 vipaśyin-buddha의 음사로서 비바시불(毘婆尸佛)을 가리키는데, 장엄겁(莊嚴劫) 중에 출현하여 파파라수(波波羅樹) 아래에서 성불하였다고 전한다. 둘째는 śikhin-buddha의 음사로서 시기불(尸棄佛)을 가리키는데, 장엄겁 중에 출현하여 분타리수(分陀利樹) 아래에서 성불하였다고 전한다. 셋째는 viśvabhū-buddha의 음사로서 비사부불(毘舍浮佛)을 가리키는데, 장엄겁 중에 출현하여 사라수(娑羅樹) 아래에서 성불하였다고 전한다. 넷째는 krakucchanda-buddha의 음사로서 구루손불(拘樓孫佛)을 가리키는데, 현겁(賢劫) 중에 출현하여 시리사수(尸利沙樹) 아래에서 성불하였다고 전한다. 다섯째는

본래 가르침을 위반하는 까닭으로 효가 아니며 도를 수순하지도 않는다.

제9 불작사명계
第九 不作邪命戒

若佛子. 以惡心故爲利養販賣男女色自手作食自磨自舂. 占相男女. 解夢吉凶. 是男是女. 呪術工巧. 調鷹方法. 和合百種毒藥千種毒藥蛇毒生金銀毒蠱毒. 都無慈心. 無孝順心. 若故作者. 犯輕垢罪.

만약 불자가 악한 마음으로 일부러 이양을 위하여 남색(男色)과 여색(女色)을 팔거나, 스스로가 손으로 음식을 짓거나, 스스로가 갈면서 방아를 찧거나, 남녀의 상(相)으로 점을 치거나, 길흉(吉凶)을 해몽하거나, 아들이냐 딸이냐를 예언하거나, 주술을 부리거나, 공교(工巧[91])를 짓거나, 매를 방법으로 조련하거나, 백 종류의 독약·천 종류의 독약·뱀독·금은(金銀)의 독·벌레의 독을 화합한다면 모두 자비로운 마음이 없고 효순하는 마음이 없는 것이다. 만약 일부러 짓는 자는 경구죄를 범하느니라.

此下二戒辨戒同也. 初戒遮邪命. 後戒遮邪業. 違淨命故制. 大小同制. 七衆俱防. 文中以惡心故爲利食者. 非爲見機益物也. 販賣男女色下凡列十事. 一

---

kanakamuni-buddha의 음사로서 구나함불(拘那含佛)을 가리키는데, 현겁 중에 출현하여 오잠바라수(烏暫婆羅樹) 아래에서 성불하였다고 전한다. 여섯째는 kāśyapa-buddha의 음사로서 가섭불(迦葉佛)을 가리키는데, 현겁 중에 출현하여 이구류수(尼拘類樹) 아래에서 성불하였다고 전한다. 일곱째는 śākyamuni-buddha의 음사로서 석가모니불을 가리킨다.

91) 때나 기회가 우연히 생겨나거나 어긋나는 등의 하는 일이 기이(奇異)한 상태를 말한다.

賣男女色. 二自手作食. 三自磨自舂. 四占相男女. 五解夢吉凶. 六呪術. 七工巧 八調鷹方法. 九和合毒藥. 十蠱毒. 此十事中. 初一後三道俗俱禁. 第二第三制道開俗第四第五. 一云. 道俗俱制. 一云俗人非爲活命者不犯. 第六第七於俗不制. 出家菩薩若非活命爲護身者. 准律亦應許也.

이하의 두 계를 분별하면 계는 같다. 앞의 계는 삿된 명(命)을 막는 것이고, 뒤의 계는 삿된 업을 막는 것이다. 정명을 위반하는 까닭으로 제정하셨다. 대승과 소승을 같이 제정하셨고 7중도 같이 제지된다.

경문 가운데에서 '악심으로서 일부러 이익을 위한다.'는 이익되는 물건으로써 기회를 본다는 것은 아니다.

'남녀가 색을 판매하다.'의 이하는 아래에서 일반적으로 10사를 나열한다. 첫째는 남녀가 색을 파는 것이고, 둘째는 스스로가 손으로 음식을 짓는 것이며, 셋째는 스스로가 갈면서 방아를 찧는 것이고, 남녀의 상을 점치는 것이며, 다섯째는 길흉을 해몽하고, 여섯째는 주술이고, 일곱째는 공교이며, 여덟째는 매를 조련하는 방법이며, 아홉째는 독약을 화합하는 것이고, 열째는 벌레의 독이다.

이러한 10사의 가운데에서 처음의 첫째와 뒤의 셋은 사문과 재가가 함께 제지된다. 제2와 제3은 사문은 제지하고 재가에는 열린 것이다. 제4와 제5는 한 사람이 말하였다.

"사문과 재가가 함께 제지된다."

한 사람이 말하였다.

"재가인이 생활을 위한 것이 아니라면 범하지 않는다."

제6과 제7은 재가에서 제지되지 않는다. 출가보살이 만약 생활을 위한 것이 아니고 호신을 위하였다면 율에 준하여 역시 마땅히 허락된다.

제10 불작사업계
第十 不作邪業戒

若佛子. 以惡心故自身謗三寶. 詐現親附. 口便說空行在有中. 爲白衣通致男女交會婬色. 作諸縛著 於六齋日年三長齋月. 作殺生劫盜 破齋犯戒者. 犯輕垢罪.

만약 불자가 악심으로 일부러 자신이 3보를 비방하면서 거짓으로 친근함을 나타내고, 입으로는 곧 공(空)을 말하면서 행은 유(有)의 가운데에 있고, 백의를 위하여 남녀를 모아서 음색을 교회(交會)하며, 여러 계박과 집착을 짓고, 6재일(齋日)과 년의 3장재월(長齋月)에 살생과 도둑질 등을 지으며, 재(齋)를 깨뜨리고 계를 범하는 자는 경구죄를 범하느니라.

違正業故制. 大小俱制. 道俗同防. 然文列五事. 第五不敬好時未必皆同. 至文當列. 文中邪業凡列五事. 一身謗三寶詐現親附. 二口便說空行在有中. 三爲白衣媒嫁. 四媒合男女. 五齋時作惡. 餘皆文顯. 第五事中. 若破齋犯戒隨事別結. 今不敬好時邊通結一罪.

정업을 위반하는 까닭으로 제정하셨다. 대승과 소승이 함께 제정되었고, 사문과 재가도 함께 금지된다. 그러나 경문에는 5사를 열거한다. 제5사는 좋은 때에는 공경하지 않으므로 반드시 모두가 같지는 않다. 경문에 이르면 마땅히 열거하고, 경문의 가운데에서는 삿된 업을 일반적으로 5사를 열거한다.

첫째는 몸으로 3보를 비방하면서 거짓으로 친근함을 나타내는 것이고, 둘째는 입으로 공(空)을 말하면서 행은 유(中)의 가운데에 있는 것이며,

셋째는 백의를 위하여 매가(媒嫁)[92]하는 것이고, 넷째는 남녀를 매합(媒合)[93]하는 것이며, 다섯째는 재시(齋時)에 악을 짓는 것이다. 나머지는 모두 경문에 나타나고 있다.

제5사의 가운데에서 만약 재를 깨트리고 계를 범하면 일을 따라서 별도로 맺는다. 지금 좋은 때에 공경하지 않고 곁으로 통한다면 한 죄를 맺는다.

此一事於聲聞法未必制爲別戒. 菩薩法中爲於善法生殷重故制之爲戒. 一云. 唯制在家. 出家盡壽持齋不論時節故. 一云. 亦通出家. 爲敬時故. 雖有常戒當於齋日. 應更受之. 准藥師經. 出家五衆亦受八戒. 蓋爲增長善法故也. 六齋日者 黑白各三. 於此日中鬼神得勢力. 故傷害人民. 劫初聖人爲人之免害. 以制齋法避鬼神害. 唯斷中後食爲齋. 未制戒法. 佛出世時仍此舊法.

이러한 하나의 일은 성문법에서는 반드시 제정되지 않았고 별도의 계가 되었다. 보살법의 가운데에서는 선법에서 은중(殷重)이 생겨나는 까닭으로 그것을 제정하여 계가 되었다.

한 사람이 말하였다.

"오직 재가에 제정하였는데, 출가는 목숨을 마치도록 재를 지니며 시절을 논하지 않는 까닭이다."

한 사람이 말하였다.

"역시 출가에 통하고 때에 공경하게 되는 까닭이다. 비록 항상 계가 있고 마땅히 재일에서, 마땅히 다시 그것을 받았더라도, 『약사경』에 준하면 출가한 5중도 역시 8계를 받아야 한다. 모두가 선법을 증장시키는

92) 사음을 조장하거나 퍼트리는 것을 말한다.

93) 혼인을 중매하거나 남녀 사이에서 그들이 관계를 맺어주는 것을 말한다.

까닭이다.”

‘6재일’은 흑일(黑日)[94]과 백일(白日)[95]의 각 3일이고, 이러한 날의 가운데에서 귀신들은 세력을 얻는다. 그러므로 백성들을 상해하는 것이다. 겁의 초기에 성인께서 사람들이 그것의 피해를 벗어나도록 재법(齋法)으로서 제정하시어 귀신의 피해를 피하게 하셨다. 오직 끊은 가운데에서 뒤에 먹으면 재가 된다. 재법이 제정되지 않았어도, 세존께서 세상에 출현하신 때에 이러한 옛날의 법을 그대로 따르신 것이다.

復加八戒. 黑白各第八及十四日. 此是摩醯首羅分日. 各十五日是一切神分日. 故月六中制受齋法. 年三長齋者. 提謂經云. 正月本齋十五日. 五月本齋日 十五日. 九月本齋十五日. 爲歲三長齋日. 因緣如經廣說. 優婆塞經云. 爲亡者修福則有三. 春正月夏五月秋九月. 十住論云. 於三氣日鬼神得勢故遮三氣. 持齋法謂冬至後四十五日爲三氣也.

다시 8계를 더한다면 흑일과 백일의 제8일 및 14일은 마혜수라의 분일(分日)이고, 각 15일은 일체 귀신의 분일이다. 그러므로 한 달의 6일 가운데에서 재법을 받도록 제정하셨다.

‘년의 삼장재’는 『제위경(提謂經)』에서 말하였다.

“정월의 본래의 재는 15일이고, 5월의 본래의 재는 15일이며, 9월의 본래의 재는 15일이고, 년의 3장재일이 된다.”[96]

---

94) 음력으로 달의 모습을 나타내는데 달이 거의 보이지 않는 그믐날을 가리킨다.
95) 음력으로 달의 모습을 나타내는데 달이 잘 보이는 보름날을 가리킨다.
96) 『출삼장기집(出三藏記集)』에서는 삼장재일의 출처를 『정재경(正齋經)』으로 밝히고 있다. 『出三藏記集』(大正藏 55), p.91상. “歲三長齋緣記第十二出正齋經”. 또한 『금강수명타라니염송법(金剛壽命陀羅尼念誦法)』 등에서도 삼장재일을 찾아볼 수 있고 여러 논서에서도 언급하고 있다. 그러나 현재 『제위경(提謂經)』이 전하지

인연은 경에서와 같이 자세하게 말하고 있다.

『우바새경』에서 말하였다.

"죽은 자를 위하여 복을 닦음에 세 때가 있는데, 봄의 정월이고, 여름의 5월이며, 가을의 9월이다."[97]

『십주론』에서 말하였다.

"세 기운의 날에 귀신이 세력을 얻는 까닭으로 세 기운을 막는 것이다."[98]

'재법을 지닌다.'는 겨울에서 뒤의 4월 15일에 이르는 것을 말하고, 세 기운을 위한 것이다.

如是十戒. 應當學敬心奉持. 制戒品中廣解.

이와 같은 10계를 마땅히 배우고 공경하는 마음으로 받들어 지녀라. 「제계품(制戒品)」 가운데에서 자세하게 해석하였느니라.

如是十下總結勸持廣指餘品. 此下兩九明攝衆生. 初九戒中大分爲二. 初一戒明以財攝生. 後八戒明以法攝生.

이와 같은 10계의 이하는 모두 권유하여 지니도록 맺는데 넓게 나머지의 품을 가리킨다. 이것에서 아래의 18계는 섭중생계를 밝혔고, 처음의 9계는 계의 가운데에서 크게 나누어서 두 가지가 된다. 처음의 계는

않아서 확인이 어렵다.

97) 『優婆塞戒經』(大正藏 24), p.1059하. "若欲祀者. 應用香花乳酪酥藥. 爲亡追福則有三時. 春時二月夏時五月秋時九月."

98) 『十住毘婆沙論』(大正藏 26), p.60상. "齋日者. 月八日十四日十五日二十三日二十九日三十日. 及遮三忌. 三忌者. 十五日爲一忌. 從冬至後四十五日. 此諸惡日多有鬼神侵剋縱暴. 世人爲守護日故過中不食. 佛因教令受一日戒."

재물의 섭생계를 밝힌 것이고 뒤의 8계는 섭중생계를 밝힌 것이다.

菩薩戒本疏 卷下之本(終)

보살계본소 권하지본을 마친다.

보살계본소 권하지말
菩薩戒本疏 卷下之末

신라사문(新羅沙門) 의적(義寂) 술(述)
석보운(釋普雲) 국역(國譯)

제1 구속위고계
第一 救贖危苦戒

佛言佛子. 佛滅度後於惡世中. 若見外道一切惡人劫賊賣佛菩薩父母形像及賣經律. 販賣比丘比丘尼亦賣發菩提心菩薩道人. 或爲官使. 與一切人作奴婢者. 而菩薩見是事已. 應生慈悲心方便救護處處教化. 取物贖佛菩薩形像. 及比丘比丘尼發心菩薩一切經律. 若不贖者. 犯輕垢罪.

세존께서 말씀하셨다.

"불자들아. 세존께서 멸도하신 뒤에 악한 세상의 가운데에서 만약 외도와 일체의 악한 사람들과 도둑들이 불·보살과 부모의 형상을 판매하고, 더불어 경과 율을 판매하며, 비구와 비구니, 역시 발보리심의 보살과 도인을 판매하여, 혹은 관청의 하인이 되게 하거나, 일체의 사람들에게 주어서 노비가 되게 하였다면, 보살은 이러한 일을 보고서 마땅히 자비로운 마음이 생겨나며, 방편으로 처소에서 구원하고, 처소와 처소에서 교화하면서 불·보살의 형상과 비구니·비구·발심한 보살·일체의 경과 율 등 물건을 취하여 바꾸도록 하라. 만약 바꾸지 않는다면, 경구죄를 범하느니라."

貨賣經像有損辱之過. 貨賣行人有幽逼之惱. 大士旣以護法濟苦爲懷. 當應隨力救贖. 若不贖不救違敬違慈. 故制爲之. 論云. 又諸菩薩於墮種種師子虎狼鬼魅王賊水火等畏. 諸有情類皆能救護. 令離如是諸怖畏處. 大小不共. 聲聞見眷屬被賣不贖犯第七聚. 經像及餘人不見別制. 菩薩一切不得不救. 唯除力所不及. 七衆同學也.

경전과 불상을 재화로 판매하면 오욕의 허물과 오욕의 손실이 있고, 사람을 재화로 판매하면 깊은 고뇌의 핍박이 있다. 세존께서는 이미 호법으로 고통의 구제를 생각하셨다. 마땅히 힘을 따라서 구제하여 속죄하라. 만약 속죄하지 않고, 구호하지 않으면, 공경을 위반하고 자비를 위반한다. 그러므로 그것을 제정하셨다.

논에서 말하였다.

"또한 여러 보살이 여러 종류의 사자·호랑이·늑대·도깨비·왕·도둑·물·불 등에 떨어졌다면, 여러 유정의 부류는 모두 능히 구호하여 이와 같은 여러 두려움의 처소를 벗어나게 해야 한다."[1)]

대승과 소승은 같지 않다. 성문은 권속이 판매되는 것을 보았거나, 속죄하지 않는 것을 보았다면, 제7취(聚)를 범한다. 경전과 불상 및

---

1) 『瑜伽師地論』(大正藏 30), p.511중. "又諸菩薩於墮種種師子虎狼鬼魅王賊水火等畏諸有情類. 皆能救護. 令離如是諸怖畏處."

다른 사람은 별도로 제지되지 않는다. 보살이 일체를 구호하지 않으면 안된다. 오직 힘이 미치지 않는 곳을 제외하고는 7중이 같이 배워야 한다.

文中賣佛菩薩父母形像者. 一云. 品是大慈父母. 故云菩薩父母像. 一云. 刻鑄作父母形像. 如丁蘭之類. 故云父母形像. 販賣比丘下明求贖行人. 文中但說道人者妨損多故. 餘人墮難理亦應救.

경문의 가운데에서 '불·보살과 부모의 형상을 판매한다.'는 한 사람이 이렇게 말한다. "품격에서 크게 자비스러운 부모이다. 그러므로 보살과 부모의 상이라고 말하는 것이다."

다른 사람이 이렇게 말한다.

"부모의 형상을 새기고 주조하는 것은 정란(丁蘭)[2]의 부류와 같다. 그러므로 부모의 형상이라고 말하는 것이다."

'비구를 판매하다.' 이하는 속죄를 구하며 행하는 사람을 밝힌 것이다.

경문의 가운데에서 '다만 도인이라고 말한다.'는 방해와 손해가 많은 까닭으로, 나머지의 사람이 고난에 떨어진다면 이치로 치자면 역시 구호해야 한다.

---

2) 동한(東漢)의 효자(孝子)로서 하남(河南) 진주(陳州) 사람인데 생몰은 알 수 없다. 어려서 부모를 여의었으므로 목각으로 부모의 상을 만들어 살아계실 때처럼 모셨다고 한다. 하루는 그의 아내가 시샘하여 침으로 목각상을 찔렀는데 진짜로 피가 나왔다. 이 모습을 보고 눈물을 흘리며 아내를 내쫓았다고 전한다.

제2 불축손해계
第二 不畜損害戒

若佛子. 不得販賣刀杖弓箭. 畜輕秤小斗. 因官形勢取人財物. 害心繫縛破壞成功. 長養猫狸猪狗. 若故養者. 犯輕垢罪.

만약 불자라면 칼·몽둥이·활·화살을 판매할 수 없고, 가벼운 저울과 작은 말(斗)을 저축할 수 없으며, 관청의 형세를 인연하여 사람의 재물을 취할 수 없고, 해치려는 마음으로 결박하고 성공을 깨트릴 수 없으며, 고양이·살쾡이·돼지·개 등을 기를 수 없느니라. 만약 일부러 기른다면, 경구죄를 범하느니라.

此下八戒以法攝中有二. 前七以行法攝. 第八以教法攝. 以行攝中又二. 初二戒明離過行. 後五戒明攝善行. 離過行中. 初離損害之過. 後離放逸之過. 畜養損害乖慈攝行故制令斷. 大小俱制. 七衆同防.

이하의 8계는 법으로 섭수하는 가운데 두 가지가 있다. 앞의 7계는 행법으로 섭수하고, 제8계는 교법으로 섭수하는 것이다. 행법으로써 섭수하는 가운데 또한 두 가지가 있다. 처음의 2계는 허물의 행을 떠남을 밝히고, 뒤의 5계는 선행을 섭수함을 밝힌다.

허물의 행을 떠나는 가운데에서 처음은 손해의 허물을 떠나는 것이고, 뒤는 방일의 허물을 떠나는 것이다. 저축하고 기른다면 손해되고 자섭행을 무너트린다. 그러므로 제정하여 끊게 하셨다. 대승과 소승이 함께 제정되었고, 7중도 같이 제지된다.

文中具列六事. 一不得畜刀杖弓箭. 此防殺害之過. 前第十戒中違攝善故制. 今此戒中違攝善故制. 令利生故制. 二不得販賣輕秤小斗. 此防盜損之過. 三因官形勢取人財物. 前第十七制因勢乞求. 今此戒制因公囑致. 此亦防盜損也. 四害心繫縛. 謂心欲損惱未必致害也. 五破壞成功. 謂破他人用所成. 六長養猫等. 遠有侵害故不應畜. 見彼臨危拯贖者不犯.

경문의 가운데에서는 6사를 갖추어 열거하고 있다. 첫째는 칼·몽둥이·활·화살 등을 저축할 수 없는데, 이것은 살해의 과실을 막아준다. 앞의 제10계 가운데에서 섭선계를 위반하는 까닭으로 제정하셨고, 지금 이 계의 가운데에서도 섭선계를 위반하는 까닭으로 제정하셨으며, 생명을 이익되게 하려는 까닭으로 제정하셨다.

둘째는 가벼운 저울과 작은 말로 판매할 수 없는 것이다. 이것은 훔치고 손실시키는 과실을 방지하는 것이다. 셋째는 관청의 형세로 인하여 사람의 재물을 취할 수 없는 것이다. 앞의 제17계에 형세로 인하여 걸구하는 것을 제정하셨는데, 지금의 이 계는 관청에 귀속되어 이르는 인으로 제정하셨다.

넷째는 해치려는 마음으로 계박하는 것이다. 마음으로 손해와 번민을 끼치고자 하였으나 아직 손해에 이르지 않은 것을 말한다. 다섯째는 성공을 파괴하는 것이다. 다른 사람이 사용하여 이룬 것을 파괴하는 것을 말한다. 여섯째는 고양이 등을 기르는 것이다. 멀리 침해가 있는 까닭으로 마땅히 기를 수 없다. 그것이 위험에 임한 것을 보았거나, 구제하고자 바꾸었다면 범함이 없다.

제3 불행사일계
第三 不行邪逸戒

若佛子. 以惡心故觀一切男女等鬪. 軍陣兵將劫賊等鬪. 亦不得聽吹貝鼓角琴瑟箏笛箜篌歌. 叫伎樂之聲. 不得摴蒱圍碁波羅塞戲彈碁六博拍毬擲石投壺牽道八道行成爪鏡蓍草楊枝鉢盂髑髏. 而作卜筮. 不得作盜賊使命. 一一不得作 若故作者. 犯輕垢罪.

만약 불자가 악한 마음으로 일부러 남녀가 싸우는 것을 보지 않을 것이고, 군진에서 병사들이 장차 겁탈하는 도둑들과 싸우는 것을 보지 않을 것이며, 역시 소라를 불고 북을 두드리고 거문고와 비파를 튕기고 피리를 불며 공후(箜篌)를 튕기면서 춤추고 노래하는 소리를 들을 수 없느니라.

저포[3]·위기(圍碁)[4]·파라새[5] 등을 오락할 수 없고, 탄기(單碁)[6]·육박(六博)[7]·박구(拍毬)[8]·척석(投石)[9]·투호(投壺)[10]·견도(牽道)·8도행성(道行

---

3) 저포(樗蒲)라고 불리는 놀이의 하나로 저(樗 : 가죽나무)와 포(蒲 : 부들)의 열매로 주사위를 만든 데서 이름이 유래하였다. 『오잡조(五雜組)』 권6에 저포는 고대의 하·은·주(夏·殷·周)에도 있었다 전하고, 『태평어람(太平御覽)』 권726에서는 노자가 서융(西戎)에 가서 만든 것이라고 전한다.

4) 바둑을 가리키고, 한자로는 '기(棋)' 또는 '기(碁)'라고 부른다. 다른 이름으로 혁기(弈棊)·위기(圍棊)·난가(爛柯)·수담(手談)·좌은(坐隱)·흑백(黑白) 등이 있다.

5) 파라새(波羅塞)는 산스크리트어 prasena의 음사로서 중국에서는 파라색(波羅塞)이라고도 부르는 쌍륙으로 천축(天竺)에서 기원한 일종의 놀이로서 위진 남북조시대와 수·당시대에 유행하였다.

6) 바둑판에 마주 앉아서 바둑돌을 튕겨서 상대편 바둑돌을 떨어뜨리는 놀이를 가리킨다.

7) 여섯 가락의 주사위를 던져 승부를 겨루는 놀이로 전국시대부터 존재하고 있었다.

8) 공을 사용하여 승부하는 놀이의 한 종류로 생각된다.

9) 돌을 바닥에 깔고 집고 받는 여자아이들의 공깃돌놀이를 가리킨다.

城) 할 수 없으며, 조경(爪鏡)·시초(蓍草)[11)]·버들가지 발우·해골 등으로 점칠 수 없고, 도둑질을 시킬 수 없느니라. 하나하나를 지을 수 없나니, 만약 일부러 짓는다면 경구죄를 범하느니라.

違正業故制. 大小同制. 七衆不共. 文中列事有五. 一不得觀諸鬥. 若無緣事道俗俱制. 二不得聽諸樂. 若爲自娛道俗俱制. 若供養三寶道俗俱開. 若自身作制道開俗. 三不得作諸戲. 道俗俱制. 四不得作卜筮. 爲利道俗俱制. 如法指示俗人開. 五不得作盜賊使命. 前十一戒制公通使命. 此戒制私竊使命. 此亦道俗俱斷.

정업을 위반하는 까닭으로 제정하셨다. 대승과 소승에 같이 제정되었으나, 7중은 같이 하지 않는다.

경문의 가운데에서 일을 나열하면 다섯 가지가 있다. 첫째는 여러 싸움을 볼 수 없는 것이다. 만약 인연이 없는 일이라면 사문과 재가도 함께 제지된다. 둘째는 여러 음악을 들을 수 없는 것이다. 만약 자신의 오락을 위한다면 사문과 재가도 함께 제지된다. 만약 삼보에 공양한다면 사문과 재가도 함께 열려 있다. 만약 자신이 짓는다면 사문은 제지되고 재가는 열려 있다.

셋째는 여러 오락을 지을 수 없는 것이다. 사문과 재가도 함께 제지된다. 넷째는 점치는 것을 지을 수 없는 것이다. 이익을 위한다면 사문과 재가도 함께 제지된다. 여법하게 지시하였다면 재가는 열려 있다. 다섯째는 도둑질을 시켜서 지을 수 없는 것이다.

앞의 11계는 함께 통하는 사명이고, 이 계는 개인이 훔치는 것을

10) 화살을 던져 병 속에 넣어서 승부(勝負)를 가리는 놀이의 하나이다.
11) 국화과(菊花科)의 여러해살이풀인 톱풀을 가리킨다.

제지하는 사명이므로 이것은 역시 사문과 재가도 함께 끊어야 한다.

제4 불염여승계
第四 不念餘乘戒

若佛子. 護持禁戒. 行住坐臥日夜六時讀誦是戒. 猶如金剛. 如帶持浮囊欲度大海 如草繫比丘. 常生大乘善信自知我是未成之佛. 諸佛是已成之佛. 發菩提心. 念念不去心. 若起一念二乘外道心者. 犯輕垢罪.

만약 불자라면 금계(禁戒)를 호지하고, 행·주·좌·와에서 밤낮으로 육시(六時)[12]에 계를 읽고 외우면서 오히려 금강과 같아야 하며, 부낭[13]을 허리에 지니고서 큰 바다를 건너는 것과 같아야 하고, 풀에 묶였던 비구와 같이 항상 대승의 선한 신심이 생겨나야 하며, 스스로가 '나는 아직 이루지 못한 부처이고, 모든 세존은 이미 이루신 부처이다.'라고 알아서 보리심을 일으켜야 하고, 매 생각마다 이러한 마음을 버리지 않아야 하느니라. 만약 잠깐이라도 2승이나 외도의 마음을 일으킨다면, 경구죄를 범하느니라.

此下五戒明攝善行. 初遮念餘乘道. 次遮不起大願. 次遮不發堅誓. 次遮不修離着. 次遮不遜長幼. 初不念餘乘者. 恐虧大行故制. 道俗同學. 大小不共. 以所習各異故. 文中列事有三. 一護誦戒法. 護持禁戒者. 謂若性若遮皆悉護

12) 하루를 여섯으로 나눈 것으로 아침인 신조(晨朝)·한낮인 일중(日中)·해질녘인 일몰(日沒)·초저녁인 초야(初夜)·한밤중인 중야(中夜)·한밤중에서 아침까지의 시간인 후야(後夜) 등이다.

13) 헤엄칠 때에 인체의 부력(浮力)을 돕기 위하여 사용하는 물건을 가리킨다.

持. 日夜六時讀誦是戒者. 若文若義誦持不忘.

이하의 5계는 섭선행을 밝힌다. 처음에는 나머지 승의 도를 생각하는 것을 막고, 다음으로 대원이 일어나지 않음을 막는 것이며, 다음으로 굳은 서원이 일어나지 않음을 막는 것이고, 다음으로 집착에서 벗어나도록 닦지 않음을 막는 것이며, 다음으로 늙고 젊음에 겸손하지 않음을 막는 것이다.

'처음의 나머지 승을 생각하지 않는다.'는 대행(大行)이 어그러지는 것이 두려운 까닭으로 제정하셨다. 사문과 재가가 함께 배워야 하고, 대승과 소승은 같지 않다. 익히는 것이 각자 다른 까닭이다. 경문의 가운데에서 일을 나열하면 세 가지가 있다. 첫째는 계법을 외우고 보호하는 것이다.

'금계를 호지하다.'는 성품과 같거나, 막음과 같다면 모두 호지라고 말한다.

'밤낮으로 육시에 계를 읽고 외우다.'는 경문과 같거나, 뜻과 같다면 외워서 지니고 잊지 않는 것이다.

猶如金剛者. 持心堅固因緣不殂故. 帶持浮囊欲度大海者. 愛惜守護不欲漏故. 事出涅槃經. 如草繫比丘者. 謹愼敬持不敢犯故. 事出因緣經. 二生大乘信. 自知我是未成佛者. 雖有佛性. 因未修故. 諸佛是已成佛者. 已修妙因剋勝果故. 三發菩提心. 念念不去心者. 期心大果. 餘念不間. 若起一念下就後顯犯.

'오히려 금강과 같다.'는 견고한 마음을 지닌다면 인연이 죽지 않은 까닭이다.

'부낭을 허리에 지니고서 큰 바다를 건너고자 한다.'는 애석하게 수호하면서 누설하고자 않는 까닭이고, 일은 『열반경』에서 나왔다.

'풀에 묶였던 비구와 같다.'는 근신하며 공경스럽게 지니는 것은 감히 범하지 않으려는 까닭이고, 일은 『인연경(因緣經)』에서 나왔다.

둘째는 '생에 대승을 믿고서 <스스로가 나는 성불하지 않은 것을 안다.>'는 비록 불성이 있어도 인이 닦이지 않은 까닭이다.

'제불이 이미 성불하셨다.'는 이미 묘한 인을 닦으셨고, 지극히 수승한 과인 까닭이다.

셋째는 '보리심을 일으키고 매 생각마다 마음을 버리지 않는다.'는 마음에 큰 과(果)를 기대하면서 나머지 생각에 틈이 없는데, 만약 한 생각을 일으키면 아래로 나아가고 뒤에 범함이 나타난다.

제5 발원희구계
第五 發願希求戒

若佛子. 常應發一切願. 孝順父母師僧三寶. 願得好師同學善知識. 常教我大乘經律. 十發趣十長養十金剛十地. 使我開解. 如法修行堅持佛戒. 寧捨身命念念不去心. 若一切菩薩不發是願者. 犯輕垢罪.

만약 불자라면 항상 마땅히 일체의 원을 일으켜서 부모·사승·3보에 효순하고, 좋은 스승·동학·선지식을 얻는 것을 발원하며, 항상 나에게 대승의 경률·10발취·10장양·10금강·10지를 가르치고 나를 열어서 이해시키며, 여법하게 수행하여 세존의 계를 굳게 지니어 오히려 몸과 목숨을 버릴지언정 매 생각마다 떠나지 않기를 발원하라. 만약 일체의 보살들이 이러한 원을 일으키지 않는다면, 경구죄를 범하느니라.

願猶善御. 將趣勝果. 若不發願行無所籍. 故制令發. 七衆同學. 大小不共. 所求異故. 文中常應發一切願者. 隨事興願無一空過. 如華嚴中淨行品說. 又十大願故云應發一切願. 十大願者如發菩提心論說. 孝順已下擧一切願中. 要者略陳三五. 孝順父母師衆者. 不違勝恩願. 父母有生養之勞. 師衆有訓導之功. 俱有勝恩故應順孝也.

원은 오히려 선을 제어하므로 장차 수승한 과에 나아간다. 만약 원행을 일으키지 않는다면 적(籍)[14]이라는 것이 없다. 그러므로 제정하여 일으키게 하셨다. 7중이 함께 배워야 한다. 대승과 소승이 같지 않은데, 구하는 것이 다른 까닭이다.

경문의 가운데에서 '항상 마땅히 일체의 원을 일으킨다.'는 일을 따라서 원이 일어나면 하나도 공허한 과실이 없는데, 『화엄경』의 「정행품」에서 설하는 것과 같다. 또한 10대원을 까닭으로 마땅히 일체의 원을 일으킨다고 말한다.

'10대원'은 『발보리심론』에서 설하는 것과 같다.

'효순'의 이하는 일체의 원의 가운데에서 예시하고 있는데, 중요한 것으로 대략 15가지를 자세히 말하고 있다.

'부모와 스승들께 효순하다.'는 수승한 은혜와 원을 위반하지 않는 것으로 부모는 낳아서 기른 노고가 있고, 스승은 가르치고 인도한 공이 있다. 함께 수승한 은혜가 있는 까닭으로 마땅히 효순해야 한다.

---

14) 중국에서는 글자의 의미로 첫째는 세금·호구 장부 등의 뜻이고, 둘째는 서적·책자 등의 뜻이며, 셋째는 출생지·고향 등의 뜻이 있다. 본 문장에서는 수행하는 행적으로 이해될 수 있다.

願得好師同學善知識者. 遭遇勝緣願 常敎我大乘經律者. 資承勝敎願. 十發趣乃至十地者. 解入勝位願. 使我開解如法修行者. 集勝行願. 堅持佛戒等者. 護持勝戒願. 戒爲行基故. 別標之.

'좋은 스승·동학·선지식 등을 얻는 것을 발원하다.'는 수승한 연의 원을 만나는 것이다.

'항상 나에게 대승의 경과 율을 가르치다.'는 스스로가 수승한 가르침의 원을 이어가는 것이다.

'10발위와 나아가 10지에 이르다.'는 수승한 계위와 원을 이해하고 들어가는 것이다.

'나를 열어서 이해시키고 여법하게 수행하다.'는 수승함에 집중하여 원을 행하는 것이다.

'세존의 계 등을 굳게 지니다.'는 수승한 계와 원을 호지하고, 계를 행하는 것을 기초로 삼는 까닭이다. 별도로 그것을 표시하였다.

제6 작서자요계
第六 作誓自要戒

若佛子. 發是十大願已. 持佛禁戒. 作是願言. 寧以此身投熾然猛火大坑刀山終不毁犯. 三世諸佛經律與一切女人作不淨行. 復作是願. 寧以熱鐵羅網千重周匝纏身. 終不以破戒之身. 受於信心檀越一切衣服. 復作是願. 寧以此口呑熱鐵丸及大流猛火經百千劫. 終不以破戒之口食於信心檀越百味飮食. 復作是願. 寧以此身臥大流猛火羅網熱鐵地上. 終不以破戒之身. 受於信心檀越百種床座. 復作是願. 寧以此身受三百矛刺經一劫二劫. 終不以破戒之身.

受於信心檀越百味醫藥. 復作是願. 寧以此身投熱鐵鑊經百千劫. 終不以破戒之身受於信心檀越千種房舍屋宅園林田地. 復作是願. 寧以鐵鎚打碎此身. 從頭至足令如微塵. 終不以破戒之身受於信心檀越恭敬禮拜. 復作是願 寧以百千熱鐵刀矛挑其兩目. 終不以破戒之心視他好色. 復作是願. 寧以百千鐵錐劖刺耳根經一劫二劫. 終不以破戒之心聽好音聲. 復作是願. 寧以百千刃刀割去其鼻. 終不以破戒之心貪齅諸香 復作是願. 寧以百千刃刀割斷其舌. 終不以破戒之心食人百味淨食復作是願. 寧以利斧斬破其身. 終不以破戒之心貪著好觸. 復作是願. 願一切衆生悉得成佛. 而菩薩若不發是願者犯輕垢罪.

만약 불자가 이러한 10대원을 일으키고서 세존의 금계를 지녔다면 이러한 원을 지어 말해야 한다.

"오히려 이 몸을 사나운 불 속이나 깊은 구덩이나 날카로운 칼날 위에 던질지라도 삼세 제불의 경률(經律)을 훼손하여 범하지 않고, 일체의 여인들과 부정행을 짓지 않겠습니다."

다시 이러한 원을 지어야 한다.

"오히려 뜨거운 무쇠 그물로 천 겹이나 몸을 두르고 얽을지라도, 끝내 파계한 몸으로써 신심이 있는 단월에게 일체의 의복을 받지 않겠습니다."

다시 이러한 원을 지어야 한다.

"오히려 이 입으로 뜨거운 철환(鐵丸)이나 타오르는 불덩이를 백천 겁 동안 삼키고 지내더라도, 끝내 파계한 입으로써 신심이 있는 단월의 모든 음식을 먹지 않겠습니다."

다시 이러한 원을 지어야 한다.

"오히려 이 몸을 사납게 타오르는 불의 그물과 뜨거운 철판 위에

눕힐지라도, 끝내 파계한 몸으로써 신심이 있는 단월의 모든 평상과 자리를 받지 않겠습니다."

다시 이러한 원을 지어야 한다.

"오히려 이 몸으로 한 겁이나 두 겁을 지내면서 3백 자루의 창에 찔리는 고통을 받을지라도, 끝내 파계한 몸으로써 신심이 있는 단월의 모든 약을 받지 않겠습니다."

다시 이러한 원을 지어야 한다.

"오히려 이 몸을 끓는 가마솥에 던져서 백천 겁을 지낼지라도, 끝내 파계한 몸으로써 신심이 있는 단월의 온갖 종류의 방사(房舍)·옥택(屋宅)·원림(園林)·전지 등을 받지 않겠습니다."

다시 이러한 원을 지어야 한다.

"오히려 쇠망치로 이 몸을 두드리고 깨뜨려서 머리부터 발끝까지 가루와 같을지라도, 끝내 파계한 몸으로써 신심이 있는 단월의 공경과 예배를 받지 않겠습니다."

다시 이러한 원을 지어야 한다.

"오히려 백천 자루의 뜨거운 칼이나 창으로 그 두 눈을 도려낼지라도, 끝내 파계한 마음으로써 다른 색(色)을 좋아하면서 보지 않겠습니다."

다시 이러한 원을 지어야 한다.

"오히려 백천 자루의 철 송곳으로 귀를 찌르면서 한 겁이나 두 겁을 지낼지라도, 끝내 파계한 마음으로써 좋은 음성을 듣지 않겠습니다."

다시 이러한 원을 지어야 한다.

"오히려 백천 자루의 칼로 그 코를 자를지라도, 끝내 파계한 마음으로써 여러 냄새를 탐하지 않겠습니다."

다시 이러한 원을 지어야 한다.

"오히려 백천 자루의 칼로 그 혀를 끊을지라도, 끝내 파계한 마음으로써 온갖 청정한 음식을 먹지 않겠습니다."

다시 이러한 원을 지어야 한다.

"오히려 날카로운 도끼로 그 몸을 베고 부술지라도, 끝내 파계한 마음으로써 몸에 좋은 것을 탐착하지 않겠습니다."

다시 이러한 원을 지어야 한다.

"원하건대 일체의 중생이 모두 성불하게 하십시오."

그러나 보살이 만약 이러한 서원을 일으키지 않는다면, 경구죄를 범하느니라.

在心爲願. 形口爲誓. 恐隨緣傾動故立誓自要. 大小不共. 七衆同學. 文中發十大願已者. 或有本云發十三大願. 卽下所立十三誓也. 先心中發已然後口立故云發已. 若言十大願者. 別有十願. 初心菩薩之所先發. 如發菩提心經說. 菩薩云何發趣菩提. 以何業行成就菩提心. 發心菩薩住于慧地. 先當堅固發於正願攝受一切無量衆生. 我求無上菩提救護度脫. 令無有餘. 皆令究竟無餘涅槃. 是故初發心大悲爲首.

마음에 세운 원이 있고 몸과 입으로 서원하였어도, 연을 따라서 기울어져 움직이는 것이 두려운 까닭으로, 스스로가 서원을 세우는 것이 중요하다. 대승과 소승은 같지 않고, 7중이 함께 배워야 한다.

경문의 가운데에서 '10대원을 일으킨다.'는 혹은 본래 있는 13대원을 일으켰다고 말하는데, 곧 아래의 13대원을 세우는 것이다. 먼저 마음의 가운데에서 일으키고서, 뒤에 입으로 세우는 까닭으로 일으켰다고 말한다.

'만약 10대원을 말한다.'는 별도로 10원이 있다. 초심의 보살의 처소에서 먼저 일으키는데, 『발보리심경』에서 설하는 것과 같이 "보살은 어찌 보리를 일으키고 나아가고, 무슨 업의 행으로써 보리심을 일으키는가?

발심한 보살은 혜지[15]에 머무르면서 일으키는 것이다.

먼저 마땅히 견고하게 일으키고, 바른 원에서 일체의 무량한 중생을 섭수하며, '나는 무상보리를 구하면서 구호하고 도탈(度脫)을 시키겠다. 남음이 없도록 하고서, 모두를 구경의 무여열반을 시키겠다.' 이러한 까닭으로 초발심이 대비의 상수가 되는 것이다.

以悲心故能發轉勝十大正願. 何爲十. 謂一者願我先世及以今身所種善根. 以此善根施與一切無邊衆生. 悉共廻向無上菩提. 令我此願念念增長. 世世所生常係在心終不忘失. 爲陀羅尼之所守護. 二者願我廻向大菩提已. 以此善根於一切生處常得供養一切諸佛. 永必不生無佛國土. 三者願我得生諸佛國已. 常得親近隨侍左右如影隨形. 無剎那頃遠離諸佛.

대비심을 까닭으로 능히 전전하여 수승한 10대정원(十大正願)을 일으킨다. 무엇이 열 가지인가?

첫째는 "원하건대 내가 이전의 세상과 지금의 몸의 여러 종류의 선근인 이러한 선근으로써 일체의 무변한 중생에게 베풀어 주고, 모두 함께 무상보리를 향하여 회향합니다. 나의 이러한 원이 매 생각마다 증장하겠으며, 매 세상 태어나는 곳마다 항상 마음에 있어서 이어질 것이므로 끝내 잊지 않을 것이며, 다라니의 처소를 수호하겠습니다."라고 말하는 것이다.

둘째는 "원하건대 내가 대보리로 회향하였사오니, 이러한 선근으로써 일체의 태어나는 곳에서 일체의 제불께 항상 공양하고, 영원히 반드시 세존께서 안 계신 국토에 태어나지 않게 하십시오."라고 말하는 것이다.

---

15) 『화엄경』의 보살의 10지의 가운데에서 제4인 염혜지(焰慧地)를 가리킨다.

셋째는 "원하건대 내가 제불의 국토에 태어나고 항상 친근하게 따르면서 몸에 그림자가 따르듯이 좌우에서 모시며, 찰나라도 잠시 모든 세존을 멀리 떠나지 않게 하십시오."라고 말하는 것이다.

四者願我得親近佛已. 隨我所應爲我說法. 則得成就菩薩五通. 五者願我成就菩薩五通已. 則通達世諦假名流布. 解了第一義諦. 如眞實性得正法智. 六者願我得正法智已. 以無厭心爲衆生說示教利喜. 皆令開解. 七者願我能開解諸衆生已. 以佛神力遍至十方無餘世界供養諸佛. 聽受正法廣攝衆生.

넷째는 "원하건대 내가 세존과 친근함을 얻고서, 내가 마땅함을 따라서 나를 위하여 설법하면서, 곧 보살의 5통을 성취하게 하십시오."라고 말하는 것이다. 다섯째는 "원하건대 내가 보살의 5통을 성취하고서 곧 세상의 이치를 통달하고 가명(假名)으로 유포하며, 제1의제를 명료하게 이해하며 진실한 성품과 같이 정법의 지혜를 얻게 하십시오."라고 말하는 것이다.

여섯째는 "원하건대 내가 정법의 지혜를 얻고서 무염심으로써 중생을 위하여 설하고 보여주며 가르치고 이익되고 기쁘게 하여 모두를 열어서 이해시키게 하십시오."라고 말하는 것이다. 일곱째는 "원하건대 내가 능히 여러 중생들을 열어서 이해시키고, 세존의 신력으로써 두루 시방에 이르러 무여세계의 제불께 공양하고, 정법을 듣고 받아서 널리 중생을 섭수하게 하십시오."라고 말하는 것이다.

八者願我於諸佛所受正法已. 則能隨轉清淨法輪. 十方世界一切衆生聽我法者聞我名者. 卽得捨離一切煩惱發菩提心. 九者願我能令一切衆生發菩提心

已. 常隨將護除無利益與無量樂. 捨身命財攝受衆生荷負正法. 十者願我能荷負正法已 雖行正法心無所行. 如諸菩薩行於正法而無所行. 亦無不行爲化衆生不捨正願 我是名發心菩薩十大正願.

여덟째는 "원하건대 내가 제불의 처소에서 정법을 받고서 곧 능히 따라서 청정한 법륜을 굴리며, 시방 일체의 중생들이 나의 법을 듣는 자나 이름을 듣는 자는 곧 일체의 번뇌를 버리고 떠나서 보리심을 일으켜 얻게 하십시오."라고 말하는 것이다. 아홉째는 "원하건대 내가 능히 일체의 중생에게 보리심을 일으키고서, 항상 따라서 장차 보호하여 이익이 없음을 버리고 무량락을 주며 신명과 재산을 버려도 중생을 섭수하고 정법을 짊어지게 하십시오."라고 말하는 것이다. 열째는 "원하건대 내가 능히 정법을 짊어지고 비록 정법을 행하면서 마음에 행하는 것이 없어서 여러 보살의 행과 같이 정업에서 행이 없고, 역시 행하지 않음이 없어서 중생을 교화하면서 바른 원을 버리지 않게 하십시오."라고 말하는 것이다. 나는 이것을 발심한 보살의 10대 바른 원이라고 이름한다."[16]

---

16) 『發菩提心經論』(大正藏 32), p.510중. "菩薩云何發趣菩提. 以何業行成就菩提. 發心菩薩住乾慧地. 先當堅固發於正願. 攝受一切無量衆生. 我求無上菩提. 救護度脫令無有餘. 皆令究竟無餘涅槃. 是故初始發心大悲爲首. 以悲心故能發轉勝十大正願. 何謂爲十. 願我先世及以今身所種善根. 以此善根施與一切無邊衆生. 悉共迴向無上菩提. 令我此願念念增長. 世世所生常繫在心終不忘失. 爲陀羅尼之所守護. 願我迴向大菩提已. 以此善根. 於一切生處常得供養一切諸佛. 永必不生無佛國土. 願我得生諸佛國已. 常得親近隨侍左右如影隨形. 無刹那頃遠離諸佛. 願我得親近佛已. 隨我所應爲我說法. 卽得成就菩薩五通. 願我成就菩薩五通已. 卽能通達世諦假名流布. 解了第一義諦如眞實性. 得正法智. 願我得正法智已. 以無厭心爲衆生說. 示教利喜皆令開解. 願我能開解諸衆生已. 以佛神力遍至十方無餘世界. 供養諸佛聽受正法廣攝衆生. 願我於諸佛所受正法已. 卽能隨轉淸淨法輪. 十方世界一切衆生聽我法者聞我名者. 卽得捨離一切煩惱發菩提心. 願我能令一切衆生發菩提心已. 常隨將護除無利益與無量樂. 捨身命財攝受衆生荷負正法. 願我能負荷正法已. 雖行正法心無所行. 如諸菩薩行於正法. 而無所行亦無不行. 爲化衆生不捨正願. 是名發心菩薩十大正願."

此十大願遍衆生界. 攝受一切恒河沙諸願. 若衆生盡我願乃盡. 而衆生實不可盡. 我此大願亦無有盡. 持佛禁戒作是願言下立誓自要. 十三誓中前十二作護戒誓. 最後一願作證果誓. 十二中前七護律儀戒. 後五護五根戒. 七中前一對境立誓. 女境易染可畏中甚. 故偏誓護. 後六對供立誓. 與涅槃聖行說大意同也.

이러한 10대원은 두루 중생계에 일체 항하사의 여러 원을 섭수한다. 만약 중생이 내가 원을 다하고 나아가 끝내더라도, 그러나 중생은 실제로 끝이 없으므로 나의 이러한 대원도 역시 끝이 없다.

'세존의 금계를 지니고 이러한 원을 말로 지으면서'의 이하는 스스로가 서원을 세우는 것이 중요하다. 13서원의 가운데에서 앞의 12원을 짓는 것은 호계(護戒)의 서원이고, 최후의 1원을 짓는 것은 증과(證果)의 서원이다.

12원 가운데에서 앞의 7원은 호율의계(護律儀戒)이고, 뒤의 5계는 호오근계(護五根戒)이다. 7원 가운데에서 1원은 경계를 마주하고 원을 세우는데, 여인의 경계라면 염오가 쉬어서 중간에 심해지는 것이다. 그러므로 치우치게 서원하고 보호하면서 뒤에 여섯과 마주하고 함께 서원을 세우는 것이다. 열반과 성스러운 행을 설하는 대의는 같은 것이다.

제7 수시두타계(역가명두타피난계)
第七 隨時頭陀戒(亦可名頭陀避難戒)

若佛子. 常應二時頭陀冬夏坐禪結夏安居. 常用楊枝澡豆三衣瓶鉢坐具錫杖香爐漉水囊手巾刀子火燧鑷子繩床經律佛像菩薩形像. 而菩薩行頭陀時及

遊方時 行來百里千里. 此十八種物常隨其身. 頭陀者從正月十五日至三月十五日. 八月十五日至十月十五日是二時中此十八種物. 常隨其身如鳥二翼. 若布薩日新學菩薩. 半月半月布薩薩誦十重四十八輕戒. 若謂戒時當於諸佛菩薩形像前. 誦一人布薩卽一人誦. 若二人三人乃至百千人亦一人誦誦者高座. 聽者下座. 各各被九條七條五條袈裟. 結夏安居時. 亦應一一如法若行頭陀時莫入難處. 若惡國界若惡國王. 土地高下草木深邃. 師子虎狼水火風難. 及以劫賊道路毒蛇. 一切難處悉不得入. 頭陀行道乃至夏坐安居時是諸難處皆不得入. 若故入者. 犯輕垢罪.

만약 불자가 항상 마땅히 두 때에 두타행(頭他行)을 하거나, 여름에 좌선(坐禪)하고 하안거(夏安居)를 맺는다면, 항상 양지(陽枝)[17]·조두(澡豆)[18]·3의(衣)·물병·발우·좌구(坐具)·석장(錫杖)[19]·향로·녹수낭(漉水囊)[20]·수건·도자(刀子)[21]·화수(火燧)[22]·섭자(鑷子)[23]·승상(繩床)[24]·경장·율장·불상·보살상을 수용해야 하고, 보살은 두타행을 행할 때와 지방으로 유행할 때, 백 리·천 리를 다녀오더라도 이러한 18가지의 물건이 그의 몸을 따라야 하느니라.

두타행은 정월 15일로부터 3월 15일까지와 8월 15일부터 10월 15일까지의 두 때이니, 이 가운데에서 18가지의 물건이 그의 몸을 따르면서 새의 두 날개와 같아야 하느니라. 만약 포살하는 날이라면 새롭게 배우는

17) 치아를 닦는 버들가지로 치목(齒木)을 가리킨다.
18) 콩이나 팥을 갈아 만든 가루비누를 가리킨다.
19) 위의 부분에 쇠고리가 달린 지팡이를 가리킨다.
20) 산스크리트어 pariśrāvaṇa의 번역으로 물을 마실 때, 물속에 있는 작은 벌레나 티끌을 거르는 주머니를 가리킨다.
21) 머리카락이나 옷감 등을 자르기 위한 작은 칼을 가리킨다.
22) 불을 피우는 부싯돌을 가리킨다.
23) 코털을 뽑는 작은 집게를 가리킨다.
24) 접어서 들고 다닐 수 있도록 등받이 없이 걸상 비슷하게 만든 자리를 가리킨다.

보살에게 매 보름마다 포살하고 10중계(重戒)와 48경계(輕戒)를 외우도록 하라.

만약 계를 말하는 때에는 마땅히 여러 불·보살의 형상 앞에서 외워야 하고, 한 사람이 포살할 때에는 한 사람이 외우며, 두 사람·세 사람 나아가 백천 사람이 포살하더라도 역시 한 사람이 외워라. 외우는 이는 높은 자리에 앉고 듣는 자는 낮은 자리에 앉으며, 각각 9조(條)·7조·5조의 가사를 입어야 하고, 하안거 때에도 역시 하나하나를 여법하게 하라.

만약 두타행을 행하는 때라면 험난한 곳에 들어가지 않아야 하고, 만약 악한 나라의 경계이거나, 만약 악한 왕국의 토지가 땅바닥이 높고 낮으며, 초목이 무성하거나, 사자·호랑이·늑대·물·불·바람의 재난과 또한 도둑이 겁탈하는 도로와 독사가 있는 일체의 험난한 곳에는 모두 들어갈 수 없느니라. 두타행과 나아가 하안거 때에도 이러한 여러 위험한 곳에는 모두 들어갈 수 없느니라. 만약 일부러 들어가는 자는 경구죄를 범하느니라.

頭陀此云抖擻. 抖擻着心故蕭. 然塵外能莊嚴戒故. 應隨行. 行不擇處. 容致夭喪. 又未離欲者在難心不得安. 故須避難. 行得其所. 七衆同制. 聲聞避難. 亦應同制. 二時常行不必制之. 文中常應二時頭陀者. 以春秋二時寒臘調適無妨損故制. 在此二時行. 瑜伽論云. 問何故名爲杜多功德. 答譬如世間或毛或氎未鞭未彈未紛未擘. 爾時相着不耎不輕. 不任造作縷線氈蓐. 若鞭若彈若紛若擘. 爾時分散柔軟輕妙. 堪任造作縷線氈蓐.

'두타' 이것은 두수(抖擻)를 말한다. 두수는 마음에 집착하는 까닭으로 번잡하다. 그러나 바깥의 번뇌를 능히 계로 장엄하는 까닭으로 마땅히 따라서 행해야 한다. 행에서 처소를 간택하지 않으면 요절과 상실에 이르는 것을 허용한다.

또한 욕망을 떠나지 않은 자는 어려운 마음이 있어서 안락을 얻을 수 없다. 그러므로 반드시 환란을 피해야 한다. 행에서 그것을 얻으므로 7중에게 같이 제정되었다. 성문도 환난을 피하므로 역시 마땅히 같이 제정되었다. 두 때를 항상 행하면 그것의 제정은 필요하지 않다.

경문의 가운데에서 '항상 마땅히 두 때에 두타한다.'는 봄과 가을의 두 때로서 춥고 살찌는 것을 적절하게 조절하면, 방해와 손실이 없는 까닭으로 제정하셨다.

이러한 두 때에 행이 있다면『유가론』에서 말하였다.

"【묻는다】 무슨 까닭으로 두다(杜多)는 공덕이 된다고 말하는가?

【답한다】 비유하면 세간의 혹은 털과 같고, 혹은 모직물과 같아서 후려치지 않거나 두드리지 않는다면 섞이지 않고 나누어지지 않는다. 이때 서로가 붙어서 얇지도 않고 가볍지도 않다. 마음대로 조작하지 않으면 실이 밧줄이고, 모직물이 멍석이다. 만약 후려치고, 만약 두드리면 이때 분산되어 유연하고 가벼우며 묘하다. 마음대로 조작을 감당한다면 실이 밧줄이고, 모직물이 멍석이다."25)

如是行者. 由飮食貪於諸飮食令心染着. 由衣服貪於諸衣服令心染着. 由敷具貪於諸敷具令心染着. 彼由如是杜多功德能淨修治令其純直. 柔軟輕妙有所堪任. 隨順依止能修梵行. 是故名爲杜多功德. 於飮食中有美食貪及多食貪能障修善. 爲欲斷除美食貪故. 常期乞食次第乞食. 爲欲斷除多食貪故. 但一座食先止後食.

---

25)『瑜伽師地論』(大正藏 30), p.422중. "問何故名爲杜多功德. 答譬如世間或毛或氎. 未鞭未彈未紛未擘. 爾時相著不軟不輕. 不任造作縷線氈褥. 若鞭若彈若紛若擘. 爾時分散柔軟輕妙. 堪任造作縷線氈褥."

'이와 같이 행하다.'는 음식의 탐욕은 여러 음식에서 마음으로 염착하게 하는 이유이고, 의복의 탐욕은 여러 의복에서 마음으로 염착하게 하는 이유이며, 부구(敷具)[26]의 탐욕은 여러 부구에서 마음으로 염착하게 하는 이유이다.

그러한 이유로 이와 같은 두다(杜多)의 공덕은 능히 청정하게 닦고, 다스려서 그것을 순수하게 곧게 하며, 유연하고 가벼우며 묘하고 소유를 마음대로 감당하므로 수순에 의지하여 능히 범행을 닦을 수 있다. 이러한 까닭으로 '두타는 공덕이 된다.'라고 이름한다.

음식 중에서 맛있는 음식이 있다면 탐하고, 더불어 많이 먹으므로 탐욕이 능히 선을 닦음을 장애한다. 맛있는 음식을 탐하는 것을 끊어서 없애고자 하는 까닭으로, 항상 때마다 걸식하고, 차례로 걸식하며, 많은 음식을 탐하는 것을 끊어서 없애고자 하는 까닭으로, 다만 하나의 자리에서 먼저 먹고 뒤에 또 먹는 것을 금지한다.

於衣服中有三種貪能障修善. 一多衣貪. 二耎觸貪. 三上妙貪. 爲欲斷除多衣貪故但持三衣. 爲欲斷除耎觸貪故. 但持毳衣. 爲欲斷除上妙貪故. 持糞掃衣. 於諸敷具有四種貪能障修善. 一諠雜貪. 二屋宇貪. 三倚樂臥樂貪. 四敷具貪. 爲欲斷除諠雜貪故. 住阿練若. 爲欲斷除屋宇貪故. 常居樹下逈露塚間.

의복의 탐욕 중에 세 종류의 탐욕이 있어 능히 선을 닦는 것을 장애한다. 첫째는 많은 옷을 탐하는 것이고, 둘째는 부드러운 촉감을 탐하는 것이며, 셋째는 상묘한 옷을 탐하는 것이다.

옷을 탐하는 것을 끊어서 없애고자 하는 까닭으로 다만 3의를 지니는

26) 수행자가 앉거나 누울 때, 땅이나 잠자리 위에 까는 직사각형의 깔개를 가리킨다.

것이고, 부드러운 촉감을 탐하는 것을 끊어서 없애고자 하는 까닭으로 다만 모직물을 지니는 것이며, 상묘한 옷을 탐하는 것을 끊어서 없애고자 하는 까닭으로 다만 분소의를 지니는 것이다.

여러 부구에는 네 종류의 탐욕이 있어 능히 선을 닦는 것을 장애한다. 첫째는 시끄럽고 잡스럽게 탐하는 것이고, 둘째는 방과 집을 탐하는 것이며, 셋째는 기대는 것을 즐기고 눕는 것을 즐기면서 탐하는 것이고, 넷째는 부구를 탐하는 것이다.

시끄럽고 잡스럽게 탐하는 것을 끊어서 없애고자 하는 까닭으로 아련야[27]에 머무르는 것이고, 방과 집을 탐하는 것을 끊어서 없애고자 하는 까닭으로 항상 나무 아래에 기거하고 노천의 무덤 사이로 향하는 것이다.

又爲欲斷除婬佚貪故常住塚間. 爲欲斷除倚臥貪故常期端座. 爲欲斷除敷具貪故. 處如常座. 是名成就杜多功德. 又云. 當知此中若依乞食無差別性唯有十二. 若依乞食有差別性便有十三. 冬夏坐禪者. 冬則大寒. 夏則大熱. 又損傷多妨於遊行故制靜坐. 結夏安居者. 期心一處靜緣栖託故云安居. 必無急緣不妄遊行.

또한 음행의 허물을 탐하는 것을 끊어서 없애고자 하는 까닭으로 항상 무덤 사이에 머무는 것이고, 의지함과 눕는 것을 탐하는 것을 끊어서 없애고자 하는 까닭으로 항상 단정함을 기약하는 것이며, 부구를 탐하는 것을 끊어서 없애고자 하는 까닭으로 항상 같은 자리에 거처한다.

---

27) 산스크리트어 arañya의 음사로서 공한처(空閑處) 또는 원리처(遠離處)라고 번역된다. 마을에서 떨어져서 한적한 숲속 등으로 사문들이 머무는 것에 적합한 곳을 가리킨다.

이것을 두다의 공덕이 성취되었다고 이름한다.

또한 말하였다.

“이 가운데에서 만약 걸식을 의지하여도 차별이 없는 성품은 오직 12가지가 있고, 만약 걸식을 의지하여도 차별이 있는 성품은 곧 13가지가 있는 것을 마땅히 알라.”

‘겨울과 여름에 좌선하다.’는 겨울은 곧 심한 추위이고, 여름은 곧 심한 더위이다. 또한 유행에서 손상되고 방해가 많은 까닭으로 정좌(靜坐)를 제정하셨다.

‘하안거를 맺는다.’는 마음에 하나의 적정한 처소를 기약하고, 의탁하는 연을 까닭으로 안거라고 말한다. 반드시 급한 연이 없다면 유행을 잊지 말라.

若於自他有利益處. 隨緣開許受日出界. 受日之法於五部中隨應用之. 常用揚枝澡豆者. 楊枝有五德故常用. 澡豆爲淸淨故亦常用. 十八物者. 三衣爲三. 四瓶. 五鉢. 六坐具. 七錫杖. 八香爐. 九漉水囊. 十手巾. 十一刀子. 十二火燧. 十三鑷子. 十四繩床. 十五經. 十六律. 十七佛像. 十八菩薩形. 前十四資身道具. 後四出世勝軌. 故制令常隨不得離也.

만약 자기와 다른 사람에게 이익이 있는 처소라면, 연을 따라서 여는 것이 허락되고, 날짜를 받아서 경계를 벗어날 수 있다. 날짜의 법은 5부율의 가운데에서 마땅히 그것을 수용하여 따르라.

‘일상적으로 양지(楊枝)[28]와 조두(澡豆)[29]를 사용하다.’는 양지는 다섯 덕이 있는 까닭으로 항상 사용하는 것이고, 조두는 청정을 위한 까닭으로

28) 치아를 닦는 버들가지, 소독이 된다고 하는 버드나무 가지를 잘게 잘라 사용했다.
29) 수행자들이 지니고 다니는, 콩이나 팥을 갈아 만든 가루비누를 가리킨다.

역시 항상 사용하는 것이다.

'18 물건'은 3의(衣)가 세 가지이고, 넷째는 병이며, 다섯째는 발우이고, 여섯째는 좌구이며, 일곱째는 석장이고, 여덟째는 향로이며, 아홉째는 녹수낭(漉水囊)[30]이고, 열째는 수건이며, 열한째는 도자(刀子)[31]이고, 열두째는 화수(火燧)[32]이며, 열셋째는 섭자(鑷子)[33]이고, 열넷째는 승상(繩床)[34]이며, 열다섯째는 경이고, 열여섯째는 율이며, 열일곱째는 불상이고, 열여덟째는 보살형이다.

앞의 열넷은 자신의 물건인 도의 기구이고, 뒤의 넷은 출세(出世)의 수승한 궤(軌)이다. 그러므로 제정하시어 항상 따르고 떠나지 않게 한 것이다.

頭陀者於正月下制時節也. 非但行時調適. 亦有所標勝軌. 如心王經所說應知. 若布薩日下制布薩法. 法如經初序說. 舊疏云. 聲聞心弱. 必假四人已上方得廣誦. 大士行勝. 一人亦許廣說. 今謂廣誦聲聞亦許. 但不得作白羯磨也. 菩薩法中理應如此. 雖復廣誦不得作白. 誦者高座聽者下坐者. 爲恭敬法故. 律亦不聽在下爲高說.

'두타'는 정월에서 이하의 시절을 제정하신 것이다. 다만 행하는 때가 아니어도 알맞게 조절하는데, 역시 『심왕경(心王經)』[35]에서 말하는

30) 산스크리트어 pariśrāvaṇa 물을 마실 때, 물속에 있는 작은 벌레나 티끌을 거르는 주머니를 가리킨다.

31) 휴대용 칼로서 30㎝ 미만의 작은 칼로 매우 예리하게 만들어 호신용으로 사용하였다.

32) 수행자들이 불을 피우기 위해 지니고 다니는 부싯돌을 가리킨다.

33) 코털을 뽑는 작은 집게를 가리킨다.

34) 앉거나 누울 때 사용하는 노끈으로 만든 직사각형의 자리를 가리킨다.

35) 『最上乘論』(大正藏 48), p.377중. "心王經云. 眞如佛性沒在知見六識海中." 등에서

것과 같이 수승한 궤를 표시하고 있음을 마땅히 알라.

'만약 포살일' 이하는 포살법을 제정하신 것이다.

'법'은 경의 처음 서(序)에서 말한 것과 같이 옛날의 소에서 말하였다. "성문은 마음이 약하여 반드시 가령 4명 이상이면 비로소 널리 염송할 수 있으나, 세존은 행이 수승하여 한 사람이라도 역시 널리 설하는 것도 허락된다. 지금 말한다면 성문도 널리 염송하는 것이 역시 허락되지만, 다만 백갈마를 지을 수 없다."

보살법의 가운데에서도 이치로는 마땅히 이와 같아서, 비록 다시 널리 염송하여도 백갈마를 지을 수 없다. 염송하는 자가 높은 자리이고, 듣는 자는 낮은 자리인 것은 공경법인 까닭이니라. 율도 역시 아래에 있으면서 높은 곳에 말하는 것은 허락되지 않는다.

各各被九條七條五條袈裟者. 一云. 以此文證. 三衣皆得入衆用. 一云. 此是幷着被衣. 如三千威儀云. 不着泥洹僧不得被五條. 不着五條不得被七條. 不着七條不得被九條. 故知幷着也(更詳彼文). 結夏安居一一如法者. 結時依處受日出界自恣擧懺. 皆准律行之. 若頭陀時莫入難處下. 辨行頭陀及夏安居擇處避難.

'각각 그 9조·7조·5조의 가사'라는 것에 한 사람이 말하였다. "이 경문으로써 증명한다면 3의는 모두 대중에 들어가서 수용하여 얻는다."

다른 한 사람이 말하였다. "이것은 함께 옷을 입는 것이고, '3천 위의와 같다.'고 말한다. 니원승(泥洹僧)[36]을 입지 않으면 5조를 입을 수 없고,

경전이 언급되고 있으나 구체적인 내용은 알 수 없다.

36) 산스크리트어 nivāsana의 음사로서 군의(裙衣) 또는 하의(下衣)라고 번역한다. 아랫도리에 입던 내의를 가리키는데 허리에 두르는 치마와 같은 옷이다.

5조를 입지 않으면 7조를 입을 수 없으며, 7조를 입지 않으면 9조를 입을 수 없다. 그러므로 함께 입는 것임을 알라." [다시 그 문장을 상세하게 말하였다.]

'하안거를 맺으며 하나하나가 여법하다.'는 때를 맺고 처소를 의지하여 날짜를 받아서 경계를 벗어났다면 자자(自恣)[37]하여 참회하는데, 모두 율에 준해서 그것을 행하라.

辨行頭陀及夏安居擇處避難. 此中所制從始至末. 一云. 道俗悉同. 一云. 遊止教化不得冒難. 此則通制道俗. 若安居法布薩令坐. 但制出家五衆. 優婆塞經云. 優婆塞應畜僧伽梨衣鉢錫杖. 未知十八物盡形備不. 菩薩僧尼至半月應兩邊布薩誦大小二本. 不者輕垢更詳本文. 在家菩薩若家內有淨室. 半月應自誦. 若無者由旬內寺舍作菩薩布薩. 則應往聽. 都不者輕垢. 若自家諠迫. 及由旬內無菩薩會集者. 不犯也.

두타를 분별하여 행하는 것과 하안거의 처소를 선택하여 환란을 피하는 것, 이 가운데 처음부터 끝까지 제지하는 것이 있다. 한 사람이 말하였다.

"사문과 재가가 모두 같다."

다른 한 사람이 말하였다.

"유행하였다면 교화를 멈추고 환란을 무릅쓰지 않는다. 이것은 곧 재가와 사문을 통하여 제정되었다. 만약 안거법의 포살에서 앉게 하였다면 다만 출가한 5중을 제지하는 것이다."

『우바새경』에서 말하였다.

37) 산스크리트어 pravāraṇā의 번역으로 하안거가 끝나는 날에 사문들이 한곳에 모여 자신의 잘못을 서로 고백하고 참회하는 의식을 가리킨다.

"우바새는 마땅히 승가리 옷·발우·석장을 저축할 것이고, 18물을 알지 못하여서 모든 형태를 준비하지 못하였더라도, 보살·비구·비구니는 보름에 이르면 마땅히 두 가지 포살의 주면에서 대승과 소승의 두 계본을 염송하라. 짓지 않는다면 경구죄이다. [다시 본문에 자세하다.] 재가보살이 만약 집안에 깨끗한 방이 있다면 보름에 마땅히 스스로가 염송하라.

만약 없는데 유순[38] 안의 사찰에서 보살의 포살을 짓는다면, 곧 마땅히 가서 들어라. 모두 짓지 않는다면 경구죄이다. 만약 스스로가 집에서 시끄럽게 핍박받거나, 또한 유순 안에 사찰이 없다면 범한 것은 아니다."[39]

제8 존비차제계
第八 尊卑次第戒

若佛子. 應如法次第坐. 先受戒者在前坐. 後受戒者在後坐. 不問老少比丘比丘尼貴人國王王子乃至黃門奴婢. 皆應先受戒者在前坐. 後受戒者次第而坐. 莫如外道癡人. 若老若少無前無後坐. 無次第如兵奴之法. 我佛法中先者先坐後者後坐. 而菩薩不次第坐者. 犯輕垢罪.

만약 불자라면 마땅히 여법하게 차례로 앉는데, 먼저 계를 받은 자가 앞에 앉고, 뒤에 계를 받은 자는 뒤에 앉아야 하느니라. 나이가 많고 적음을 묻지 않고, 비구·비구니·귀인·국왕·왕자, 나아가 황문·노비 등

38) 산스크리트어 yojana의 음사로서 고대 인도의 거리 단위다. 실제로는 명확하지 않으나, 혹은 소달구지로 하루에 갈 수 있는 거리인 약 8㎞로 간주하고 있다.
39) 원문을 요약하여 인용하였으므로 구체적인 내용은 찾기 어렵다.

은 모여 앉되, 모두 마땅히 먼저 계를 받은 자가 앞에 앉고, 뒤에 계를 받은 이는 차례로 앉아야 하느니라. 외도의 어리석은 사람들과 같이, 만약 늙었거나, 만약 젊었는데, 앞도 없고 뒤도 없이 앉지 말라. 차례가 없다면 병졸이나 노비의 법과 같으니라. 우리들의 불법 가운데에서는 먼저 받은 사람이 앞에 앉고 뒤에 받은 사람이 뒤에 앉는 것이다. 그러나 보살이 차례가 아닌데 앉는다면 경구죄를 범하느니라.

爲離憍慢隨順敎法故制. 大小具制. 道俗同學. 律中世尊集比丘僧告言. 汝等謂誰應受第一坐第一水第一食起迎送禮拜恭敬善言問訊. 或有言大姓家出者. 或言顔貌端政者. 或有言阿蘭若者. 或有言乞食者. 或有言糞掃衣者. 如是乃至. 或有言能唄者. 或有言多聞者. 或有言法師者. 或有言持律者. 或有言坐禪者. 佛告諸比丘. 乃引過去象狸鵽鳥相敬因緣. 汝等於我法律中出家應更相恭敬. 如是佛法可得流布. 自今已去聽隨長幼恭敬禮拜上坐迎送問訊.

교만을 떠나고 교법을 수순하기 위한 까닭으로 제정하셨다. 대승과 소승이 함께 제정되었고, 사문과 재가도 같이 배워야 한다. 세존께서 비구 승가를 모으시고 계율 가운데 알려 말씀하셨다.

"그대들은 누가 마땅히 제1의 자리를 받고, 제1의 물을 받으며, 제1의 음식을 받고, 일어나서 영접과 전송, 예배와 공경, 선한 말로 문신을 받는다고 말하는가? 혹은 대성(大姓)의 출가자라는 말이 있고, 혹은 얼굴과 용모가 단정한 자라는 말이 있으며, 혹은 아련야의 자라는 말이 있고, 혹은 걸식자라는 말이 있으며, 혹은 분소의자라는 말이 있고, 이와 같이 나아가 혹은 염불에 능한 자라는 말이 있으며, 혹은 다문자라는 말이 있고, 혹은 법사자라는 말이 있으며, 혹은 지율자라는 말이 있고, 혹은 좌선자라는 말이 있느니라."

세존께서 여러 비구들에게 알려 말씀하셨다.

"이것을 인용하면 과거에 코끼리·살쾡이·탈조(鵽鳥)[40] 등이 서로 공경하는 인연이니,[41] 그대들은 나의 법과 율의 가운데에서 출가하였으니 마땅히 다시 서로가 공경하고 이와 같이 불법을 유포하라. 지금부터는 늙고 젊음을 따라서 공경하고 예배하며 상좌를 맞이하고 전송하며 문신하는 것을 허락하노라."

又云. 不應禮白衣. 一切女人不應禮. 前受大戒者. 後受大戒者. 十三難三擧二滅一切非法語者不應禮. 何等人應禮. 小沙彌尼應禮大沙彌尼. 沙彌式叉摩那比丘尼比丘. 如是等人塔一切應禮. 若年少沙彌應禮大沙彌尼. 式叉摩那乃至比丘及塔一切應禮. 小式叉摩那應禮大式叉摩那. 比丘尼比丘及塔應禮. 年小比丘尼應禮大比丘尼. 比丘及塔亦應禮. 小比丘應禮大比丘. 大比丘塔亦應禮. 釋迦法中旣云無別菩薩僧故. 准上律行. 於理無爽.

또한 말씀하셨다.

"마땅히 재가에게 예배하지 않고, 일체의 여인에게는 예배하지 않으며, 마땅히 전에 대계를 받은 자는 뒤에 대계를 받은 자에게 예배하지 않으며, 13난(難)[42]·3거(擧)[43]·2멸(滅)·일체의 비법을 말하는 자에게도

40) 산스크리트어 kapiñjala로서 가빈사라(迦賓闍羅)로 음역되고, 조구(鳥鳩) 또는 치(雉)라고 번역된다. 사막 꿩의 한 종류이다.

41) 『마하승기율』 제27권과 『경률이상』 제47권의 설화에서는 "코끼리와 원숭이와 사막꿩이 과거 세상 때에 셋의 사이좋은 벗으로 공경하였다."고 전하고 있다.

42) 구족계(具足戒)를 받을 수 없는 열세 부류의 유정이다. 첫째는 이전에 바라이(波羅夷)를 저질러 승단에서 추방된 자이고 둘째는 비구니를 범한 자이며, 셋째는 생계를 위해 승단에 들어오려는 자이고, 넷째는 외도였으나 구족계를 받은 후, 다시 외도로 갔다가 다시 돌아오려는 자이며, 다섯째는 성불구자이고, 여섯째는 아버지를 죽인 자이며, 일곱째는 어머니를 죽인 자이고, 여덟째는 아라한을 죽인 자이며, 아홉째는 승단의 화합을 깨뜨린 자이고, 열째는 세존의

마땅히 예배하지 않는다.”

어떤 사람 등에게 마땅히 예배하는가? 소사미니는 대사미니에게 마땅히 예배해야 하고, 사미·식차마나·비구·비구니 등의 이와 같은 사람과 탑의 일체에 마땅히 예배해야 하며, 만약 나이가 적은 사미니는 마땅히 대사미니에게 예배해야 하고, 식차마나 나아가 비구 및 탑의 일체에게 마땅히 예배해야 한다.

소식차마나는 대식차마나에게 마땅히 예배해야 하고, 비구·비구니 및 탑에도 마땅히 예배해야 하며, 만약 나이가 적은 비구니는 대비구니와 비구 및 탑에도 마땅히 예배해야 한다. 소비구는 대비구와 탑에 역시 마땅히 예배해야 한다. 석가모니의 법 가운데에서 이미 말하였으니, 보살승도 분별이 없는 까닭이니라.

앞의 율에 준하여 행하라. 이치에서는 어그러짐이 없는 것이다.

文中應如法次第坐者. 謂上下次第不違佛制. 此中行法諸師不同. 一說. 悉以受菩薩戒爲次第. 百歲比丘後受菩薩戒. 一歲比丘前受菩薩戒. 則一歲比丘在前座. 百歲比丘在後坐. 男女黑白尊卑類別雖前受戒. 不得交雜. 若奴前受郎後受者. 則奴上郎下. 已入戒法中不隨本位故.

경문의 가운데에서 ‘마땅히 여법하게 차례로 앉는다.’는 상하의 차례는 세존께서 제정한 것을 위반하지 않는 것을 말한다. 이 가운데의

몸에 피를 나게 한 자이며, 열한째는 인간이 아닌 용(龍)·야차(夜叉)·건달바(乾闥婆)·아수라(阿修羅) 등이고, 열두째는 축생이며, 열셋째는 남근(男根)과 여근(女根)을 함께 갖춘 자이다.

43) 대중의 화합을 깨트리는 부류로 첫째는 죄를 범하고 죄를 인정하지 못하는 자이고, 둘째는 죄를 범하고 참회하지 않는 자이며, 셋째는 음욕은 불도 수행에 방해되지 않는다고 말하는 자이다.

행법은 여러 스승이 같지 않다.

첫째의 말씀이다.

"모두가 보살계를 받음으로써 차례가 된다. 100세의 비구가 뒤에 보살계를 받았고 1세의 비구가 먼저 보살계를 받았다면 곧 1세의 비구가 앞자리에 있고 100세의 비구는 뒷자리에 있으며, 남녀와 흑백, 높고 낮음의 부류를 구별하여 비록 앞에 계를 받았어도 잡스럽게 섞이지 않게 하라. 만약 노비가 먼저 받고 주인이 뒤에 받았다면 곧 노비가 상좌이고 주인은 하좌이다. 이미 계법의 가운데에 들어왔으니 본래의 자리를 따르지 않는 까닭이다."

二說. 若本未受菩薩戒者. 皆在前受菩薩戒下. 若進受戒則還本次. 如百歲比丘未受一歲比丘已受. 已受者爲上. 未受者爲下. 若百歲者進受則還在上. 奴郎亦爾. 若奴先受郎未受者. 則奴上郎下. 郎若進受還在奴上. 旣同在戒應隨本位. 如沙彌進受則在百歲尼上. 三說. 威儀坐次皆以聲聞法爲次序. 莫問聲聞菩薩. 但先受者爲上. 若聲聞比丘十歲菩薩比丘九歲. 猶十歲者爲上.

둘째의 말씀이다.

"만약 본래 끝에 보살계를 받았고 모두가 이전에 보살계를 받은 아래에 있는데, 만약 계를 받음에 나아간다면 곧 본래의 차례로 돌아오는 것이다. 100세의 비구가 끝에 받고 1세의 비구가 이전에 받는 것과 같다면 이미 받은 자가 상좌가 되고 끝에 받지 않는 자는 하좌가 된다. 만약 100세인 자가 나아가서 받으면 곧 도리어 상좌에 있게 되고 노비와 주인도 역시 그러하다.

만약 노비가 먼저 받았고 주인이 받지 않았다면 곧 노비가 상좌이고 주인이 하좌이다. 주인이 만약 나아가서 받았다면 오히려 노비의 상좌에 있는 것이다. 이미 같은 계에 있다면 마땅히 본래의 지위를 따르는 것이고, 사미가 나아가서 받는다면 곧 100세 비구니의 상좌에 있다."

셋째의 말씀이다.

"위의와 좌차는 모두 성문법이 차례와 순서가 된다. 성문과 보살을 묻지 않고 다만 먼저 받았다면 상좌이다. 만약 성문 비구가 10세이고, 보살 비구가 9세이면 오히려 10세인 자가 상수이다."

智度論云. 諸佛多以聲聞爲僧. 無別菩薩僧. 如彌勒菩薩文殊師利菩薩等. 以釋迦牟尼佛無別菩薩僧故. 入聲聞僧中次第坐. 此文但言先受者在前坐. 後受者在後坐. 不簡聲聞菩薩戒故. 在家菩薩旣無歲數. 悉以菩薩戒爲次. 今謂在家中亦應以受戒爲先. 若受聲聞五戒. 若受菩薩五戒. 但先受者爲上. 若奴先受郎後受者. 不得以受爲次. 奴郎位別. 本不雜故. 設放奴爲郎. 應隨受次. 世中行事多依後說.

『대지도론』에서 말하였다.

"모든 세존께서는 많은 성문으로서 사문이 된다. 보살승을 분별하지 않는데, 미륵보살과 문수사리보살 등과 같이 석가모니불로서도 분별없는 보살승인 까닭이니라."[44]

성문승의 가운데에 들어오면 차례로 앉는데 이 경문에서는 단지 먼저 받은 자가 앞의 자리에 있고 뒤에 받은 자가 뒤에 있다고 말하였다. 성문과 보살계를 간별하지 않은 까닭이다. 재가보살은 이미 세수(歲數)가 없고, 모두 보살계로써 차례가 되고, 지금 말한다면 재가의 가운데에서도 역시 마땅히 수계로써 차례가 된다.

---

44) 『大智度論』(大正藏 25), p.311하. "諸佛多以聲聞爲僧無別菩薩僧. 如彌勒菩薩文殊師利菩薩等. 以釋迦文佛無別菩薩僧故. 入聲聞僧中次第坐."

만약 성문의 5계를 받았거나, 만약 보살의 5계를 받았거나, 다만 먼저 받은 자는 상좌가 된다. 만약 노비가 먼저 받고 주인이 뒤에 받았다면 받는 것으로써 차례가 되지 못하는데, 노비와 주인의 지위는 구별되고 본래 섞이지 못하는 까닭이다. 노비를 풀어주어서 주인이 되었다면 마땅히 받음을 따라서 차례가 된다. 세상 가운데에서는 일을 행하면서 뒤의 설을 많이 의지한다.

不問老少者. 不隨生年之老少. 律中沙彌生年爲次. 生年等者受戒爲次. 此文既云不問老少. 以不隨其生年次第. 比丘比丘尼者謂二衆皆各受戒爲次. 非謂先受尼在後受比丘上. 男女尊卑本不雜故. 俗中貴賤如前分別. 坐無次第兵奴之法者. 兵奴强者爲先. 不以長幼次第. 佛法道尊不應如彼.

'늙고 젊음을 묻지 않는다.'는 태어난 해의 늙고 젊음을 따르지 않는 것이다.

율의 가운데에서는 사미는 태어난 해가 차례가 되고, '생년 등'은 수계의 차례가 된다.

이 경문에서 이미 말하였다.

"늙고 젊음을 묻지 않고 그 생년을 따르지 않음으로써 차례이다."

'비구와 비구니'는 2중이 모두 각자 계를 받으면 차례가 된다고 말한다. 먼저 비구니계를 받았고 뒤에 비구계를 받았다고 상좌라고 말하지 않는데, 남녀의 높고 낮음은 본래 섞이지 않는 까닭이다. 재가의 가운데에서 귀천은 앞에서와 같이 분별하였다.

'낮음에 병졸과 노비의 법처럼 차례가 없다.'는 병졸과 노비는 강한 자가 먼저가 되므로 장유(長幼)로서의 차례가 아닌 것이다. 불법의 도의 존중은 마땅히 그와 같지 않다.

제9 복혜섭인계
第九 福慧攝人戒

若佛子. 常應敎化一切衆生. 建立僧坊山林園田立作佛塔. 冬夏安居坐禪處所 一切行道處皆應立之. 而菩薩應爲一切衆生講說大乘經律. 若疾病國難賊難. 父母兄弟和上阿闍梨亡滅之日及三七日四五七日乃至七七日. 亦應讀誦講說大乘經律. 一切齋會心福行來治生. 大火所燒大水所漂. 黑風所吹船舫. 江河大海羅刹之難. 亦讀誦講說此經律. 乃至一切罪報三惡七逆八難. 杻械枷鎖繫縛其身. 多婬多瞋多愚癡多疾病. 皆應讀誦講說此經律. 而新學菩薩若不爾者. 犯輕垢罪.

만약 불자가 항상 일체중생들을 교화하며, 승방·산림·원전을 건립하고 불탑을 세우며, 동·하안거의 좌선하는 처소와 일체의 도를 행하는 처소에는 모두 마땅히 그것들을 세워야 하느니라. 그리고 보살은 일체중생을 위하여 대승의 경전과 계율을 강설해야 하고, 만약 질병이나, 나라에 재난이나, 도둑의 환란이라면 부모·형제·화상·아사리가 죽은 날과 죽은 지 21일과 27일 나아가 49일에 역시 마땅히 대승경전과 율을 독송하고 강설해야 하느니라.

일체의 재회(齋會)에 복을 구하거나, 왕래하며 삶을 다스리거나, 큰 불로 불에 탔거나, 큰물에 떠내려가거나, 배가 폭풍을 만났거나, 강과 큰 바다에서 나찰의 환란에서도 역시 이러한 경과 율을 독송하고 강설해야 하고, 나아가 일체의 죄보(罪報)를 받거나, 3악도에 떨어졌거나, 7역을 만났거나, 8난을 만났거나, 추계(杻械)[45]와 가쇄(枷鎖)[46]에 그 몸이 계박

45) 고대 중국의 형구로 족쇄와 쇠고랑을 가리킨다.

46) 죄인의 목과 발목에 씌우거나 채우는 형구로 목에 씌우는 나무칼(枷)과 목·발목에 채우는 쇠사슬(鎖)을 합쳐서 부르는 말이다.

되었거나, 음심과 성냄과 어리석음이 많거나, 질병이 많다면 모두 마땅히 경과 율을 독송하고 강설해야 하느니라. 그러나 새롭게 배우는 보살이 만약 그러하지 않는다면 경구죄를 범하느니라.

慧福兩善事猶輪翼. 隨闕一種勝果難辨. 故制令修. 大小不共七衆同學. 文中有二. 一敎化令修福業. 二講說令修智業. 初中常應敎化一切衆生乃至一切行道處皆應立之者. 謂修福業雖有多門. 就其要者. 且說建立行道處也. 隨力隨能化他. 自作必力所不瞻雖闕. 而不犯令修起智.

지혜와 복의 두 선한 일은 오히려 수레의 날개와 같은데, 한 종류가 부족함을 따른다면 수승한 과를 분별하기 어렵다. 그러므로 제정하여 닦게 하셨다. 대승과 소승이 같지 않고, 7중이 함께 배워야 한다.

경문의 가운데에는 두 가지가 있다. 첫째는 교화하여 복업을 닦게 하는 것이고, 둘째는 강설하여 지업(智業)을 닦게 하는 것이다.

첫째의 가운데에서 '항상 마땅히 일체중생을 교화하고 나아가 일체의 도를 행하는 처소에 마땅히 그것을 세운다.'는 복을 닦는 것이 비록 많은 문이 있다고 말하더라도, 나아가서 그것에서 중요한 것은, 또한 도를 행하는 처소를 건립하는 것을 말하는 것이다.

능력을 따라서 다른 사람을 교화하면서 스스로가 짓는다면 반드시 힘쓰는 것을 보지 않았고, 비록 부족하지 않았어도, 그러나 범하지 않으면서 지혜를 일으켜 닦게 하는 것이다.

中應爲一切衆生講說大乘經律者. 謂自有解智者. 謂其力能爲他講說. 若疾病下別明爲有難報恩之處. 亦爲講說. 且列十種. 一病難. 謂國土多疾之時.

二國難. 謂惡王御世時. 三賊難. 謂惡人侵暴時. 四所尊終亡時. 五往來治生時. 有經本云行末將生. 六水火風難. 七羅刹難. 八一切罪報. 謂三報八難乃至繫縛其身. 九多煩惱. 十多疾病. 謂自身中有疾病也. 凡爲十事應講經律. 使免離諸難轉諸業障. 硏飾神明智慧增長. 若不爾者違而成犯也.

경문의[47] 가운데에서 '일체중생을 위하여 대승의 경전과 계율을 강설한다.'는 스스로가 이해하는 지혜가 있는 것을 말하고, 그 능력은 다른 사람을 위하여 강설하는 것을 말한다.

'만약 질병이나'의 이하는 환란이 있으면 보은의 처소를 위하여 분별하여 밝힌 것인데, 역시 강설하는 것에는 또한 10종류가 있다. 첫째는 질병의 난인데, 국토에 질병이 많은 때를 말하고, 둘째는 국가의 난인데, 악한 왕이 세상의 때를 다스리는 것을 말하며, 셋째는 도둑의 난인데, 악인이 침범한 폭력의 때를 말하고, 넷째는 존장이 그 처소에서 죽은 때이며, 다섯째는 왕래하면서 삶을 다스리는 때이고, 여섯째는 물과 불과 바람의 난이며, 일곱째는 나찰의 난이고, 여덟째는 3보(報)[48]와 8난, 나아가 그 몸이 계박된 것이며, 아홉째는 번뇌가 많고, 질병이 많으며 스스로가 몸 가운데에 질병이 있는 것이다.

일반적으로 10사에는 마땅히 경전과 율장을 강설하여 여러 난을 여러 업장에서 전전함을 벗어나게 하고, 신명(神明)[49]을 연구하고 장식하며, 지혜를 증장하는 것이다.

---

47) 원문에 문(文)자가 결락된 것으로 생각되어 추가하여 번역하였다.

48) 중생이 지은 업을 과보로 받는 것을 세 시기로 나눈 것으로 순현보(順現報), 순생보(順生報), 순후보(順後報) 등을 가리킨다.

49) 천지신명(天地神明)의 준말로서 하늘과 땅의 신령(神靈)을 가리킨다.

如是九戒應當學敬心奉持. 梵壇品中當說.

이와 같은 9가지 계를 마땅히 배우고 공경하는 마음으로 받들어 지녀라. 범단품(梵壇品) 가운데에서 마땅히 설하겠노라.

개설
概說[50)]

如是九已下總結指餘. 第二九戒中初五戒幷以戒法攝受. 後四戒幷以悲心敎化 前中初三明戒法授人. 後二明戒法自攝. 菩薩自攝令他隨學故. 雖自攝則是利他 初三中. 第一明有器者不擇便授. 第二明有障者敎令懺除. 第三明未受者不輒爲說.

이와 같은 제9계의 이하는 모두 맺으면서 나머지를 가리킨다. 제2의 9계 가운데에서 처음 5계는 아울러 계법으로써 섭수하는 것이고, 뒤의 4계는 아울러 자비심으로써 교화하는 것이다. 앞의 계 가운데에서 세 가지는 계법을 주는 사람을 밝히는 것이고, 뒤의 둘은 계법을 스스로가 섭수하는 것을 밝히는데, 보살이 스스로가 섭수하여 다른 사람이 따르게 가르치는 까닭이다.

비록 스스로의 섭수가 곧 이타(利他)일지라도 처음 세 가지 가운데에서 제1계는 그릇이 있다면 선택하지 않고서 곧 주는 것을 밝혔고, 제2계는 장애가 있다면 가르쳐서 참회하여 제거하는 것을 밝혔으며, 제3계는 받지 않는 자에게는 곧 설하지 않는 것을 밝혔다.

50) 원문에는 없으나 번역의 이해를 돕기 위하여 역자가 추가한 것이다.

제1 불택감수계
第一 不擇堪受戒

佛言. 佛子與人受戒時. 不得簡擇一切國王王子大臣百官. 比丘比丘尼信男信女婬男婬女. 十八梵六欲天子無根二根黃門奴婢. 一切鬼神盡得受戒應教. 身所着袈裟. 皆使壞色與道相應. 皆染使靑黃赤黑紫色. 一切染衣乃至臥具盡以壞色 身所着衣一切染色. 若一切國土中國人所著衣服. 比丘皆應與其俗服有異. 若欲受戒時師應問言. 汝現身不作七逆罪不. 菩薩法師不得與七逆人現身受戒. 七逆者出佛身血. 殺父殺母. 殺和上殺阿闍梨. 破羯磨轉法輪僧. 殺聖人. 若具七遮卽現身不得戒. 餘一切人盡得受戒. 出家人法不向國王禮拜. 不向父母禮拜. 六親不敬. 鬼神不禮. 但解法師語. 有百里千里來求法者. 而菩薩法師. 以惡心瞋心. 而不卽與授一切衆生戒者. 犯輕垢罪.

세존께서 말씀하셨다.

"불자가 사람들에게 계를 주는 때에는 일체의 국왕·왕자·대신·백관·비구·비구니·신남·신녀·음남·음녀·18범천·6욕계천자(欲界天子)·근(根)이 없거나, 둘인 사람·황문·노비·일체의 귀신까지도 간택할 수 없으며, 마땅히 가르쳐서 모두에게 계를 받도록 해야 하느니라.

몸에 입은 가사는 모든 색깔을 무너트려서 도와 상응해야 하고, 모두 청(靑)·황(黃)·적(赤)·흑(黑)·자(紫) 색으로 물들일 것이며, 일체의 옷을 물들이고 나아가 와구까지도 무너트린 색으로 마칠 것이다. 몸에 걸치는 옷은 일체를 염색하는데, 일체 국토의 가운데에서 국민들이 입는 옷과 같다면 비구는 모두 마땅히 그 재가의 옷과 다르게 해야 하느니라.

만약 계를 받고자 할 때는 법사는 마땅히 물어야 한다. '그대는 현재의 몸으로 7역죄를 짓지 않았는가?' 보살인 법사는 현재의 몸으로 7역죄를 지은 사람에게는 계를 줄 수 없나니, 7역죄는 세존의 몸에 피를 흘리게 한 것, 아버지를 죽인 것, 어머니를 죽인 것, 화상을 죽인 것, 아사리를 죽인 것, 갈마와 법륜을 굴리는 승가를 깨트린 것, 성인을 죽인 것이니라. 만약 7차를 갖추었다면 현재의 몸으로 계를 받을 수 없고, 나머지의 일체의 사람은 누구나 계를 받을 수 있느니라.

출가인의 법에서는 국왕을 향하여 예배하지 않고, 부모를 향하여 예배하지 않으며, 6친(親)을 공경하지 않고, 귀신에게 예배하지 않느니라. 다만 법사의 말을 이해할 수 있다면 백 리·천 리에 있더라도 와서 계법(戒法)을 구하는데, 그러나 법사가 악한 마음과 성내는 마음으로써 일체중생이 받을 수 있는 계를 곧 주지 않는다면, 경구죄를 범하느니라."

有器堪受皆應爲授. 若以瞋嫌簡擇便乖獎導之義. 故制令不簡. 菩薩有求受者悉不得乖. 以本誓兼濟故. 聲聞許而中悔是犯. 若本不許不犯. 七衆同學. 經許夫婦互爲師故. 文中與人受戒時不得簡擇乃至盡得受戒者. 擧十七類悉許受戒. 文中不簡在家出家沙彌具足. 唯言得受. 若准下文. 敎服異俗. 應通出家.

그릇이 있어 받는 것을 감당한다면 모두 마땅히 주어야 한다. 만약 성내고 싫어하며 간택함으로써 곧 장려할 도의 뜻을 무너트린다. 그러므로 제정하시어 간택하지 못하게 하셨다. 보살이 구함이 있는데 받는 자가 모두 얻지 못하여 무너지므로 본래의 서원으로써 겸하여 구제하는 까닭이다.

성문이 허락하고 중간에 후회하면 이것은 범하는 것이다. 만약 본래 허락하지 않았다면 범하지 않는 것이다. 7중이 함께 배워야 하는데, 경에서는 부부가 서로 스승이 되는 것을 허락하는 까닭이다.

경문의 가운데에서 '사람과 함께 계를 주는 때에 간택하지 않고 나아가 모두가 계를 받을 수 있다.'는 17부류가 모두 계를 받는 것이 허락된 것을 예시한 것이다.

경문의 가운데에서 '재가와 출가 사미와 구족계를 간택하지 않는다.'는 오직 받을 수 있는 것을 말한다.

만약 아래의 문장에 준한다면 가르치고 따르는 것이 재가에서는 다르더라도 마땅히 출가에서는 통하는 것이다.

然受法有二. 若准律法自四受者. 應須簡擇無根等類. 若依三歸三聚總受. 文既不簡. 理應通受. 准半擇等許受五戒而遮近事性. 此中亦應許受具足而遮比丘等性. 文無別簡. 以義准的. 諸有智者當更尋教. 應教身所着袈裟下明毁俗好以應道服. 言壞色者壞彼大色成不正色. 與道相應者毁俗好故應道服也. 皆染使青黃赤黑紫色者. 小乘五部異見故服各一色. 菩薩於五無所偏執故通服五色.

그러나 법을 받는 것에 두 가지가 있다. 만약 율법에 준하면 네 가지에서 받는다. 마땅히 간택이 필요하나 근거 등이 없는 부류는 만약 3귀의에 의지하고 3취계에 의지하면 모두 받을 수 있다.

경문에서 '이미 간택하지 않았어도 이치로는 마땅히 통하므로 받는다.'는 절반의 간택 등에 준하여 5계를 받는 것이 허락되나, 근사[51]의 성을 막는다. 이 가운데에서 역시 구족계를 받는 것이 허락되나 비구 등의 성을 막는다. 경문에서는 간별이 없더라도 뜻으로써 목적에 준하므로, 여러 지혜가 있는 자는 마땅히 다시 가르침을 찾을 것이다.

---

51) 3보에 가까이 하고 받들어 섬기는 재가인을 남자는 근사남이라 부르고 여인은 근사녀라고 부른다.

'마땅히 몸에 입는 가사를 가르치다.'의 이하는 마땅히 도복(道服)으로서 재가 옷을 좋아하면 훼손되는 것을 밝힌 것이다.

'색을 무너트린다.'고 말하는 것은 그 큰 색을 무너트려서 부정(不正)의 색을 이루는 것이다.

'도와 함께 상응하다.'는 재가의 옷을 좋아하면 훼손되는 까닭으로 마땅히 도복이어야 하는 것이다.

'모두 청·황·적·흑·자색으로 물들이다.'는 소승의 5부는 견해가 다른 까닭으로 옷이 각자 하나의 색깔이지만, 보살은 다섯 색깔에서 치우친 집착이 없는 까닭으로 다섯 색깔의 옷으로 통하는 것이다.

此言青等五者. 皆取壞成青等. 非是大色青等. 乃至臥具盡以壞色者. 非但三衣壞色. 一切衣服乃至臥具亦同三衣皆使壞色. 身所着衣乃至與其國土下. 衣服色異者. 令色異俗也. 與俗服有異者. 作之方法亦令異俗. 旣言比丘. 不應通俗. 舊說道俗皆須壞色者非也. 若欲受戒時下. 簡除重障以成淨器. 七逆者障之重也. 若現身作則不能成納戒之器. 設作法受終無剋獲. 故須簡別.

'이러한 청색 등의 다섯이다.'는 모두가 청색 등을 취하면 괴색이 이루어지는데, 이것은 큰 색깔의 청색 등이 아니다.

'나아가 와구도 모두 괴색(壞色)이다.'는 다만 3의가 괴색이 아니고 일체의 의복, 나아가 와구도 역시 3의와 같이 모두 괴색으로 만드는 것이다.

'몸에 옷을 걸치고 나아가 그 국토에 함께 이르다.' 이하에서 의복의 색깔이 다른 것은 색깔이 다른 풍속이다.

'재가의 옷과 다름이 있다.'는 그것을 짓는 방법이 역시 재가와 다른 것이다. 이미 비구라고 말하였다면 마땅히 재가와 통하지 않아야 한다.

옛말에 '사문과 재가가 모두 괴색(壞色)이 필요한 것은 아니다.' 하였다.

'만약 계를 받고자 한다.' 이하는 간별하여 무거운 장애를 없앰으로써 청정한 그릇이 이루어지는 것이다.

'7역'은 무거운 장애이다. 만약 현재의 몸으로 지었다면 곧 능히 계의 그릇을 받아들여서 이루지 못한다. 설령 법을 지어서 받아도 결국 능히 얻을 수 없다. 그러므로 반드시 간별해야 한다.

十三難中簡取五逆. 幷加害師爲七逆也. 其七名者一出佛身血. 二殺父. 三殺母. 四殺和上. 五殺阿闍梨. 六破羯磨轉法輪僧. 七殺聖人. 破羯磨法輪僧者. 一解. 唯破法輪僧是逆. 若破羯磨僧非逆. 破羯磨僧時. 不欲諍作起異見故. 然破法輪時. 羯磨壞故. 云破羯磨轉法輪僧. 論一解. 破法輪僧一向是逆. 若破羯磨應當分別. 若起法想破是則非逆. 若以非法想破. 於聲聞非逆. 於菩薩是逆. 如害二師及有學聖. 於聲聞非逆. 於菩薩爲逆. 此亦應爾.

13난의 가운데에서 5역을 간별하여 취하고, 아울러 스승을 가해하면 7역이 된다. 그 일곱의 이름이라는 것은 첫째는 세존의 몸에 피를 흘리게 한 것이고, 둘째는 아버지를 죽인 것이며, 셋째는 어머니를 죽인 것이고, 넷째는 화상을 죽인 것이며, 다섯째는 아사리를 죽인 것이고, 여섯째는 갈마와 법륜을 굴리는 승가를 깨트린 것이고, 일곱째는 성인을 죽인 것이다.

'갈마와 법륜을 굴리는 승가를 깨트리다.'는 한 사람이 해석하였다.

"오직 법륜승가를 깨트렸다면 이것은 역이고, 만약 갈마승가를 깨트렸다면 역이 아닌데, 갈마승가를 깨트렸던 때에 논쟁을 짓고자 하지 않았으나 이견이 일어난 까닭이다. 그러나 법륜을 깨트리는 때에는 갈마가 파괴되는 까닭이다."

어떻게 갈마와 전법륜승가를 깨트린다고 말하는가? 논하여 하나로 해석하겠다.

"법륜승가를 깨트리면서 한쪽을 향하면 이것은 역이므로, 만약 갈마를 깨트렸으면 마땅히 분별해야 한다. 만약 법상(法想)이 일어나서 깨트렸다면 이것은 곧 역이 아니다. 만약 비법상으로써 깨트렸다면 성문에서는 역이 아니지만, 보살에서는 역이다. 두 스승을 해치고 또한 유학의 성인을 해치는 것도 같아서 성문에서는 역이 아니지만, 보살에서는 역이 되는데, 이 역시 마땅히 이와 같다."

殺聖人者. 通取學無學. 不同五逆中唯取害無學. 菩薩聲聞相對分別是難非難應作四句. 一於聲聞是難非菩薩者. 謂十三中除五逆餘八. 二於菩薩是難非聲聞者. 謂七逆中殺學聖人破羯磨僧. 若害二師難非是逆. 八邊罪故. 於彼聲聞亦是難攝. 殺學聖人者. 曾受戒者八邊罪難. 未曾受者則非難也.

성인을 죽이는 것은 유학과 무학을 취하여도 통하나, 5역의 가운데에서는 같지 않고, 오직 무학의 피해만을 취한다. 보살과 성문이 서로 마주하여 분별한다면 이것은 난(難)인데, 난이 아니라면 마땅히 4구를 지어야 한다.

첫째는 '성문은 난이고 보살은 아니다.'는 13난 가운데에서 5역을 없애면 8역이 남는 것을 말한다. 둘째는 '보살은 난이고 성문은 아니다.'는 7역 가운데에서 유학의 성인을 죽이고, 갈마승가를 깨트리며, 만약 두 스승을 해치더라도 난이 아니고, 이것은 역이며, 8변죄인 까닭이다. 그 성문에서는 역시 이것은 난으로 섭수되고, 유학의 성인을 죽인 것은 일찍이 계를 받은 자는 8변죄의 난이며, 일찍이 계를 받지 않은 자는 곧 난이 아니다.

三於二俱是難者謂五逆也. 俱非難者除上事也. 若具七遮即身不得戒者. 則上七逆能遮戒故. 名之爲遮. 具有兩義. 一具緣成業故名爲具. 簡彼闕緣不具之逆. 二於一身中容具七逆. 謂曾受具大比丘者於一身中容具七故. 若未曾受除害二師及破僧逆. 問若就後義. 不具七逆亦應得受. 答不也. 具就極多說具七遮現不得戒. 非謂犯一一逆不成遮障. 若不爾者. 佛滅度後不須更問. 言無破僧出佛血故.

셋째는 '두 가지가 함께라면 이것이 난이다.'는 5역을 말한다.

'함께 난(難)이 아니다.'는 앞의 일을 없앤 것이다.

'만약 7차를 갖추었다면 곧 몸이 계를 얻지 못한다.'는 곧 앞의 7역이 능히 계를 막는 까닭이고, 그것을 이름하면 차(遮)가 된다.

'구(具)'에는 두 가지의 뜻이 있다. 첫째는 연이 이루어진 업을 갖춘 까닭으로 구가 된다고 이름하고, 그 부족한 연을 간별하면 역의 구가 아니다. 둘째는 한 몸의 가운데에서 7역의 두 가지의 구가 허용되므로, 일찍이 구를 받은 대비구라고 말하는 것은 한 몸의 가운데에서 구가 일곱이 허용된 까닭이다. 만약 일찍이 받지 않았고 두 스승을 해치지는 않았으나, 또한 승가를 깨트렸다면 역이다.

【묻는다】 만약 나아가서 뒤의 뜻이라면 구가 아니고, 7역이면 역시 마땅히 받을 수 있는가?

【답한다】 아니다. 구에 나아가면 매우 많고, 구를 말하면 7차이므로 현재 받을 수 없다. 범함을 하나하나 말하지 않아도 역은 차의 장애를 이루지 않는다. 만약 그렇지 않다면 세존께서 멸도하시면, 뒤에는 반드시 다시 묻지 않을 것이다. 파승이 없다고 말하는 것은 세존께서 피가 흘렀던 까닭이다.

出家人法不向國王禮拜乃至鬼神不禮者. 示彼道尊. 言出家者簡彼在家. 在家菩薩旣隨俗儀. 雖禮所尊亦無所犯. 鬼神者爲求福故禮世間鬼. 若受戒人雖俗不聽. 若審知彼權現鬼神. 在俗菩薩禮亦無犯. 但解師語下幷違之成犯.

'출가인의 법에는 국왕을 향하여 예배하지 않고 나아가 귀신에게도 예배하지 않는다.'는 그러한 도의 존귀함을 보여주는 것이다.

'출가자가 그 재가를 간별하지 않는다.'고 말하는 것은 재가보살이 이미 세속의 위의를 따르고, 비록 예의 처소에서 존중하더라도 역시 범한 것은 없다.

'귀신'은 복을 구하는 까닭으로 세간의 귀신에게 예배하는 것이다. 만약 계를 받은 사람이 비록 세속을 허락하지 않거나, 만약 그 권현(權現)[52]하는 귀신을 자세하게 안다면 재가에 있는 보살이 예배하여도 역시 범함이 없다. 다만 스승의 말의 아래와 아울러 그것에 위반하면 범함이 성립된다.

제2 구덕작사계
第二 具德作師戒

若佛子. 敎化人起信心時. 菩薩與他人作敎戒法師者. 見欲受戒人. 應敎請二師和上阿闍梨. 二師應問言. 汝有七遮罪不. 若現身有七遮罪者師不應與受戒. 若無七遮者得與受戒. 若有犯十戒者應敎懺悔. 在佛菩薩形像前. 日夜六時誦十重四十八輕戒. 苦到禮三世千佛得見好相. 若一七日二三七日乃至一年要見好相 好相者. 佛來摩頂見光華種種異相. 便得滅罪. 若無好相雖懺無

52) 어떤 본질이 구체적인 현상으로 나타나는 일을 말한다.

益. 是人現身亦不得戒. 而得增受戒. 若犯四十八輕戒者. 對首懺悔罪便得滅. 不同七遮. 而教誡師於是法中一一好解. 若不解大乘經律若輕若重是非之相. 不解第一義諦. 習種性長養性不可壞性道種性正法性. 其中多少觀行出入十禪支一切行法. 一一不得此法中意. 而菩薩爲利養. 故爲名聞故. 惡求多求貪利弟子. 而詐現解一切經律是自欺詐亦欺詐他人. 故與人授戒者犯輕垢罪.

만약 불자가 사람을 교화하여 신심을 일으키고자 할 때에 보살이 다른 사람에게 계를 주면서 교계하는 법사가 되어 계를 받고자 하는 사람을 보았다면 마땅히 가르쳐서 두 스승인 화상과 아사리를 청(請)하게 해야 하며, 두 스승은 반드시 물어야 한다. "그대는 7차죄가 있는가?" 만약 현재의 몸으로 7차죄가 있다면, 마땅히 계를 주어서는 아니되고, 7차죄가 없다면 주어야 하느니라.

만약 10계를 범한 것이 있다면, 마땅히 가르쳐서 불·보살의 형상이 있는 앞에서 참회시키면서, 밤낮으로 6시에 10중계와 48경계를 외우게 하고, 3세의 1천불께 정성스럽게 예경하여 좋은 상을 보아야 하느니라. 만약 7일·14일·21일 나아가 1년까지라도 반드시 좋은 상을 보는 것은 중요하다. 좋은 상은 세존께서 오시어 정수리를 어루만지시는 것이고, 광명이나 연꽃 등의 여러 종류의 기이한 상은 곧 죄를 소멸하느니라. 만약 좋은 상이 없다면 비록 참회하여도 이익이 없으니, 이러한 사람은 현재의 몸으로 계를 얻지 못하지만, 받을 것을 증장하느니라.

만약 48경계를 범하였다면 머리를 맞대고 참회하면 곧 죄가 없어지므로 7차와는 같지 않다. 그리고 교계하는 법사는 이러한 법의 가운데에서 하나하나 잘 이해해야 하나니, 만약 대승의 경과 율의 가운데서 가볍거나 무겁고, 옳거나 그른 것을 이해하지 못하거나, 제1의제(義諦)를 알지 못하거나, 습종성(習種性)·장양성(長養性)·불가괴성(不可壞性)·도종성(道種性)·정성(正性)과 그 가운데에서의 크고 작은 관행(觀行)과 10선지(禪支), 일체의 행법을 알지 못하고, 이러한 법의 가운데에서의 뜻을 하나하나도 얻지 못하였으나, 보살이 이양을 위한 까닭으로, 명예를 위한 까닭으로, 악을 구함이 많고, 탐욕스럽게 이익되는 제자를 구하면서, 일체의 경과 율의 이해를 거짓으로 나타내면, 이것은 자기를 속이고 역시 다른 사람을 속이는 것이다. 일부러 사람에게 계를 주는 자는 경구죄를 범하느니라.

內無深解爲利輒授. 有誤人之過. 故制之. 大小俱制. 七衆之中正在出家兼通在家. 在家亦有互作師故. 文中敎化人起信心時者. 謂敎化人令起欲受菩薩戒信. 菩薩與他人作敎戒法師者. 謂與他人作受戒師. 應正制和上. 始終親敎是和上故. 見欲受戒人應敎而請二師者. 自未被請故敎令請爲和上也.

안으로 깊은 이해가 없는데 이익을 위하여 곧 주었다면 그릇된 사람의 과실이 있다. 그러므로 그것을 제정하셨다. 대승과 소승이 함께 제정되었다. 7중의 중정[53]은 출가에 있고 겸하여 재가에 통한다. 재가는 역시 서로가 스승을 지을 수 있는 까닭이다.

경문의 가운데에서 '교화받은 사람이 신심을 일으키는 때'는 교화받은 사람이 보살계를 받고자 신심을 일으키는 것을 말한다.

'보살이 다른 사람에게 주면서 교계의 법사를 짓는다.'는 다른 사람에게 주면서 수계사를 짓고, 마땅히 바른 화상으로 정해졌으면 처음부터 끝까지 직접 가르치는데, 이것은 화상인 까닭이다.

'계를 받고자 하는 사람을 본다면 마땅히 가르쳐서 두 스승을 청하게

53) 지나치거나 모자람이 없고 치우침이 없이 곧고 올바른 것을 말한다.

한다.’는 스스로가 청하지 않는 까닭으로 가르쳐서 화상을 청하게 하는 것이다.

又須一人作羯磨師故. 更教令請一人爲阿闍梨. 即是羯磨阿闍梨也. 義同聲聞沙彌受法. 而法仍通五衆. 受戒無簡別故. 問菩薩地受戒文中不云請二師. 文相似唯請羯磨師. 無請和上文. 何故彼此說不同耶. 答理應具請二師. 而彼文中不請和上者. 當是預請爲親教師. 是故不須臨受方請. 或卽一人具兼兩事. 謂作和上及阿闍梨. 是故彼文不別請也. 二師應問言下. 明欲將受問其遮法.

또한 한 사람의 갈마사가 짓는 것이 필요한 까닭으로 다시 가르쳐서 한 사람을 청하여 아사리를 삼는다. 곧 이것이 갈마아사리이다. 성문과 사미가 법을 받는 뜻은 같고, 법은 여전히 5중에 통하는데, 계를 받는데 간별이 없는 까닭이다.

【묻는다】 보살지의 수계는 경문의 가운데에서는 두 스승을 청한다고 말하지 않았다. 경문에서 모습은 비슷한데 오직 갈마사를 청하고 화상을 청하는 경문이 없는데, 무슨 까닭으로 그것과 이것의 설명이 같지 않은가?

【답한다】 이치로는 마땅히 두 스승을 함께 청해야 한다. 그러나 그 경문의 가운데에서 화상을 청하지 않은 것은 마땅히 미리 청하여 친교사로 삼았다. 이러한 까닭으로 받는 것에 이르러 비로소 청하는 것이 필요하지 않은 것이다. 혹은 곧 한 사람이 두 가지의 일을 겸하여 갖추는데 화상과 아사리를 짓는다고 말한다. 이러한 까닭으로 그 경문에서 별도로 청하지 않은 것이다.

‘두 스승은 마땅히 물어야 한다.’ 이하는 장차 받는데 그 막는 법을 물으려고 하는 것이다.

問爲二師並問. 爲一人問. 一人誰應問. 答若請二人阿闍梨應問. 正作羯磨人故. 若請一人爲二師則無所妨也. 所問罪有三種. 一七逆. 一向不得受. 二十重若懺得相得受. 不得相不得戒. 今謂十重若懺得相不作受法. 便得本戒. 若不懺除應更增受. 三四十八唯須對悔不須更受. 若無好相雖懺無益者. 謂無罪滅得戒之益. 是現身亦不得戒者. 舊說. 非但不得本戒. 亦復不得更增戒也.

【묻는다】 두 스승이 함께 묻는가? 한 사람이 묻는가? 한 사람은 누가 마땅히 묻는가?

【답한다】 만약 두 사람의 아사리를 청하였다면 마땅히 갈마인이 짓는 것이 바른 까닭이다. 만약 한 사람을 청하였는데 두 사람이 되었다면 곧 방해되는 것이 없다. 죄를 묻는 것에는 세 가지가 있다. 첫째는 7역으로 하나라도 향하였다면 받을 수 없다.

둘째는 10중으로 만약 참회하고 상(相)을 얻으면 받을 수 있으나 상을 얻지 못하였으면 받을 수 없다. 지금 10중을 말한다면 만약 참회하고 상을 얻고서 법을 받는 것을 짓지 못하여도 다시 본래의 계를 얻는다. 만약 참회하여 없애지 않았으면 마땅히 다시 증장하여 받으라.

셋째는 48계로 오직 반드시 마주하고 참회하면 다시 받을 필요가 없다.

'만약 좋은 상이 없다면 비록 참회하여도 이익이 없다.'는 죄가 없어지지 않아서 계의 이익을 얻을 수 없음을 말한다.

'이러한 현재의 몸으로 역시 계를 얻지 못한다.'는 옛말에 말하였다. "다만 본래의 계를 얻지 못하는 것이 아니고, 역시 다시 증장하는 계도 얻지 못한다."

今謂遮其由懺得. 不遮由受得. 而得增受戒者. 舊作三解. 一云. 不得而强受

更增受戒罪. 以違教故. 二云. 雖不得戒而得增受戒之福. 三云. 直是驚跪不得之辭耳. 今謂而得增受戒者. 是許重受之言. 謂犯十重懺不得相. 雖現身中不得本戒. 而得更增重受新戒. 所以得知. 瓔珞經云. 十重有犯無悔得使重受戒. 八萬威儀戒盡名輕. 有犯得使悔過對手悔滅.

지금 차(遮)를 말하면 그것을 이유로 참(懺)을 얻는데, 차가 아닌 이유로 수계를 얻는다.

'그러나 증장을 얻어서 계를 받는다.'는 옛날에 세 가지의 해석을 지었다.

첫째로 말하였다.

"얻을 수 없으나 강제로 받으면 수계죄가 다시 증장한다. 가르침의 위반으로서 까닭이다."

둘째로 말하였다.

"비록 계를 얻지 못하여도 수계의 복이 증장함을 얻을 수 있다."

셋째로 말하였다.

"곧 이것은 놀라서 무릎 꿇은 것이니 청함을 얻지 못한다."

'지금 수계의 증장을 얻었다.'는 이것은 거듭하여 수계의 말을 허락하여 말한 것이다.

'10중을 범하고 참회하여 상을 얻지 못하였다.'고 말하는 것은 비록 현재의 몸으로 본래의 계를 얻지 못하였으나, 다시 증장된 중수신계(重受新戒)를 얻은 것으로써 얻는 것을 알겠다.

『보살영락본업경』에서 말하였다.

"10중을 범함이 있고 참회가 없더라도 거듭 수계를 얻게 할 수 있다. 8만위의계는 모두 가볍다고 이름한다. 범함이 있으며 허물을 참회시키고 손을 잡고서 참회시켜 없애고 얻게 한다."[54]

菩薩地云. 若諸菩薩由此毀犯棄捨菩薩淨戒律儀. 於現法中堪任更受. 非不堪任如苾芻住別解脫戒犯他勝處法. 於現法中不任更受. 決擇分云. 由此因緣當知棄捨菩薩律儀. 若有還得淸淨受心. 復應還受. 由此諸文知. 菩薩戒雖犯重. 捨而得更受. 若犯四十八輕者對手懺罪滅者. 謂對一人對手懺滅還得淸淨. 手者亦名對首. 謂對一人合手懺謝故云對手. 面首相對陳罪悔滅故云對首.

『유가사지론』「보살지」에서 말하였다.

"만약 여러 보살이 이렇게 훼손하고 범하는 까닭으로 보살의 정계와 위의를 버리고서 현재의 법 가운데에서 마음대로 감당하여 다시 받는다면 마음대로 감당하지 않는 것은 아니고, 필추는 별해탈계에 머무르며 타승처법을 범하는 것과 같다."[55]

'현재의 법 가운데에서 마음대로 다시 받지 않는다.'는 결택분에서 말하였다.

"이러한 인연을 이유로 마땅히 보살의 위의를 버리는 것을 알라. 만약 도리어 청정하게 받을 마음을 얻었다면 다시 마땅히 도리어 받을 것이다."[56]

이것을 이유로 여러 문장에서 알 수 있다. 보살계에서 비록 중죄를 범하였다면 버리고서 다시 받아라.

'만약 48계를 범한 자가 손을 잡고 참회하며 죄를 없애다.'는 한 사람을 마주하고서 손을 잡고 참회하면 죄가 없어져서 도리어 청정을

54) 『瓔菩薩珞本業經』(大正藏 24), p.1021중. "十重有犯無悔. 得使重受戒. 八萬威儀戒盡名輕. 有犯得使悔過對首悔滅."

55) 『瑜伽師地論』(大正藏 30), p.515하. "若諸菩薩由此毀犯. 棄捨菩薩淨戒律儀. 於現法中堪任更受非不堪任. 如苾芻住別解脫戒犯他勝法. 於現法中不任更受."

56) 『瑜伽師地論』(大正藏 30), p.711하. "由此因緣當知棄捨菩薩律儀. 若有還得淸淨受心. 復應還受. 復次若有出家菩薩. 除三衣外所有長物. 佛所聽畜身所受用順安樂住."

얻는 것이다.

'손'은 역시 머리를 마주하는 것을 이름한다. 한 사람을 마주하고 손을 합하고 참회하는 것을 말하는 까닭으로 손을 잡는다고 말한다. 얼굴과 머리를 서로 마주하고 죄를 자세히 말하여 참회하여 없애는 까닭으로 머리를 맞댄다고 말한다.

菩薩地云. 又此菩薩一切違犯. 當知皆是惡作所攝. 應向有力於語表義能學能受小乘大乘補特伽羅發露悔滅. 若准此文. 聲聞亦得受菩薩懺. 又云若諸菩薩以上品纏違犯. 如上他勝處法失戒律儀. 應當更受. 若中品纏違犯. 如上他勝處法失戒律儀. 應當更受. 若中品纏違犯. 如上他勝處法. 應對於三補特伽羅. 或過是數. 應如發露除惡作法. 先當稱述所犯事名. 應作是說.

「보살지」에서 말하였다.

"또한 이러한 보살이 일체를 위반하고 범하면 마땅히 모두 악을 지어서 섭수된 것이다. 마땅히 향하여 힘이 있다면 말의 표시와 뜻에서 능히 배우고 능히 소승·대승·보특가라를 받아들이고 발로(發露)[57]하고 참회하여 없애라."

만약 이러한 문장에 준하면 성문도 역시 보살의 참회를 받을 수 있다. 또한 만약 여러 보살이 상품으로서 얽혀서 위반하고 범하였다면 앞의 타승처법과 같아서 계와 율의를 잃으므로 마땅히 다시 받아야 한다. 만약 중품에 얽혀서 위반하고 범하였더라도 앞의 타승처법과 같아서 계와 율의를 잃으므로 마땅히 다시 받아야 한다.

만약 중품에 얽혀서 위반하고 범하였고 앞의 타승처법과 같다면

57) 자기의 죄와 허물을 여러 사람에게 고백하여 참회하는 것이다.

마땅히 세 가지의 보특가라에서, 혹은 이러한 숫자를 넘었다면, 마땅히 발로하고 악하게 지은 법을 없애며, 먼저 마땅히 범한 일의 이름을 알려서 말하라. 마땅히 이러한 말을 지어라.

長老專志或云. 大德我如是名違越菩薩毘那耶法. 如所稱事犯惡作罪. 餘如苾芻發露悔滅惡作罪法. 應如是說. 若下品纏違犯如上他勝處法. 及餘違犯應對於一補特伽羅. 發露悔法當知如前. 若無隨順補特伽羅可對發露悔除所犯.

「장로전지」에서 혹은 말하였다.

"대덕이여. 나는 이와 같이 이름하는데 보살의 비나야법을 위반하고 넘어서 마땅히 일이라고 불리는 악작죄를 범하였습니다. 나머지의 필추와 같이 마땅히 악작죄법을 발로하여 참회하고 없애고자 합니다."[58]

마땅히 이와 같이 말하라.

만약 하품에 얽혀서 위반하고 범하였는데 앞의 타승처법과 같으며, 또한 나머지를 위반하고 범하였다면 마땅히 하나의 보특가라에서 마주하여 발로하고 법으로 참회하며, 마땅히 앞에서와 같이 알라. 만약 수순하는 보특가라가 없다면 마주하고서 발로하고 참회하여 범한 것을 없애라.

爾時菩薩以淨意樂起自誓心. 我當決定防護當來終不重犯. 如是於犯還出還淨. 不同七遮者. 十重悔得更受. 四十八輕但悔得淸. 是故不同. 七遮一向不得現受. 而教戒師下. 制其教師令好解法. 不解大乘經律若輕若重. 是非之相

58) 『瑜伽師地論』(大正藏 30), p.521상. "長老專志. 或言大德. 我如是名違越菩薩毘奈耶法. 如所稱事犯惡作罪. 餘如苾芻發露悔滅惡作罪法. 應如是說. 若下品纏違犯. 如上他勝處法及餘違犯."

者. 謂不解敎法. 於律知其輕重. 於經知其是非. 謂十戒爲重. 四十八爲輕.

“이때 보살은 청정한 의요로써 자서(自誓)의 마음을 일으키는데, ‘나는 마땅히 결정적으로 방호하고 마땅히 미래에는 결국 중죄를 범하지 않겠습니다.’ 이와 같이 범함에서 도리어 나와서 청정으로 돌아오는 것이다.”[59)]

‘7차가 같지 않다.’는 10중계는 참회하면 다시 받을 수 있고, 48경계는 다만 참회하면 청정을 얻는다. 이러한 까닭으로 같지 않다. 7차는 한번을 향하더라도 현재에 받을 수 없다.

‘그러나 교계하는 스승의’ 이하는 그 교계하는 스승을 제지하여 좋게 법을 이해시키는 것이다.

대승의 경과 율을 이해하지 못하면 경구죄이거나, 중죄이다.

‘시비(是非)의 상이다.’는 교법을 이해하지 못한 것을 말한다. 율에서 그 경구죄와 중죄를 알고 경에서 그 시비를 알았다면 10계는 무겁고, 48계는 가볍다고 말한다.

又染犯爲重. 不染爲輕. 又故作爲重. 誤作爲輕. 是謂輕重之相. 順理爲是. 違理爲非. 又大乘爲是. 小乘爲非. 所斷爲非. 所修爲是. 是爲是非之相. 不解第一義諦者. 謂不解理法. 地論所說四種眞實等名第一義. 若習種下. 謂不解行法. 習種姓謂十發趣. 長養姓者謂十長養. 不可壞姓者謂十金剛. 此三卽是地前三賢. 道姓者謂十地. 正性謂佛地.

또한 염오되어 범하면 무거운 것이고, 염오되지 않으면 가벼운 것이다.

---

59) 『瑜伽師地論』(大正藏 30), p.521상. “爾時菩薩以淨意樂起自誓心. 我當決定防護當來終不重犯. 如是於犯還出還淨. 又諸菩薩欲受菩薩淨戒律儀.”

또한 일부러 짓는다면 무거운 것이고, 잘못하여 짓는다면 가벼운 것이다. 이것을 가볍고 무거운 상이라고 말한다.

이치에 수순하면 시(是)가 되고, 이치에 어긋나면 비(非)가 된다. 또한 대승은 시가 되고, 소승은 비가 되며, 끊는 것은 비가 되고, 닦는 것은 시가 된다. 이것이 시비의 상이 되는 것이다.

'제1의제를 이해하지 못하다.'는 이치와 법을 이해하지 못하는 것을 말한다. 『지론』에서 말하는 것과 같이 "네 종류의 진실의제 등을 제1의제라고 이름한다."

'만약 종류를 익히다.'의 이하는 행법을 이해하지 못한 것을 말한다. 종성을 익히는 것은 10발취를 말한다.

'장양성'은 10장양을 말한다.

'불가괴성'은 10금강을 말한다. 이러한 세 가지는 곧 전삼현(前三賢)의 지(地)다.

'도성(道姓)'은 10지를 말하고, '정성(正性)'은 불지(佛地)를 말한다.

本業經中幷六種姓. 謂習種姓. 性種姓. 道種姓. 聖種姓. 等覺姓. 妙覺姓. 道性之中幷攝等覺故此唯五. 又道性入彼道種姓中. 正性攝彼十地. 等覺及妙覺性不可壞性外別立. 道性者十迴向後更修煖等四善根. 是入聖道之近方便. 故別立之. 其中多少觀行出入十禪支一切行法一一不得. 此法中意者. 謂於定門不得意趣.

『본업경』의 가운데에서는 6종성을 아울렀는데 습종성·성종성(性種姓)·도종성·성종성(聖種姓)·등각성·묘각성 등을 말한다.[60] 도성의 가운

60) 원문을 요약하여 인용하였으므로 구체적인 내용은 찾기 어렵다.

데에서 아울러 등각을 섭수하는 까닭으로 이것은 오직 다섯 가지이다. 또한 도성(道性)이 그 도종성의 가운데에 들어가고, 정성이 그 10지를 섭수하며, 등각과 묘각성·불가괴성이 밖에 별도로 서 있는 것이다.

'도성'은 10회향 뒤에 다시 유(燸)[61] 등의 사선근을 닦는데, 성도에 들어가는 가까운 방편이다. 그러므로 별도로 그것을 세우는 것이다. 그 가운데에서는 많고 적은 관행[62]·출입·십선지의 일체 행법을 하나하나를 얻지 못한 것이다.

'이 법의 가운데에서 뜻'은 정해진 문에서 뜻의 나아감을 얻을 수 없는 것이다.

十禪支者上卷經中云. 十心第十心云八百三昧十禪支. 而不列名. 未詳是何. 舊云. 十八禪支中除同取異故成十支. 謂初禪有五. 覺觀喜樂一心. 二禪四中唯取內淨. 增前爲六. 餘三同初故不取之. 三禪五中唯取捨念安慧. 增前爲九 餘二同前故不取之. 四禪四支唯取不苦不樂. 增前爲十. 餘三同前故不取之. 而菩薩下 辨無德作師成犯違也.

'십선지'는 상권의 경전 가운데에서 말하였다.

"10심은 제10심을 말하는데, 800삼매 십선지(十禪支)이다. 그러나 이름을 나열하지 않는다."

자세하지 않는데 이것은 어째서인가? 옛날에 말하였다.

"18선지 가운데에서 같은 것을 없애고 다른 것을 취하는 까닭으로

61) 사선근(四善根)의 난법(煖法)의 문자를 필사하면서 오기(誤記)한 것으로 판단된다.

62) 주객의 모든 것을 지혜로써 대상을 있는 그대로 자세히 주시하는 수행으로 법에 따라 관찰하여 실상에 이르는 수행법이다.

10지를 이룬다. 초선에 다섯이 있는데, 각·관·희·락·일심이라고 말한다. 2선과 4선에서 오직 안의 청정함을 취하는데 앞과 더하면 여섯이 된다. 나머지의 셋은 초선과 같은 까닭으로 그것을 취하지 않는다. 3선의 다섯 가운데에서 오직 사·념·안·혜를 취하는데 앞과 더하면 아홉이 된다. 둘은 앞과 같은 까닭으로 그것을 취하지 않는다. 4선의 4지에서 오직 불고·불락을 취하는데 앞과 더하면 아홉이 된다. 나머지의 셋은 앞과 같은 까닭으로 그것을 취하지 않는다."

'그리고 보살'의 이하는 덕이 없으나 법사를 짓는 것을 분별하면 범함이 성립되고 위반하는 것이다.

與十八戒有何別者. 一云. 前制爲新受者. 必須有解. 此制爲重者. 必須具解. 一云. 前制無解輒授. 多是掘尾者所行. 此制爲利妄授. 多是無羞者所爲. 今謂前於攝善門中制. 今於利生門中制.

'18계와 함께 어찌 분별이 있겠는가?'는 한 사람이 말하였다.

"이전에 제정한 것은 새롭게 받는 자를 위한 것인데, 반드시 해석이 있어야 한다. 이번에 제정한 것은 거듭 받은 자를 위한 것으로 반드시 해석이 갖추어져 있다."

한 사람이 말하였다.

"이전의 제정에서는 해석이 없이 곧 주었어도, 이것을 행하는 것에서 끝까지 (계행에) 우뚝 솟은 자가 많았으나, 이번의 제정에서는 이익을 위하여 망령스럽게 주었으므로, 이것을 하는 것에서 부끄러움이 없는 자가 많은 것이다."

지금 이전은 섭선문의 가운데에서 제정한 것을 말한다. 지금은 이생문(利生門)의 가운데에서 제정한 것을 말한다.

제3 설계간인계
第三 說戒簡人戒

若佛子. 不得爲利養故於未受菩薩戒者前. 若外道惡人前說此千佛大戒. 邪見人前亦不得說. 除國王餘一切人不得說. 是惡人輩不受佛戒. 名爲畜生生生之處不見三寶. 如木石無心. 名爲外道邪見人輩. 木頭無異. 而菩薩於是惡人前說七佛教戒者. 犯輕垢罪.

만약 불자가 이양(利養)을 위한 까닭으로 보살계를 받지 않은 자의 앞에서, 만약 외도와 악한 사람의 앞에서, 이러한 1천 세존의 대계를 설할 수 없고, 삿된 견해의 사람 앞에서도 설할 수 없으며, 국왕을 제외한 나머지의 일체의 사람에게도 설할 수 없느니라. 이러한 악한 사람들은 세존의 계를 받지 않았으므로 축생(畜生)이라고 이름하나니, 세세생생의 처소에서 삼보를 보지 못하며, 나무와 돌과 같아서 마음이 없으므로 외도이고 삿된 견해의 사람들이라고 이름하므로, 나무토막과 다르지 않으니라. 그러므로 보살이 이러한 사람의 앞에서 칠불께서 가르치신 계를 설한다면, 경구죄를 범하느니라.

戒法尊重理須簡器. 非器輒說反生罪過. 故制斷也. 大小俱制. 七衆亦同. 菩薩地云. 又諸菩薩於受菩薩戒律儀法. 雖已具足受持究竟. 而於謗毀菩薩藏者無信有情. 終不率爾宣示開悟. 所以者何. 爲其聞已不能信解. 大無知障之所覆蔽便生誹謗. 由誹謗故如住菩薩淨戒律儀成就無量大功德藏. 彼誹謗者亦爲無量大罪業藏之所隨逐. 乃至一切惡言惡見及惡思惟未永棄捨終不遠離.

계법을 존중하고 이치로는 그릇을 마땅히 간별해야 한다. 그릇이 아닌데 곧 설한다면 반대로 죄의 허물이 생겨난다. 그러므로 제정하여 끊으셨다. 대승과 소승이 함께 제정되었고 7중도 역시 같다.

『유가사지론』「보살지」에서 말하였다.

"또한 여러 보살이 보살계와 율의법을 받는 것에서 비록 이미 구경을 구족하고 수지하였고, 그러나 보살장을 비방하고 훼손하는 것에서 신심이 없는 유정에게 결국 경솔하지 않았다면 그것은 개오(開悟)를 베풀어 보인 것이다.

왜 그러한가? 그것을 들었으나 이미 능히 믿고 이해하지 못하므로 크게 무지하여 덮인 폐해의 장애이므로 곧 비방이 생겨난 것이다. 비방을 이유로 일부러 마땅히 보살의 정계율의에 머물러서 무량한 대공덕장을 성취하는 것이다.

그 비방한 자는 역시 무량한 대죄업장이라는 그것이 따라서 뒤쫓게 되고, 나아가 일체의 악한 말과 악한 견해와 또한 악한 사유를 영원히 버리지 못하여 결국 멀리 떠나지 못하게 된다."[63]

文中不得爲利養於未受菩薩戒者前乃至大邪見人前亦不得說者. 若不爲利. 欲爲將受知戒相故. 雖說無犯故. 地論云. 又諸菩薩欲授菩薩菩薩戒時. 先應爲說菩薩法藏摩怛履迦菩薩學處及犯處相令其聽受. 以慧觀察自所意樂堪能思擇受菩薩戒. 非唯他勸非爲勝他. 當知是名堅固菩薩. 堪受菩薩淨戒律儀. 以受戒法如應正授. 故知爲信將欲受者. 雖未受時亦得預說. 非如聲聞受後方說.

63) 『瑜伽師地論』(大正藏 30), p.515중. "又諸菩薩於受菩薩戒律儀法. 雖已具足受持究竟. 而於謗毀菩薩藏者無信有情. 終不率爾宣示開悟. 所以者何. 爲其聞已不能信解大無知障之所覆蔽. 便生誹謗. 由誹謗故. 如住菩薩淨戒律儀. 成就無量大功德藏. 彼誹謗者. 亦爲無量大罪業藏之所隨逐. 乃至一切惡言惡見及惡思惟. 未永棄捨終不免離."

경문의 가운데에서 '이양을 위한 까닭으로 보살계를 받지 않은 자의 앞에서, 나아가 크게 삿된 견해의 사람 앞에서도 설할 수 없다.'는 만약 이익을 위하지는 않았으나 장차 받고서 계상을 알고자 하였던 까닭이다. 비록 설하여도 범함이 없는 까닭으로 『유가사지론』에서 말하였다.

"또한 여러 보살이 보살에게 보살계를 주고자 하는 때에는 먼저 마땅히 보살법장·마달리가·보살학처 및 범한 처소와 모습을 설하고 그가 듣게 하고 주어라. 지혜로써 관찰하여 스스로의 처소에서 뜻으로 즐거워하며 능히 생각의 간택을 감당한다면 보살계를 받을 수 있다. 오직 다른 사람이 권유하는 것은 아니고, 다른 사람에 수승한 것도 아니다. 마땅히 이것을 안다면 '견고보살'이라고 이름한다."[64]

보살의 정계율의를 받고 감당한다면 계법을 받음으로써 마땅히 바르게 주는 것과 같은 것이다.

'그러므로 믿음으로 장차 받고자 하는 것을 안다.'는 비록 받지 않은 때에도 역시 미리 말을 얻을 수 있는데, 성문과 같이 비로소 설하는 것은 아니다.

未受菩薩戒者. 設無異見. 由未受故不得爲說. 聲聞具戒旣未受大. 理亦不得輒爲彼說. 外道惡人者. 謂異見人也. 大邪見者謂毁謗人. 唯除國王者. 王得自在成敗由彼. 又令知法淸其心故得爲說也. 是惡人輩下呵不受人. 而菩薩下輒說成犯. 無心受者皆名惡人.

---

64) 『菩薩善戒經』(大正藏 30), p.1015중. "若比丘爲求罪過聽菩薩戒. 不信受者. 不信敎者. 及不成就優婆塞戒. 不成就沙彌戒. 不成就波羅提木叉戒者. 不得聽菩薩戒. 聽者得罪. 若比丘犯波夜提罪. 不慚愧不生悔聽菩薩戒者. 得偸羅遮罪. 若比丘犯偸羅遮罪. 不慚愧不生悔聽菩薩戒者. 得僧伽婆尸沙罪. 若比丘犯僧伽婆尸沙罪. 不慚愧不生悔聽菩薩戒者. 得波羅夷罪. 謂第八重若有說者. 得僧伽婆尸沙. 是故經中作如是言. 不信者不應聽. 不信者不應說."

'보살계를 받지 않았다.'는 설령 다른 견해가 없어도 받지 않은 이유로 일부러 설할 수 없는 것이다. 성문의 계를 갖추었어도 대계를 받지 않았다면 이치로는 역시 곧 그를 위하여 설할 수 없다.

'외도와 악인'은 견해가 다른 사람을 말한다.

'큰 삿된 견해의 사람'은 훼방하는 사람을 말한다.

'오직 국왕을 제외한다.'는 왕은 자재를 얻어 성패가 있으니 그것이 이유이다. 또한 그 마음에서 법의 청정함을 알게 하는 까닭으로 설할 수 있는 것이다.

'이러한 악인의 무리'의 이하는 꾸짖어도 받아들이지 않는 사람이다.

'그리고 보살'의 이하는 곧 설하면 범함이 성립된다.

善戒經云. 若比丘爲求罪過聽菩薩戒不信受敎者. 及不成就優婆塞戒. 不成就沙彌戒. 不成就波羅提木叉戒者. 不得聽菩薩戒. 聽者得罪. 若比丘犯波羅提不愧不悔. 聽菩薩戒得偸蘭遮. 若犯偸蘭不愧不悔. 聽菩薩戒得僧殘罪. 若犯僧殘不愧不悔. 聽菩薩戒得波羅夷罪. 謂十八重若有說者得僧殘罪. 是故經中作如是言. 不信者不應聽. 不信者不應說.

『선계경』에서 말하였다.

"만약 비구가 죄의 허물을 구하기 위하여 보살계를 듣고 믿고 받아들이지 않는데 가르치거나, 또한 우바새계를 성취하지 못하거나, 사미계를 성취하지 못하거나, 바라제목차계를 성취하지 못하거나, 보살계를 듣고 얻지 못한다면 듣는 자는 죄를 얻느니라.

만약 비구가 바일제(波逸提)[65]를 범하고 참회하지 않거나, 보살계를

65) 산스크리트어 pāyattika의 음사로서 타(墮)라고 번역된다. 가사나 발우 등의 물건을 규정 이상으로 소유하거나, 사소한 거짓말이나 욕설 등을 한 가벼운

듣고 투란차66)를 얻거나, 만약 투란차를 범하고 참회하지 않거나, 보살계를 듣고 승잔죄를 얻거나, 만약 승잔을 범하고 참회하지 않거나, 보살계를 듣고 바라이를 얻거나, 18중죄를 말하고 만약 설하는 자가 있다면 승잔죄를 얻는다."

이러한 까닭으로 경전의 가운데에서 이와 같이 말하였다.

"믿지 않는 자는 마땅히 듣지 말고, 믿지 않는 자는 마땅히 말하지 말라."

제4 불고훼범계
第四 不故毁犯戒

若佛子. 信心出家受佛正戒. 故起心毁犯聖戒者. 不得受一切檀越供養. 亦不得國王地上行. 不得飮國王水. 五千大鬼常遮其前. 鬼言大賊. 若入坊舍城邑宅中. 鬼復常掃其脚跡. 一切世人咸皆罵言佛法中賊. 一切衆生眼不欲見. 犯戒之人畜生無異木頭無異. 若故毁正戒者. 犯輕垢罪.

만약 불자가 신심으로 출가하여 세존의 바른 계를 받았으나, 일부러 마음을 일으켜서 성스러운 계를 훼손하고 범한 자는 일체 단월의 공양을 받을 수 없고, 역시 국왕의 땅 위를 다니지 못하며, 그 국왕의 물도 마시지 못하느니라. 5천의 큰 귀신들이 항상 그 앞을 가로막고 '큰

죄이다. 이 죄를 저지른 비구·비구니는 비구들에게 참회하면 죄가 소멸되지만, 참회하지 않으면 죽어서 지옥에 떨어진다고 한다.

66) 산스크리트어 sthūlātyaya의 음사로서 중죄(重罪)·대죄(大罪)·추악죄(麤惡罪)라고 번역된다. 바라이(波羅夷)나 승잔(僧殘)을 범하려다가 미수에 그친 무거운 죄를 말한다.

도둑'이라고 말하며, 만약 방사(坊舍)[67]·성읍(城邑)·집안에 들어가면 다시 그 발자국을 쓸어버리고, 일체의 사람들은 함께 모두가 '불법의 가운데 도둑이다.'라고 욕하며, 일체의 중생들은 계를 범한 사람이라고 보고자 하지 않을 것이므로, 축생과 다름이 없고, 나무토막과 다름이 없느니라. 만약 일부러 바른 계를 훼손하는 자는 경구죄를 범하느니라.

此下兩戒辨自攝戒. 於中初戒辨攝戒行. 後戒辨攝戒敎. 毁犯淨戒冒當信施. 於自增罪. 於他損福. 故制斷也. 大小乘俱制. 而聲聞中未見別結毁戒受施之罪. 大士損利生行故. 別結罪正在五衆. 文言信心出家故. 謂隨所犯結本罪. 已更增毁犯受施之罪. 所犯本罪通於輕重. 唯除上纏失戒者也.

이것의 이하는 두 계인 자섭계를 분별한다. 계의 가운데에서 처음 계는 섭계행을 분별하고, 뒤의 계는 섭교계를 분별한다. 청정한 계를 훼손하고 자신의 죄를 증장하는 것을 무릅쓰고 마땅히 신심을 베푸는 것에서, 다른 사람에게 복을 손감시킨다. 그러므로 제정하시어 끊으셨다.

대승과 소승을 함께 제정하셨다. 성문의 가운데에서는 아직 별도로 계를 훼손하면 베풀어서 받는 죄를 맺지 않으셨으나, 세존께서는 이생(利生)의 행을 손해 보게 하는 까닭으로 별도로 바르게 있는 5중의 죄를 맺으셨다.

경문에서 말하였다.

"신심으로 출가하는 까닭으로 따라서 범하면 본죄를 맺는다고 말한다. 이미 다시 증장하여 훼손하고 범하면 베풀어서 받는 죄는 범한

67) 방사(房舍)라고도 부르며 사문들이 거처하는 방을 가리킨다.

것이 본죄이고, 경죄와 중죄로 통한다. 오직 앞에서 얽힌 계를 잃는 것은 제외한다."

文中信心出家受佛正戒者. 由出家受戒. 當任福田故. 偏言出家. 故起心毁犯聖戒者. 佛所制戒皆名聖戒. 知而故違名故起心. 虧損受體故云毁犯. 不得受一切檀越供養等者. 戒田旣毁不當受供. 五千大鬼常遮其前者. 以非分冒受故幽被非人之呵. 一切世人罵詈下. 以虛損信施故顯受世人之罵.

경문의 가운데에서 '신심으로 출가하여 세존의 바른 계를 받았다.'는 출가하여 계를 받는 이유로 마땅히 복전을 맡게 되는 까닭이고, 단편적으로 출가를 말한다.

'그러므로 마음을 일으켜서 성스러운 계를 훼손하고 범한다.'는 세존의 처소에서 제정된 계는 모두 성스러운 계라고 이름한다.

알고서 고의로 위반하면 고의로 마음을 일으켰다고 이름한다. 계를 받은 몸을 무너트리고 손해를 끼치는 까닭으로 훼손하고 범하였다고 말한다.

'일체 단월의 공양을 받지 못한다.'는 계전(戒田)이 이미 훼손되어 공양을 받는 것이 마땅하지 않은 것이다.

'5천의 큰 귀신이 항상 그의 앞을 막는다.'는 비분(非分)으로써 개의치 않고 받는 까닭으로 깊이 비인(非人)의 꾸지람을 당하는 것이다.

'일체의 세상 사람들이 욕한다.' 이하는 헛되고 손해되는 신심으로써 베푸는 까닭으로 세상 사람들의 욕을 받는 것이 나타나는 것이다.

제5 공양경전계
第五 供養經典戒

若佛子. 常應一心受持讀誦大乘經律. 剝皮爲紙. 刺血爲墨. 以髓爲水. 折骨爲筆. 書寫佛戒. 木皮穀紙絹素竹帛亦悉書持. 常以七寶無價香華一切雜寶. 爲箱囊盛經律卷. 若不如法供養者. 犯輕垢罪.

만약 불자라면 항상 마땅히 일심으로 대승의 경과 율을 수지하고 독송해야 하나니, 가죽을 벗겨서 종이를 삼고, 피를 뽑아 먹으로 삼으며, 골수(骨髓)로써 물을 삼고, 뼈를 쪼개어 붓으로 삼아서 세존의 계를 서사(書寫)해야 하며, 나무껍질·곡지(穀紙)[68)]·비단·소죽(素竹)[69)]·면에도 역시 모두 써서 지녀야 한다. 항상 7보·값이 없는 향과 꽃·온갖 보배로 상자와 주머니를 만들어 경전과 율장을 담아야 하느니라. 만약 여법하게 공양하지 않는다면 경구죄를 범하느니라.

法爲開神之摸. 特須尊敬. 若不如法故護. 則於行多虧. 故制之令敬. 七衆同學. 大小不共. 文中凡列五種. 一受持. 二讀. 三誦. 四書寫. 五供養. 第四中剝皮爲紙等者. 若得堅心無動者則應行之. 不爾未必須行. 但應作心願. 爲木皮角紙絹等. 隨力必須爲之. 菩薩地中於三通制. 故彼文云. 若諸菩薩淨戒律儀於日日中. 若於如來或爲如來造制多所. 若於正法或爲正法造經卷. 所謂諸菩薩索怛攬藏摩怛理迦. 若於僧伽謂十方界已入大地諸菩薩衆. 若不以其或小或多諸供養具而爲供養. 下至以身一拜禮敬. 下至以語一四句頌讚佛法僧眞實功德. 下至以心一淸淨心隨念三寶眞實功德. 空度日夜. 是名有犯. 有所

68) 닥나무나 뽕나무 등을 섞어 만든 종이를 가리킨다.
69) 가공하지 않은 자연 상태의 대나무를 가리킨다.

違越.

법은 신(神)의 모습을 여는 것이므로 특별하게 존경해야 한다. 만약 여법하지 않은 까닭으로 보호된다면 곧 행에서 많은 어그러짐이 있다. 그러므로 그것을 제정하여 공경하게 하셨다. 7중은 같이 배워야 하고 대승과 소승은 같지 않다.

경문 가운데에서 범례는 다섯 종류이다. 첫째는 수지이고, 둘째는 읽는 것이며, 셋째는 외우는 것이고, 넷째는 서사이며, 다섯째는 공양이다.

제4의 가운데에서 '가죽을 벗겨서 종이를 삼는다.'는 만약 견고한 마음이 움직임이 없음을 얻었다면, 곧 그것을 행하고 그렇지 않다면 반드시 행하지 않는 것이며, 다만 마땅히 마음의 원을 짓는 것이다.

'나무껍질·뿔·종이·비단 등에도'는 힘을 따라서 반드시 그것을 하는데, 보살지의 가운데에서는 3통에서 제정되었다. 그러므로 그 문장에서 말하였다.

"만약 여러 보살이 정계율의를 날마다의 가운데에서, 만약 여래께서 혹은 여래를 위하여 많은 처소에서 제정하였거나, 만약 정법에서 혹은 정법을 위하여 이를테면, 보살의 수달람장[70]·마달리가의 경권(經卷)을 만들었거나, 만약 승가에서 시방세계의 여러 보살들이 이미 대지에 들어왔다고 말하였거나, 만약 그것으로서가 아니더라도 혹은 적고 혹은 많은 여러 공양을 갖추고 공양하면서, 아래에 이르기까지 몸으로써 일배하면서 예경하고, 아래에 이르기까지 몸으로써 한 4구게의 말로써 불·법·승의 공덕을 찬탄하며, 아래에 이르기까지 몸으로써 하나의 청정

---

70) 산스크리트 sūtra의 음사로 본래는 물건을 꿰매는 데 쓰이는 '노끈'이라는 뜻이었으나 규범, 규칙 등으로 변화되었다. BC.5~4세기부터는 강요서(綱要書)·교법·직설(直說)·성교(聖教) 등으로 의역되었고, 불교에서는 세존의 교법을 후세에 전하는 경전(經典)을 가리키게 되었다.

한 마음으로써 삼보의 진실한 공덕을 생각하며 따르고 공허하게 낮과 밤을 지낸다면, 이것을 범한 것이 있다고 이름한다. 위반함과 벗어남이 있는 것이다."

若不恭敬嬾墮懈怠而違犯者. 是染違犯. 若誤失念而違犯者. 非染違犯. 無違犯者. 謂心狂亂. 若已證入淨意樂地常無違犯. 由得淸淨意樂菩薩. 譬如已得證淨苾芻恒時法爾. 於佛法僧以勝供具承事供養. 善生經云. 若作衣服鉢器. 先奉上佛. 并令父母師長先一受用. 然後自服. 若上佛者. 當以香花贖之.

'만약 공경하지 않고 나태하고 해태하며 위반하고 범함이 있다.'는 이것이 염오이고 위반이며 범한 것이다.

'만약 그릇되고 생각을 잊고서 위반하고 범하다.'는 염오가 아니고 위반이며 범한 것이다.

'범함이 없다.'는 마음이 광란한 것을 말한다.

만약 이미 청정한 의요지(意樂地)에 들어갔다면 항상 범한 것이 아니다. 청정한 의요를 얻은 이유로 보살은 비유하건대 이미 증정(證淨)[71]을 얻으면 필추가 항상한 때에 법이 그러하므로 불·법·승에서 수승한 공양구로써 공양하는 것이다.

『선생경』에서 말하였다.

"만약 의복과 발우의 그릇을 짓는다면 먼저 상품을 세존께 받들고, 아울러 부모·사장이 먼저 하나를 수용하게 하고서, 그리고 뒤에 스스로가 지어라. 만약, 만약 상품의 불자라면 마땅히 꽃과 향으로써 그것을 공양하라."[72]

---

71) 무루(無漏) 지혜로써 여실히 4제(諦)의 이치를 증득함에 의하여 불·법·승 3보(寶)에 정신(淨信)을 일으키고, 동시에 무루의 청정한 계(戒)를 얻는 것이다.

제6 비심창도계
第六 悲心唱導戒

若佛子. 常起大悲心. 若入一切城邑舍宅見一切衆生. 應當唱言. 汝等衆生盡應受三歸十戒. 若見牛馬猪羊一切畜生. 應心念口言. 汝是畜生發菩提心. 而菩薩入一切處山川林野. 皆使一切衆生發菩提心. 是菩薩若不發敎化衆生心者. 犯輕垢罪.

만약 불자라면 항상 크게 자비로운 마음을 일으켜서, 만약 성읍이나 집에 들어가서 일체의 중생들을 보았다면 마땅히 큰소리로 외쳐 말하라.

"그대들 중생들은 모두가 마땅히 3귀의계와 10계를 받아라."

만약 소·말·돼지·양 등의 일체의 축생들을 보았다면 마땅히 마음으로 생각하고 입으로 말하라.

"그대들 축생들은 보리심을 일으켜라."

그리고 보살은 일체의 산과 숲과 강과 들판으로 들어가는 곳에서, 일체의 중생들이 모두 보리심을 일으키도록 해야 할 것이다. 이렇게 보살이 만약 중생심을 교화하지 않는다면 경구죄를 범하느니라.

此下四戒以悲敎化. 於中初二明悲攝衆生. 後二辨以敬護正法. 法住人益故. 雖護法卽是化人. 初二中初戒明唱導敎化. 次戒辨說法敎化. 見生不化乖普攝行故制之. 道俗同學. 大小不失. 以聲聞本不兼濟故.

이 이하는 4계이고 자비로써 교화하는 것이다. 계의 가운데에서 처음

---

72) 『優婆塞戒經』(大正藏 24), p.1061상. "若自造作衣服鉢器. 先奉上佛幷令父母師長和上先一受用. 然後自服. 若上佛者以花香贖."

의 2계는 자비로 중생을 섭수함을 밝힌 것이고, 뒤의 2계는 정법을 공경하고 보호하는 것으로써 분별하는 것이다. 법에 머무르면 사람이 이익되는 까닭이다. 비록 법을 보호하더라도 곧 사람을 교화하는 것이다.

처음의 2계 가운데에서 처음 계는 외우고 인도하며 교화함을 밝히는 것이고, 다음의 계는 법을 설하여 교화함을 분별하는 것이다. 중생을 보고 교화하지 않으면 넓은 섭행이 무너지는 까닭으로 그것을 제정하셨다. 사문과 재가가 같이 배울 것이다. 대승과 소승도 잃지 않는데, 성문으로서 본래 구제를 겸하지 않는 까닭이니라.

文中常起大悲心者. 愍彼長沒苦海. 常欲拔之令出. 若入已下. 內心起悲發言唱導十戒者. 或是十善業道之戒. 或是菩薩十無盡戒. 見畜令發菩薩心者. 畜生之中. 或有黠慧得領解者. 或雖當時無能領解. 法聲光明入毛孔中. 遠作菩提之因緣故.

경문의 가운데에서 '항상 크게 자비로운 마음을 일으킨다.'는 그가 긴 고해에 빠진 것을 애민하게 생각하여 항상 건져내어 나오도록 하는 것이다.

'만약 들어가다.'의 이하는 마음속으로 자비를 일으키는 것이다.

'마음속에서 자비를 일으키고 말로 외치고 십계로 인도한다.'는 혹은 십선업의 도계이거나, 혹은 보살의 10무진계이다.

'축생을 보고 보리심을 일으키게 하다.'는 축생의 가운데에서 혹은 영리한 지혜가 있어 이해할 수 있거나, 혹은 비록 당시에는 없어도 능히 이해할 수 있어서, 법의 소리와 광명이 모공의 가운데에 들어가서 멀리 보리의 인연을 짓는 까닭이니라.

제7 경심설법계
第七 敬心說法戒

若佛子. 常行教化起大悲心. 若入檀越貴人家一切衆中. 不得立爲白衣說法. 應在白衣衆前高座上坐. 法師比丘不得地立爲四衆說法. 若說法時. 法師高座香華供養. 四衆聽者下坐. 如孝順父母敬順師教. 如事火婆羅門. 其說法者. 若不如法說者. 犯輕垢罪.

만약 불자라면 항상 교화하고 대비심을 일으켜라. 만약 단월의 귀한 집에 들어가서 일체 대중 가운데에 서 있으면서 재가인에게 설법할 수 없느니라. 마땅히 재가인들의 앞에 있다면 높은 자리에 앉을 것이고, 법사인 비구는 맨땅에 서서 4부중을 위하여 설법할 수 없느니라. 만약 법을 설할 때에는 법사는 높은 자리에 앉아 향과 꽃으로 공양하며, 사부대중의 듣는 자는 아래에 앉아서 부모와 같이 효순하고, 스승과 같이 공경하고 따르며, 불을 섬기는 바라문과 같아야 하느니라. 그 설법하는 자가 만약 여법하게 설하지 않는다면 경구죄를 범하느니라.

道聽途說. 有慢法之過. 故制斷之. 七衆同學. 文言比丘者. 在家爲師範義小故. 大小共制. 文中常行教化大悲心者. 悲心教化事在益物. 理宜嚴敬生善. 不應輕薄起非. 一切衆中已下正明說法儀式. 於中有二. 一明爲白衣說法儀. 二辨爲四衆說法儀. 准律. 人臥已坐. 或爲覆頭投杖等. 悉應同制. 如孝順父母者尊人也. 如事火婆羅門者重法也.

도(道)를 듣고 도로를 말하면 오만한 법의 허물이 있다. 그러므로 제정하여 끊으셨다. 7중이 같이 배워야 한다.

경문에서 '비구이다.'고 말하는 것은 재가의 스승이 되고 규범의 뜻이 적은 까닭이니라. 대승과 소승이 함께 제정되었다.

경문 가운데에서 '항상 대비심으로 교화를 행하다.'는 대비심으로 교화하는 일은 이익이 있고, 이치로는 마땅히 엄숙하고 공경하는 선이 생겨난다. 마땅히 경박하게 일으키는 것이 아니다.

'일체의 대중'의 이하는 설법의 의식을 밝히는데, 가운데에 두 가지가 있다. 첫째는 재가를 위하여 설법하는 위의를 밝히는 것이고, 둘째는 4중을 위하여 설법하는 위의를 밝히는 것이다. 율에 준하여 사람이 눕고 앉거나, 혹은 머리를 덮고 지팡이를 내던지는 것 등은 모두가 마땅히 같이 제지된다.

'부모와 같이 효순하다.'는 존경하는 사람을 뜻한다.

'불을 섬기는 바라문과 같다.'는 법이 소중하다는 것이다.

제8 불립악제계
第八 不立惡制戒

若佛子. 皆以信心受佛戒者. 若國王太子百官四部弟子. 自恃高貴破滅佛法戒律. 明作制法以我四部弟子. 不聽出家行道. 亦復不聽造立形像佛塔經律. 立統官制. 衆使安籍記僧. 菩薩比丘地立. 白衣高座. 廣行非法如兵奴事主. 而菩薩正應受一切人供養. 而反爲官走使. 非法非律. 若國王百官好心受佛戒者. 莫作是破三寶之罪. 若故作破法者. 犯輕垢罪.

만약 불자라면 모두 신심으로써 세존의 계를 받아야 하느니라. 만약 국왕·태자·백관·사부의 제자들이 스스로 고귀함을 믿고서, 불법과 계를 파멸하여 제약하는 법을 지어 우리 사부의 제자로서 밝히고, 출가하여 도를 행하는 것을 허락하지 않고, 역시 다시 불상·탑·경·율을 조립하는 것을 허락하지 않으며, 관청의 제도를 세워서 통제하면서 대중에게 시켜서 승적을 기록하여 남겨두게 하고, 보살과 비구의 지위를 세우며, 재가를 높은 자리에 앉히며, 비법을 널리 행하면 병사를 부리는 주인과 같은 것이다.

그러나 보살이 바르고 마땅하게 일체 사람의 공양을 받으면서 반대로 관청의 주사(走使)[73]가 된다면 법이 아니고 율도 아니니라. 만약 국왕과 백관이 좋은 마음으로 세존의 계를 받는 자는 이렇게 삼보를 파괴하는 죄를 짓지 않아야 하나니, 일부러 법을 파괴하는 자는 경구죄를 범하느니라.

此下兩戒敬護正法. 初戒遮其惡制. 後戒護其正敎. 初中違佛立制. 是破法因緣. 故制令斷. 華嚴云. 不非先制不更造立. 此之謂也. 大小俱制. 七衆同防. 文中皆以信心受戒者. 謂本受戒時皆用信心也. 若國王下. 謂變持邪慢滅破佛法. 由二因緣滅破佛法. 一立非法制. 二不聽出家行道等事. 破三寶之罪者. 法癡人摧三寶俱破也. 故作破法者. 由非制而制是制便斷也.

이 아래의 2계는 정법을 공경하고 보호하는 것이다. 처음의 계는 그 악을 제지하여 막는 것이고, 뒤의 계는 그 바른 가르침을 보호하는 것이다. 처음 가운데에서 세존을 위반하여 세우고 제정하면 이것이 법의 인연을 파괴한다. 그러므로 제정하여 끊으신 것이다.

『화엄경』에서 말하였다.

"먼저 제정하지 않음이 없고 다시 조립하지 않는다."[74]

---

73) 급사(給仕)의 다른 말로 관청이나 가게 등에서 잔심부름을 시키기 위한 사람을 가리킨다.

이것을 말하는 것이다. 대승과 소승이 함께 제정되었다. 7중도 함께 제지된다.

경문의 가운데에서 '모두 신심으로써 계를 받는다.'는 본래 계를 받는 때에 모두 신심으로 수용하는 것을 말한다.

'만약 국왕'의 이하는 변질된 삿된 아만으로 불법을 파멸하는 것을 말한다. 두 인연을 이유로 불법을 파멸한다. 첫째는 비법을 제정하여 세우는 것이고, 둘째는 출가하여 도를 행하는 일 등을 허락하지 않는 것이다.

'삼보를 파괴하는 죄'는 법에 어리석은 사람이 삼보를 무너트리고 함께 파괴하는 것이다. 일부러 파괴하는 자는 제정이 아닌 이유로 제정하고서 이것을 제정하여 곧 끊는 것이다.

제9 애호정법계
第九 愛護正法戒

若佛子. 以好心出家而爲名聞利養. 於國王百官前說佛戒者. 橫與比丘比丘尼菩薩戒弟子作繫縛事. 如獄囚法. 如兵奴之法. 如師子身中蟲自食師子肉非餘外蟲. 如是佛子自破佛法. 非外道天魔能破. 若受佛戒者. 應護佛戒如念一子. 如事父母. 不可毁破. 而菩薩聞外道惡人以惡言謗破佛戒之聲. 如三百鉾刺心. 千刀萬杖打拍其身等無有異. 寧自入地獄經於百劫. 而不一聞惡人以惡言謗破佛戒之聲. 而況自破佛戒. 教人破法因緣. 亦無孝順之心. 若故作者. 犯輕垢罪.

---

74) 『大方廣佛華嚴經』(大正藏 10), p.111하. "不非先制. 不更造立."

만약 불자라면 좋은 마음으로 출가하였는데, 그러나 명예와 이양을 위하여 국왕과 백관 앞에서 세존의 계를 설하면서 마음대로 비구·비구니·보살계를 받은 사람들을 계박하는 일을 짓는다면, 감옥에 가두는 법과 같고, 병사를 부리는 법과 같으며, 사자의 몸 안에서 벌레가 스스로 사자의 살을 먹는 것과 같아서 밖의 벌레가 먹는 것이 아니니라. 이와 같이 불자 스스로가 불법을 파괴한다면, 외도나 천마(天魔)가 불법을 파괴하는 것이 아니니라.

만약 세존의 계를 받았다면, 마땅히 세존의 계를 보호하면서 외아들을 생각하는 것과 같고, 부모를 섬기는 것과 같아야 하며, 훼손하고 파괴할 수 없느니라. 그리고 보살은 외도와 악인들이 세존의 계를 비방하고 파괴하는 소리를 들으면, 3백 자루의 창이 심장을 찌르는 것과 같아야 하고, 천·만 개의 칼과 몽둥이로 몸을 찌르고 때리는 것과 다르지 않아서 '오히려 스스로 지옥에 들어가서 백 겁을 지낼지라도, 악한 말로써 세존의 계를 비방하고 파괴하는 소리를 한 번이라도 듣지 않겠다.'고 해야 하는데, 하물며 스스로 세존의 계를 깨뜨리고, 사람을 가르쳐서 법의 인연을 깨트리며, 역시 효순하는 마음이 없게 하겠는가? 만약 일부러 짓는 자는 경구죄를 범하느니라.

戒法祕密非俗宜聞. 理應愛護. 同自子親. 而於未信俗前妄說佛戒祕要. 反爲行人繫縛. 更起正法蕀刺. 法衰人墜. 莫不由此. 故制令敬護. 大小俱制. 七衆同學. 文中以出家好心者. 謂本出家時有愛法好心也. 而爲名聞下. 乖本好心反從名利. 於國王百官前說佛戒者. 馳心臭餌. 贈以聖言也. 橫與比丘等繫縛者. 由俗聞佛戒. 非理撿挍故橫作繫縛也. 如師子身中蟲下. 引喩重噴破法由自佛子不由外道天魔也. 若受佛戒者下勸令敬護. 而何況自破下違成犯也.

계법은 비밀스럽고 재가에서 마땅히 듣는 것이 아니므로 이치로는 마땅히 사랑하고 보호하라. 자신의 자식과 부모와 같으므로 믿지 않는 재가인 앞에서 세존 계법의 비밀스러운 요지로 망령되게 설하고, 반대로 행하는 사람을 계박한다면, 다시 정법에 극자(蕀刺)[75]를 일으키므로 법은 쇠퇴하고 사람은 타락한다. 이것을 이유로 모두 금지한 것이다. 그러므로 제정하여 공경하고 보호하는 것이다. 대승과 소승이 함께 제정되었고, 7중이 함께 배워야 한다.

경문의 가운데에서 '좋은 마음으로서 출가하였다.'는 본래 출가할 때에 좋은 마음으로 법을 사랑함이 있는 것을 말한다.

'그리고 명예를 위하여 듣다.'의 이하는 본래의 좋은 마음이 무너지고, 반대로 명리를 쫓는 것이다.

'국왕과 백관 앞에서 세존의 계를 설한다.'는 마음이 음식의 냄새에 치달아서 성스러운 말로써 바치는 것이다.

'마음대로 비구 등을 계박하다.'는 재가인이 세존의 계를 들었던 이유로, 비리를 검교(撿挍)[76]하였던 까닭으로 마음대로 계박을 짓는 것이다.

'사자의 몸 안의 벌레와 같다.'의 이하는 스스로 불자가 천마와 외도가 아닌 이유로, 법을 깨트린 이유를 무겁게 꾸짖으면서 인용하여 비유한 것이다.

'만약 세존의 계를 받았다.'의 이하는 공경하고 보호하게 권유하는 것인데, 그러나 어찌 하물며 스스로가 파괴하며 하품으로 위반하여 범함을 성립시키겠는가?

---

75) 애기풀에 난 가시를 극(蕀)이라 부르고 나무의 가시를 자(刺)라고 부르므로 두 글자를 합하면 고난의 길로 의역할 수 있다.

76) 사찰의 소임을 감독하는 역할을 말한다.

如是九戒應當學敬心奉持. 如是八戒應當下總結敬持.

이 아홉의 계를 마땅히 배우고 공경하는 마음으로 받들어 지녀야 하느니라. 이와 같은 여덟 계의 마땅히 이하는 총체적으로 공경하고 수지하도록 맺는다.

諸佛子. 是四十八輕戒. 汝等受持. 過去諸菩薩已誦. 未來諸菩薩當誦. 現在諸菩薩今誦. 諸佛子下大段第三總結輕垢勸令受持.

"여러 불자들이여. 이러한 48경계를 그대들은 수지하라. 과거의 여러 보살들도 이미 독송하였고, 미래의 보살들도 독송할 것이며, 현재의 여러 보살들도 지금 독송하고 있느니라."

'여러 불자들이여.'의 이하는 크게 제3단이고 모두가 경구죄를 맺으므로 수지하는 것을 권유하고 있다.

諸佛子諦聽. 此十重四十八輕戒. 三世諸佛已誦當誦今誦. 我今亦如是誦. 汝等一切大衆. 若國王王子百官. 比丘比丘尼信男信女. 受持菩薩戒者. 應受持續誦解說書寫佛性常住戒卷. 流通三世一切衆生化化不絶. 得見千佛. 佛佛授手. 世世不墮惡道八難. 常生人道天中. 我今在此樹下. 略開七佛法戒. 汝等大衆當一心學波羅提木叉. 歡喜奉行. 如無相天王品勸學中. 一一廣明三千學士時坐聽者. 聞佛自誦. 心心頂戴歡喜受持.

"여러 불자들이여. 자세히 들을지니라. 이 10중계와 48경계는 삼세의 모든 세존께서 이미 독송하셨고, 독송하실 것이며, 지금도 독송하고 계시며, 나도 지금 역시 이와 같이 독송하고 있느니라. 그대들 일체의 대중들이 만약 국왕·왕자·백관·비구·비구니·신남·신녀 등이 보살계를 수지한 자는 마땅히 수지하고, 독송하며, 해석하여 설하고, 서사하여 불성이 항상 계에 상주하게 하며, 삼세의 일체의 중생에게 유통하고 교화하여 교화가 끊어지지 않게 하라.

1천의 세존을 볼 것이고, 세존과 세존께서 손으로 수기(授記)하실 것이니, 세세생생에 악도와 팔난 속에 떨어지지 않고, 항상 인간이나 천상의 가운데에 태어나리라. 내가 지금 이 보리수의 아래 있으면서 간략하게 일곱 세존의 법계(法戒)를 열었으니, 그대들 대중들은 일심으로 바라제목차를 배우고 환희하며 받들어 행할지니라. 「무상천왕품(無相天王品)」에서 배우기를 권하는 가운데에서 하나하나 자세하게 밝혔노라."

3천의 비구(學士)들이 때에 앉아서 세존께서 스스로가 독송하시는 것을 듣고는 마음마다 간직하고 정대(頂戴)[77]하고 환희하면서 수지하였다.

佛子諦聽下是流通分. 於中有二. 一付法令持. 二結通餘化. 初中有三. 一命衆. 卽佛子諦聽也. 二正以付囑. 三三千學下時衆頂戴. 正付中有二. 一戒經令受持. 二我在今樹下囑戒法令奉行.

'불자들이여 자세히 들을지니라.'의 이하의 이러한 유통분 가운데에는 두 가지가 있다. 첫째는 계법을 지니게 부촉하는 것이고, 둘째는 나머지의 교화를 통하여 맺는 것이다. 첫째 가운데에 세 가지가 있다. 첫째는 대중의 목숨이니 곧 '불자들이여. 잘 들어라.'이고, 둘째는 부촉으로서 바른 것이며, 셋째는 3천의 학인이 이하는 때에 대중이 정대(頂戴)하는 것이다.

77) '머리에 얹는다.'는 뜻으로, 물건을 주거나 받을 때 그 물건을 이마에 갖다 대며 상대편에게 경의를 나타낼 때에 사용한다.

'바르게 부촉한다.'의 가운데에 두 가지가 있다. 첫째는 계경을 수지하게 하는 것이고, 둘째는 '내가 지금 보리수 아래에 있다.'는 계법을 부촉하여 봉행하게 하는 것이다.

爾時釋迦牟尼佛說上蓮華臺藏世界. 盧舍那佛所說心地法門品中十無盡戒法品竟. 千百億釋迦亦如是說. 從摩醯首羅天王宮至此道樹下十住處說法品. 爲一切菩薩不可說大衆受持讀誦解說其義亦如是. 千百億世界蓮華藏世界微塵世界. 一切佛心藏地藏戒藏無量行願藏因果佛性常住藏. 如如一切佛說無量一切法藏竟. 千百億世界中. 一切衆生受持歡喜奉行. 若廣開心地相. 相如佛華光王七行品中說.

이때 석가모니불께서 연화대장세계의 위에서 설하시니, 노사나불께서 설하신 「심지법문품(心地法門品)」의 가운데에서 「십무진계법품(十無盡戒法品)」을 설하여 마치셨다. 천백억의 석가모니불께서도 역시 이와 같이 설하였고, 마헤수라천왕궁(摩醯首羅天王宮)으로부터 이 보리수에 이르기까지 10주처(住處)에서 법품(法品)을 설하였다.

일체의 보살들과 이루 말할 수 없는 대중들이 수지하고 독송하였으며 그 뜻을 해설하는 것이 역시 이와 같았다. 이러한 천백억의 세계와 연화장세계의 티끌 같은 세계에서도 일체의 심장(心臟)·지장(地藏)·계장(戒藏)·무량행원장(無量行願藏)·인과불성상주장(因果佛性常住藏)을 여여(如如)하게 일체의 세존께서 한량없는 일체의 법장(法藏)을 설하여 마치시니, 천백억의 세계에 있는 모든 중생들이 수지하고 환희하며 받들어 행하였다.

만약 널리 심지상(心地相)을 여신다면 상은 세존께서 「화광칠행품」에서 설한 것과 같다.

明人忍慧强 能持如是法
未成佛道間 安獲五種利

명석한 사람은 인혜가 강하여 능히 이러한 법을 수지하나니
불도를 이루기 전이라도 다섯 종류의 이익을 얻는다네.

一者十方佛 愍念常守護
二者命終時 正見心歡喜

첫째는 시방의 세존께서 애민히 생각하시어 항상 수호하시고
둘째는 목숨을 마칠 때에 정견으로 마음을 환희하며

三者生生處 爲淨菩薩友
四者功德聚 戒度悉成就

셋째는 태어나는 곳마다 청정한 보살들의 벗이 되고
넷째는 공덕이 모여서 계바라밀을 모두 성취하며

五者今後世 性戒福慧滿
此是佛行處 智者善思量

다섯째는 오는 세상에서 불성과 계와 복이 가득하여
이것이 세존께서 행하는 곳이니 지혜로운 자는 잘 사량하라.

計我著相者 不能信是法

滅盡取證者 亦非下種處

나를 헤아리고 상(相)에 집착한 자는 능히 이러한 법을 믿을 수 없나니
멸진을 취하여 증득한다면 역시 하품의 종자의 처소도 아니라네.

欲長菩提苗 光明照世間
應當靜觀察

보리의 싹을 자라게 하려면 밝은 빛이 세간을 비추듯이
마땅히 정밀하게 관찰해야 한다네.

諸法眞實相 不生亦不滅
不常復不斷 不一亦不異
不來亦不去

모든 법의 진실한 모습은 태어나지도 않고 역시 죽지도 않으며
항상 하지도 않고 끊어지지도 않으며 하나도 아니고 다르지도 않으며
오지도 않고 역시 가지도 않는다네.

如是一心中 方便勤莊嚴
菩薩所應作 應當次第學
於學於無學 勿生分別想

이와 같은 한마음의 가운데에서 방편으로 부지런히 장엄하고서
보살들이 마땅히 짓는 것으로 마땅히 차례로 배우면서

유학(有學)에서 무학(無學)에서 분별의 생각을 일으키지 말라.

是名第一道 亦名摩訶衍
一切戱論惡 悉由是處滅
諸佛薩婆若 悉由是處出

이것을 제일도라 이름하고 역시 마하연이라고 이름하며
일체의 희론을 싫어함은 모두 이곳을 이유로 없어지고
모든 세존의 살바야는 모두 이것을 이유로 생겨난다네.

是故諸佛子 宜發大勇猛
於諸佛淨戒 護持如明珠

이러한 까닭으로 불자들이여. 마땅히 큰 용맹을 일으키고
여러 세존의 청정한 계율에서 밝은 구슬과 같이 호지하라.

過去諸菩薩 已於是中學
未來者當學 現在者今學

과거의 모든 보살도 이미 이것의 가운데에서 배웠고
미래에도 마땅히 배울 것이며 현재에도 지금 배우고 있으므로

此是佛行處 聖主所稱歎
我已隨順說

이것이 세존의 행하시는 처소이고 성스러운 주인께서 찬탄하신 것이므로 나도 이미 수순하여 설하였다네.

福德無量聚 迴以施衆生
共向一切智 願聞是法者
疾得成佛道

무량한 복덕이 모인 것을 중생에게 보시로서 회향하여
모두가 일체지(一切智)로 향하고 원하건대 이 법문 듣는 자는
빠르게 성불도를 얻게 하십시오.

菩薩戒經 終

보살계경을 마친다.

발
跋

余曾聞之師. 世多梵網疏鈔. 而義寂師所述最爲妙詮也. 爾來求之髣髴乎寶覺尊者之於首楞嚴者. 有稔于期矣. 頃寓城北密嚴菴. 偶書林某氏携來一古書曰. 此是寂法師之梵網疏也.

나는 일찍이 스승에게 세상에 범망경의 소와 초는 많다고 들었다. 그러나 의적 스승의 저술이 최고로 묘하고 완전한 것이다. 그로부터 그것을 구하여 방불(髣髴)[1]한데 어찌 보각존자[2]의 수릉엄이겠는가? 기한에도 익음이 있는 것이다. 경우성 북밀엄암에서 우연히 임모씨가 한 고서를 끼고 와서 말하였다.

"이것이 의적 법사의 범망경 소입니다."

余驚歎頂受而燒薌拜閱. 傳寫展轉悞魯魚者不爲不多. 管識之所及謹校隨正. 遂諭某氏繡梓行世. 庶幾自利延及他焉. 然此疏所牒與流布經往往有異. 東掖註疏言藏中有闕本. 蓋指之乎. 是故且執天台經本. 駁入疏中以便合稽.

1) '거의 비슷하다.' 또는 '흐릿하거나 어렴풋하다.'는 의미를 가진 말이다.
2) 천태종의 개조인 천태지의(天台智顗)를 가리킨다.

又旁添和字者. 欲令嬰學易解也. 其猶未正者. 更俟後賢之參訂而已.

나는 놀라고 감탄하여 정대하여 받고 향을 피우고서 절하고 조사하였다. 전하면서 베껴 쓰고 전전하면서 그릇된 노어[3]는 쓰지 않았으므로 많지는 않다. 그것의 붓 자국을 이해하였고 또한 삼가 교정하였으며 바른 것을 따랐고, 마침내 모씨를 타일러서 세상에 수재(繡梓)[4]를 행하였다.

어느 한도에 가까운 정도는 스스로의 이익을 늘리는 것과 다른 사람을 위한 것이었다. 그러나 이러한 소의 첩(牒)[5]과 경의 유포는 때때로 다른 것이다. 동액(東掖)[6]의 주(註)와 소(疏)의 말은 논장의 가운데에 궐본이 있으나 모두 그것을 덮었다. 이러한 까닭으로 또한 천태의 경본을 집착하여 소의 가운데에 들어가서 곧 합하고 헤아림으로서 논박하였다.

또한 뒤섞인 글자를 맞춘 것은 새롭게 배우는 자들에게 쉽게 이해하게 한 것이다. 그것이 오직 바르지 않다면 다시 이후에 현자가 그것을 참조하여 교정하라.

時[7]

시

---

3) 노(魯)자와 어(魚)자가 틀리기 쉬운 것에서 글씨의 오류를 이르는 말이다.

4) 책을 찍어내는 것을 가리킨다.

5) 고대에 서사로 사용하던 목편 또는 죽편과 얇은 책을 가리키는 말이다.

6) 당나라 때 왕명의 출납과 국가의 문서를 관장하던 문하성(門下省)의 별칭으로, 우리나라의 승정원을 뜻한다.

7) 계본을 필사한 연대를 가리킨다.

貞亨 元年[8)]龍集[9)]甲子 僧自恣之日 晚學 比丘 妙辨 謹書焉.

정형 원년 용집 갑자 승가의 자자일에 만학 비구 묘변이 삼가 적었노라.

8) 1684년을 가리킨다

9) 연도를 기록하는 데 쓰는 말이다.

주석(註釋) 인용문헌

『觀虛空藏菩薩經』(大正藏 13)
『大般涅槃經』(大正藏 12)
『大般涅槃經疏』(大正藏 38)
『大方廣佛華嚴經』(大正藏 30)
『大乘本生心地觀經』(大正藏 31)
『大乘阿毘達磨雜集論』(大正藏 31)
『大智度論』(大正藏 25)
『般若心經略疏連珠記』(大正藏 33)
『發菩提心經論』(大正藏 32)
『菩薩善戒經』(大正藏 30)
『菩薩瓔珞本業經』(大正藏24)
『分別善惡所起經』(大正藏 17)
『佛說決定毘尼經』(大正藏 12)
『四分律』(大正藏 22)
『四分律刪繁補闕行事鈔』(大正藏 40)
『攝大乘論本』(大正藏 31)
『十住毘婆沙論』(大正藏 26)
『十地經論』(大正藏 26)
『阿毘達磨大毘婆沙論』(大正藏 27)
『優婆塞戒經』(大正藏 24)
『瑜伽師地論』(大正藏 30)
『長壽王經』(大正藏 3)
『占察善惡業報經』(大正藏 17)
『正法念處經』(大正藏 17)
『最上乘論』(大正藏 48)
『出曜經』(大正藏 4)

출판에 도움을 주신 분들

강범희, 강석호, 강현구, 강수민, 강선주, 곽창순, 이성경, 박부자, 김동숙, 김성회, 김말득, 김선태, 유진아, 김현석, 김성도, 김도연, 김인준, 김영붕, 홍경재, 김민현, 김태희, 김용곤, 노영순, 김대성, 김성우, 김옥림, 오세근, 김재희, 남장규, 이향숙, 남이슬, 남종구, 박미라, 홍경희, 박성동, 박솔비, 박재성, 서해식, 김옥문, 서승환, 성락정, 이정호, 성지훈, 성상훈, 한이슬, 성조화, 소형열, 노경희, 소재우, 소남희, 손영덕, 손영상, 신초희, 심성준, 조윤주, 심윤정, 안상도, 안진우, 엄태석, 안순희, 엄해식, 왕용호, 임은경, 임무석, 원영성, 원종호, 원혜서, 유성아, 곽유순, 김주연, 윤서진, 권령아, 이명희, 박부자, 이영임, 이영자, 이명기, 이연준, 이재균, 이종규, 이승우, 이선경, 이재일, 이지현, 이종원, 박순남, 이재준, 이재환, 이소원, 이창렬, 이창우, 최애경, 이승욱, 이철희, 이성희, 이효은, 이기원, 임한식, 정영우, 고연서, 정지민, 정윤민, 정해관, 정하연, 정희정, 조선행, 이순호, 조수민, 조윤준, 최영희, 송주영, 송화종, 최일순, 채두석, 황명옥, 채수학, 정송이, 하명춘, 배남옥, 하연지, 하연주, 하혜수, 함인혜, 허 민, 허 선, 허완봉, 이명자, 허남욱, 허윤정, 홍순학, 홍기표, 최재희, 황미정

저자 | 의적(義寂)

통일신라의 승려로, 의상대사의 10대 제자 중 한 사람이다. 당나라에 유학하여 유식을 공부했다. 신라 법상종(法相宗)의 형성 및 일본 헤이안시대의 정토교 형성에 큰 영향을 미쳤다. 다양한 종류의 저술을 남겼는데, 현재까지 전하는 문헌은 『법화경논술기』 상권, 『범망경보살계본소』 3권 및 1940년에 복원된 『무량수경술의기』 정도이다.

역자 | 釋 보운(普雲) (宋法燁)

대한불교조계종 제2교구 본사 용주사에서 출가
중앙승가대학교 문학박사
현재 대한불교조계종 교수아사리(계율), 중앙승가대학교 불교학부 겸임교수
논저 | 논문으로 「율장을 통해 본 주불전의 장엄과 기능에 대한 재해석」 등 다수.
번역서로 『근본설일체유부비나야약사』, 『근본설일체유부비나야파승사』,
『근본설일체유부비나야잡사』(상·하), 『근본설일체유부비나야』,
『근본설일체유부필추니비나야』, 『근본설일체유부백일갈마』 외, 『안락집』(상·하) 등이 있다.

보살계본소 菩薩戒本疏

의적(義寂) 술(述) | 釋 보운(普雲) 국역(國譯)

2019년 8월 31일 초판 1쇄 발행

펴낸이 · 오일주
펴낸곳 · 도서출판 혜안
등록번호 · 제22-471호
등록일자 · 1993년 7월 30일

주 소 · ㊥04052 서울시 마포구 와우산로 35길3(서교동) 102호
전 화 · 3141-3711~2 / 팩시밀리 · 3141-3710
E-Mail · hyeanpub@hanmail.net

ISBN 978-89-8494-636-1 03220

값 27,000 원